发展经济学和结构主义宏观经济学

[美] 艾米特维 · 克里希纳 · 达特(Amitava Krishna Dutt)
[美] 杰米 · 罗斯(Jaime Ros) 著

王 菲 译

DEVELOPMENT
ECONOMICS
AND
STRUCTURALIST
MACROECONOMICS

经济管理出版社
ECONOMY & MANAGEMENT PUBLISHING HOUSE

北京市版权局著作权合同登记：图字：01—2023—4897

Development Economics and Structuralist Macroeconomics：Essays in Honor of Lance Taylor/Amitava Krishna Dutt and Jaime Ros，editors.
ISBN：978-1-84064-939-0
ⓒ Amitava Krishna Dutt and Jaime Ros，2003
Published by Edward Elgar Publishing Limited

图书在版编目（CIP）数据

发展经济学和结构主义宏观经济学/(美) 艾米特维·克里希纳·达特（Amitava Krishna Dutt），（美）杰米·罗斯（Jaime Ros）著；王菲译. —北京：经济管理出版社，2018.10
ISBN 978-7-5096-6062-1

Ⅰ.①发…　Ⅱ.①艾…　②杰…　③王…　Ⅲ.①发展经济学　②宏观经济学　Ⅳ.①F061.3　②F015

中国版本图书馆 CIP 数据核字（2018）第 229852 号

责任编辑：赵亚荣
责任印制：黄章平
责任校对：张晓燕

出版发行：经济管理出版社
　　　　　（北京市海淀区北蜂窝 8 号中雅大厦 A 座 11 层　100038）
网　　址：www. E-mp. com. cn
电　　话：（010）51915602
印　　刷：北京晨旭印刷厂
经　　销：新华书店
开　　本：787mm×1092mm/16
印　　张：19.75
字　　数：456 千字
版　　次：2018 年 11 月第 1 版　2018 年 11 月第 1 次印刷
书　　号：ISBN 978-7-5096-6062-1
定　　价：88.00 元

目 录

第一部分 导 论

第二部分 发展方法和规划方法

第三部分 金融和资产市场

第一部分

导　论

第一章　发展经济学和政治经济学

Amitava Krishna Dutt and Jaime Ros

一、引言

本书包含的章节是由同事、以前的学生、合作伙伴所书写，最重要的，是兰斯·泰勒（Taylor）的朋友送给他的——虽然有点迟——作为他的 60 岁生日的礼物。编著者将他们的章节献给他作为他为发展经济学和政治经济学所做出的许多重大贡献和影响的礼物，同时也作为他们之间温暖情谊的象征。这些章节遵循泰勒倡导和推行的传统，这并不奇怪，因为这些章节的众多作者，尤其是他以前的学生和合作伙伴都直接被他的著作所影响。

本章主要介绍发展经济学和这些论文所属的政治经济学传统，以及将贡献定位于这些传统中；探讨发展经济学和政治经济学；介绍泰勒贡献的简要概况；提出本书的主要框架。

二、发展经济学

从某种意义上讲，发展经济学的历史和经济学本身一样古老，重商主义者、重农学派和杜尔哥（Turgot）的贡献，古典经济学家——斯密（Smith）、李嘉图（Ricardo）和马尔萨斯（Malthus），马克思（Marx）以及其他地方的民族主义作者阿尔恩特（Arndt，1987，ch2）。然而，对欠发达国家（今后是最不发达国家）全部问题有系统的和专业化的研究直到第二次世界大战后还没开始，那时发生了一些有极强影响力的事件。这些事情包括：凯恩斯主义者干预主义的兴起，战时政府干预和计划，苏联计划经济的经验，一些最不发达国家取得政治独立，新民族主义政府为证明它们的能力随之而来的要求和压力，国际机构培育发展的创造性，以及共产主义的出现［见赫希曼（1981）和迈耶（1984）］。

发展经济学的历史取决于 20 世纪 80 年代中后期，可以分割为三个相重叠的阶段。第一阶段，从 1945 年至 20 世纪 50 年代中期，强调了许多重要的（或多或少相关的）主题（Ros，2000；Dutt，2002）。首先，不发达的特征是由诸如低收入、人口高增长率等因素造成的低水平均衡，以及主要由规模经济和外部效应导致的市场失灵而主要引起的低投资激励，这是在罗森斯坦·罗丹（Rosenstein-Rodan，1943）和纳克斯（Nukse，1953）的早期经典著作里所探讨的观点。其次，经济的特点是一个落后部门的二元经济，以农业为主，同时还存在一个现代化的工业部门。这是刘易斯（Lewis，1954）的经典构想，他的著作导致偏向于将工业部门看成经济增长的发动机，将农业部门看成剩余劳动力的来源，尽管刘易斯自己意识到平衡经济的重要性是为了阻止工业贸易条件的恶化，这可能挤压工业利润进而影响资本积累。最后，与农业—工业差别有关，并与不同类型的工业诸如那些生产消费和投资产品的工业有关的跨部门的交流和部门组成的变化也强化了。平衡和不平衡增长有关的争论，促进和利用了各因素间各种各样的联系（Hirschman，1958，1977）。

第二阶段，从 20 世纪 50 年代早期延伸到 20 世纪 60 年代后期。主要贡献——北方的构造主义者，诸如钱纳里（Chenery），以及南方的，如和劳尔·普雷比什（Raoul Prebisch）一起在联合国拉丁美洲经济委员会工作的一组经济学家——维持着早期的主题，但是至少在两个不同的方向上远离了新古典主义经济学。首先，有一个普遍认识，即在最不发达国家存在许多种刻板表达，这使得它们不同于相对平滑机能的先进经济。比如，在特殊领域的供应刚性诸如农业部门和由于严格的进出比例的收支平衡。这是在双缺口模式（Chenery and Bruno，1962）正式形成且被强调的观点，并可以预见经济学里的供给刚性和分配冲突的结果通货膨胀（Noyola，1956；Sunkel，1960；Furtado，1964）。其次，有一个普遍的观念，就是贸易不可能作为增长的引擎而被依赖，而试图增加出口可能会满足缺乏价格弹性的全球需求，从而恶化贸易条件（Singer，1950；Prebisch，1959）。特别是，富国与穷国之间通过贸易和因素变动的互动，认为会引发国际发展不均（Myrdal，1957）。正如第一阶段中承认市场失灵及其刚性和"出口悲观主义"一起导致这样的观点，即发展和增长不可能离开市场。因此，主要的依赖放置在国家主导的发展计划，特别是，对进口替代贸易保护主义的贸易政策的普遍支持以促进工业化，克服国际收支平衡问题。这并不是说这些观点一致。鲍尔的一个重要的反对声音（Bauer and Yamey，1957；Bauer，1971）强调，经济生活的政治化的腐败影响是国家干预的结果。此外，马克思主义作家诸如鲍尔（Bauer，1952）通过强调政治和社会因素，而不是狭隘地关注于与资本积累和工业化有关的经济因素，持有一个发展的更广泛的观点，而且也关注资本主义国家的低效和腐败。

第三阶段，大约开始于 20 世纪 60 年代中期，出现了一些与第一阶段和第二阶段流行观点不同立场的声音。第一个挑战来自新古典主义经济学的再现，它批评早期阶段发展经济学的大量主题，包括剩余劳动、出口的悲观情绪、关注资本积累和国家领导的计划工业化利润（Lal，1985）。这个改变，是在凯恩斯主义中对不同形式的货币主义拥有支配权作为整体受影响的经济中出现的知识产权现状改变的部分结果。它也是最不发达国家的实际经验的反映：在许多最不发达国家中对发展失败的责难归罪于发展经济学，因为它专注于国家计划和经济独立的工业化政策，而东亚经济的快速增长被新古典主义经济学家视作是由出口导向和自由市场政策造就的（Little，Scitovsky and Scott，1970）。第二个挑战来自某些人，他们认为发展经济学对增长和资本积累的关注导致了发展对人口容量的忽视以及对收入分配和贫穷的忽视（Little，1982，ch11；Arndt，1987，ch4）。这种观点不仅得到一些最不发达国家出现的快速增长和新增的不平等案例的支持，而且因为紧随其后的增长失败，认为优先的应该是满足穷人的基本需求。从某种程度上讲，这是发展目标的调整——尽管可以认为增长的早期倡导者把增长看作人类发展和消除贫穷的一种途径——但是它也反映了一种在发展战略上的改变，从关注存款、投资和工业化，到强调职业创新和扶贫的直接办法。第三个挑战是对早期发展经济学中的许多担忧，其观点认为发展不充分的根本原因不在于资本积累和内部僵化以及市场失败，而在于最不发达国家与富裕国家的关系。马克思主义者和其他激进的作者关注由贸易和扶助依赖，以及最重要的——跨国合作带来的问题（Little，1982）。这些挑战被一些人诠释为反映了发展经济学学科的衰落（Hirschman，1981）。

从20世纪80年代中后期，人们重新产生了对发展经济学的兴趣，这可以被解释为在学科历史上开创了第四个阶段，这见证了至少四个不同分支的成长。第一，新的新古典主义的途径已经枝繁叶茂，利用工业化组织的工具、规则理论和信息经济学，考察诸如土地关系、收入分配、致贫的原因等问题与更普遍的制度问题。而微观经济学理论的应用比发展经济学更早，在近期的书籍如那些由巴苏（Basu，1998）、雷（Ray，1998）、巴德汉和尤迪（Bardhan and Udry，1999）所著的书中描绘出来，数量之大、范围之广是前所未见的。第二，在宏观经济学领域，通过新古典主义的增长经济学复兴和出于对新增长理论的兴趣，经济长期增长的理论性和经验性文献在20世纪80年代后期快速涌现。尽管这些理论都并行不悖而不是与发展经济学紧密融合，但它们都强调了在发展理论中的一些经典主题诸如收入不平衡、自然资源和报酬渐增在经济增长过程中的作用（Ros，2000）。第三，同样在宏观经济学领域，被称作新结构派理论的方法有了发展，这包括了由古典经济学家如马克思、凯恩斯和卡莱茨基（Kalecki）描述的宏观理论，带有来自于上面描述的第二阶段的早期构造主义者的贡献，用以分析增长、收入分配、通货膨胀和财政的决定因素以及支付问题。正如后来所探讨的，泰勒的著作表达了对这种方法的主要贡献。第四，少量的正式文献重新调查了发展中经济体的实际经验，特别是成功的东亚新兴工业化国家（NICs）。超越经济边界勉强定义为合并和发展来自于社会学、政治科学和其他学科的经验，这个新兴工业化国家经验的修正版展现出这些国家的成功不能解释为自由市场经济学的成就，在发展过程中国家扮演了积极的角色（阿姆斯登，1991；Wade，1990）。近期跨学科的著作提出市场和国家在发展过程中能扮演协作角色（Dutt，Kim and Singh，1994）。在此第四阶段，显现出一种远离国家干预和自由市场政策上的极端观点，并承认，就像前面提到的，国家和市场两者在发展中均发挥了作用。

这个简短的历史表明，发展经济学——超出任何其他经济学分支的学科，是一个有许多不同的方法并存发展的领域。事实上，许多发展经济学家注意到发展经济学不同的途径。例如，钱纳里（Chenery，1975），区别于新古典主义、马克思主义和结构主义的方法，前两者试图适应系统思想，应用于发达经济体，后者"试图确定具体的刚性、滞后和发展中经济体的结构特征"（p. 310）。这通常忽略了新古典主义的方法。巴德汉（Bardhan，1988）以类似的方式进行分区，区分了新古典主义、马克思主义和结构主义制度化的方法，尽管意识到每一个都只是部分范畴。在巴德汉看来，新古典主义的方法分析了最大个体经济行为，马克思主义方法强调结构约束和分类的重要性，结构主义的方法强调特定的经济体的结构（例如，寡头垄断和行业部门的重要性）和经济体之间的结构差异。有很多方法可以划分学科，例如，按照不同的方法、想象、战略和目标（Dutt，1992），除了那些在这里提到的，这足以表明，替代性方法的存在在经济学文献发展过程中是公认的。

三、政治经济学

在经济学的学科，如在发展经济学中，存在替代方法。然而，主流经济学家很少，当然在发展经济学中更少承认替代方法的存在。现在的主流经济学——通常被称为新古典经济学，在边际主义经济学的幌子下，出现在 19 世纪的最后一个季度，涉及决策者个人的数学优化模型的使用（及其相互关系）和（通常）给定的偏好、禀赋和技术。尽管最初有几个相互竞争的学派，但到 20 世纪中叶，新古典经济学变得相对规范并建立了其在行业的主导地位（尽管凯恩斯经济学的趋势上升，但它日益成为占主导地位的新古典经济学）。新古典经济学现在已经达到了一个点，大多数经济学家（尤其是在美国）将经济学定义为新古典经济学，"主流"经济学期刊上也多发表关于新古典方法的专门文章。

尽管"政治经济"已被不同程度应用，我们用它来表示虚拟主体经济，几乎在新古典主义经济学中完全占主导地位[1]。因此，"政治经济学"承认不同途径并存的经济行为的研究，包括古典主义、马克思主义、制度主义和其他方法在很大程度上被新古典主义的浪潮，以及最近的后凯恩斯主义、结构主义、进化和其他方法所淹没，并没有发现新古典主义的霸权性存在。对各种不同的方法在一些阶段没有全面的调查，所以我们仅限于一些简单的摘要[2]。

古典政治经济学遵循古典经济学家的传统，包括斯密和李嘉图，可细分为三个分支。首先，有斯拉法方法价格理论（Sraffa，1960），以输出与分布给出并探讨价格在长期是如何由于古典竞争而确定的。其次，强调技术变革作用的方法，并根据斯密劳动力分工加以分析。主要参与者包括扬（Young，1928）和卡尔多（Kaldor，1957）；主流经济学也讨论了这些问题，即所谓的新经济增长理论（Romer，1986；Lucas，1988）。最后，有方法探讨了互动积累和收入在不同的类型中以新李嘉图（Ricardo）的方式如何分布（尽管鉴于发达经济体小规模农业部门，不包括庄园主）。这一体裁的贡献者包括卡尔多（Kaldor，1955，1956）和帕斯尼提（Pasinetti，1962）。

马克思主义及其政治经济学建立在马克思著作基础上。除了它的历史过程广泛以外，这种方法和阶级斗争如何确定收入分配、收入分配如何决定资本积累率、技术变革和资本积累的相互作用如何促进资本主义经济增长有关。大主题是由于技术变革造成的利润率下降的危机的可能性，是由于对利润和劳动后备军扭转这一角色的工资挤压作用而形成的（Goodwin，1967）。劳动价值理论已备受重视的某些方面，导致价值观转化为价格的问题备受关注（Laibman，1992）。马克思主义经济学家也远远超出了经济学的狭隘定义的范围，进行了广泛的问题研究，包括改变社会经济结构、国家经济条件以及社会和宗教因素之间的相互作用[3]。

凯恩斯学派和凯恩斯政治经济学基于凯恩斯（Keynes，1936）和卡莱茨基（Kalecki，1954，1971）的成果强调在确定产量及其增长率中总需求的作用。各种分支在这些文献中被发现。在失业的决定分析中，后凯恩斯主义作家都强调不确定性和资金的重要性，而不像新古典凯恩斯主义只专注于工资和价格稳定性[4]。而凯恩斯提出了失业率与边际理论（马歇尔）纯粹竞争的微观基础，卡莱茨基和后凯恩斯主义强调不完全竞争的作用和标记的定价。他们在经典的马克思主义传统下强调了阶级之间行为上的差异。标记的定价与主流经济学的货币方法相比，同样也导致了通货膨胀冲突方法的发展。虽然凯恩斯强调在经济周期的作用下的预期，卡莱茨基更用正式的方法强调了有效需求、资本积累和投资滞后[5]，继凯恩斯主义后，如明斯基（Minsky，1975，1986）都强调银行的作用和援助会造成金融脆弱性、不稳定性和周期。凯恩斯的兴趣主要在于短期的产出和失业，卡莱茨基的兴趣在商业周期，随后的贡献者，如哈罗德（Harrod，1939）、罗宾逊（Robinson，1962）和卡尔多（Kaldor，1957）已开始在其研究中分析这些问题，如有效需求在长期增长中的作用，分配、积累特征和技术变革之间的关系。

经济学中的结构主义的方法可以说是二战后发展起来的，局限于发展问题研究。这种方法，从广泛的意义上说，与发展经济学的第一阶段和第二阶段的主要思想相关，近年来已正式形成和发展。

最后，体制、进化、行为和其他方法可以看作是一个杂项类别。该制度主义的方法主要植根于凡勃伦（Veblen，1904）和艾尔斯（Ayres，1944），他们专注于技术的进步作用和制度的阻滞作用，同样也根植于有关制度创建和修改——特别是法律制度，及其与技术和生产互动。这种方法强调组织与经济制度，也就是控制权——其权力结构的问题。其利益存在于，例如制度的作用形成，经济和法律制度、权力和信仰体系之间的相互关系（Samuels，1987）。进化方法借用竞争物种的生物学隐喻并研究这些物种相互之间是如何相互作用的以及这些不同种类的重要性如何演化；因此，重点是异质性和变化，而不是代表单位及其平衡的最优化行为。这种方法已被用于的一个领域是研究技术变化的过程（Nelson and Winter，1982），并遵循了 Schumpeter（1912）的方法，分析了创造性破坏的过程，即一些企业家创新和获得短期利润的过程中，大批的模仿者跟随，促使利润再次回落，预示着一个新的衰退，撒下了一个新的突增创新的种子。其他的方法是行为的方法，它批判新古典主义的优化概念，并提出涉及有限理性的行为替代规则，如"令人满意"，考察它们的相关经验，并探讨了其对宏观经济的影响（Simon，1987）。

四、兰斯·泰勒的贡献

在简要回顾了发展经济学和政治经济学的传统后，我们将讨论泰勒对它们的贡献。泰勒的经济学方法，可以用他自己的话来表述如下：简单的模型，讲述如何观察到的经济体功能是不容易的任务（Taylor，1992，p.579）。

30多年来，泰勒一直致力于教学和研究，他一直致力于开发富有洞察力和创新的模式，讲述富有启发的故事，他一直在为发展中国家提供有价值的政策建议。他被广泛认为是全球领先的发展经济学家之一，非正统经济学的领军人物之一。

当泰勒开始他发展经济学家职业生涯时，他不是所谓的异端的经济学家。他的博士论文在哈佛大学钱纳里（Chenery）的指导下完成，用经济特征和模拟分析处理发展过程中生产部门结构的变化（Chenery，Taylor，1968）。该著作完美地融入早期发展经济学的传统观点，跟随库兹涅茨（Kuznets）和钱纳里早期贡献，继续开发过程中的结构变化（Chenery，Syrquin，1975）。泰勒也做出了规划模型的贡献，包括与大卫·肯德里克（Kendrick and Taylor，1970）进行非线性规划模型数值方法的研究工作，并与埃德马·达帕夏（Bacha and Taylor，1971）研究外汇影子定价规则。他还写了一个全面的和最具影响力的规划模型的理论回顾（Taylor，1975）。

这个早期的著作包括对主流发展经济学的贡献，我们应该记住，这本著作尽管描述发展经济学的第三阶段，但与第一阶段和第二阶段密切相关，同主流的新古典经济学比较是相当非正统的。泰勒（Taylor，1992，p.580）写到，他的顾问钱纳里对非正统观点表现出一个相对开放的态度（许多哈佛毕业的学生在20世纪60年代的激进主义的倾向得到了他的智力保障），这也可能对泰勒产生了深远的影响。在智利工作时，他接触到非正统的经济委员会，同时，亲眼看到了分配矛盾如何影响经济，并开始倾向于非正统观点。从智利回国，在哈佛任教，他读了卡尔多、卡莱茨基、罗宾逊和斯拉法的著作（Taylor，1992）。

非正统观点最早出现在他的一些早期的可计算一般均衡模型中，尤其是分布变化模型著作（Bacha，Cardoso，Lysy and Taylor，1980）。在研究这些模型时，泰勒对另类的封闭模型十分感兴趣，比如新古典模型的充分就业和凯恩斯主义模型。这些替代模型背后的理论思想短期出现在泰勒和利希的著作中（Taylor and Lysy，1979）。这种方法与森（Sen，1963）和马格林（Marglin，1984）早期著作相似，并在非正统宏观经济学的发展中继续发挥重要作用（Dutt，1990）。偏离早期新古典主义充分就业的假设的理论模型包括克鲁格曼和泰勒的作品（Krugman and Taylor，1978），研究凯恩斯—卡莱茨基模型的需求下降，出现贬值紧缩效应。泰勒和帕夏开发了一个增长模型（Taylor and Bacha，1976）。这些和其他模型被纳入泰勒的第一本书（Taylor，1979），这不仅包括许多非正统的宏观模型，而且还建立了与国民收入核算关系密切相关的模型——它定义了泰勒的结构主义宏观经济学特征。

在被称为他工作的第二阶段出现了更发达的发展宏观经济学结构主义方法，被纳入他的第二本书（Taylor，1983），其模型用来分析经济增长与收入分配关系。这一部门经济模型与标记的定价和过剩的产能利用率，明确了有效需求问题，是对不发达国家最早的贡献之一。其分析扩展到了两部门经济——弹性价格的农业市场和固定价格的工业部门与需求确定的输出（Taylor，1982），[6] 工资价格通货膨胀分析利率的增长和稳定政策问题的效应（Taylor，1981a）。泰勒用类似的方法（1981b）分析南北相互作用。这是关于南北模型对文献早期的贡献之一，此后该分析方法明显增加，无论是在非正统还是正统的版本。除了这些理论贡献，泰勒还曾研究相关结构计算的宏观模型，例如，那些在印度和墨西哥的（Taylor，Sarkar and Rattsø，1984；Gibson，Lustig and Taylor，1986）稳定的政策（Taylor，1981a）。特别是，他基于模型成长、分配和通货膨胀，开发了一些最严格、全面的国际货币基金组织的稳定政策。

其研究的第三阶段继续以不同方式来延续他的宏观经济学研究规划。其研究含有多个维度，其中，国际事件越来越多地影响着研究议程。第一个方面是有关发展中国家问题的理论结构主义模型。其中，包括了三缺口模型，它延伸了早先有着储蓄与外汇约束的双缺口模型，结合财政来限制发展，以及拓展了全球框架中的债务危机模型，他和他的合作者也发展了可计算的模型（Taylor，1990）。泰勒的这些贡献中，有一些是综合起来的，如他的第三本主要书籍。第二个方面是加强对宏观经济政策和体制问题的重视。从 20 世纪 80 年代开始，泰勒组织了多个国家的学者，并协调了一些关于稳定、调整和改革经验的比较研究。赫尔辛基的世界发展经济研究所（WIDER）赞助的第一个项目中，最初的重点是收支调整问题的稳定和平衡，紧接着就是 20 世纪 80 年代初期的债务危机。这个早期项目的结果在 1988 年的研究中得到评估，并且在国际货币基金组织（IMF）稳定计划的评论中得到广泛引用。第二个 WIDER 项目将其重点转移到了应用三缺口模型框架的中期发展问题上。该项目中的论文编辑在泰勒（1993）的研究中，同样也包含了他对发展中国家日新月异的产出增长所需全球资源的综合性分析，以及华盛顿共识建议的自由化和结构改革政策的批判。该批判的一部分吸收了夏皮罗和泰勒（1990）的研究，也涉及了国家观点及其经济地位，这暗示了传统惯例。WIDER 支持了中期问题和发展与环境之间关系上的其他研究，通过泰勒的关于对环境的缺口模型和宏观经济处理（1996），作为 WIDER 介绍的一个专门问题而被发表。90 年代后期，泰勒（1999）关于拉丁美洲国家的研究包含了资本收支平衡的贸易自由化、私有化以及开放的经济改革等成果。泰勒（2001）的研究更侧重于社会与社会政策的调整和改革进程。第三个方面描述了他的最新研究，是从仅仅关注发展问题到更多关注宏观经济理论的一个转变 [7]，可以应用到所有发达和发展中国家。泰勒 1991 年的研究被认为是泰勒 1983 年研究的最新修订版，连其标题都代表着一个转变。泰勒 1983 年的研究被

冠以"第三世界的适用模型"的副标题，其意在形成发展经济的一个助力，而泰勒
1991年的研究是关于结构主义宏观经济理论的，它同样可以适用于发达国家。他的
最新手稿书籍已经出版，让该转变更加彻底。该转变同样被看作他对后社会主义经
济（Amsden，Kochanowicz and Taylor，1994）、全球宏观经济和国际金融危机（Eatwell
and Taylor，1998，2000）的关注。该最新研究探索了国际金融规律案例，以便应对
伴随90年代金融自由化和全球化增长而出现的系统风险和金融不稳定性。

五、研究贡献

　　如上部分所述，泰勒的发展研究从对技术传统规划模型和结构转换实证研究的
贡献开始，转化到强调依据方法论的结构主义宏观经济学以及拓宽重点发展方面。
文中第一组章节与这些不同的发展和规划方向相关。
　　肯德里克是泰勒早期研究的合著者（Kendrick and Taylor，1970），与鲁本·梅尔
卡多（Ruben Mercado）和林立慧共同编写了一个章节。这些作者使用通用代数建模
系统软件程序（GAMS），引进策略来实施最优增长模型。他们首先使用该程序来解
决简单一部门拉姆齐新古典增长模型的等弹性效用函数和柯布—道格拉斯生产函
数，证明其特别注重模型等式和变量中时间指标的重要性。其次转向四部门——农
业、采矿业、重工业和轻工业的 Kendrick-Taylor 模型，展示现在可以如何利用这个
模型来将 GAMS 使用在个人电脑上，这与20世纪60年代末肯德里克和泰勒在麻省
理工大学（MIT）的最强计算机的使用形成鲜明对比。
　　比尔·吉布森（Bill Gibson）与泰勒曾合著过一篇论文，其呈现了墨西哥结构主
义可计算的一般均衡模型（Gibson，Lusting and Taylor，1986）。他也曾与泰勒一起
参加过一些国际项目，著作了泰勒标志性的结构主义方法论，他称之为后期结构主
义。吉布森把后期结构主义与早期结构主义发展经济联系起来，强调了影响经济调
整的发展经济体的具体强度，察觉了丰富的方法论意义，使结构主义在社会科学中
也更加普遍，分享了调查范围、转变重要性以及自我调节的完整性。同时，他比较
了后期结构主义与新古典主义方法论，通过反对专案化的决策来为其辩护。吉布森
也讨论了计量经济方法的问题，赞成仿真建模的使用。
　　德斯蒙德·麦卡锡（F. Desmond McCarthy）与泰勒共同合作，使用跨国数据，特
别是贸易结构如何随着发展而变化，来研究结构转换的实证研究（McCarthy，Taylor
and Talati，1987）。他与霍尔格·沃尔夫（Holger Wolf）在健康决定因素上合著了一
个章节，该因素是通过预期寿命，以及使用撒哈拉以南非洲的跨国数据来测量的。
他们进行了简单的分解试验来表明，通过实现低收入国家的最成功水平和他们中最
好表现者达到的水平（并不是指全球的最好表现者），非洲的低收入国家可以在预
期寿命中取得重大胜利。然后，他们检测了预期寿命和显著国家特点（包括个人平
均所得、健康消费、卫生服务与教育权）之间的关系，使用比较数字和较正式的分

级树分析表明，尽管预期寿命明确地依赖于个人平均所得和恰当的政府政策——最重要的政策，但是也大大增加了低收入国家中卫生服务的人口份额。

迪帕克·纳亚尔（Deepak Nayyar）曾经与泰勒一同参与过国际项目，处理了发展的许多方面——包容、排斥与市场——这是他对本书的贡献。受东欧市场、民主政治和全球化排他趋势的混乱转变的影响，两大题材呈现了在泰勒的最新研究中[8]，纳亚尔提供了当前思想动向的评论，"公平"政治民主和市场经济都未能发觉经济排斥（包容）如何与政治排斥（包容）起着相互作用。在民主政治和市场的配对中，纳亚尔证明，当政治民主有一个内在价值时，其本身就成为了一个终结者，这时，市场只有一个工具价值：其只是达到目的的手段，其作用以其结果来证明。该章也用实例来强调和阐明，与"经济和政治间的传统二分法"相比，市场经济运作生成的经济和社会不平等如何在政治进程中得到反映，如何影响政治平等和民主平等的程度。反之亦然。权利没有受到政治范围保护的群体更容易受到经济领域中发展的侵害。该章通过评论"自由悖论"，得出结论：市场可以从人类包容中获利，然而其也通过自身逻辑来排除无权力、无能力、无资产的群体；民主也包含了选举权，但是政治进程却倾向于排除弱势群体。

金融和其他资产市场也是实体经济结构的一部分，泰勒在其著作中特别反复强调这一点。该书的下一部分处理了这些要素在经济中的作用。

威廉姆·达里蒂（William Darity）是 20 世纪 90 年代末泰勒在 MIT 的学生，并在其指导下写了一篇论文，也与博比·霍恩（Bobbie Horn）和迈克尔·劳勒（Michael Lawlor）合著了一个章节，讨论了金融因素可以为竞争提供更好的理解。他们检测了竞争的传统方向，发现其是不足的，这是因为完全竞争受限于竞争的一个有疑点的特性描述，关于规模报酬的假设也不是很确定。他们提出把竞争当作一个例外或者暂时活动。他们发现 Sraffa 定义的竞争的古典概念，将其形象化为致使部门间利润比例平等的过程，也是一个比较有用的起点。然而，他们也出现了争论，对于货币经济，其焦点应该放在金融资本的流动性上，而不是古典理论标准形式化中的实物资本。他们讨论了在发展竞争理论中强调金融资本的作用，这可能是吸收凡勃伦和凯恩斯研究的结果，尽管其与古典视角有所偏差。凡勃伦不仅注重商务企业的金融操作，而且也注重心理因素在确定资产价值上的作用。凯恩斯在其股票市场根本不确定性的影响中对这些主题进行了讨论，同时，这些主题与古典竞争概念间的联系也在其资本市场套利过程中被讨论，该过程导致了资本收益率的均衡化。

乔恩·拉提素（Jørn Rattsø）与泰勒在印度计算结构主义模型上合著过一篇论文（Taylor, Sarkar and Rattsø, 1984），并且和他一起参与过一些国际项目，开发了一个理论结构主义模型来检验非生产性投机资产（如土地）在进口管制和金融抑制经济中的作用。尤其是，该模型用于理解投机性高涨和停滞如何在撒哈拉以南非洲国家中进行联合。泰勒在一些著作中也提出，该模型模仿托宾（Tobin）的股票平衡线，检验了资金、实物资本等资产与土地之间的相互联系。而实物层面的输出量由于外汇限制受到了中间进口输入产品有效性的制约。扩张性货币政策导致了物价水平的上涨，减少了出口以及中间进口产品的有效性。因此输出可以通过从实物资本中分离资本需求（只有较低的收益率）来鼓励投机买卖。从长远来看，该模型可以预示循环周期，伴随着投机资产收益的内生变化，投机买卖和实物资本积累相互影响导致了萧条和繁荣的交替出现。

邓肯·弗利（Duncan Foley）现在是泰勒在新学院大学的同事，他在泰勒循环周期和金融危机的基础［基于海曼·明斯基（Hyman Minsky）的研究（Taylor and O'Connel，1985）］上开发了金融不稳定性模型。弗利利用了 Taylor-O'Connel 模型中的输出由需求决定的研究，以及卡莱茨基研究中分配由外生确定和投资依赖于利润率、利率以及置信因素。但是，与他们的模型不同，弗利认为在开放经济的案例中，资本流入积极影响了利率，消极影响了利润率（自从高利润导致了外国资本的购买率），这让他明确分析了 Minskyan 投机融资和政体中的金融脆弱性。假设当增长率偏离了其平衡水准时，金融当局调整了利率；又假设当增长率超过了其平衡水准时，置信参数提高，而当其利率超过了平衡水准时，置信参数降低。这表明，利用利率政策来稳定经济可能导致 Minskyan Ponzi 政局，非常容易受到金融危机的冲击。因此，尝试用紧缩通货政策来稳定开放经济总是事与愿违，这是 Taylor 曾经讨论过的。

波哈杜里（Amit Bhaduri）是泰勒在国际项目中的合作者，他将其注意力转移到了外汇市场模型上，该模型检验了汇率变化和资本流入的动向。在他的模型中，资本流动是由汇率预期来驱动的，而这些预期反过来也受经济中外部资本（或储备）和债务（或外债）地位的影响。如果经济汇率预期对储备变化的回应很大，那么考虑到其他参数值，资本流动和汇率的动向也变得不稳定。贸易平衡对汇率变化的更高回应，以及汇率调整对外汇超额需求的更高速率易于稳定系统，然而资金流量针对汇率预期变化所做出的强烈反应会引起整个金融系统的动荡。因此，亟须对汇率进行调整，而以控制维稳为形式的资金流量干预行为（尤其是短期行为）对于维护金融秩序具有重要作用。波哈杜里还说道，在储蓄存款达到很低水平时，潜在的可出售海外公共资产同样可作为储蓄存款，其中的私人资产可通过提升汇率预期变化对储蓄存款的变化反应来稳定秩序。

接下来的部分涉及稳定金融政策的理论和实践以及结构改革的宏观经济方面，这些问题频频引起了泰勒的关注。由帕夏、弗兰克尔和罗斯提出的一个共同主题是稳定，那时资本流入拉美地区，促使该地区在 20 世纪 90 年代增长复苏。

埃德马·帕夏是泰勒职业生涯早期阶段的合著者（Bacha and Taylor，1971，1973；Taylor and Bacha，1976），对巴西 1994 年稳定计划的制订、执行和结果的观点被称为"普莱诺事实"。该构想计划的经济团队是里约热内卢的天主教大学的一群学者，包括帕夏自己，泰勒曾经在这所大学教经济学。真正的计划是成功地大幅降低高通胀水平（在每月 25% 的通胀中有一种加速倾向），并且未对其行为做出针对性反应，导致经济衰退。帕夏的一个关键观点是，通过协调自愿价格决定和转换工资，由它们的平均值在最近的过去得到新的货币单位（URV，单元的实数值）。该方案成功地消除了与滞后指数化系统的冲突，从而在稳定或几乎稳定的价格水平相关联的惯性上取得了实质性突破。与此同时，有几个原因导致该程序的变革以及随后的经济扩张。一个主要因素是，突然取消的国内生产总值的 2%~3% 量级的通货膨胀税，提振了消费者支出，特别是低收入者支出。然而，该计划并未让巴西经济从此走上正轨，无法维持高水平的增长、通胀控制水平以及收支平衡的良好状况。

罗伯托·弗兰克尔，泰勒（Fanelli，Frenkel and Talor，1994）在几个比较研究项目的合作者和对世界银行《1991年世界发展报告》的批评的共同作者，分享了泰勒对股价不受监管的金融系统的担忧（该论断极有可能是受到弗兰克尔自己在20世纪80年代所写的拉丁美洲地区经济自由主义思潮的影响），[9]在弗兰克尔与卢卡斯·辛普森合著的章节中，作者回顾了拉丁美洲资本市场自由化的年代。正如20世纪70年代与90年代相比的资本流动对汇率预期变化的更强回应，在金融自由化中，资本激增结合国内内生周期导致实际汇率上涨，增加了外部脆弱性以及金融和实物资产泡沫，其最终破坏了完全成熟的金融和国际收支平衡。各国国情的比较对于金融自由化来说是不好的。在20世纪70年代，拉丁美洲国家进行了最大程度的自由化，阿根廷和智利是受金融危机影响萧条最深和社会成本最大的国家。它们同样也是遭受汇率升值影响最大和解除资本与金融收支管制最彻底的国家。

杰米·罗斯（Jaime Ros）是泰勒在国际研究项目中的另一位合作者，他在结构主义传统上开发了一个理论模型来检验开放经济中增长与膨胀间的相互作用，并且应用了该模型来检验20世纪90年代拉丁美洲经济体的绩效。Ros重点关注通货膨胀对投资、增长及资本流入增长的影响，这反过来通过汇率水平也对通货膨胀有着反作用。从这些相互作用中得出结论，稳定性（或资本流入的自我恢复）可以引发投资恢复、资本流入以及实际货币升值的良性循环，这反过来也增强了稳定化进程。因此，20世纪90年代拉丁美洲的稳定和增长恢复可以看作从缓慢生长和高通胀的失衡到低通胀和较快增长的高平衡的转换。然而，由于大多数拉丁美洲经济体的稳定是以实际货币升值为代价的，所以增长仍然疲弱。与弗兰克尔（Frenkel）和辛普森（Simpson）合著的那章与帕夏的巴西观察不谋而合，该章也总结出拉丁美洲经济政策已经成为低通胀、快增长的模式，也顺应了可持续的国际收支平衡。

后续章节跟随着泰勒传统视角的评论，讨论了新自由主义。所谓的华盛顿共识也提倡市场自由化，强调了市场中定价权的必要性，进而实现微观经济效益。

海伦·夏皮罗与泰勒在发展理论中的国家作用（Shapiro and Taylor，1990）上合著过一篇论文。她在著作中提出由于最不发达国家（LDC）没有确切的企业理论，所以反对对LDC进行新自由主义政策的分析。她对消极、完全竞争企业进行标准假设表示不赞同，提出把企业引入更适合的分析中。夏皮罗从其不赞同的观点出发，将迈克尔·波特的竞争策略及其应用引入发展中国家，在她的大部分实证分析中也吸收了拉丁美洲国家的经验。她指出，尽管波特的方法给企业带来了中心作用，也可以正确观察到，在短暂现象如廉价劳动力中追求比较优势对国家来讲有着严重后果，但是其也有一些不足之处。其经常不合理地从私人企业水平到国家水平进行推断，忽视了LDC的历史和体制特异性，而完全遵从新自由主义的本质来给出政策建议。建议企业在自由市场中发展其自身的动态比较优势，忽视了激励政府需要进行创新来促使其以该种方式进行发展，遗忘了许多LDC产业都被跨国企业控制，这导致了收支平衡上的不良反应：企业内贸易和出口导向的产业化。此外，历史因素如沉没投资费用导致了低价回应，防止了新自由主义政策方法上的调整。

爱丽丝·阿姆斯登（Alice Amsden）是泰勒在 MIT 的同事，他们共同合著了后社会主义国家经济改革的一个著作（Amsden，Kochanowicz and Taylor，1994）。她从与瞿宛文联合研究转向东亚的传统领域来据理反对"定价权"的新自由主义政策建议，提出了一个与泰勒研究较相符的主题："定价权"的需求。通过后来者发展以及检验中国台湾电子产业和现代服务业案例，阿姆斯登和瞿宛文分析了何种结构对科技提高是重要的。他们使用所谓的重点突破理论，讨论了成功的提高需要企业规模迅速扩大以便利用不同类型的规模经济，全球化的本色挑选确保了国民企业的统治，而不是跨国企业的。他们证明了该重点突破理论，而不是后来者网络理论，根据企业紧密网络，促进了其提高，提供了一个更好的中国台湾人经验的解释，尽管后者也有一定的解释力。

乔斯·玛丽亚·法内利（José María Fanelli）与泰勒合著了世界银行发起的《1991年世界发展报告》（Fanelli，Frenkel and Taylor，1992），他也是一些国际研究项目的合作者。他强调了华盛顿共识和政策建议中被忽视的微观—宏观相互作用的要求。他的章节提出了强大而有说服力的案例，这些相互作用对理解拉美市场导向改革的缺点是必不可少的，同时也为理解增长进程中该微观—宏观相互作用做出了贡献。举例说明，他检验了宏观经济不稳定性如何在微观层面上妨碍生产率增长，以及微观层面的分工和金融因素如何通过活期存款账户和生产率增长的作用来影响宏观经济稳定和总体增长。LDC 的一个重要主题是以不完全的被分割开的市场和疲弱体制为特点的，宏观经济失调可能有长远的影响甚至减稳的后果，这些都是有着较完全市场结构和较强体制的发达国家所没有的；另一个主题是指总体增长率确定中的信用配给和流动性约束作用，法内利将其与泰勒的三缺口模型文献联系在一起。该章同样讨论了流动性和短期竞争间以及长期竞争和持续性间的联系，还有竞争中分工、生产结构以及价格和非价格因素的作用。

最后一部分转向了全球经济，讨论贫富国家间（南北）的经济联系，以及全球化的影响和挑战。

达特（Amitava Dutt）是泰勒 20 世纪 70 年代末至 90 年代初在 MIT 的学生，他在其指导下写出了发展中国家增长和收入分配模型的论文，他也是其国家研究项目的合作者。他还跟随着泰勒的研究发展了南北贸易模型，其表明了不均匀发展怎样发生在全球范围内。该理论模型吸收了瑟尔沃尔的研究，该研究表明假如南北贸易平衡，假如贸易条件是恒定的，假如南方对出口北方货物的收入弹性超过了北方对出口南方货物的收入弹性，北方将会比南方增长得更快。该模型在这一章中使用了泰勒有效需求制约的刘易斯类型南方和凯恩斯—卡莱茨基类型北方的特性描述，其显示了增长途径和贸易条件进化如何内在确定，以及模型受限于北方增长快于南方的长期均衡。该章同样呈现了实证结果，建议南方对北方出口的收入弹性超过相应的北方对南方出口的收入弹性，其实际上也可以一直增长，加剧不稳定发展。

格里·赫莱纳（Gerry Helleiner）与泰勒一起合作了世界发展经济研究所的项目，致力于另一方面的南北关系：国外援助。他检验了对 LDC 官方发展援助的当前文献的新范式，这强调了"合作关系"和"局部"合作关系的需求，证实了当前有关援助关系的现状与新说法之间的不相符。评估援助有效性的成果首先受到援助机构需求的驱动，而不是被援助国，这暗示着缺乏真实的合作关系。他建议，一些改革可以缩短现实与理想的差距，包括：援助机构相关信息的适时规定来帮助被援助国政府更有效地利用援助；国家计划和优先事项的援助整合与协调；补偿和应急金融的规定；减少援助无效的技术合作组件；通过独立监管机构，而不是援助机构来监测长远援助。

通过共享世界经济中系统性风险增长热点，他们发现其是国际金融自由化造成的。约翰·伊特韦尔（John Eatwell）和泰勒在 1998 年提出了创立世界金融监管局（WFA）的建议（Eatwell and Taylor，1998，2000）。在他此处的章节中，伊特韦尔通过判定金融全球化造成的挑战和当前监管实践问题开发了国际金融规则。该章强调了处理微观经济风险的宏观表现需求，以及规则顺周期效应中发现的问题，这些问题是由风险管理技术导致的传染事件组合而成的，讨论了系统性风险的一个新方法，其中微观经济和宏观经济因素没有被区分对待。该章的一个中心主题（Eatwell and Taylor，2000）是监管当局的领域应该与市场规定领域相同。所以，最主要的挑战就是 WFA 的一些精确任务，如运行中的信息和监测，它们在运行中是不完美的、不协调的。

乔斯·安东尼奥·奥坎波（José Antonio Ocampo）与泰勒合作过一些国际研究项目，也与他合著过一篇关于贸易自由化的论文（Ocampo and Taylor，1998）。在他此处的章节中，他同样处理了一些世界经济中金融不稳定的问题和后果，尽管伊特韦尔和泰勒采取了与他不同的视角。他从观察开始入手，观察到世界经济中金融不稳定生成了强烈的顺周期效应，他称之为"商业周期/政策采用"外围。因此，LDC 当前政策是顺周期性的，突出了与游资流动相关的涨跌循环。在危机发生期间，采用紧缩措施是为了生成金融市场的可信性，反过来这也为繁荣时期的顺周期政策创造了经济政治压力。然后，他进行了综合作用分析，在拉丁美洲或其他地方，随着相关地区的政治创新，发展中国家政策在减少近来国际金融不稳定的不良反应上起到了作用。他的方法通过以下政策，帮助了管理增长（因此，防止了危机）：①灵活管理汇率结合资本账户管制来为反周期货币政策提供空间；②债务政策旨在改善个人债务和国债，包括资本账户和国内金融条例，以及国债管理；③审慎监管的反周期管理和金融系统监管；④基于结构性预算的财政目标应用的反周期财政政策，重要财政影响和适当计划的社会安全网络的商品稳定基金。

安德烈斯·索利马诺（Andrés Solimano）是泰勒在 MIT 时的学生，也是他国际研究项目的合作者，在他的指导下，索利马诺写作了发展中国家的货币贬值通货膨胀和债务的论文。在该文章中，索利马诺处理了全国相互依赖增长和相关体制挑战带来的机遇和风险。他的一个主要主题就是迄今为止，全球化效应不均衡地分布在世界各国。除此之外，全球相互依赖带来了金融波动增长和更频繁的金融危机。因此，主要挑战是全球和国家金融稳定的维持以及经济政策自主程度的增长（特别是财政和社会政策）。这里，索利马诺关注了 IMF 和世界银行改革，以及区域性金融机构在处理这些挑战和全球化金融需求上的作用，补充了伊特韦尔和奥坎波的研究。该章同样也回顾了国际贸易和金融上的正统和非正统观点。正统理论家强调自由贸易主张（更大的经济效益和扩大的消费机会）——尽管有一些存在质疑，甚至遭到反对。自由资本流动性——非正统观点［泰勒使其正式化（Taylor，1983）］——强调发达和发展中国家间贸易收益的不对称分布，以及发展中国家对影响全球结果的有限能力。

注释

1. 这个定义所使用的是和罗斯柴尔德（1989）类似的定理，并且遵循达特（1994）所使用的规则。

2. 讨论这些非正统的方法可以利用达特（1994）的理论。它指出不同方法之间的界限（在某些情况下主流经济学）并不总是很清楚，并且通常会有大量的差异化的方法。虽然没有试图面面俱到，但是提供了一个非正统的方法。

3. 抽样的贡献请参阅吉登斯和赫尔德（1982）。

4. 请参阅达特和阿马德奥（1990）中这场辩论的详细阐述，以及引用后凯恩斯学派的贡献。

5. 请参阅卡尔多（1940）的非线性投资和储蓄功能结合的循环模式与凯恩斯主义和卡莱茨基见解的结合。

6. 虽然价格是收缩的，但是这种解决的方法被卡莱茨基、希克斯和其他人早期使用过，它们罕见地被应用于发展中国家的宏观经济问题。

7. 请参阅他关于明斯基的危机的著作等（泰勒和奥康奈尔，1985）。

8. 特别参阅阿姆斯登、柯翰纳维西和泰勒（1994）。

9. 请参阅弗兰克尔（1983）在泰勒（1991）的理论中被重新叙述的正式模型。

参考文献

Amsden, Alice (1991), *Asia's Next Giant: South Korea and Late Industrialization*, New York: Oxford University Press.

Amsden, Alice, J. Kochanowicz and Lance Taylor (1994), *The Market Meets its Match: Reindustrializing Eastern Europe*, Cambridge, Mass.: Harvard University Press.

Arndt, H.W. (1987), *Economic Development*, Chicago: University of Chicago Press.

Ayres, Clarence E. (1944), *The Theory of Economic Progress*, Chapel Hill: University of North Carolina Press.

Bacha, Edmar, Eliana A. Cardoso, Frank J. Lysy and Lance Taylor (1980), *Models of Growth and Distribution for Brazil*, New York and London: Oxford University Press.

Bacha, Edmar and Lance Taylor (1971), "Foreign exchange shadow prices: a critical review of current theories", *Quarterly Journal of Economics*, 85, 197–224.

Bacha, Edmar and Lance Taylor (1973), "Growth and trade distortions in Chile", in R.S. Eckaus and P. N. Rosenstein-Rodan (eds), *Analysis of Development Problems*, Amsterdam, North-Holland; New York, American Elsevier.

Baran, Paul (1952), "On the political economy of backwardness", *Manchester School*, 20, January, 66-84.

Bardhan, Pranab K. (1988), "Alternative approaches to development economics", in Hollis B. Chenery, and T.N. Srinivasan (eds), *Handbook of Development Economics*, Vol. 1, Amsterdam: North Holland.

Bardhan, Pranab (1993), "Economics of development and the development of economics", *Journal of Economic Perspectives*, 7 (2), Spring, 129-142.

Bardhan, Pranab and Christopher Udry (1999), *Development Microeconomics*, Oxford: Oxford University Press.

Basu, Kaushik (1998), *Analytical Development Economics. The Less Developed Economy Revisited*, Cambridge, Mass.: The MIT Press.

Bauer, P.T. (1971), *Dissent on Development: Studies and Debates in Development Economics*, London: Weidenfeld & Nicholson.

Bauer, P.T. and B.S. Yamey (1957), *The Economics of Under-developed Countries*, Chicago: University of Chicago Press.

Chenery, Hollis B. (1975), "The structuralist approach to development policy", *American Economic Review*, Papers and Proceedings, 65 (2), May, 310-316.

Chenery, Hollis B. and Michael Bruno (1962), "Development alternatives in an open economy: the case of Israel", *Economic Journal*, 72, 79-103.

Chenery, Hollis B. and Moises Syrquin (1975), *Patterns of Development*, 1950-1970, Oxford: Oxford University Press.

Chenery, Hollis and Lance Taylor (1968), "Development patterns among countries and over time", *Review of Economics and Statistics*, 50, 391-416.

Commons, John R. (1934), *Institutional Economics*, New York: Macmillan.

Dutt, Amitava Krishna (1990), *Growth, Distribution, and Uneven Development*, Cambridge: Cambridge University Press.

Dutt, Amitava Krishna (1992), "Two issues in the state of development economics", in A.K. Dutt and K.P. Jameson (eds), *New Directions in Development Economics*, Aldershot, UK and Brookfield, US: Edward Elgar.

Dutt, Amitava Krishna (1994), "Analytical political economy: an introduction" in A.K. Dutt (ed.), *New Directions in Analytical Political Economy*, Aldershot, UK and Brookfield, US: Edward Elgar.

Dutt, Amitava Krishna (2002), "The political economy of development: an introduction", in A.K. Dutt (ed.), *The Political Economy of Development*, Cheltenham, UK and Northampton, US: Edward Elgar.

Dutt, Amitava Krishna and Edward J. Amadeo (1990), *Keynes's Third Alternative? The Neo-Ricardian Keynesians and the Post Keynesians*, Aldershot, UK and Brookfield, US: Edward Elgar.

Dutt, Amitava Krishna, Kwan S. Kim and Ajit Singh (eds) (1994), *The State, Markets and Development*, Aldershot, UK and Brookfield, US: Edward Elgar.

Eatwell, J. and L. Taylor (1998), "International capital markets and the future of economic policy", a paper prepared for the Ford Foundation project *International Capital Markets and the Future of Economic Policy*, New York: Center for Economic Policy Analysis; London: IPPR.

Eatwell, J. and L. Taylor (2000), *Global Finance at Risk: the Case for International Regulation*, New York: Policy Press.

Fanelli, José María, Roberto Frenkel and Lance Taylor (1992 [1994]), "The World Development Report 1991: A Critical Assessment", in United Nations Conference on Trade and Development, *International Monetary and Financial Issues for the 1990s*, Vol. 1, New York: United Nations. Reprinted in Graham Bird and Ann Helwege (eds) (1994), *Latin America's Economic Future*, London and San Diego: Academic Press.

Frenkel, Roberto (1983), "Mercado financiero, expectativas cambiarias y movimientos de capital", *El Trimestre Económico*, No. 200, Mexico.

Furtardo, Celso (1964), *Development and Underdevelopment*, Berkeley: University of California Press.

Gibson, Bill, Nora Lustig and Lance Taylor (1986), "Terms of trade and class conflict in a Marxian computable general equilibrium model for Mexico", *Journal of Development Studies*, 23 (1), 40–59.

Giddens, Anthony and David Held (eds) (1982), *Classes, Power, and Conflict*, Berkeley: University of California Press.

Goodwin, Richard M. (1967), "A Growth Cycle", in C.H. Feinstein (ed.), *Socialism, Capitalism and Growth*, Cambridge: Cambridge University Press.

Granovetter, Mark (1985), "Economic action and social structure: The problem of embeddedness", *American Journal of Sociology*, 91 (3), November, 481–510.

Harrod, Roy (1939), "An essay in dynamic theory", *Economic Journal*, 49, 14–33.

Hirschman, Albert O. (1958), *The Strategy of Economic Development*, New York: Norton.

Hirschman, Albert O. (1977), "A generalized linkage approach to development, with special reference to staples", *Economic Development and Change*, Vol. 25, Supplement (Essays in Honor of Bert F. Hoselitz), 67–98.

Hirschman, Albert O. (1981), "The rise and decline of development economics", in A.O Hirschman, *Essays in Trespassing: Economics to Politics and Beyond*, Cambridge: Cambridge University Press.

Kaldor, Nicholas (1940), "A model of the trade cycle", *Economic Journal*, 50, 78–92.

Kaldor, Nicholas (1955–1956), "Alternative theories of distribution", *Review of Economic Studies*, 23 (2), 83–100.

Kaldor, Nicholas (1957), "A model of economic growth", *Economic Journal*, 67, 591–624.

Kalecki, Michal (1954), *Theory of Economic Dynamics*, London: Allen and Unwin.

Kalecki, Michal (1971), *Selected Essays on the Dynamics of the Capitalist Economy*, Cambridge: Cambridge University Press.

Kendrick, David A. and Lance Taylor (1970), "Numerical solution of nonlinear planning models", *Econometrica*, 38, 453–467.

Keynes, John Maynard (1936), *The General Theory of Employment, Interest and Money*, London: Macmillan.

Krugman, Paul and Lance Taylor (1978), "Contractionary effects of devaluation", *Journal of International Economics*, 8, 445–456.

Laibman, David (1992), *Value, Technical Change and Crisis. Explorations in Marxist Economic Theory*, Armonk, New York: M.E. Sharpe.

Lal, Deepak (1985), *The Poverty of "Development Economics"*, Cambridge, Mass.: Harvard University Press.

Lal, Deepak (ed.) (1992), *Development Economics*, Aldershot, UK and Brookfield, US: Edward Elgar.

Lewis, W. Arthur (1954), "Economic development with unlimited supplies of labour", *Manchester School*, 22 (2), 131–191.

Lewis, W. Arthur (1984), "The state of development theory", *American Economic Review*, 74 (1), March, 1–10.

Little, Ian M.D. (1982), *Economic Development*, New York: Basic Books.

Little, Ian M.D., Tibor Scitovsky and Maurice Scott (1970), *Industry and Trade in some Developing Countries*, Oxford: Oxford University Press.

Lucas, Robert E.B. (1988), "On the mechanics of economic development", *Journal of Monetary Economics*, 22, 3–42.

Marglin, Stephen A. (1984), *Growth, Distribution and Prices*, Cambridge, Mass: Harvard University Press.

McCarthy, F. Desmond, Lance Taylor and Cyrus Talati (1987), "Trade patterns in developing countries: 1964–1982", *Journal of Development Economics*, 27 (1–2), October, 5–39.

Meier, Gerald M. (1984), "The formative period", in G.M. Meier and D. Seers (eds), *Pioneers in Development*, New York: Oxford University Press.

Minsky, Hyman P. (1975), *John Maynard Keynes*, New York: Columbia University Press.

Minsky, Hyman P. (1986), *Stabilizing an Unstable Economy*, New Haven, Conn.: Yale University Press.

Myrdal, Gunnar (1957), *Rich Lands and Poor Lands*, New York: Harper Brothers.

Nelson, Richard R. and Sidney G. Winter (1982), *An Evolutionary Theory of Economic Change*, Cambridge, Mass.: Harvard University Press.

Noyola, Juan F. (1956), "El desarrollo económico y la inflación en México y otros países latinoamericanos", *Investigación Económica*, 16: 603–648.

Nurske, Ragnar (1953), *Problems of Capital Formation in Underdeveloped Countries*, Oxford: Basil Blackwell.

Ocampo, José Antonio and Lance Taylor (1998), "Trade liberalization in developing countries: Modest benefits but problems with productivity growth, macro prices, and income distribution", *Economic Journal*, 108, 1523–1546.

Pasinetti, Luigi (1962), "The rate of profit and income distribution in relation to the rate of economic growth", *Review of Economic Studies*, 29, 267–279.

Prebisch, Raul (1959), "Commercial Policy in Underdeveloped Countries", *American Economic Review*, 49 (2), May, 251–273.

Ray, Debraj (1998), *Development Economics*, Princeton, New Jersey: Princeton University Press.

Robbins, Lionel (1968), *The Theory of Economic Development in the History of Economic Thought*, London: Macmillan.

Robinson, Joan (1962), *Essays in the Theory of Economic Growth*, London: Macmillan.

Romer, Paul M. (1986), "Increasing returns and long-run growth", *Journal of Political Economy*, 94, 1002–1037.

Ros, Jaime (2000), *Development Theory and the Economics of Growth*, Ann Arbor, MI: University of Michigan Press.

Rosenstein-Rodan, Paul M. (1943), "Problems of industrialization in Eastern and South-Eastern Europe", *Economic Journal*, 53, 202–211.

Rothschild, Kurt (1989), "Political economy or economics? Some terminological and normative considerations", *European Journal of Political Economy*, 5 (1), 1–12.

Samuels, Warren J. (1987), "Institutional economics", in J. Eatwell, M. Milgate and P. Newman (eds), *The New Palgrave. A Dictionary of Economics*, London: Macmillan.

Schumpeter, Joseph A. (1912), *The Theory of Economic Development*, English trans., Cambridge, Mass.: Harvard University Press (1934).

Sen, Amartya K. (1963), "Neo-classical and neo-Keynesian theories of distribution", *Economic Record*, 39, 54–64.

Shapiro, Helen and Lance Taylor (1990), "The state and industrial strategy", *World Development*, 18 (6), 861–878.

Simon, Herbert A. (1987), "Behavioural economics", in J. Eatwell, M. Milgate and P. Newman (eds), *The New Palgrave. A Dictionary of Economics*, London: Macmillan.

Singer, Hans (1950), "The distribution of gains between borrowing and investing countries", *American Economic Review*, 40 (2), May, 473–485.

Sraffa, Piero (1960), *Production of Commodities by Means of Commodities*, Cambridge: Cambridge University Press.

Sunkel, Osvaldo (1960), "Inflation in Chile: An unorthodox perspective", *International Economic Review*, 10, 107–131.

Taylor, Lance (1975), "Theoretical foundations and technical implications", in Charles R. Blitzer, Peter B. Clark and Lance Taylor (eds), *Economy-wide Models and Development Planning*, Oxford: Oxford University Press.

Taylor, Lance (1979), *Macro Models for Developing Countries*, New York: McGraw Hill.

Taylor, Lance (1981a), "IS/LM in the tropics: Diagrammatics of the new structuralist macro critique", in William R. Cline and Sidney Weintraub (eds), *Economic stabilization in developing countries*, Washington DC: The Brookings Institution.

Taylor, Lance (1981b), "South-North trade and Southern growth: Bleak prospects from a structuralist point of view", *Journal of International Economics*, 11, 589–602.

Taylor, Lance (1982), "Food price inflation, terms of trade and growth", in M. Gersovitz et al. (eds), *The Theory and Experience of Economic Development: Essays in Honor of Sir W. Arthur Lewis*, London: Allen and Unwin.

Taylor, Lance (1983), *Structuralist Macroeconomics. Applicable models for the Third World*, New York: Basic Books.

Taylor, Lance (1988), *Varieties of Stabilization Experience. Towards Sensible Macroeconomics in the Third World*, Oxford: Clarendon Press.

Taylor, Lance (1990) (ed.), *Socially Relevant Policy Analysis*, Cambride, Mass.: The MIT Press.

Taylor, Lance (1991), *Income Distribution, Inflation and Growth. Lectures in Structuralist Macroeconomics*, Cambridge, Mass: MIT Press.

Taylor, Lance (1992), "Lance Taylor (born 1940)", in Philip Arestis and Malcolm Sawyer (eds), *A Biographical Dictionary of Dissenting Economists*, Aldershot, UK and Brookfield, US: Edward Elgar.

Taylor, Lance (ed.) (1993), *The Rocky Road to Reform. Adjustment, Income Distribution, and Growth in the Developing World*, Cambridge, Mass.: MIT Press.

Taylor, Lance (1996), "Sustainable development: an introduction", *World Development*, 24, 215-225.

Taylor, Lance (ed.) (1999), *After Neoliberalism: What Next for Latin America?*, Ann Arbor, MI: University of Michigan Press.

Taylor, Lance (ed.) (2001), *External Liberalization, Economic Performance and Social Policy*, Oxford and New York: Oxford University Press.

Taylor, Lance and Edmar Bacha (1976), "The unequalizing spiral: A first growth model for Belindia", *Quarterly Journal of Economics*, 90, 197-218.

Taylor, Lance and Frank J. Lysy (1979), "Vanishing income distributions: Keynesian clues about model surprises in the short run", *Journal of Development Economics*, 6, 11-29.

Taylor, Lance and O'Connell, Stephen A. (1985), "A Minsky crisis", *Quarterly Journal of Economics*, 100, Supplement, 871-885.

Taylor, Lance, Hiren Sarkar and Jørn Rattsø (1984), "Macroeconomic adjustment in a computable general equilibrium model for India", in Moshe Syrquin, Lance Taylor and Larry Westphal (eds), *Economic Structure and Performance*, Orlando, FI.: Academic Press.

Veblen, Thorstein (1904), *The Theory of Business Enterprise*, New York: Scribner's Sons.

Wade, Robert (1990), *Governing the Market. Economic Theory and the Role of the Government in East Asian Industrialization*, Princeton, NJ: Princeton University Press.

Young, Allyn (1928), "Increasing returns and economic progress", *Economic Journal*, 38, 527-542.

第二部分

发展方法和规划方法

第二章　利用高级建模系统 GAMS 建立经济增长模型

P.Ruben Mercado，Lihui Lin and David A.Kendrick

　　经济增长的理论和计算模型近年来经历了显著的回归（重获成功），特别是最优增长模型这种形式。我们对于简单的一个部门的最优增长模型的定性属性已经了解了很长时间，并通过特定模型与简单的目标函数和动态约束获得了闭合形式的解。然而，只要我们从简单模型移动到更复杂的规范，计算方法就成为必要[1]。这些方法非常有用，因为他们不仅可以获得指定的经验解决方案和模拟模型，而且可以探索复杂行为的理论模型[2]。

　　我们在本章的目标是介绍一些策略和方法来实现最优增长模型在通用代数模型系统的应用[3]。首先，我们用一个简单的 Ramsey-type 模型；其次，采用更复杂的由肯德里克·大卫和泰勒创建的动态多部门模型（Kendrick and Taylor，1969，1970）；最后一个特别有趣，因为它是一个四部门与非线性目标函数模型，非线性不变替代弹性（CES）生产函数和非线性吸收能力函数。它指的是使用计算方法解决多部门非线性优化模型的可行性的早期努力。当时，这样的解决方案需要存放在麻省理工学院的最强大的计算机的帮助。今天，它可以很容易地在个人计算机上实现，并且在计算经济增长建模技术方面提供了一个很好的训练场地。

一、一个简单的拉姆齐模型

　　考虑以下简单的单部门非线性优化拉姆齐模型：

$$\max \sum_{t=0}^{T-1} (1+\rho)^{-t} \frac{c_t^{1-\tau}}{1-\tau} \tag{2.1}$$

以下式为条件：

$$y_t = k_t^{\beta} \tag{2.2}$$

$$k_{t+1} = y_t - c_t \tag{2.3}$$

$$k_0 = \bar{k}, \quad k_t > 0, \quad c_t > 0 \tag{2.4}$$

　　其中，c_t=消费，k_t=资本存量，y_t=总收入，ρ=时间偏好率，τ=弹性参数，β=

资本系数。

一般分析这种类型的属性使用单部门模型的方法是众所周知的[4]，然而，即使利用简单的单部门模型得到的解决方案，我们也不得不依靠计算模型。这就是这个简单的模型在给定了参数和初始条件的具体值后，是怎样在通用代数建模系统（GAMS）中实现计算的。

简单的拉姆齐增长模型：

SETS T EXTENDED HORIZON /0*2/

标量：

beta exponent on capital	/0.75/
rho welfare discount	/0.03/
eta elasticity	/0.9/;

参数：

dis(t)discount factor；

dis(t)=(1+rho)**(1-ord(t))/(1-eta)；

变量：

c(t)consumption

y(t)income

k(t)capital stock

j performance index；

方程：

yd(t)income definition

kb(t)capital sock balance

jd performance index definition；

jd..　　　　　j=E=sum(t,dis(t-1)*c(t-1)**(1-eta))；

yd(t)..　　　y(t)=E=k(t)**beta；

kb(t+1)..　　k(t+1)=E=y(t)-c(t)；

*lower bounds on variables （变量的下限）

c.lo(t)=0.001；k.lo(t)=0.001；

*initial capital stock （初始资本存量）

k.fx（"0"）=0.1；

MODEL SIMPLER/ALL/；

SOLVE SIMPLER MAXIMIZING USING NLP；

PARAMETER REPORT SOLUTION SUMMARY；

report（t,"k"）=k.l(t)；report（t,"c"）=c.l(t)；report（t,"y"）=y.l(t)；

DISPLAY REPORT；（显示报告）

这是通用代数建模系统的一般结构。在这种情况下，我们定义对应的指数模型的数学表示的集合为时间指数。并且我们定义的标量和参数，如单一的数字或一系列的数字将在模型的求解过程中保持不变[5]。最后，我们添加变量和方程，程序中的每个变量有 4 个值：其水平 (.1)、其下限 (.lo)、其上限 (.up) 及其边缘或双值 (.m)。在我们的模型中，将其定义为消费和资本存量的下限，分配一个固定值 (.FX) 给初始资本存量。我们将为模型命名，并且表明以上的这些方程将成为之前的一部分。在其他情况下，我们可能会决定只列出具体的方程模型所要解决的部分。我们将继续用通用代数建模系统求解模型。由于通用代数建模系统采用的是最优化的求解方法，我们必须指定一个变量达到最大（或最小），而且，我们还必须指定我们倾向使用的解决方法，比如说非线性规划（自然语言处理）[6]。最后，为了有一个简明的表达式的结果，尽管 GAMS 会自动输出一个大概的结果以及其他有用的信息模型，但最终的结果会生成一个报告并且在通用代数模型中显示出来。

理解清楚方程式中的每一个具体的数据和初值（或终值）条件是尤其重要的。首先要注意到所有的变量和方程，除了性能指标，定义在集合 T。然而，资本存量的平衡方程 (KB) 后来被指定在集合 "T+1"，而贴现因子与消费中包含的性能指标变量被指定在设定的 "T-1"。要理解为什么我们需要这样做，必须熟悉通用代数模型系统 GAMS 建立模型的方法。

通用代数模型系统的过程会生成一个动态模型，如简单的拉姆齐模型是产生在 GAMS 过程中，对于每一个方程，一个序列的许多方程都成为方程的指标要素。对于 "yd (t)" 这个方程，它将生成三个方程式，集合 "T" 被定义为 T={0, 1, 2}，也就是说，它包含三个元素。对于 "kb (t-1)" 的方程，GAMS 将生成两个方程，对应于相应的值 T=1 和 T=2。不会出现 T=3，因为该值没有被定义为集合 "T" 的成员。最后，对于 "jd" 方程，它将生成一个方程，包含两个方面的总和，一个包含值 dis ("0") 和 c ("0")，另一个包含值 dis ("1") 和 c ("1")。注意，不会有条款如 dis ("-1") 和 c ("-1")，因为该指数 "-1" 不属于 T 之前定义集合。当 GAMS 发现这样的一个表达式指的是一个不存在的元素时，它将使用默认值（在本例中为零）[7]。总而言之，GAMS 使用指数值 "t+k" 来产生所有的元素的集合，每个元素添加一个 k，k=1 时，它包含反滞后项等。然后生成变量和方程，只有值 "t+k" 属于集合 T。生成所有的对应方程后，GAMS 将它们堆叠在一起，解决它们，好像它们是一个独特的静态模型。

在方程式的列示中，我们可以从 GAMS 的输出中得到由精确的模型所产生的精确的信息[8]。例如，我们模型中每一个方程的具体信息：

```
jd..          j=E=sum(t, dis(t-1)*c(t-1)**(1-eta));
yd(t)..       y(t)=E=k(t)**beta;
kb(t+1)..     k(t+1)=E=y(t)-c(t);
```

将生成以下公式[9]：

```
----YD       =E=INCOME DEFINITION
YD(0)..   Y(0)-(1.3337)*K(0)=E=0;（LHS=-0.1778***）
YD(1)..   Y(1)-(4.2176)*K(1)=E=0;（LHS=-0.0056***）
YD(2)..   Y(2)-(4.2176)*K(2)=E=0;（LHS=-0.0056***）
----KB       =E=CAPITAL STOCK BALANCE
```

KB（1）..　　C（0）-Y（0）+K（1）=E=0；（LHS=0.002***）

KB（2）..　　C（1）-Y（1）+K（2）=E=0；（LHS=0.002***）

----JD　　　=E=PERFORMANCE INDES DEFINITION

JD..　-（501.1872）*C（0）-（486.5895）*C（1）+J=E=0；（LHS=-9.8788***）

在按周期重新安排的基础上，为了我们的目的，要保持必要的信息，也就是说，与每个时期变量相关联的信息，以及"F"应被视为函数，我们得到：

JD.. = F{C（0），C（1）}；

YD（0）..　Y（0）= F{K（0）}；

KB（1）..　K（1）= F{Y（0），C（0）}；

YD（1）..　Y（1）= F{K（1）}；

KB（2）..　K（2）= F{Y（1），C（1）}；

YD（2）..　Y（2）= F{K（2）}；

因此给定初始条件 K（O），GAMS 将寻找 C（0）和 C（1），从而得到 K（1），K（2），Y（0），Y（1）和 Y（2），例如 J 是最大化的。非常有趣的是，我们可以尝试不同的方程具体数据，探索将会发生什么。例如，考虑下面的几种情况，如表 2-1 所示。

表 2-1　拉姆齐模型的变体

案例 1	案例 2
jd.. j = E = sum(t, dis(t−1)*c(t−1)**(1−eta))；	jd.. j = E = sum(t, dis(t)*c(t)**(1−eta))；
yd(t).. y(t) = E = k(t)**beta；	yd(t).. y(t) = E = k(t)**beta；
kb(t).. k(t+1) = E = y(t) − c(t)；	kb(t+1).. k(t+1) = E = y(t) − c(t)；
JD.. J = F{C（0），C（1）}；	JD.. J = F{C（0），C（1），C（2）}；
YD（0）..Y（0）= F{K（0）}；	YD（0）..Y（0）= F{K（0）}；
KB（0）..K（1）= F{Y（0），C（0）}；	KB（1）..K（1）= F{Y（0），C（0）}；
YD（1）..Y（1）= F{K（1）}；	YD（1）..Y（1）= F{K（1）}；
KB（1）..K（2）= F{Y（1），C（1）}；	KB（2）..K（2）= F{Y（1），C（1）}；
YD（2）..Y（2）= F{K（2）}；	YD（2）..Y（2）= F{K（2）}；
KB（2）..K（3）= F{Y（2），C（2）}；	

案例 1：在方程"KB"中用"t"替换"t+1"。在这个例子中，对于"kb"，GASM 模型会得出一个另外的方程式。但请注意，对于变量 k，最后一个方程式中的"kb（2）"包含一个"k（3）"。由于 k 是被定义在一组不包含值 3 的集合 T 中，GAMS 模型将自动分配价值 0 给"k（3）"。毫无疑问，这意味着在我们的模型中强加一些可能想或不想的边界条件如"c（2）=y（2）"。

案例 2：在方程"jd"中对 c（t）用"t"替换"t-1"。在这个例子中，GASM 模型对于在方程式"j"中的变量"c"会得出一个额外的值"c（2）"。但请注意 c（2）

不出现在任何的限制，即 YD(·)或者 KB(·)中。因此，为了最大化标准"j"，当解决最优化问题时它的值将被设置为极其高的价值。

现在应该清楚当使用 GAMS 的动态模型时，为什么要特别关注方程中的时间指数和变量。它们关键地决定了我们有效地解出了哪些模型具体的信息。

众所周知，在某些情况下，对于获得一个对应于感兴趣的优化问题的清晰的欧拉方程的表达式并不是很难。在这种情况下，系统的方程由欧拉方程与状态方程组成，在我们的模型中，对资本存量的演化方程，被描述为暂时的动态模型。通过这种方式，优化问题变成了一个解决系统问题的微分或差分方程。在一般情况下，这些方程式的系统将包含"预设"和"跳"变量以及显示出"鞍路径"类型的行为。因此，他们将提出两点边值问题的要求，去实施解决方案[10]。

不同的约束可以应用于简单的拉姆齐模型[11]，我们除了可以设置消费的下限和资本存量，也可以实施预先规定的资本积累的路径，或者对投资—收入和消费的差值设置一个上限，作为一种建模吸收能力的方式。GAMS 系统可以轻松容纳这些基本模型的复杂性，尤其是在处理不平等的约束时非常强大。

一个探索动力学模型有趣的实践是对资本存量施加不同的边界条件。例如，假设我们希望留给未来几代人的资本存量水平等于其初始水平。否则，考虑到模拟的有限期，最佳的解决方案将显示一个趋势，在越来越接近的模拟的最后时间内消耗掉所有的资本存量。为了设定一个终值的资本存量目标，我们修改我们的 GAMS 软件。首先，我们将修改集合 T 的定义：

SET T EXTENDED HORIZON /0*2/

tf(t)final period；

tf(t) = yes $(ord(t)eq card(t))；

通过这种方式，我们定义了一个集合 T 的"tf"子集，其包含集合 T 的最后一个元素（在这种情况下，"tf(t) = 2"）。也就是说，我们令 GAMS 系统将"tf(t)"的值设置为集合 T 等于其基数时的元素。然后我们在程序的底部定义一个边界条件"k.fx（tf）= 0.1"。在这样做时，我们无须调整程序的其他部分，我们仅需要做的改变是延伸视野，也就是改变其最后的值。图 2-1 显示了在没有对资本存量施加明确的边界条件时 40 期模拟的最优资本路径。如图 2-1 所示，最优 40 期资本存量路径接近于稳态值，约等于 0.28[12]。在模拟图形的最后，资本存量被消耗到达下限，约等于 0.001。这幅图还显示了其他三个试验的结果，设置延伸线分别等于 10、20、30，以及终值的资本存量等于 0.1。我们可以看到所有的曲线如何展示成封闭的经济的典型行为[13]。事实上，在简单的拉姆齐类型问题中，无限的最优路径将会达到稳态值，并且永远停留在那里。

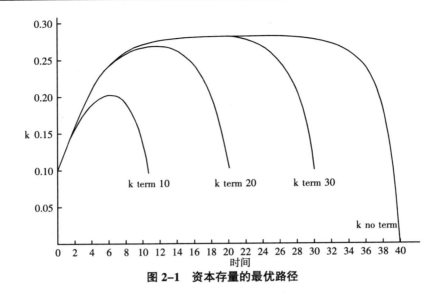

图 2-1　资本存量的最优路径

二、肯德里克—泰勒（Kendrick–Taylor）的多部门模型

这是一个由农业和矿业、重工业、轻工业和服务业组成的四部门模型。该模型的基本结构是最大化非线性准则函数，其受到分配关系、CES 生产函数、非线性吸收能力函数、外汇限制，以及初始和终止的资本存量和外国债务的约束。下文介绍相应的方程组[14]。

（一）准则函数（判别函数）

非线性判别函数是消费物品的时间贴现总额：

$$\xi = \sum_{i=1}^{n} (1+z)^{-i} \sum_{j=1}^{4} a_j c_{ji}^{b_j} \tag{2.5}$$

其中，ξ = 标准值，z = 消费贴现率，c_{ji} = j 部门在 i 时期的消费品总量，a_j，b_j 分别代表消费股份和需求收入弹性，$a_j > 0$，$0 \leqslant b_j \leqslant 1$。

（二）资本积累

资本积累方程是一个非线性差分方程，包括"吸收能力"这一术语。也就是说，对资本存量的有效补充不仅取决于投入，还包括现有的资本存量。

$$k_{j,i+1} = k_{ji} + g_j(\delta_{ji}, k_{ji}) \quad j \in J, \ i \in I \tag{2.6}$$

其中，$k_{ji} = j$ 部门在 i 时期的股本总量，$\delta_{ji} = j$ 部门在 i 时期的投资水平。从数学角度上来看，absorptive 函数 g_i 来自以下的方程：

$$g_j(\delta_{ji}, k_{ji}) = \mu_j k_{ji}\left[1 - \left(1 + \frac{\varepsilon_j \delta_{ji}}{\mu_j k_{ji}}\right)^{-1/\varepsilon_j}\right] \quad j \in J \tag{2.7}$$

其中，ε_j（影响函数的曲率）$\geqslant -1$，另外 μ_j（影响近似值）$\geqslant 0$。

（三）分配和生产函数

下面的方程式可确保每个商品的使用不超过其可用性。它指定生产和进口——相关或者不相关的生产水平，必须等于每个商品作为中间投入品、投资收入、出口和消费品的使用。

$$q_i + Dq_i + m_i = Aq_i + B\delta_i + e_i + c_i \quad i \in I \tag{2.8}$$

其中，$q_i =$ 在 i 时期发生的生产向量，$D =$ 边际进口生产对角矩阵，$m_i =$ 不附带条件的进口，$A =$ 输入–输出矩阵，$B =$ 资本系数矩阵，$e_i =$ 在 i 时期发生的出口向量，$c_i =$ 在 i 时期发生的消费向量。

生产函数指定为不变替代弹性（CES）的形式：

$$q_{ij} = \tau_j(1 + v_j)^i\left[\beta_j k_{ji}^{-\rho_j} + (1 - \beta_j)l_{ji}^{-\rho_j}\right]^{-1/\rho_j} \quad j \in J, \ i \in I \tag{2.9}$$

其中，$\tau_j =$ 效率参数，$v_j =$ 技术进步率，$\beta_j =$ 分配参数，$\rho_j = (1/\sigma_j) - 1 =$ 替代弹性参数，$l_{ji} = j$ 部门在 i 时期的劳动投入。

最终，劳动投入的总和在四个领域受制于可用的劳动力：

$$\sum_{j \in J} l_{ji} = l_i \quad i \in I \tag{2.10}$$

其中，$l_i =$ 在 i 时期的劳动力。

（四）对外贸易方程式

出口被认为是由外因决定的。所以，出口在 J 部门 i 到 e_{ji} 时期是给定的。

关于进口，有两个产业——农业和采矿业以及服务业，是附带条件的进口，然而在另外两个部门——重工业和轻工业，是不附带条件的进口。这代表，$m_{1i} = m_{4i} = 0$，$i \in I$，M_{ji} 表示 j 货品部门在时期 i 的进口量。另外，有附带条件的进口在生产和投资部门，这区别于按部门使用而不是按原始行业。因此，它们可以包括所有来源的商品。

最后，外债积累方程指出了外债在任何时期均是前一时期的债务、利息率和经常账户赤字的函数：

$$\gamma_{i+1} = (1 + \theta)\gamma_i + \sum_{j \in j}(d_{jj}q_{ji} - e_{ji} + \pi_j \delta_{ji} + m_{ji}) \quad i \in I \tag{2.11}$$

其中，$\gamma_i =$ 在 i 时期的外债，$\theta =$ 外债的利息率，$d_{jj} = D$ 矩阵对角线元素，即生产的边际进口倾向，$\pi_j =$ 投资的边际进口倾向。

（五）初始条件和终止条件

我们为外国债务和资本存量指定了初始条件和终极目标条件。定义了初始外债 γ_1，并选择终值外债 γ_{N+1} 作为目标，目标反映了最后时间范围被模型所覆盖的所需数量的外债，它还代表下一代遗赠的消极部分。

类似地，每个部门给出的初始资本股票 k_{j1} 和 $k_{j,N+1}$ 被选为终值资本存量的目标。终值资本存量反映了遗赠的积极部分。

三、肯德里克—泰勒模型在 GAMS 系统中的应用

关于完整的肯德里克—泰勒模型在 5 个阶段的时间跨度完整的 GAMS 详细说明请见附录[15]。尽管较为复杂，但是其结构基本上与先前提出的拉姆齐模型是一样的。然而，里面有一些新的元素，我们现在进行分析。

在集合定义中，请注意指数"t"而不是指数"i"，因为在上面的数学计算中，它用于表示时间段。这样的时间设定用符号"T"来显示。接下来考虑其他因素：

```
SETS
    J SECTORS
    /AGRI-MIN AGRICULTURE AND MINING
    HEAVYIND HEAVY INDUSTRY
    LIGHTIND LIGHT INDUSTRY
    SERVICES SERVICES/
    ALIAS (J, I);
```

"ALIAS（J，I）"用于在集合"J"中提供附加的名称给"I"。当我们定义和参考表中的元素时这是非常有意义的。举例来说，注意在投入产出系数的参数的定义中有一个表述是这样的：

TABLE A（I，J）INPUT-OUTPUT COEFFICIENTS（投入产出系数）

	AGRI-MIN	HEAVYIND	LIGHTIND	SERVOCES
AGRI-MIN	0.10	0.09	0.17	0.01
HEAVYIND	0.09	0.33	0.24	0.12
LIGHTIND	0.04	0.02	0.12	0.05
SERVOCES	0.03	0.09	0.09	0.08

因此，引用表 A 中的任何元素将可能通过指定适当部门的组合实现。

准则函数的具体内容和跨期方程，例如资本积累方程式，都类似于我们发现 Ramsey-type 模型。Ramsey-type 模型中有变量 C 和出现滞后的 DIS 的时变参数，以

及出现领先的 CAPITALAC 方程时间指数。然而，对于期内方程如 CADDI 资本补充方程，我们发现，方程和变量时间指数都出现了滞后性。例如，我们有：

CRITERION..XI=E=SUM（T，DIS（T−1）*SUM（J，ALPHA（J）*C（J，T−1）**（PHI(J))））；

CAPITALAC（J，T+1）..k（J，T+1）=E=k（J，T）+G（J，T）；

...

CADDI（J，T−1）..G（J，T−1）=E=MU（J）*K（J，T−1）*（1−（1+（ETA*DELTA（J，T−1）/（MU（J）*K（J，T−1）））**（−1/ETA））；

请注意，所有的变量和方程都被定义在集合 T，从 1 到 5，这与我们的拉姆齐模型从 0 开始的情况不同。因此，对于 5 期的时间范围 GAMS 将产生 4 个跨期方程并且指数为 {2，3，4，5}，因为方程中的一个指数等于 6，也就是说，等于 T+1 的最后一个元素将不会被定义。同时，GAMS 也会产生 4 个期内方程并且指数为 {1，2，3，4}，也就是说，t−1 中的第一个元素也不会被定义。因此，GAMS 将创建一个一致的规范模型。例如我们的拉姆齐模型相对规范的唯一区别是 GAMS 将生成一个少于期内方程的方程。那就是说，如果我们申请的拉姆齐模型的规格类似于使用在肯德里克—泰勒模型的 GAMS 系统表示形式中使用的模型，那么，最后一个方程 YD（2）..Y（2）=F{K（2）} 在我们的三期拉姆齐模型中将不存在。如果我们希望指定终值期内变量，我们就必须要考虑到，我们在拉姆齐模型中被分配到 Y（2）将是无害的，因为在 GAMS 系统模型中没有方程含有 Y（2）。

基于肯德里奇—泰勒非线性模型，选定的 GAM 解决方式就是 NLP（非线性程序）。根据附录中提供的模型，GAM 可以较直接地匹配解决方案，但这并不意味着需要不同的非线性模型。数个步骤可以解决集聚问题，例如对于重要变量的初步解决价值；设定边界以避免操作模糊，比如零分发或者使抽象变量具象化；对变量重新评估；使目标函数重新方程化，以便大多数非线性数据都包括在内。[16]

肯德里克—泰勒模型中最有趣的结果显示在表 2−2 中的投资投入路径和外债路径，因为它们传达了投资的部门分配和所需的对外融资的信息。

表 2−2   Kendrick−Taylor 模型的结果

Period	Investment Inputs				Foreign Debt
	Agri−Min	Heavy ind.	Light ind.	Services	
1	0.608	1.259	0.544	0.905	0.250
2	0.657	1.470	0.622	0.827	3.585
3	0.706	1.712	0.711	0.654	7.960
4	0.754	1.989	0.812	0.280	13.352
5					20.000

当然，这些结构都建立在模型的假设和特定的参数中。例如，关于出口，在原始模型中它们却被认为是外生决定，并以每年 8% 的速度增长，而且它们的值生成

了下面 GAMS 模型的阐释：
    PARAMETER EXPTOT（T）TOTAL EXPORTS；
    EXPTOT（'1'）= 3.4；
    LOOP（T，EXPTOT（T + 1）= 1.08*EXPTDT（T））；
    DISPLAY EXPTOT；
    TABLE EXPPER（J，T）SECTORAL EXPORT PERCENTAGES

	1	2	3	4	5
AGRI-MIN	0.20	0.20	0.20	0.20	0.20
HEAVYIND	0.10	0.10	0.10	0.10	0.10
LIGHTIND	0.30	0.30	0.30	0.30	0.30
SERVICES	0.40	0.40	0.40	0.40	0.40

    PARAMETER E（J，T）SECTORAL EXPORTS；
    E（J，T）= EXPPER（J，T）*EXPTOT（T）；
    DISPLAY　E；

引入更多灵活性测定出口的一个简单方法是允许无限的出口——一个隐形的固定的世界价格——并假设它们的级别是被可行性约束内生决定的。为此，我们不得不将上面陈述过的从 GAMS 程序中删除，将变量 E（J，T）添加到列表变量，并把它添加到更低一界（比如 E.LO（J，T）= 0.001）[17]。当然，更复杂的出口模式也可以实现，包括出口函数是出口外汇收入、国外和国内价格，以及汇率的函数。

其他的改进也可以尝试，比如引入商品和生产要素价格，除此之外，还有收入分配效应的分析、引入技术的变化，或者模式经济的引入。在适当的概念基础上，由于计算机能力和速度的大幅增长、新的解决方式的发展，例如 GAMS 等专业软件的可用性，计算的复杂性增长模式这条思路如今是可行的[18]。

附　录

    *A DYNAMIC MULTISECTORAL NONLINEAR PLANNING MODEL
    *
    *REFERNCE：KENDDRICK，DAVID A. AND LANCE L. TAYLOR
    *（1969），'A DYNAMIC NONLINEAR PLANNING MODEL FOR
    *KOREA'，CH. 8 IN I ADEELMAN，PRACTICAL APPROACHES TO
    DEVELOPMENT PLANNING，THE JOHNS HOPKINS
    *UNIVERSITY PRESS，BALTIMORE.
    *AND

```
*KENDRICK, DAVID A. AND LANCE J. TAYLOR (1970),
*'NUMBERICAL SOLUTION OF NONLINEAR PLANNING MODELS',
*ECONOMETRICA, VOL 38, NO.3, MAY, PP.453-467.
*
*THE GAMES VERSION WAS AREATED BY DAVID KENDRICK AND
*ANANTHA DURAIAPPAH, JULY 1988 AND MODIFIED BY
*LIHUI LIN, FEBRUARY 2000
*
SETS
J SECTORS
/AGRI-MIN AGRICULTURE AND MINING
HEAVYIND HEAVY INDUSTRY
LIGHTIND LIGHT INDUSTRY
SERVICES SERVICES/
ALIAS(J, I);

SETS
T TIME PERIODS/1*5/
TB(T) BASE PERIOD
TT(T) TERMINAL PERIOD;

TB(T) = YES $(ORD(T)EQ 1);
TT(T) = YES $(ORD(T)EQ CARD(T));
DISPLAY TB, TT;
*PARAMETERS

SCALAR Z DISCOUNT RATE/0.03/;

PARAMETER DIS (T) DISCOUNT FACTOR;
DIS(T) = (1+Z)**(-ORD(T));
DISPLAY DIS;

PARAMETER ALPHA(J)COEFFICIENT IN ELFARE FUNCTION
/AGRI-MIN   .48
HEAVYIND   .33
LIGHTIND   .345
SERVICES   .3925/
PARAMETER PHI(J)EXPONENTS IN THE WELFARE FUNCTION
```

/AGRI-MIN   .85
HEAVYIND   .90
LIGHTIND   .91
SERVICES   .87/
TABLE A（I，J）INPUT-OUTPUT COEFFICIENTS

	AGRI-MIN	HEAVYIND	LIGHTIND	SERVICES
AGRI-MIN	0.10	0.09	0.17	0.01
HEAVYIND	0.08	0.33	0.24	0.12
LIGHTIND	0.04	0.02	0.12	0.05
SERVICES	0.03	0.09	0.09	0.08

TABLE B（I，J）CAPITAL COEFFICIENTS

	AGRI-MIN	HEAVYIND	LIGHTIND	SERVICES
HEAVYIND	0.6908	1.3109	0.1769	0.1500
LIGHTIND	0.0010	0.0199	0.0022	0.0000

TABLE PRODF（I，*）PRODUCTION FUNCTION PARAMETERS

	ELASTICITY	DISTRIBUT	TECHNICALP	EFFICIENCY	INILAB
AGRI-MIN	1.20	0.35	0.030	0.41	5.10
HEAVYIND	0.90	0.30	0.035	1.26	0.84
LIGHTIND	0.90	0.25	0.025	1.89	0.36
SERVICES	0.60	0.20	0.025	0.47	2.30

PARAMETER
SIGMA（J）ELASTICITU OF SUBSTITUTION
RHO（J）RHO PARAMETER FOR ELAS OF SUBSTITUTION
BETA（J）DISTRIBUTION PARAMETER IN CES PRODUCTION
FUNCTION
NU（J）TECHNICAL CHANGE PARAMETER IN CES PRO FUNC
TAU（J）EFFICIENCY PARAMETER IN CES PROD FUNCTION；

SIGMA（J）=PRODF（J，'ELASTICITY'）；
RHO（J）=（1/SIGMA（J））-1；
BETA（J）=PRODF（J，'DOTRIBUT'）；
NU（J）=PRODF（J，'TECHNICALP'）；
TAU（J）=PRODF（J，'EFFICIENCY'）；

PARAMETER TECH（J，T）TECHNICAL CHANGE FACTOR；

TECH（J，T）=（1+NU（J））**（ORD（T））；

DISPLAY TECH；

PARAMETER LTOT（T）TOTAL LABOR FORCE；

LTOT（'1'）=SUM（J，PRODF（J，'INILAB'））；

LOOP（T，LTOT（T+1）=1.02*LTOT（T））；

PARAMETER MU（J）COEFFICIENT IN INVESTMENT FUNCTION

/AGRI-MIN .275

HEAVYIND .35

LIGHTIND .30

SERVICES .35/

SCALAR ETA COEFFICIENT IN INVESTMENT FUNCTION /0.5/；

TABLE KBAR（J，T）INITIAL AND TERMINAL CAPITAL STOCKS

	1	5
AGRI-MIN	2.02	3.55
HEAVYIND	2.13	5.00
LIGHTIND	1.26	2.55
SERVICES	1.27	2.575

PARAMETER GAMMABAR（T）INITIAL AND TERMINAL FOREIGN DEBT

　　　　　　11.25　520.001

PARAMETER EXPTOT（T）TOTAL EXPORTS；

EXPTOT（'1'）=3.4；

LOOP（T，EXPTOT（T+1）=1.08*EXPTOT（T））；

DISPLAY EXPTOT；

TABLE EXPPER（J，T）SECTORAL EXPORT PERCENTAGES

	1	2	3	4	5
AGRI-MIN	0.20	0.20	0.20	0.20	0.20
HEAVYIND	0.10	0.10	0.10	0.10	0.10
LIGHTIND	0.30	0.30	0.30	0.30	0.30
SERVICES	0.40	0.40	0.40	0.40	0.40

PARAMETER E（J，T）SECTORAL EXPORTS；

E（J，T）=EXPPER（J，T）*EXPTOT（T）；

DISPLAY E；

SCALAR THETA INTEREST RATE ON FORIGN DEBT /.05/；

PARAMETERS D (J, J) PROPENSITY TO IMPORT FOR PROD
/AGRI-MIN.AGRI-MIN   .0008
HEAVTUND.HEAVYIND   .0900
LIGHTIND.LIGHTIND   .0300
SERVICES.SERVICES   .0040/

PARAMETERS PI(J)PROPENSITY TO IMPORT FOR INVEST
/AGRI-MIN .63
HEAVYIND .98
LIGHTIND .10
SERVICE   .10/

PARAMETER IDEN (I, J) IDENTITI MATRIX
/AGRI-MIN.AGRI-MIN 1
HEAVYIND.HEAVYIND 1
LIGHTIND.LIGHTIND 1
SERVICES.SERVICES 1/

PARAMETER P (I, J) PRODUCTION COEF IN BALANCE EQ；
P (I, J) = IDEN (I, J) - A (I, J) + D (I, J)；
DISPLAY P；

VARIABLES
C (J, T) CONSUMPTION
DELTA (J, T) INVESTMENT
G (J, T) CAPACITY ADDITIONS
GAMMA (T) FROEIGH DEBT
K (J, T) CAPITAL STOCKS
L (J, T) LABOR
M (J, T) IMPORTS
Q (J, T) PRODUCTION
XI CRITERION VALUE

EQUATIONS
CRITERION CRITERION FUNCTION
CAPITALAC (J, T) CAPATAL ACCUMULATION
DEBTALAC (T) FOREIGN DEBT ACCUM
INICAP (J) INITIAL CAIPTAL STOCKS

INIDEBT INITIAL FOREIGN DEBT

TERMCAP (J) TERMINAL CAPITAL STOCKS

TERMDEBT TERMINAL FOREIGN DEBT

CONSUMP (J, T) CONSUMPTION

LABOR (T) LABOR

PRODUCTION (J, T) PRODUCTION FUNCTIONS

CADDI (J, T) CAPACITY ADDITION

FIXIMOA (T) FIX AGRI-MIN IMPORTS

FIXIMPA (T) FIX SERVICES IMPORTS；

CRITERION..XI =E =SUM (T, DIS (T−1) *SUM (J, ALPHA (J)*C (J, T−1) **
(PHI(J))))；

CAPITALAC (J, T+1) ..K (J, T+1) = E = K (J, T) +G (J, T)；

DEBTALAC (T+1) ..GAMMA (T+1) =E= (1+THETA) *GAMMA (T) +

SUM (J, D (J, J)*Q (J, T) −E (J, T) +PI (J)*DELTA (J, T) +M (J, T))；

INITCAP(J)..K (J, '1') =E=KBAR (J, '1')；

INIDEBT..GAMMA ('1') =L=GAMMABAR ('1')；

TERMCAP(J)..K (J, '5') =E=KBAR (J, '5')

TERMDEBT..GAMMA ('5') =L=GAMMABAR ('5')；

CONSUMP (I, T−1) ..C (I, T−1) =E=SUM (J, P (I, J) *Q (J, T−1)) −SUM (J,
B (I, J)*DELTA (J, T−1)) − E (I, T−1) +M (I, T−1)；

LABOR (T−1) ..LTOT (T−1) =E=SUM (J, L (J, T−1))；

PRODUCTION (J, T−1) ..Q (J, T−1) =E=TAU (J)*TECH (J, T−1) * (BETA(J)
*K (J, T−1) ** (−RHO(J)) + (1−BETA(J)) *L (J, T−1) ** (−RHO(J))) **
(−1/RHO(J))；

CADDI (J, T−1) ..G (J, T−1) = E = MU (J)*K (J, T−1) * (1− (1+ (ETA*DELTA
(J, T−1)) / (MU (J)*K (J, T−1))) ** (−1/ETA))；

FIXIMPA (T−1) ..M ('AGRI-MIN', T−1) =E=0；

FIXIMPS (T−1) ..M ('SERVICES', T−1) =E=0；

*LOWER BOUNDS ON VARIABLES

K.LO (J, T) =0.001；

L.LO (J, T−1) =0.01；

DELTA.LO (J, T−1) =0.001；

G.LO (J, T−1) =0.001；

C.LO (J, T−1) =0.01；

```
Q.LO (J，T−1) =0.01；
GAMMA. LO (T) =0.00；
M.LO (‘HEAVYIND’，T−1) =0.001；
M.LO (‘LIGHTIND’，T−1) =0.001；

*COMPILER SETTINGS

OPTION INTEGER3 = 2；
OPTION REAL1 = 0.2；
OPTION REAL3 = 0.01；
OPTION INTEGER4 = 180；

OPTION BRATIO = 0；
OPTION LIMROW = 0；
OPTION LIMCOL = 0；
OPTION INTEGER5 = 0；
OPTINO ITERLIM = 3000；

*MODEL STATEMENT
MODEL KENTAY/ALL/；

*SOLVE STATEMENT

SOLVE KENTAY USING NLP MAXIMIZING XI；

PARAMETER REPORT SOLUTION SUMMARY；

REPORT(T，‘K – AGRIMIN’) = K.L(‘AGRI – MIN’，T)；
REPORT(T，‘K – HEAVYIND’) = K.L(‘HEAVYIND’，T)；
REPORT(T，‘K – LIGHTIND’) = K.L(‘LIGHTIND’，T)；
REPORT(T，‘K – SERVICES’) = K.L(‘SERVICES’，T)；

REPORT(T，‘C – AGRIMIN’) = C.L(‘AGRI – MIN’，T)；
REPORT(T，‘C – HEAVYIND’) = C.L(‘HEAVYIND’，T)；
REPORT(T，‘C – LIGHTIND’) = C.L(‘LIGHTIND’，T)；
REPORT(T，‘C – SERVICES’) = C.L(‘SERVECES’，T)；
REPORT(T，‘FORDEBT’) = GAMMA.L(T)；
```

注释

1. 许多数学和计算模型、早期开发的增长模型，都被用于各种各样动态的宏观经济模型中。使用各种各样的动态宏观经济模型先进的解决方案的策略和动态宏观经济模型的计算方法，请参阅安曼等（1996），休斯哈雷特和麦克阿当（1999），贾德（1998）及马里蒙和斯科特。

2. 请参阅朱迪（1997）。

3. 关于 GAMS 模型的详细介绍，请参阅布鲁克等（1998）。

4. 请参阅布兰查德和费雪（1989）。

5. 在折扣参数的价值分配中，符号"ord(t)"意味着它的顺序位置在集合 T 时间 t 中。因此，"0"时刻 T 的顺序将是"1"，因为零是它的第一个元素；在时间 1 中 T 的顺序是"2"，因为 1 是其第二个元素，诸如此类。

6. 当非线性被限制于 GAMS 使用标准函数的时，在默认情况下，简化梯度算法可以结合拟牛顿算法。对于 GAMS 模型使用的一般非线性问题，默认情况下，使用项目的拉格朗日算法。请参阅布鲁克等（1998）。

7. 一般的 GAMS 模型规则是："对于一个不存在的元素的引用导致使用默认值，就像试图给没有制造的任务分配一个不存在的结果。"请参阅布鲁克等（1998）对于这个重要规则的例子。

8. 为此，GAMS 提供了一个选项——"OPTION LIMROM=.."，可以用来控制一定数量的方程在输出中的显示，这是非常方便的设置选项，可以使它的数量等于模型中解决问题的时期数，并特别注意列出的第一和最后几个方程。

9. 一旦所有相应的数据操作完成，这个清单会显示哪些变量和个人的价值系数、边值出现在每个约束方程，如果变量的乘数在括号之间，则这一项是非线性的。对于 YD 和 JD 等非线性方程，清单显示了相应的线性化，因此每个变量的偏导数在初始点处的值，在默认情况下是零，除非它已分配固定值或下界。例如，YD 的偏导数 w.r.t.变量 k 等于 $(-\beta k_t^{b-1})$。评估时 k（0）= 1.337，而 k（1）= k（2）= 4.2176。最后，LHS 的值等于原始方程初始点的值。更多的关于方程的系数和 LHS 值报告清单的解释见布鲁克等（1998）。

10. 这些类型的问题在 GAMS 的应用，请参阅梅尔卡多等（1998）。

11. 对更复杂的例子，单部门拉姆齐模型包含不同种类的限制，请参阅 GAMS 模型中的 CHAKRA，这是由大卫·肯德里克发现和基于更早期的大卫·肯德里克和泰勒的工作得出的（Kendrick and Taylor, 1971）。请参阅由艾伦·曼勒发现的拉姆齐项目。两个项目都是在 GAMS 模型库中，GAMSLIB。

12. 对于更简单的模型范例，我们可以使用动态程序去获得相应的公式，它的表达式是：

$$c_t^{-\tau} = \frac{1}{1+\rho} c_{t+1}^{-\tau} a k_{t+1}^{\beta-1}$$

欧拉方程和动态约束：

$$k_{t+1} = k_t^\beta - c_t$$

给了我们解决方程的稳定状态的方程（就是使 $c_{t+1} = c_t$ 和 $k_{t+1} = k_t$），我们可以得到一个关于股本的稳定的值：

$$k_{ss} = (\frac{1+\rho}{\beta})^{\frac{1}{\beta-1}} \backsimeq 0.28$$

13. 请参阅蒋（1992），第 126~129 页，肯德里克和泰勒（1971）。

14. 更详细的关于模型的描述可以在肯德里克（1990）中找到。

15. 它可以从大卫·肯德里克的主页下载：http：//www.eco.utexas.edu。GAMS 模型并不打算完全复制原始肯德里克和泰勒的数值结果。

16. 请参阅布鲁克等（1998）。

17. 如果我们引入这一修改并运行程序，我们将看到出口表现变得更糟。而生产水平在重工业和轻工业大幅增加，在服务业降低，农业和矿业大体保持一样。新模型似乎包含一个偏向于供国内使用的生产，因为目标终端条件的资本存量和外债保持不变。

18. 想要找到更多复杂性的增长模型，请参阅肯德里克（1990）。

参考文献

Amman，H.，D. Kendrick and J. Rust（eds）（1996），*Handbook of Computational Economics*，Amsterdam：Elsevier.

Blanchard，O. and S. Fischer（1989），*Lectures in Macroeconomics*，Cambridge，MA：MIT Press.

Brooke，A.，D. Kendrick，A. Meerhaus and R. Raman（1998），*GAMS：A User's Guide*（http：//www.gams.com）.

Chiang，A.（1992），*Elements of Dynamic Optimization*，New York：McGraw-Hill.

Hugues Hallett，A. and P. McAdam（eds）（1999），*Analyses in Macroeconomic Modelling*，Boston，Dordrecht and London：Kluwer Academic Publishers.

Judd，K.（1997），"Computational Economics and Economic Theory：Substitutes or Complements?"，*Journal of Economic Dynamics and Control*，21（6），907-942.

Judd，K.（1998），*Numerical Methods in Economics*，Cambridge，MA：MIT Press.

Kendrick，D.（1990），*Models for Analyzing Comparative Advantage*，Boston，Dordrecht and London：Kluwer Academic Publishers.

Kendrick，D. and L. Taylor（1969），"A dynamic nonlinear planning model for Korea"，Ch. 8，213-237 in I. Adelman（ed.），*Practical Approaches to Development Planning*，Baltimore，MD：Johns Hopkins University Press.

Kendrick D. and L. Taylor（1970），"Numerical solution of nonlinear planning models"，*Econometrica*，38（3），May，453-467.

Kendrick D. and L. Taylor（1971），"Numerical methods and nonlinear optimizing models for economic planning"，in H. Chenery（ed.），*Studies of Development Planning*，

Cambridge, MA: Harvard University Press.

Marimon, R. and A. Scott (eds) (1999), *Computational Methods for the Study of Dynamic Economies*, Oxford and New York: Oxford University Press.

Mercado, P. R., D. Kendrick and H. Amman (1998), "Teaching macroeconomics with GAMS", *Computational Economics*, 12 (2), 125–149.

第三章　论后期结构主义

*Bill Gibson**

一、引言

在本章中，笔者考察了结构主义学派的范围和方法，以试图准确地区分它在分析模式和标准的有效性方面与新古典主义系统的区别。笔者得出了四个结论：第一，泰勒和他的追随者的工作可以看作不仅是拉丁美洲结构主义的连贯产物，正如我们经常观察到的（Jameson，1986），同时也是以列维·史特劳斯（Levi-Strauss，2000）、戈德利尔和皮亚杰（Godelier and Piaget，1972），以及皮亚杰（Piaget，1971）为代表的欧洲或早期结构主义的延续。第二，早期的作品，无论是拉丁美洲还是欧洲，专注于地方经济的僵化和摩擦（钱纳里，1975），而在泰勒和他的追随者的后期结构主义中，理论不仅是行为的宏观基础，也是全世界的基础，即约束全球系统进化本身会对参与者产生影响。第三，后期结构主义经常被批评为特殊理论，因为它并不能在最优化模型中找到根据（阿戈诺尔和蒙铁尔，1996）。笔者认为，结构主义的规则并非偶然，而是其定义理论对象和确定理论编纂有效方法的必然结果。第四，也许是本章最有争议的命题，即结构主义理论的本质自然会导致数值模拟模型成为其主要的经验工具。这不会令一些人大吃一惊，因为在过去几十年这一模拟方法在许多科学领域取得了显著地位。其他人从标准假设检验的角度攻击这一模拟模型，其传统基础是新古典理论的正确性。人们认为结构方法需要在范围和模型的真实感的基础上提高自身内部标准的一致性。

本章的组织结构如下：从结构主义方法论的起源、转变和自我调节追踪结构主义方法论的演变；根据有效性标准，比较新古典经济学理论中的计量经济学和结构主义理论中现实主义的作用，指出结构主义方法的主要区别；利用仿真模型可以证明古典题材的正当性；对观点进行总结。

二、新古典主义和结构主义

本章的核心论点是：无论是在结构主义的历史演变还是其当前的验证模式中，现实主义比新古典主义起着更为重要的作用。最初新古典主义颇具竞争力，其立即并且永久性地遭到结构主义学派的反对，将其视作分析的障碍。但最近新古典主义在不断变化，并表现出相当大的灵活性，对以往简单且不切实际的教条依附性减弱[1]。对策论的实验证据动摇了理性模型的根基，理性模型认为个人价值公平往往比自利模型所预测的更加普遍（亨里奇等，2001）。杜特和詹姆森（1992）提出了新古典主义学派和结构主义学派趋于收敛，这种收敛部分是由于前者在现实主义方面的匮乏。从新贸易与增长理论到新凯恩斯主义的种种例子表明，新古典主义能够恰当地处理它们模型的不完全竞争和其他扭曲。在渲染一个新古典主义比非新古典主义和旧古典主义更令人愉悦方面，斯蒂格利茨走得最远（斯蒂格利茨，1988）。泰勒在最近的一篇文章中注意到现代新古典主义学派对于拉拢结构主义学派不仅是对经济如何运作做出了正确观测（泰勒，1992）。这通常需要寻找一个"第一原则"，即允许分析者将所观察到的行为和跨效用最大化的模型相结合的论点。

杜特指出的融合仍然是片面的。结构主义从没有，似乎永远都不会接受古典主义"至上的原则"作为它们完善真理内容的方式。而新古典主义者最终可能演变为一个版本的结构主义，这将是一个缓慢而曲折的旅程。即使到了最后，结构主义和新古典主义也可能在是什么构成了有效参数方面仍存在分歧。我们将回到"有效性"这一问题，但是下面，不存在教条主义附着到结构主义理论上的问题。这种方法的着力点是真实，无论是假设还是其模型对特权理论结构的排斥的结果都是真实的。在笔者看来，这也解释了结构主义者兰斯·泰勒为何早期依恋于仿真建模，而不是计量经济学的原因（泰勒，1975）。这一突破提出了一个在未来数十年的研究计划，这一计划追寻科学的领导，仿真建模已经成为一个必不可少的工具。

这是一个大胆的说法，当然，这一说法一定要建立起来。这里提出的论点将从两个方向展开：第一，我们力求在 20 世纪结构主义的记录中，找到经济结构主义的结构主义写作更广泛的传统，这一理论系统地拒绝了还原论和社会理论的原子论方法。第二，早期结构主义证明了在具体的历史中它们的工作。一方面，它们有一个完整的主题，将早期结构主义术语（福柯，1972）与后期结构主义对全球经济范围仿真模型的吸引相结合；另一方面，对传统经济学认为的基于理论的理性模型的合理性表示深深的怀疑。

（一）早期结构主义

经济学中的结构主义有一个辉煌的历史。在 20 世纪 40 年代和 50 年代，早期结构主义者刘易斯（1954）、普雷维什（1959，1960）、辛格（1950）、尼斯克（1956）、诺亚拉和米达尔（1957）明显认为，小国、低收入国家面对的问题同那些规模较大、工业化国家的问题根本不同。作为拉丁美洲经委会主任，拉乌尔·普雷维什阐述了拉丁美洲结构主义方法：从南锥体共同市场看，世界经济中的初始条件是欧洲和美国已经工业化。沿着贸易比较优势的传统线路进行贸易，几乎没有机会实现工业化，而发达经济体将阻止任何国家在制成品市场站稳脚跟。发展中国家成为世界经济架构的掣肘（洛夫，1980）。

这一理论的假设是使一些国家富裕而其他国家贫穷的因素是相互联系的，重点是确定起作用的具体机制。在发达国家的资金和工业制成品行业的规模报酬递增是一个关键的概念。影响如下：第一，发展中经济体将无法同世界上的大部分市场进行竞争，即使是低工资水平这一方面也是如此。第二，在它们可以竞争的市场，先进国家将设立贸易壁垒来保护它们的政治选区的工作。第三，在残余可用的市场，发展中国家的产量将在很大程度上取决于对进口的资本设备的使用。这三个结构特点共同减缓了战后时期第三世界的工业化进程（1954，1959）。起初没有正式的造型，但最终二元经济和双缺口模型似乎真正成为中心和边缘的不同的内部结构。

对世界经济结构的这些观点同新古典主义的方法形成鲜明对比，这种方法基于对一般经济均衡完全竞争市场机制的推断。对于正统的经济学家，为什么先进国家富裕和发展中经济体贫穷只取决于单位劳动的资本和随后的劳动生产率。这两种方法都可以增加人均收入，并且是相对独立的。两极自由贸易追求自己的比较优势会使世界作为一个整体而更加富裕。

即使这样结构主义的现实主义对很多人而言是引人注目的，当然不是所有的新古典主义都拒绝承认结构主义者的地位。特别是，泰勒的博士导师——钱纳里，接受了这一理论作为 20 世纪 70 年代的新派马克思主义的替代。影响虽是有限的，但是，在正统的经济学，结构的意思就变成简单的局部刚性。钱纳里在 1975 美国经济评论中写到，他观察到结构主义试图确定影响发展中国家经济调整和发展政策选择的具体的僵化、滞后等结构特点。大多数工作的一个共同主题是价格体系的平衡机制未能产生稳定的增长或收入的理想分配。

（二）历史关联

钱纳里等结构主义经济学家在当时并没有提到在其他领域里结构主义传统，例如人类学和社会学的列维·史特劳斯 [2] 和戈德利尔（Levi-Strauralist and Godelier，1972），心理学的皮亚杰（Piaget，1971）和哲学的福柯（Foucault，1972）。但也能够看到结构主义经济，正如 20 世纪 40 年代出现的，是早期工作和其他领域的产物或扩展。詹姆逊提出相同的关联，引用了普雷维什（Prebisch）——他将世界经济的"深层结构"分为中心和外围作为相似方法的证据，但没有具体深入发展这一论点（Love，1980；Jameson，1986）。

欧洲或古典结构主义者经常谈到结构主义在反对其他理论，同其他理论是对立的，事实并非如此。特别是经典的结构主义者在现有批判社会理论中不再强调人的结构。而在目前的哲学讨论中，皮亚杰在 1968 年写道（Piaget，1971），"我们发现结构主义解决了历史主义、功能主义，有时甚至所有人类主体的所有理论。"早期结构主义通过详细的实证研究寻求真理。列维·斯特劳斯专注于通过语言的共同结构，对神话进行解释，通过收集全球巨量的民族学资料得出自己的结论（Levi-Strauralist，2000）。对于洞察到社会制度的性质，经典结构主义看重数学，如菲利克斯·克莱因（Felix Klein）和北布尔巴基（the N.Bourbaki）使用群体的概念，针对基础数学，建立了建构主义的方法。结构并不是简单的阐述或主张，而是它们不得不建造。阿尔都塞（Althusser）认为，"知识产生就好像一个函数，实际上，生产函数思想是一种输出，先前的思想则是一种输入（Althusser，1971）。

当然，这些特点是拉丁美洲和后期结构主义学派所共有的。对于普雷维什来说，与新古典主义相辩证是一种重要的生产力，他将发展中国家看作发达国家的逆象。现代结构主义对丰富的历史细节也倍感舒适，很明显，数学/统计便是代表。杜特指出，结构主义者开始"程式化事实"，将其嵌入国民经济核算恒等式的连贯系统（杜特和詹姆森，1992）。在实践中，泰勒和他的追随者在很大程度上依赖于国内经济学家的专业知识，因为他们通过学习收集所研究的结构的细节。很少有人尝试将数据概括到一个共同的模型中，典型的多边结构是经常被嘲笑的做法，并被嵌入到无处不在的理性主体的新古典理论。此外，大部分，虽然不是全部，结构学理论通过数学呈现[3]。以下有重要的两点：第一，有一点数学的缘故。这并不是说结构主义对数学结果的美的说法有免疫，而是美学在必然凌乱理论的设计中扮演微不足道的角色。第二，由于后期结构主义话语的对象是数字呈现的历史记录，一些数学需要验证。

从经典的结构主义看，它强调影响人的选择的因素，而不是选择本身。詹姆森（1986）指出了科学思想家——杰和厄里（1975）定义的经典结构主义的几点因素，这已经重新出现在现代文中[4]。首先，相互关联的要素作为一个整体分析而不是单独分析。其次，结构是必不可少的，往往是深层次现象，而不是表面现象。最后，结构随着时间的推移而改变[5]。但是经典结构主义者本身有高度的自觉性，并从自己的实践角度得出自己的方法。例如，皮亚杰优雅地将整体性、改造和自我调节作为经典结构主义的主要议题。

1. 整体性

整体性涉及调查的范围。结构主义者通常提出很多关于社会和政治结构及其动力学的问题（勒斯蒂格，1992）。反馈效应发挥至关重要的作用，并且是不可忽略的。虽然子结构的存在并不是不可想象的，但是整体性排除孤立的经济现象的分析。普雷维什和早期的拉丁美洲结构主义者，正如杰姆逊指出的，是从世界是相互关联的要素组织——中心和外围出发的。对于现代结构主义，整体性最充分地表现为全球系统的分析，中心和外围在一起，相互交错，使得在地球任何地方的微观分析变得次要。整体性正式出现于南北差异模型，它由泰勒（1983）、杜特（1990b）、齐齐尔尼斯基和希尔（1986）率先提出。早期结构主义者并不了解南北差异模型，现在，系统中一个极点的增长和分布会影响到其他地方，成为一种极具说服力的方式[6]。

因此，整体性意味着宏观经济局部均衡参数在结构主义里基本上不存在（Jameson，1986）。大部分结构主义的结果是从凯恩斯主义的单部门宏观模型、两部门总体模型变体或分类多部门可计算均衡模型获得。在短期内，需求决定储蓄（泰勒，1990）。储蓄水平一旦确定，只有在今后一个时期才有反馈，它连同资本利得，决定净金融资产的变化率。结构主义模型经常被批评为完全由需求驱动，但由于净投资积累的资本存量反过来又决定今后一个时期的能力，因此技术变化、产能的水平和其他供应方面有关的问题明显与其有关。重点是需求必须同产能的增长平衡，否则经济会发生不利的反应。结构主义的仿真模型专注于将产能利用率作为实现经济性平衡的关键措施。

在许多或者大多数兰斯·泰勒的模型中，金融业扮演着重要的角色。不同于新古典主义学派，经济不能二分为实体经济和金融部门。大量资本流入导致的金融震荡可能影响汇率的标称值，但是任何一个参与者，如央行，想足够强劲以控制实际汇率是不可能的。结构主义模型一般只控制名义变量，这是不准确的，数值实际大小取决于系统总体的一般均衡。通货膨胀可能是由货币供应量增长过多引起的，但是这将是一个例外而不是规则。在大多数发展中国家，钱是"内生的，用以适应通货膨胀率的水平"（泰勒，1990）。通胀往往根源于冲突的索赔或不适当的指数化或经济的其他一些本地化特征。

整体性在结构主义分析中是普遍的。无行为被视为"给定"；没有特权，也就是故意未研究过的社会和经济结构部分。价格可能会在一定的条件下有效地分配有限的资源，但价格信号可能受到制度性因素的噪声或系统的其他固有特性的干扰。事实上，信号和噪声往往是混乱的，一点负面影响会使价格出现错误，有时积极的影响会导致经济增长。总之，公共部门的作用不是特定的，它高效与否，视情况而定。私人和公共投资之间的关系，可能既存在公共部门的基础设施对私人的挤出，也存在通过正常的利率机制挤占公共部门的现象。

皮亚杰和许多人对整体性或完整性特点的界定是结构主义的根本，这导致理论应用方面的显著差异。在新古典主义的可计算一般均衡模型中，收入和财富的同级别的结构是十分典型的，也就是说，它们的储蓄和消耗相同。严格地说，这意味着部门有着共同的偏好顺序，但更多的时候实体经济存在的任何分歧往往被简单地忽略。兰斯·泰勒以及其他后期结构主义者认为结构通常包含范围广泛的不同行为的社会阶层，甚至在控制财富和收入方面不同的模型（吉布森，1986；泰勒，1990）。没有假设说经济主体是统一的、小的或者是价格接受者。一些可以具有迅速而有力的反应功能，而另一些显著滞后或根本不发生反应。这一系列的参与者必须仔细分析现有条件下有关国家的规定。

在更基本的方法论层面上，结构主义没有试图将精心挑选的最小的一组参数提取的信息最大化。新古典一般均衡模型可以用这种方式解释，在这方面，毫无疑问这是20世纪的重大文化成就之一。最小参数集只包括偏好、技术和初始禀赋，早期的新古典主义者们能够演绎出一个完全竞争经济的资源配置路径。在第二次浪潮中，该项目扩展至不完全竞争和其他市场扭曲，但既不完全严格也不包括普遍接受的微观基础（里兹维，1994）。布里斯对证明总超额需求函数任意性的反应的该理论在 20 世纪 70 年代由索南夏因、曼特尔、德布鲁和里兹维建立，他们指出，缺乏微观基础的宏观经济现在被行业广泛接受。宏观经济正日益成为正统经济学里一个废弃的领域，因为其解决的问题陷入了偏袒和完全缺乏整体性的深渊。这也是新古典主义为自身设立目标的部分原因。

早期或晚期结构主义，排除了"最大最小"。相反，正如上面所看到的，结构主义者力争在社会环境中有立足之地。历史上特定的参数、临时限制和其他特定经济的特点都受到结构主义分析的欢迎，加强而不是减损其理论威信。在此，结构主义倾向于新古典主义，在这方面达特所建议的任何形式的收敛是困难的，甚至是值得深思的。

2. 改革

早期的结构主义者对批判都很敏感，因为这样的话结构就会僵化，然后很难改变。所以理论构造都是允许改变的，因为需要是动态的、发展的；古典的结构主义者很赞同变换，并把这作为基本。转换与结构主义理论第三大支柱——自我调节是相关联的，但也不完全相同。为了说明这个区别，或许可以考虑最简单的结构主义模型——马尔可夫链（1979）。系统在任何时候的状态，X_t 都取决于变换矩阵 M：

$$X_t = MX_{t-1}$$

其中，X_{t-1} 代表着之前的状态。跃迁概率模型 M，产生着变换。从一个结构主义者的角度看，这个模型是不适当的。第一，因为 M 不是按时间变换的，第二，它是一个矩阵。但是至少一维的增长模式不能像它一样占据整体。

马尔可夫过程可以产生稳定的状态，如果 X 是 M 的一个特征向量，转换型的系统就会变得不可以转变。这就提出了一个重要的问题，从一个结构主义者的角度，认为现代动态模型就是长期稳定的状态也是有问题的。它们最终会变成静止的状态，然后不再改变；在原则上，这条理论结构的历史长河停止了流动。

可以确定的是，许多构造主义者包括泰勒，都阐述过许多有用的趋向于稳定状态的动态模型。但是，就像下面详细描述的，数字型呈现的历史记录复数是对于结构主义者努力的有效性的终极测试，对于结构主义者的项目来说，趋向于长期稳定状态的动态模型是完全不适当的。

例如，考虑任何一个真实的宏观经济的仿真模型。实际上，必须至少存在三个不同形式的资本存量——企业、家庭和政府。尽管新古典主义提供了套汇的复杂的理论，但是也经常没有可观察的机制可以带动这三种变量一个相对的增长率。的确，很难说有异构资本的两部门模型中可以出现稳定的状态，比如工业和农业。主张住宅、道路和资本存量和两个分支都会以同样的速度增长是不合理的。因此，对于大部分甚至是全部的正常运转的经济来说，稳定状态的分析是不相干的。

幸运的是，其实这有一点点实际的结果，因为稳态模型在运用的结构主义理论中没发现什么出路。虽然大多数的结构主义模型确实是动态的，但是 3~10 年也许会也许不会趋于稳定状态。请注意，改革是与整体问题相互秘密关联的。长远的眼光似乎进入了一个固定的矛盾中，因为作为主要的制度，也会发生改变，然后会被动态结构主义分析排除在外。整体和范围方面将会在下面更详细地进行讨论。更深层次的方法论问题是如果稳定状态在实际上是不相关的，那么长期的稳定状态在结构主义习语中无法成为验证该理论的一部分。对于新古典主义来说，这不是正确的；明确的不稳定的新古典主义模型是很少听到的，而且如果有不稳定性的情况会经常被当作缺陷丢弃。然而从结构主义者的角度，如果有对于经济研究实验条件的明显的相对应关系，不稳定性是相当有吸引力的。例如，考虑被中央银行认为合理的投资性货币。这些都是本质上不稳定的过程。但是这并不意味着它们不值得被慎重考虑。结构主义模型中的不稳定性仅仅只是代表着一些"给出"，意思就是结构的问题参数必须经过改变。20世纪80年代，墨西哥的金融不稳定性以银行系统的国有化结束，泰勒最近的工作都集中于金融危机全球化后，结构都或多或少发生了什么样的变化[7]。

3. 自动调节

经典结构主义中，自动调节指的是逻辑系统的内部规则，以及怎么运用这些规则来扩展分析的范围。在数学中，任何一组都是一个自动调节系统，同样地，无论是统计力学，还是花费了学习时间的控制学或者信息系统都是自动调节系统。自动调节系统结合反馈机制，这一机制关乎状态变量影响当期暴涨或者是时期内平衡变量的累积值。就这一点而言，上面描述的马尔可夫过程是转换的，但是最终不是自动调节的[7]。

正如上面所说，自动调节是经典结构主义计划中不可缺少的一部分，后期结构主义没有偏离其根源；泰勒和他的追随者的许多作品都关注自动调节系统（泰勒，1983，1990，1991）。此外，静态模型只有在特殊和过渡的时候，当真正感兴趣的是一个动态过程的时候才是重要的。这与正统经济学形成鲜明对比，在正统经济学中许多著名的定理都是在静态模型中得到的。

自动调节就是说没有外力迫使系统遵循固定的路径走。横截性条件、跨期套利，或者其他理论系统之外的机制都是不被允许的。回到上面讨论的三种资本股票的例子，如果没有机制将它们的回报率拉到境界结构研究的公平状态，那么当平衡条件是一个变化契机时，这将会不符合自动调节的概念。

对于结构主义者，自动调节并不意味着可预测性。用种群动态和许多其他的背景的逻辑方程作为例子：

$$\frac{dx}{dt} = rx(1-x/K)$$

其中，x是人口，t是时间，r是增长率，K是负载能力。在连续的时间中，这个微分方程描述了一条通往稳定状态的稳定路径 x = K（克拉克，1976）。然而在离散的时间中，这个类似的差分方程是一个简单的例子，它是一个基本的有着许多高阶系统复杂性的非线性动力系统（德瓦尼，1989）。这个结构是自动调节的，但是与此同时，混乱和不可预测性取决于问题的基本本质。

　　这也许是结构主义分析最简单、最清晰的例子，整个都是可转换的和自动调节的系统。在这种情况下，时间的选择不仅能够产生影响而且确实能够从根本上改变分析的结论。虽然有许多无秩序的新古典模型存在，但是很少有新古典模型包括了关键的描述经济结构的数据。无秩序的新古典模型寻求识别的规律，尽管存在混乱的可能性。

　　在很多的应用结构主义模型中，表现为自动调节的中央变量都是产能利用率。如上所述，它同时受需要和供应的影响，许多商品和劳动力市场的调节过程是产能利用率的关键。投资经常被当作加速器，因为它是名义工资和劳动力生产增长率。

　　4. 评论

　　这个经典结构主义方法的定义分为三个部分——整体、转换和自动调节，其意义如下：旨在提供政策建议的有意义的经济理论不可以只以人类行为为依据，特别是那些不周密的行为或者是不存在时间和变化概念的行为。尽管在结构主义中人类没有被忽视，但是禁锢着人类行为的社会领域随着时间的进化是很重要的。由泰勒和其他人阐述的近期的结构主义模型是全面的，它包括房地产和金融两方面，是动态的，但是是不需要驱动的，对初始条件很敏感，对标准化模型数据是有反应的。但是它们还是引起了大量的批判。阿格诺尔和蒙铁尔提到，结构主义模型可能会"对个人行为任意的假设敏感"（Agenor and Montiel，1996）。他们也提到，卢卡斯批评说到的决策规则应该是政策不变和缺乏明确的福利核算，并且是可应用的（卢卡斯，1976）。最后，结构主义模型倾向于忽略横截性条件，也可能引起与跨期优化的冲突。

　　第一条评论是迄今为止最重要的评论，而且它区别了结构主义和新古典主义的核心问题。假设不遵循严格优化的规则不一定是任意的，它们可能是历史观察的行为模式，如果是这样的话那它们可以在结构主义模式中取得优先权，可以不管哪些来自优化行为，但是没有历史记录的规则。以加成定价法为例，如果在加价中有从数据或案例分析的规律，相对于应该表现的数据，结构主义者将会对这些数据更有信心。结构主义者对于把理性模型扩展到政治经济和决策越来越持怀疑态度：那些理性的银行家们应该如何表现，或者那些政府官员如何负责重要的、高度可见的国家级投资项目？在描述官员理性合理运用率最大化中，新古典主义冒着更加远离历史过程现实账户的风险。阿格诺尔和蒙铁尔的第一个评论是有一定有效性的；随意的假设会对模型造成实质性的损害，结构主义模型也是无法避免错误的，特别是当关键行为参数需要被预估的时候。该方法本质上是取决于历史记录的质量的。但是随着记录的改善，它将会巩固结构主义的地位，同时削弱新古典主义的地位。

　　对于结构主义者来说，他们不管卢卡斯的批判。在笔者的尼加拉瓜经济在桑地诺时期的结构主义模型中，政策是被外部战争所产生的冲击引出来的。那个国家的行为者都不能中立政府政策（尼加拉瓜或者美国），而且卢卡斯批判确实与模型完全是不相关的（吉布森，1985，1994）。同样地，20世纪80年代中期在墨西哥发生的金融风暴，在理性模型的范围内是不容易被解释的。对于结构主义者来说接受一个很遥远的、不理智的推论是非常困难的，因为只有极少的证据能够说明是相关的。李嘉图等价或许是最极端的例子，在结构主义者的眼中，新古典主义方法论的取向导致框架偏离了轨道，但是李嘉图等价不同，因为它是一个有关于税收政策的理论。理性框架的局限很适用于动态优化模型。横截性条件要求动态过程的最终状态需要达到是什么程度、什么路径会引导到最后的状态。随着结构主义者对于平衡稳态模型的反对，人们对于这些评论的反应已经很清楚了：对于实用模型的没有横截性条件，有没有有经验的、真实的相关性？更一般的情况下，结构主义者会问：政策制定者会更相信，然后会运用与新古典主义第一条规则一样的模型，还是"观看和感受当地的经济"的模型？

5. 总结

斯蒂芬·J.古尔德指出，伽利略是一个生物学家，但是他会把他的时间花费在根据形状和大小对斜塔进行分类这件事上，指出每个东西落到地球上都有一个特别的加速度（Gould，1998）。虽然结构主义学派"统合派"和"分割派"在生物分类方面存在分歧，但结构主义不是历史主义，因为理论扮演着重要的角色。结构主义方法不同于新古典主义，因为没有对统一立场理论的诉求。在整体上，结构主义者认为，不是所有的问题都是面临发展经济的主要缺陷的，比如缺乏储蓄、扭曲的市场等；他们明显愿意接受个性体验。这是新古典主义的弱点但却是结构主义的长处。

总之，与早期结构主义者相同，晚期结构主义者包括泰勒和他的助手们，他们总的来说对于问题方法，特别是对于想法能不能运用到其他学科是不感兴趣的。但是不管有没有自知之明，晚期结构主义是被经典引导的说法听起来似乎是真的。当整体、转换和自动调节不被看作会在一个清单上出现的三个分离的标准，而是看作一个话语事件的三个方面时，他们将会拥有对于哪些主题会在结构主义发生、哪些不会发生的预测能力。

三、有效性

计量经济学的基本定理：这里有转换，可能是非线性的，这样的话任何数据集都能支持任何假设（传统智慧）。

（一）无意义的回归

泰勒最近一直反对世界银行关于增长率的回归分析，这个分析是从世界银行资助的全世界许多家庭调查中得出的结论。他声称它们是无意义的回归。在表面价值上，这一主张可能很难理解；另外，结构主义者与计量经济学总是有一种不愉快的关系。特别是，结构主义者在验证他们关于世界运行方式的理论时，没有依靠计量经济学。这部分的某些章节列出了部分原因。

　　按理来说，计量经济学分析真实历史，也就是说，实际经验的数据。因为结构主义者非常重视经验、历史和统计记录，所以会对计量经济学有一种天然的亲和力。但是数据与基于数据的计量经济模型是不同的。泰勒上面的评论报道说，结构主义者仍然怀疑计量经济学的结果，泰勒自己也声称技术复杂度越高，怀疑度也会越上升。

　　出现这样的现象，其原因如下：首先是因为通常经典结构理论对数据要求严格，而这些数据在发展中国家的数据环境中很少遇到。当从彩色球缸拿出一个样本时，如果他知道球缸中的球是一个颜色的话，他会很确信球是一个颜色。在动态经济中，没有像彩色球缸一样的类比，特别是在时间序列上。如果经济发展的目的是系统地改变经济结构，那么经典统计模型所需的结构稳定性的假设就难以保证。

　　结构主义者也很容易识别第二种无意义的回归。当分析师试图用模型解释复杂的经济现象时，这些模型用一个、两个或者是几个变量，而这些都是处于所谓的"减少形式"的时候，无意义的回归就出来了。结构主义者坚持世界是一个复杂的地方，这里很少有非常有用的单一方程模型。不好的测量变量和定性变量的线性组合都能与好的测量变量产生伪关联[8]。

　　但是，即使独立变量是被正确构建的，结构主义者也不大可能接受把简单的减少形式模型作为很多令人信服的证据。他们认为，任何给定变量的原动力都是有几个的，而且它们能在产生的任何影响的任何方向上很好地变化。除了会计规律，会计学中没有一个变量可以自己决定任何其他的变量。这个包含了减少形式的理论肯定是能符合独立验证的。

　　有一个例子就是投资功能的"挤进"对"挤出"。政府对于私人领域投资的影响是积极的还是消极的，这完全取决于这两股力量的相关势力。通常净影响都必须在当前或者适当的情况下评估相关的势力，然后才能确定。小的经常会被说成是先验的。结构主义者会认为升降，不管是挤入还是挤出，排出其他一方都是错误的，虽然这种情况经常出现。

　　误导、单色模型的另一个例子是由加速度 α 的经济计量评估提供的。例如，方程式：

$$I/K = \beta + \alpha u$$

　　其中，I 是投入，K 是资本存量，u 是利用率。为了更好地说明，让我们假设一个虚拟的估计程序产生了以下结果：

$$\beta = 10$$

$$\alpha = 1.6$$

　　这样，随着估计值 α 和 β 的经济学估计，我们就有了校准投资功能。现在，把这个校准方程式放到一个简单的凯恩斯模型中：

$$Y = C + I$$

$$C = \bar{c} + cY$$

$$u = Y/Q$$

　　其中，Q 是收入能力。如果自发性消费 $\bar{c}$ 能够被校准为 SAM，然后我们有一些边际消费倾向的经济计量依据 c，我们就拥有了一个完全制定的宏观模型。假设一个凯斯恩调整机制：

$$\frac{dY}{dt} = \theta\dot{Y} = \theta(\bar{c} + cY + \beta K + \alpha Y \frac{K}{Q} - Y)$$

在这个方程中，如果支出大于收入的话，产出就会增长。调整参数是 $\theta > 0$，还给出了短期内的资本存量 K 和产出能力 Q。这个简单系统的稳定状态要求：

$$d\dot{Y}/dY < 0$$

即：

$$c + \alpha K/Q - 1 < 0$$

如果 K/Q 的范围是 2~3，α 的估计值是 1.6，很明显边际消费倾向肯定对稳定性不利。因为回归是过于简单化的，它是无意义的，当然它在其他的环境下是没用的。从这样的研究借用的将会使得植入的新模型立即反应大。这个对计量经济学的批判可以看作是对整体关注的扩展。通过嵌入到一个减少形式的模型中，这个理论变得不受审查的影响。这个理论通过计量测试得出的有效性是零散的、偶然的。这里没有对模型各个方面的综合评估。

在计量经济学中，不会完全地相信结果，也不会完全忽视结果。在结构主义者怎么看待计量经济学结果和他们在新古典主义所充当的角色这两件事情上，仍然有很大的差别。正统的模型会把理性的结构作为先验，然后要注意可能会歪曲假设的计量经济学证据。如果没有证据能证明是有争议的，那么就动摇不了核心假设，它们仍然会被保留。结构主义者没有什么主要的命题，这样的话伪造就不能在验证过程中发挥重要作用。换句话说，审查在逻辑上不可能是根据经典统计原理来进行的，因此，计量统计学往往在结构主义企业的验证中发挥着边际作用。

如果计量经济学不是验证结构主义的首要方法，那么会是什么呢？当然，在过去，从历史叙述到正式假说检验再到数值模拟等一系列方法已被用于验证。在下一节中，我们从数值模拟开始并且证明唯有仿真模型有资格去证明结构主义的。这是一种基于验证而不是篡改的方法，在下面我们将看到更多的细节，这种方法提供了紧扣完整、变革，并可自我调节的模式的内部矛盾的方法。

（二）鸭子测试

如果它看起来像一只鸭子，它走起来像只鸭子，叫起来也像只鸭子，那么我们说它是一只鸭子（传统观点）。

正如上面所建议的，错误地认为新古典主义理论是通过计量经济学模型进行验证是最有可能的。近几十年，新古典主义理论中的博弈理论、最优控制以及随机优化所占的优势强烈表明，其他标准，甚至是不太合理的标准正在被使用。在增长程度上，如果它与一个潜在的优化模型相关联，那么这结果就是在新古典主义框架上被证明的[9]。这个模型与这个结果是相关的，它是通过遗弃其背后的优化模型的额外考量来强化效果的。

　　然而，结构主义学派认为，一个优化框架不能增加理论框架在独立的实证验证方面的有效性[10]。在新古典主义看来，给一般的理论框架增加效用最大化模型不会增加整个知识结构错误的可能性。这个过程只会增加理论的准确性并且只有通过定义才可增加。因为理智模型的演绎是真实的，理论的集合的事实价值只会被增强，不会被减少，这是重复性的事实。在结构主义模式下，增加可证伪性组件到理论系统是无用的。关键的是，结构主义理论框架的价值只会增加历史记载的确认。可证伪性必须为了任何新组件的理论的有效而增加。对于结构主义学派来说，最好的理论是，在它有更多出错的机会的意义上，建立更完整的理论[11]。

　　对于新古典主义的立场，底层优化模型的属性反馈或影响模型的整体性能是很少的，因为它通常可以找到一个与预期的结果兼容的最大化模型。添加一个优化模型确实从不会妥协于整体系统的特点，事实上问题在于找到一个从不会妥协于整体系统的特点偏好排序。这个问题不是不可能。德布勒已经注意到，对于竞争激烈的新古典主义体系中的每个分配，有对应的分配作为一般竞争均衡的偏好排序。这引发了关于项目科学性的严重问题。事实上，德布勒曾经说过，这是他对激进经济学的贡献[12]。

　　事实上，很难举出新古典主义学派由于无法生成一个底层优化框架而造成理论体系缺失的例子。凯恩斯主义模型的自适应预期方法是最明显的目标，但该模型在很大程度上被"新凯恩斯主义"理论家列为新古典主义学派[13]。结构主义学派一般都不为理性选择的凯恩斯主义者的努力所动并非偶然。这并不是因为结构主义学派本身就致力于老凯恩斯主义，而是正如我们所看到的，新凯恩斯计划未能提高理论的整体性。他们寻求模型代表复杂现实的程度验证了结构主义模型。因为通过了"鸭子的测试"，他们获得了决策人的欢迎。他们通过同时给整个经济体系提供一个全面的和现实的方法实现了他们的声望[14]。

　　不仅能很好地跟踪数据并且基于代数公式且可辨认为与国情相关的复杂模型，可以是一个开放的决策领域的一个强大的工具。随着模型的复杂性增加，它可能被认为将变得更加难以充分地描述因果机制。这是真的，但它不是以大规模的仿真模型去强调任何机制的子集为目的，因为它更多的可能是分析模型。事实上，可以说结构主义模型享有的成功完全归因于验证模型机制的出现。1990年，兰斯·泰勒从结构主义的角度编辑了一篇关于仿真模型的冗长并有影响力的论文（Taylor，1990）。这些模型包括的一些金融行业只有几个是动态的。自那以后，结构主义模型变得愈加复杂，包括许多已在长期研究或者运行下的经济相关特征[15]。

　　1.整体性、错误和有效性

　　对于看起来、走起来并且叫声像鸭子的模型，它们必须进化成复杂的实体。通过鸭子测试使结构主义接受复杂的仿真模型和方法论。在过去的几十年里，模拟方法论在气象学、地球科学、天体物理学、分子动力学和设计等领域获得了大量的成功。在社会科学领域，仿真建模使用较少，尽管和20世纪60年代以及70年代的经济学、政治科学中的政策模式一样，甚至社会学都还在使用。总的来说，经济计量模型一直主导着社会科学。解释结构主义方法的目标是让模型所有部分的功能独立，然后同时实现历史记录的确认。就此而言，结构主义模型采用完整信息的方法，这种方法允许通过另一种方法去重复检验组件。使模型更加完整是指模型在很多方面都可能出错，因此，如果这些方面都正确的话，它将会获得更多的信赖 [16]。从用户的角度来看，一个完整的模型是更可信的和值得信赖的。

可被证实的结果与不能被证明的优化基础的解耦形成对比，因此结构主义模型是相互关联的。这也给正统说法中总体缺乏结构主义模型提供了捕捉错误的能力。在结构主义模型一个成分中的一个不切实际的特征描述将会使别的成分也产生错误。通过系统扩散的错误要么是系统的扩散，要么就是任意扩散的；如果是任意的扩散很可能会被抵消，但是如果是系统的扩散就会繁殖（除非一个系统错误幸运地抵消了另一个）。分类排列的系统误差在系统中随着方程数量逐步增长，传授内容的概念本身就是一个有效性的标准。这种相同的误差传播与时间独立系统相似。

如上所述，时间序列是由混乱系统产生的，这点是正确的但是不可预测。因为错误的传播是由初始条件的测量或者是由模式方程的本身造成的。同样，现实主义的测试不稳定的轨迹失败并不是因为稳定状态尤其逼真，而是因为偏离建设成原始结构的错误繁殖出的轨迹。因此，如上所述，模型是否最终收敛到一个稳定状态是不相关的问题。因此如果整体性的意图被认真对待，结构主义模型将不会由经典统计法来验证，而是就现实主义以及与它目标相关的范围而言。这一观点的影响是深远的。在阿兰·图灵之后，一个完全有效的模型能够通过适当修改后的图灵测试，在参与者与一个人工智能机器的闲聊中将无法判断提供问题答案的是一个人还是计算机（Turing，1950）。在一个更相关的背景下，不管政策制定者是否熟悉经济功能，都将无法判断由结构主义模型提供的数据只是电脑估计的还是真正的数字。

结构主义模型将进化到的方向不再受制于个人选择理论的构想，而更多是受制于连锁子结构描述的各个方面：真实、金融、公共、私人、正式、非正式、社会、地域以及其他与经济相关的方面。可以想象，能够通过图灵测试的一个版本的模型将会非常大，并会考虑到市场结构的多样性以及实体经济组成的社会阶层。和雷暴的仿真模型更准确与用额外的观测来描述当地的温度、气温和大气中的水气含量的特征一样，结构主义模型将实现更高可靠性。

总之，整体性包含自己有效性的标准。连锁系统无论是否可以分解，都会在组成部分之间传播错误。大量的子系统相结合，一个部分的错误就会传播到其他组件，并且会经常扩大原始误差的影响。伴随任意数量的可分解的部分，任何一个子系统中的错误最终都会显现出来，并与鸭子测试冲突，也可能会得到纠正。在这个框架中，就像在机器人技术中，模型更有说服力不仅在于它可以执行好一个任务，也在于它们成功执行好不同任务的数量及多样性。

2. 批判

科学中的仿真方法论通常受到批评，大多是因为它的有效性。例如，完成验证和确认是不可能的，这点是显而易见的，因为自然和社会系统是开放的。一个人永远无法确保一个不忽略一些会造成转折点或者代表性组件的重要的特性会突然与模型相关。卡特赖特认为，模拟是小说最终的作品，这可能会在一段时间内引起他们的共鸣，然后随意（和不方便）地失去他们假定存在的任何与现实相似之处。这种批评似乎无可辩驳，但只是证明了仿真建模是一个不完美的工具。此外，在科学界，从机器人到计算机的动画电影，模型的不足是一个普遍的问题，并且一直以来，模型的不足已对复杂的人工系统带来了困扰[17]。

不是每个人，甚至是那些同情结构主义的人，将会因声称真相是在于一些呈现现实的膨胀数值而感到舒心。的确，米卢斯基已经谴责将"机器梦想"作为新古典经济学的新基础。在他看来，始于冯诺依曼、纳什和维纳的这个项目，演变成了香农、韦弗和西蒙的信息论，最终会演变成人工生命，成为经济结构的一个终极往事重见症的电子人的基础[18]。在一篇文章中，米卢斯基（1998）列出了对于立即执行的几个猜想：

受控机体科学的特征动作捕捉动作在金属中的反馈，构造在自动机的方程的生物繁殖，减少布尔电路的逻辑，浸出出于信息定义的问题意义，将概率视为（解决）问题归纳……动态优化作为策略和秩序的混乱……使它们进入了经济学。

除了赢得第二次世界大战，批判忽略了任何积极的贡献。事实上，米卢斯基根本不能解决有效性问题。从内容上观察，新古典主义已经放弃了它的"物理优势"。但米卢斯基年代的人性对抗机器的浪漫防御回避了为什么受控机体科学在各自的学科如此成功这一问题的实质[19]。

四、结论

论点的思路现在已完全展现。后结构主义学派、泰勒与他的许多学生和同事们保持了早期结构主义学派的传统，并添加了一个重要的理论。因此，结构主义更加符合早期欧洲作家的使命。经典结构主义学派的细节越多越好，并且我们在后结构主义中观察到同样的倾向。结构主义方法是特别的并且是幸福的，和新古典主义一样，将会对试图通过理论纯度验证理论持怀疑态度。结构主义学派最终必须参照结构本身验证他们的理论，这里称之为鸭子测试。

由于结构主义理论的对象越来越复杂，仿真建模提出了自己作为一个自然的选择。仿真模型需要避免不切实际的假设，如完全竞争市场、稳定状态、终止和横截条件以及完美的预见。正如在许多其他科学领域一样，结构主义经济学中的仿真模型正变得越来越现实，现在看就感觉真正的经济好像是数据库里面的记忆。结构主义、完整的经典主题、改造和自律可解释为结构主义未来发展的指导方针。

注释

* 笔者衷心地感谢来自达特、杰米·罗斯和一个匿名评论家对这部选集的评论。还要更感谢仔细阅读和批评早期初稿的詹姆斯·法雷尔、阿布·里兹维（Abu Rizvi）

和黛安·弗莱厄蒂（Diane Flaherty）。

1. 本章不打算刻画新古典主义为玫瑰色，笔者希望读者不要因自己的个性与这不符而不高兴。事实上新古典主义只是特征而不是定义，因为本质的困难，很难确定新古典主义是什么。

2. 列维·史特劳斯的工作重点是通过语言的分享结构来解释神话（列维·史特劳斯，2000）。

3. 达特（1990a）致力于精神防御方法，兰斯·泰勒在本科学习的是数学（来自加州理工学院）。

4. 莱恩（Lane）对这种观点进行深入探讨（1975）。

5. 詹姆逊（Jameson）还提到了符号学和保留现代结构主义学派关键因素的二元对立。同等重要的概念文化迹象可能是人类学的解释，其使用有点强迫其应用到结构主义经济学。同样，二进制概念框架、主从、工业和农业、中心和边缘等，以一种经典结构主义的过时特征出现而不是重要的方法论准则。

6. 随着拉丁美洲的结构主义学派开始脱离新古典主义经济学，南北经济关系的结构主义分析开始形成，但在一个不成熟的状态。桑科尔、普雷维什、辛格、路易斯和列维·史特劳斯、戈德利尔和皮亚杰的工作看似没有联系。只有马内力（1972）有一个建议，结构主义学派的观察可以建立在一个更深刻的不平等的从根本上反新古典主义的框架上。结构主义学派是通过南北模型形成的不受任何这样的理论依附和发展一个更复杂的不平等发展的愿景。

7. 将动态考虑在新古典主义体系内，它必然在本质成为结构主义。例如，实际工资上升将会导致公司资本替代劳动吗？在传统的新古典主义的分析下，任何时间和地点的答案显然都是"是的"。代理将使用更多昂贵的生产要素来违反基本前提中基础模型的合理性。结构主义学派中通常习惯在任何一段时间使用固定系数。随着时间流逝，经济发展系数可以变化，但相对要素成本可能只有一个原因，技术变革也是一个重要因素。结构主义学派模型技术变革典型方式是链接到产能的利用率。"程式化的事实"是，技术的变革即节省劳力，不是资本节约或者是中性，尽管这些通常是在新古典主义论述中同样可能的替代品。

8. "经济自由"的措施往往与代理商的增长有关系。

9. 了解有趣的历史方法见森特（1998）。

10. 达特认为新古典学派优化的框架是其核心原则的一部分，因此不能实现或验证。他指的是优化的组织原则即解释是优化结构的方式，那些没有对现实世界做表达的方式（达特和詹姆森，1992）。但后来他回避了问题的实质，结构主义学派的组织原则是什么，变成了简单的结构主义学派在做什么。现实主义者——他们认为组织原则是没有必要的——被达特解散。实际上，笔者认为后期结构主义学派的组织原则描述他们正如上面所讨论的经典结构主义学派所做的是相同的三个原则阐述的联合应用程序。

11. 显然验证的过程中可能会影响到库恩主义范例模式关注的问题，但是由于索卡尔和克蒙特指出费恩和费伊·阿本德的过度同情评估，相对主义无法长期在持续的时间内观测证据支持科学进步，越简单越好并像这样被认同（1998）。

12. 来自私人的谈话，德布鲁（1974）给出了一个解释。

13. 同样不能对马克思主义如此称呼。

14. 在第十二章平狄克和鲁宾费尔德对仿真模型进行了介绍。如上所述分别拟合回归方程可以跟踪历史数据，但当结合在一个联立方程模型中时，则不可通过鸭子测试。仿真模型使用回归结果，参数估计和其他正式和非正式技术充分代表他们的理论对象。他们没有什么纯粹的，他们的声誉取决于他们如何复制实体经济的"外观和感觉"描绘的历史记录。

15. 肯定有大量的新古典主义文学建立仿真模型。但往往这些模型反映了他们对经济学的学习不足，且往往难以使决策者信服。在最新的联合国工作中我们提供一个具体的例子进行比较，两个模型，一个应用于结构主义学派、另一个应用于种族隔离的南部非洲的新古典主义，在这种比较难以出现在所有现实的新古典主义模型中令人惊讶的是，新古典主义模型享有的影响往往大于其可信度。参阅吉布森和森温特（2000）以及吉布森（2000）。

16. 结构主义学派没有像弥尔顿·弗里德曼（1955）一样指出，该方法对理论组件没有约束或理论仅仅是其整体预测价值。结构主义学派尝试让每个模型的组件形成现实的图像。

17. 参阅例如梦工厂《疯狂的头发》剪辑的 DVD 版本。

18. 米卢斯基（1998）的一组广泛文学参考文献。

19. 批评可能会面临一些顽强的抵抗，最彻底的一些新古典主义——卢卡斯（Lucas）、萨金特（Sargent）等，明确地拒绝特色的模型甚至最理想的控制模型，理由是代理商的期望表现过于机械化，感觉像是将要抢走米卢斯基的半机械人。

参考文献

Agénor, P. and P. Montiel (1996), *Development Macroeconomics*, Princeton: Princeton University Press.

Althusser, L. (1971), *For Marx*, London: New Left Books.

Amsden, A. (2002), *The Rise of the Rest*: *Challenges to the West from Late-Industrializing Economies*, Oxford: Oxford University Press.

Berman, A. and R. Plemmons (1979), *Nonnegative Matrices in the Mathematical Sciences*, New York: Academic Press.

Chenery, H. (1975), "The structuralist approach to development policy", *American Economic Review* (*Proceedings*), 65 (2), 310-316.

Chichilnisky, G. and G. Heal (1986), *The Evolving International Economy*, Cambridge: Cambridge University Press.

Clark, C. (1976), *Mathematical Bioeconomics*: *The Optimal Management of Renewable Resources*, New York: John Wiley and Sons.

Debreu, G. (1974), "Excess demand functions", *Journal of Mathematical Eco-*

nomics, 11, 15-23.

Devaney, Robert L. (1989), *An Introduction to Chaotic Dynamical Systems*, Redwood City, CA: Addison-Wesley.

Dutt, A. (1984), "Stagnation, income distribution and monopoly power", *Cambridge Journal of Economics*, 8 (1), 25-40.

Dutt, A. (1990a), "Analytical political economy", Introduction to A. Dutt (ed.) *New Directions in Analytical Political Economy*, Aldershot, UK and Brookfield, US: Edward Elgar.

Dutt, A. (1990b), *Growth, distribution and uneven development*, Cambridge: Cambridge University Press.

Dutt, A., and K. Jameson (eds) (1992), *New Directions in Development Economics*, Aldershot, UK and Brookfield, US: Edward Elgar.

Emmanuel, A. (1972), *Unequal Exchange*, New York: Monthly Review Press.

Foucault, M. (1972), *The Archaeology of Knowledge*, New York: Harper.

Friedman, M. (1955), *Essays in Positive Economics*, Chicago: University of Chicago Press.

Gibson, B. (1985), "A structuralist macromodel for post-revolutionary Nicaragua", *Cambridge Journal of Economics*, 9 (4), 347-369.

Gibson, B. (1994), "The break-up of the mixed economy in Nicaragua", in A. Dutt (ed.) *New Directions in Analytical Political Economy*, Aldershot, UK and Brookfield, US: Edward Elgar.

Gibson, B. (2000), "The transition to a globalized economy: poverty, human capital and the informal sector in a structuralist CGE model", University of Vermont, Burlington, VT (available at www.uvm.edu/~wgibson).

Gibson, B. and D. van Seventer (2000), "A tale of two models", *International Review of Applied Economics*, 14 (2) (May).

Gibson, B., N. Lustig and L. Taylor (1986), "Terms of trade and class conflict in a Marxian computable general equilibrium model for Mexico," *Journal of Development Studies*, 23 (1), 40-59.

Godelier, M. (1972), *Rationality and Irrationality in Economics*, New York: Monthly Review Press.

Gould, S. (1998), "Showdown on the Burgess Shale", *Natural History*, 107 (10), 48-55.

Henrich, J., R. Boyd, S. Bowles, C. Camerer, E. Fehr, H. Gintis and R. McElreath (2001), "In search of homo economicus: behavioral experiments in 15 small scale societies", *American Economics Review*, 91 (2) (May), 73-78.

Jameson, K. (1986), "Latin American structuralism: a methodological perspective", *World Development*, 14 (2), 223-232.

Keat, R. and J. Urry (1975), *Social Theory as Science*, London: Routledge & Kegan Paul.

Lane, M. (1975), *Introduction to Structuralism*, New York: Harper.

Levi-Strauss (2000), *Structural Anthropology*, New York: Basic Books Classics.

Lewis, W.A. (1954), "Economic development with unlimited supplies of labour", *Manchester School*, 22 (4), 131-191.

Love, J. (1980), "Raoul Prebisch and the origins of the doctrine of unequal exchange", *Latin American Resource Review*, 15 (3), 45-72.

Lucas, R. (1976), "Econometric policy evaluation: a critique", in K. Brunner and A. Meltzer (eds), *The Phillips Curve and Labor Markets*, Amsterdam: North-Holland.

Lustig, N. (1992), "From structuralism to neostructuralism: the search for a heterodox paradigm", in Patricio Meller (ed.), *The Latin American Development Debate*, Boulder, CO: Westview Press.

Mirowski, P. (1998), "Machine dreams: economic agents as Cyborgs", *History of Political Economy* (1998; Annual supplement: *New Economics and its History*) 29, 13-40.

Myrdal, G. (1957), *Rich Lands and Poor*, New York: Harper.

Nurske, R. (1956), *Problems of Capital Formation in Underdeveloped Countries*, Oxford: Basil Blackwell.

Oreskes, N., K. Belitz and K. Frechette (1994), "Verification, validation, and confirmation of numerical models in earth sciences", *Science* (Feb 4), 641-646.

Piaget, J. (1971), *Structuralism*, New York: Harper and Row.

Pindyck, R. and D. Rubinfeld (1991), *Econometric Models and Economic Forecasts*, 3rd edn, New York: McGraw-Hill.

Prebisch, R. (1959), "Commercial policy in underdeveloped countries", *American Economics Review* (Proc.), 49 (2), 251-273.

Prebisch, R. (1960), *The Economic Development of Latin America and its Principal Problems*, United Nations: Economic Commission for Latin America.

Rizvi, S. (1994), "The microfoundations project in general equilibrium theory," *Cambridge Journal of Economics*, 18, 357-377.

Rizvi, S. (1998), "Responses to arbitrariness in contemporary economics", *History of Political Economy*, (1998; Annual supplement: *New Economics and its History*) 29, 273-288.

Sent, E. (1998), "Engineering dynamic economics, *History of Political Economy*, (1998; Annual supplement: *New Economics and its History*) 29, 41-62.

Singer, H. (1950), "The distribution of gains between investing and borrowing countries", *American Economics Review* (Proc.), 40, 473-485.

Sokal, A. and J. Bricmont (1998), *Fashionable Nonsense*, New York: Picador Press.

Stiglitz, J.E. (1988), "Economic organization, information and development", in H. Chenery and T. Srinivasan (eds), *Handbook of Development Economics*, 1, Amsterdam: North-Holland.

Taylor, L. (1975), "Theoretical foundations and technical implications", in C. Blitzer, P. Clark and L. Taylor (eds), *Economy-Wide Models and Development Planning*, Oxford: Oxford University Press for the World Bank.

Taylor, L. (1983), *Structuralist Macroeconomics*, New York: Basic Books.

Taylor, L. (1990), *Socially Relevant Policy Analysis: Structuralist Computable General Equilibrium Models for the Developing World*, Cambridge, Massachusetts: MIT Press.

Taylor, L. (1991), *Growth, Income Distribution and Inflation: Lectures on Structuralist Macroeconomic Theory*, Cambridge, Massachusetts: MIT Press.

Taylor, L. (1992), "Structuralist and competing approaches to development economics", in A. Dutt and K. Jameson (1992).

Turing, A. (1950), "Computing machinery and intelligence", *Mind*, 59 (236), 433-460.

第四章 贫困绝非宿命：非洲民众的相对预期寿命

F.Desmond McCarthy and Holger Wolf

一、引言

收入增长和医疗技术改进促使大多数国家的健康标准和其他生活质量指标有所提升（伊斯特利，1999）。因此，推动经济增长的政策为国民健康带来了间接收益。但是，人均收入只是部分因素。处于相似收入水平的邻国之间亦存在巨大的健康指标差异：在撒哈拉以南非洲地区的低收入国家中（人均国民生产总值低于 1000 美元），民众的相对期望寿命从几内亚比绍共和国的 38 岁到肯尼亚的 58 岁不等（世界健康报告，1999）。

初步证据指出，各国有望在收入水平不变的情况下，通过采用同等发达水平国家群体内的最佳实践对国民健康素质进行大幅提升。本章将以非洲国家为例讨论国民预期寿命的潜在提升幅度。本章将明确现有的预期寿命差距，并探讨上述差距与显著国家特征的相关性[1]。虽然国民预期寿命与一些国家特征可能存在直观的因果关系（如预期寿命与能否获得安全饮水存在正相关），但是这并非本章重点。相反，本章将采取时间序列/面板框架进行更具说服力的检验。

二、简单分解

首先，本章将进行简单的分解工作，以区分非洲低收入国家、全部非洲国家和全世界国家的国民预期寿命。本章的实证分析十分简单明了：衡量的指标是所有样本国家中的最高预期寿命和特定非洲低收入国家预期寿命之间的差异。其次，我们会将这一健康差距分解为三部分。第一部分是问题相关国家与低收入非洲国家最高国民预期寿命之间的组内差异。第二部分是该参照国与（处于任何收入水平的）非洲最高国民预期寿命之间的差异。第三部分是非洲国民预期寿命与全球最高国民预期寿命之间的差异。

表 4-1 分解了尼日尔的国民预期寿命。相比肯尼亚 58 岁（低收入非洲国家最高国民预期寿命）、毛里求斯 71 岁（非洲国家最高国民预期寿命）和日本 80 岁（全球国家的最高预期寿命）的国民预期寿命，尼日尔的国民预期寿命仅为 47 岁。

表 4-1　尼日尔的国民预期寿命

Life expectancy in Niger	47
Gain from catching up to highest life expectancy in peer group	+11
Additional gain from catching up to highest life expectancy in Africa	+13
Additional gain from catching up to highest life expectancy globally	+9

通过数据划分，我们可以直接对尼日尔国民预期寿命与相同收入国家群内最高国民预期寿命的差值、与非洲最高国民预期寿命的差值、与全球最高国民预期寿命的差值进行对比。后两个对比国家通常拥有较高的收入水平。因此，后两个差值或许可以部分解释上文所述的国家发展水平对于国民健康标准带来的间接收益。

表 4-2 指出了低收入非洲国家的三大预期寿命差距，并标出了低收入国家群内的预期寿命差异，数据表明人均收入和预期寿命不存在一致关联。假设存在证明低收入国家在收入水平不变的情况下预期寿命增加潜力的表面证据，则低收入非洲国家群内最高预期寿命和所有非洲国家内最高预期寿命之间的差值与低收入非洲国家群内约半数低收入国家的组内差距一致。

表 4-2　国民预期寿命差距

	GNP in 1999 US$ PPP	Life expectancy at birth	Gap to highest life expectancy in the lowincome group	Gap to highest life expectancy in Africa	Gap to highest life expectancy globally
Zaire	384	52.0	6.4	13.0	9.0
Sierra Leone	414	39.8	18.6	13.0	9.0
Tanzania	478	50.9	7.5	13.0	9.0
Burundi	553	49.5	8.9	13.0	9.0
Rwanda	576	39.2	19.2	13.0	9.0
Mwanda	581	43.2	15.2	13.0	9.0
Guinea-Bissau	595	38.4	20.0	13.0	9.0
Ethiopia	599	49.0	9.4	13.0	9.0
Angola	632	47.3	11.1	13.0	9.0
Zambia	686	45.6	12.8	13.0	9.0
Mali	693	49.6	8.8	13.0	9.0
Niger	727	46.6	11.8	13.0	9.0
Nigeria	744	52.8	5.6	13.0	9.0
Madagascar	766	52.0	6.4	13.0	9.0

续表

	GNP in 1999 US$ PPP	Life expectancy at birth	Gap to highest life expectancy in the lowincome group	Gap to highest life expectancy in Africa	Gap to highest life expectancy globally
Mozambique	797	46.5	11.9	13.0	9.0
Chad	816	48.1	10.3	13.0	9.0
Benin	886	50.2	8.2	13.0	9.0
Congo	897	51.0	7.4	13.0	9.0
Burkina Faso	898	48.7	9.7	13.0	9.0
Kenya	975	58.4	0.0	13.0	9.0

　　第二个差值可解读为在广义空间内的同类国家群体内，一个国家因最佳经济和健康政策而造成的中期预期寿命潜在增值。第三个差值则描述了假设全球趋同的情况下，一个国家因长期发展而造成的长期预期寿命的潜在增值。如表4-2所示，前两个差值之和占全部差值的大部分，因此预期寿命的提升的主要原因是区域可获得资源，而非全球趋同。

　　仔细观察期望寿命最高国——毛里求斯后我们发现，国民期望寿命保持持续上涨可能与一些因素相关：经济稳定增长、无内战、非洲国家最低军事开支以及几乎普及的清洁水和环境卫生。而更显著的因素或许是毛里求斯卫生设施的普及率达人口的99%。当然，毛里求斯与非洲大陆国家的可比性因地理位置差异而受到限制：毛里求斯作为一个远离大陆的岛国较少遭受昆虫传播疾病或跨境河流污染。其较小的国土面积和人口数量也为政府向国民提供净水和医疗保健服务降低了难度。[2] 在这个案例中，我们似乎不应过高评价国家规模所扮演的角色。但是，毛里求斯的国民预期寿命仅稍高于三个较大的非洲内陆国家，即阿尔及利亚、突尼斯和博茨瓦纳，而三国人均收入之和仅约为毛里求斯的50%。

三、非洲贫困国家的健康状况为何存在差异？

　　如表4-2所示，贫困并不一定导致预期寿命降低：像坦桑尼亚这样人均收入极低的国家与富裕国家的国民预期寿命相当。因此，确定这种组内差距的随机性或与明显国家特征（包括政策服从性）的相关性极具研究价值。

　　为了回答这个问题，我们将按1999年购买力平价估算的人均收入（单位：美元）把样本非洲国家划分为三个群组。第一组（低收入国家）包括人均收入低于1000美元的国家[3]；第二组（中等收入国家）包括人均收入在1000~2000美元的国家[4]；第三组（高收入国家）包括人均收入超过2000美元的国家[5]。

　　表4-3展示了上述三组国家的一组最低、最高和中等健康指标。后三栏为中值。结果在预期之中：人均收入较高，则健康状况较好。除一个例外情况外（中等

收入国家的婴儿出生体重较轻），低收入群组的预期寿命为 48.8 岁，而高收入群组的预期寿命为 64.2 岁；其他结果的中值随收入增长有所提高。结果众所周知，反映了提高健康情况、提高生产力和收入与提高医疗服务能力之间的正向反馈回路（Pritchett and Summers，1996）[6]。

表 4-3　各收入群体的健康状况

	Low income min.	Low income max.	Middle income min.	Middle income max.	High income min.	High income max.	Low income median	Middle income median	High income median
女性预期寿命	37.8	60.2	43.6	60.8	53.3	66.3	49.1	51.6	66.3
男性预期寿命	34.8	56.7	43.9	56.7	50.3	68.1	45.3	48.9	61.4
总预期寿命	38.4	58.4	41.7	58.7	54.7	70.6	48.8	50.0	64.2
婴儿死亡率	58.0	179.4	55.7	131.3	16.1	88.6	111.8	96.6	55.3
死亡率（年龄＜5）	90	236	86	220	20	145	181	159	75
孕产妇死亡率	490	939	430	1100	50	400	590	580	200
低出生体重	10.0	18.0	5.0	35.0	7.0	15.0	13.0	14.5	9.7
儿童营养不良	22.3	50.0	13.6	44.0	9.0	26.0	30.1	23.5	10.6

前六栏数值罗列了每个国家群组的最大值和最小值。健康状况和收入存在正比关系。但是，低收入和中等收入国家的对比结果表明，表现最好的低收入国家（肯尼亚和马达加斯加）相比中等收入群组里表现最差国家（乌干达和几内亚）的国民健康状况较好。更出乎意料的是，对比低收入国家和高收入国家后得到了相同的结果：低人均收入群组内表现最佳国家与高收入群组内表现最差国家（加蓬、莱索托）的国民健康状况相当。结果再次表明，贫困并不一定导致预期寿命降低。

表 4-4 展示了造成各国差异的一大潜在原因——公共医疗开支和医疗服务普及率的背景信息。前六栏数值表明了三个组群的最大值和最小值，而后三栏为中值。结果与表 4-3 的发现一致。总而言之，医疗服务的提供随着人均收入的上升而上升。在对按购买力平价调整为美元后的医疗支出数据进行对比后，我们发现低收入国家的居民平均医疗支出中值为 22 美元，而中等收入和高收入国家的居民平均医疗支出中值分别为 50 美元和 310 美元。很多指标的中值表明了各指标与人均收入的正相关关系。总而言之，国家医疗支出与医疗服务输出呈正相关。

与前六栏数值相比，低收入国家群组表现最佳国家的资源不仅多于中等收入国家群组表现最差国家，更多于高收入国家群组表现最差国家，这一结果再次让人惊叹不已。坦桑尼亚的人均收入为 478 美元；尽管公共医疗开支仅为人均 6 美元，但该国医疗服务的普及率约为 93%。相反，虽然摩洛哥的公共医疗开支约为人均 42 美元（人均医疗支出合计为 140 美元），但是该国医疗服务的普及率仅为 62%。结果表明，各国人均最终享受到的医疗保健和医疗服务的财政资源花费存在鲜明差异[7]。

大量研究表明，除医疗手段的进步外，死亡率（尤其为儿童死亡率）下降在很

表4-4 各收入人群组的医疗系统资源和健康状况

	Low income min.	Low income max.	Middle income min.	Middle income max.	High income min.	High income max.	Low income median	Middle income median	High income median
健康消费									
—占GDP总数 (%)	0.7	7.9	2.2	5.2	3.5	7.4	3.3	3.8	5.3
—占公共GDP (%)	0.2	4.0	1.0	2.9	0.6	3.8	1.7	1.8	3.0
—人均美元购买力评价	6	62	15	83	124	571	22.5	50	310
普及率 (%)									
—医疗卫生	24	93	45	76	55	99	55	70	90
—基本药物	10	65	15	100	30	95	50	70	80
—安全给水 (全覆盖)	24	70	7	82	57	100	42	50	67
—安全给水 (农村)	8	63	24	86	17	66	42	62	42
—安全给水 (城市)	18	97	48.5	97	80	100	75	77	99
—干基本卫生设施 (全覆盖)	9	86	6	60	11	100	22	37	56
—基于卫生设施 (城市)	11	97	12	85	20	100	63	59	90
免疫率									
—三合一疫苗	18	98	40	93	48	96	57	67	78
—麻疹	24	99	31	88	50	94	54	66	78
避孕措施	4	39	2	24	16	75	7.7	14.0	49.0
每一百人中的医生	0.0	0.3	0.0	0.2	0.1	2.1	0.1	0.1	0.5
1000人中医院床位	0.1	3.4	0.4	2.6	0.5	3.2	1.1	0.9	1.9

表 4-5　各收入群组的其他健康决定因素

	Low income min.	Low income max.	Middle income min.	Middle income max.	High income min.	High income max.	Low income median	Middle income median	High income median
文盲	21.8	86.4	19.0	66.9	14.9	56.3	45.1	51.0	29.5
女性文盲率	28.0	93.4	31.9	78.1	18.0	69.0	58.2	64.2	38.9
教育支出占 GDP	0.7	6.5	0.9	5.1	2.9	9.1	2.3	3.2	5.1
小学入学率	25	97	36	107	69	136	70	60.5	114
一女性	19	92	24	86	56	139	59	50	111
中学入学率	4	28	11	36	8	75	10	16.5	50.5
一女性	2	25	5	28	29	77	6	12	54
基尼系数	28.9	62.9	32.7	61.3	28.9	60.9	47.1	39.8	48.1
收入份额居后的 20%	1.1	9.7	2.0	8.4	2.7	9.8	5.1	6.4	5.0

表4-6 各预期寿命群组的医疗系统资源和健康状况

	Low min.	Low max.	Middle min.	Middle max.	High min.	High max.	Low median	Middle median	High median
健康消费									
—占GDP总数 (%)	1.3	7.9	0.7	7.4	3.5	7.1	3.7	4.2	4.5
—占公共GDP (%)	0.6	4.0	0.2	3.8	1.3	3.7	1.9	1.6	2.9
—人均美元购买力平价	7	50	6	399	124	571	31	66	310
普及率 (%)									
—医疗卫生	24	80	42	93	62	99	37	67	94
—基本药物	20	93	10	100	51	95	58	65	80
—安全给水 (全覆盖)	7	61	25	82	57	100	38	56	70
—安全给水 (农村)	17	86	8	85	17	67	45	44	53
—安全给水 (城市)	18	97	48	99	100	100	78	80	100
—干基本卫生设施 (全覆盖)	6	63	9	86	11	100	33	36	55
—基于卫生设施 (城市)	12	82	11	98	20	100	58	69	91
免疫率									
—三合一疫苗	18	98	35	96	56	93	57	69	78
—麻疹	24	99	31	94	66	92	58	62	82
—避孕措施	2	21	6	48	16	75	8	17	50
—每一百人中的医生	0.0	0.2	0.0	0.3	0.1	2.1	0.0	0.1	0.6
—1000人中医院床位	0.1	1.7	0.2	3.4	1.0	3.1	0.9	1.3	1.9

大程度上取决于防范措施的改进。因此，即使在医疗服务基础设施给定的情况下，人口获得清洁水和卫生环境的程度很可能影响人口健康状况（萨维多夫和舒尔茨，2000）。如表4-5所示，不同国家的各类普及率存在巨大差异，而贫困国的最佳普及率再次超过高收入群体的最低普及率。

表4-5展示了普遍认为影响健康状况的其他两个变量的统计结果：教育普及率（尤其是主要提供家庭健康服务的妇女的教育普及率）和贫困家庭支付健康服务费用的能力。表4-5结果延续了表4-3、表4-4的结果趋势：三个国家群组的大部分指标与中值呈正相关（但一些变量呈U形关系）；同时，贫困国家群组内表现最佳国相比高收入国家表现最差国的教育统计数据更好。

表4-6罗列了各预期寿命群组国家的医疗服务排名[8]。样本国家被重新划分为三个群组。第一个群组[9]（低预期寿命群组）包括预期寿命低于50岁的国家；第二个群组[10]（中等预期寿命群组）包括预期寿命为50~60岁的国家；第三个群组[11]（高预期寿命群组）包括预期寿命高于60岁的国家。

表4-6的中值指出，如果以医疗服务普及率和免疫率为衡量标准，则投放至医疗保健部门的资源和医疗部门输出结果之间存在正相关。投放至医疗保健部门的资源越多、医疗保健服务的输出结果越好，则国民预期寿命越高。令人欣慰的是，表4-6同意加大医疗保健资源投放可（在大多数案例中）提升公众健康的观点。

与上文一样，表4-6前六栏数值表明这些关系从两个方面来看并不存在一致性。首先，支出措施和保健服务输出结果之间的关系十分不稳定。一些人均保健支出低于50美元的国家的免疫率和医疗服务普及率高于那些医疗支出高出前者数倍的国家。同时，结果也指出一些保持稳健医疗支出的国家在医疗保健服务提供方面存在较大提升空间，当然这并非本章主题。

其次，一些预期寿命低于50岁的国家在免疫率、清洁水、卫生环境和健康服务普及率上明显高于预期寿命高于60岁的国家。医疗保健资源投放、资源产生的医疗服务输出结果和医疗服务效果之间的关联至少以公众健康这一标准进行度量时并不存在线性关系。[12]

最后，表4-7列出了笔者认为与预期寿命相关的其他变量的统计数据。从中值来看，教育相关变量和20%人口收入可提升预期寿命。在这两种情况下可能存在两面性。军事支出、债务率或政府消费与预期寿命之间并不存在明确、无条件的联系。分布统计数据让实质变异再次显现：一些预期寿命较低国家的教育水平高于预期寿命较高国，且其他变量也存在相似情况。

四、分级树分析

上述事实证明预期寿命与人均收入间存在正向无条件关联，且医疗服务产出和人均收入间也存在正向关联。一种观点认为，预期寿命的主要决定因素是人均收

表 4-7 各预期寿命群组的其他健康决定因素

	Low min.	Low max.	Middle min.	Middle max.	High min.	High max.	Low median	Middle median	High median
文盲	19	86	15	67	17	56	53	37	30
女性文盲率	29	93	18	77	18	69	67	47	43
教育支出占 GDP	1.5	5.4	0.7	9.1	3.1	8.6	2.3	4.0	5.1
小学入学率	25	97	52	136	69	118	63	77	107
一女性	19	92	26	139	56	122	41	70	110
中学入学率	4	16	5	52	8	75	10	23	52
一女性	2	13	4	54	29	77	5	16	55
基尼系数	28.9	62.9	32.7	60.9	28.9	59.3	48.0	42.9	39.9
收入份额居后 20%	1.1	9.7	2.7	8.4	2.8	9.8	5.0	5.7	6.2
军费支出占 GDP	1	20	1	5	0.35	5	2.8	2.0	2.65
负债占 GDP	28	340	16	325	13	64	63	89	52
政府消费占 GDP	7.5	47	6.6	31	12.3	32	12.8	11.2	16.4

入。但是，上节所述的实质变异表明，人均收入虽然是预期寿命的重要决定因素之一，但是贫困并不一定导致预期寿命降低。现在，我们要研究一个界面框架内医疗支出、医疗服务结果、其他决定因素和预期寿命之间的关联。考虑到可能存在非线性关系，我们使用了分类树法。

文本框 4-1　分类树方法论

分类树包括根据因变量向量预测二进制因变量的一系列规则。因此，二进制变量被定义为高预期寿命（1）和低预期寿命（0）。

分类树分析的目标是确定（组成决定变量和临界值的）规则集，以确保因变量以最佳方式分成两个群组。在分类树的每个分支上，样本被根据一个解释变量的临界值分为两个次级分支，并不断分割下去，直到达到终端节点。比如说，我们假设在"高预期寿命"组群里的所有国家中，医疗支出高于国内生产总值的4%；而在"低预期寿命"组群里的所有国家中，医疗支出低于国内生产总值的4%。在这种情况下，若医疗支出高于4%则将观察值所在国分类为高预期寿命组群的规则可以很好地区分两个族群，且最终的决策树只有一个分支，上面也只有两个节点。在实践中鲜有这样完美区分原则，且原则存在第一类错误和第二类错误。在本案例中，算法选择的规则（包含变量和相关临界值）将第一类错误和第二类错误的加权和最小化。为此，本章采用了相等权数法。通过构建，任何多余分支都会减少分类表的整体错误率。与调整后 R^2 标准一样，当整体错误率的下降达不到分支数量要求时，该算法会终止为一个节点。

二进制分类树对于解决本问题存在诸多优点。首先，该算法在潜在判别式中构筑了一个优先序，抛弃了二级变量并因此降低了对于主观准备的需要。其次，该流程允许以不同原则描述次级样本，并因此允许背景依赖性的存在。最后，流程会在内部临界值进行分割，这对于异常值来说具有鲁棒性。

重要的是，分类树应被视作描述复杂数据特征的一种方法，而不是一个正式的统计假设集。尤其是分类树并不代表因果关系。

由于该方法甚少用于经济学，因此文本框 4-1 对该方法进行了概述。从本质上来说，分类树可以有效地描述一个二进制变量潜在关联因素的特点。因变量为高预期寿命（1）和低预期寿命（0）。高预期寿命被定义为样本前三个观察结果均值（约为 55.7 岁）。低预期寿命被定义为样本最后三个观察结果均值（低于 49 岁）。两个群组共有 16 个观察结果。

最后的分类规则如图 4-1 所示。括号内的数字代表（相比整个样本的）概率。每个节点的数字代表观察结果的数量。高低死亡率的最佳预测指标是人口的医疗保健普及率，临界值为 50%。对于低于临界值的国家，女性接受中学教育的比率越高，则该国被列入预期寿命前三名国家的概率越大；而对于医疗保健普及率较低、女性接受中学教育的比率较低的国家来说，其被列入高预期寿命群组的概率较前者下降 10%。

　　该方法同时对所有变量的相对重要性进行了分类，并将各变量在所有临界值的特性考虑在内。因此，从未成为任何节点最佳决定因素的变量（也因此未出现在分类树上）可能在几个节点上位列第二，并因此具备较高的区分群组能力。表 4-8 列出了变量的相对重要性，第一个变量集的得分为 100 分。

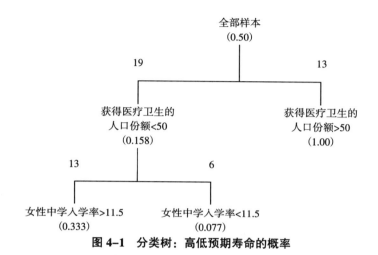

图 4-1　分类树：高低预期寿命的概率

表 4-8　各决定因素的重要性

变量	重要性
获得医疗卫生保健的人口份额	100
人均国民生产总值（美元购买力平价）	68
生育率	66
获得安全给水的人口份额	49
机构投资者风险评级	33
女性中学入学率	17
公民医疗卫生支出	11
总文盲率	11
男性文盲率	11
小学入学率	10

　　医疗保健人口普及率是最佳决定因素，其次是人均国民生产总值、生育率和安全饮用水普及率。因此，收入是期望寿命的重要决定因素（反之亦然），但并非唯一决定因素。因为正如表 4-3 所示，医疗保健和安全水普及率高于均值的普及率并非完全由收入决定，不会对预期寿命产生剧烈影响。

五、结论

　　贫困是医疗结果的唯一决定因素吗？我们通过评估非洲的预期寿命解决了这个问题。虽然医疗结果与收入呈正相关，但是这种关联并非始终如一。事实上，最贫困的几个非洲国家的医疗结果高于一些收入水平较高的国家。且医疗支出占国内生产总值百分比或人均医疗支出是对医疗结果很好的预测变量（不考虑内因性问题）。

　　取得良好医疗结果[13]最关键的关联变量（控制医疗支出）是医疗服务、清洁水和卫生环境以及同样重要的教育（尤其是妇女教育）普及率。虽然我们并未进行正式检验，但是结果表明在给定的支出率的情况下，有关提高医疗支出以提高医疗普及率的利益有待进一步研究[14]（哈默，2000）。

　　诚然，在从本章综合数据集中提取政策意义时需要适度。除数据问题以外，由于本章着眼于单一年度，因此我们无法解释医疗系统输入、输出、发展和健康结果之间复杂、动态的关联，也无法建立因果关系模式。这就是说，无法得到医疗支出、医疗服务输出和健康结果之间的关系表明我们的研究结果较稳健，也表明医疗服务支出和医疗服务，以及医疗服务与健康结果之间的关系存在显著差异。学者们有必要对提升医疗支出和提升医疗服务提供效率的回报对比以及服务提供和健康结果之间的关联进行研究。重点研究问题包括：医疗保健支出在公共资源、非政府组织和家庭之间的最佳划分；在公共医疗支出中，预防支出和治疗支出的适当比例；以及对于卫生基础设施和传统医疗服务重视程度的对比研究。

注释

1. 致力于关注一个大洲使得保持其他条件不变的假设合理、适用。许多贫穷国家的常见疾病的患病率显著受到各种环境因素的影响，包括流行病传播昆虫、温度和温度等，关注区域集群，希望这些因素的差异将不那么重要。

2. 在不同的赛季有效的访问也不同，这取决于道路的质量和密度/交通网络。

3. 刚果、塞拉利昂、坦桑尼亚、布隆迪、卢旺达、马拉维、几内亚比绍、埃塞俄比亚、安哥拉、赞比亚、马里、尼日尔、尼日利亚、马达加斯加、莫桑比克、乍得、贝宁、刚果民主共和国、布基纳法索、肯尼亚。

4. 厄立特里亚、中非共和国、乌干达、赤道几内亚、吉布提、苏丹、塞内加尔、多哥、喀麦隆、冈比亚、毛里塔尼亚、科特迪瓦、几内亚、加纳。

5. 莱索托、津巴布韦、摩洛哥、埃及、佛得角、斯威士兰、阿尔及利亚、加蓬、纳米比亚、突尼斯、博茨瓦纳、南非、毛里求斯。

6. 他们的结果显示收入和健康之间的结构关系与因果关系健康运行。他们还发现，收入的差异在过去30年解释了大约40%的死亡率提升的国家差异。

7. 对于数据的精度和可比性，尤其是部分为预算外访问变量等措施有必要谨慎对待。

8. 格沃特金等（2000）指出许多其他因素会影响健康状况。

9. 几内亚比绍、卢旺达、塞拉利昂、乌干达、马拉维、赞比亚、冈比亚、几内亚、莫桑比克、尼日尔、安哥拉、厄立特里亚、乍得、中非共和国、布基纳法索、赤道几内亚、埃塞俄比亚、布隆迪、马里、吉布提。

10. 塞内加尔、贝宁、坦桑尼亚、刚果、毛里塔尼亚、马达加斯加、刚果民主共和国、尼日利亚、苏丹、加蓬、科特迪瓦、多哥、喀麦隆、津巴布韦、斯威士兰、肯尼亚、加纳、纳米比亚。

11. 莱索托、埃及、南非、佛得角、摩洛哥、博茨瓦纳、突尼斯、阿尔及利亚、毛里求斯。

12. 西伊·哈默（2000）在赞比亚的一个案例研究。

13. 我们的研究集中在国家层面，不考虑疾病传播的跨国方面（河流污染）或疾病预防和治疗，已经有许多成功的案例在协调卫生措施，包括天花锐减、河盲症和小儿麻痹症。从跨国的角度来说其对改善健康有重要作用，因此越来越被视为一个全球卫生战略的重要组成部分（萨克斯，2000），并且可能产生利益。

14. 哈默（2000）提供了一个赞比亚的案例研究。摩洛哥作为高收入、低人口国家，提供了一个分享获得干净的水的例子，而坦桑尼亚表明了相反的情况。相对健康结果分别来自摩洛哥和坦桑尼亚各自的底部和顶部的同辈群体。

参考文献

Easterly, William (1999), "Life during growth", *Journal of Economic Growth*, 4 (3), September, 239–275.

Garenne Michel and Gakusi Eneas (2000), *Health Effects of Structural Adjustment Programs in Sub-Saharan Africa*, CEPED, Paris.

Gwatkin, Davidson R., Shea Rustein, Kiersten Johnson, Rohini Pande and Adam Wagstaff (2000), *Socio-Economic Differences in Health*, *Nutrition*, *and Population*, World Bank.

Hammer, Jeffrey (2000), Zambia, *Public Expenditure Review*, Washington, DC: World Bank (draft).

Huttly, S.R.A., S.S. Morris and V. Pisani (1997), "Prevention of diarrhoea in young children in developing countries", *Bulletin of the World Health Organisation*, 75 (2), 163–174.

Jack, William (1999), *Principles of Health Economics for Developing Countries*, Washington, DC: World Bank.

Pritchett, Lant and Lawrence H. Summers (1996), "Wealthier is healthier", *Journal of Human Resources*, 31 (4), 842–868.

Sachs J. (2000), *Chairman of the Commission on Macroeconomics and Health of the WHO*, Various Progress Reports, Paris, France.

　　Savedoff William and Paul Schultz（2000）, *Earnings and the Elusive Dividends of Health*, Washington, DC: Inter American Development Bank.

　　Wang, Jia et al.（1998）, *Measuring Country Performance on Health*, Washington: World Bank.

　　World Bank（2001）, *World Development Report*, 2000–2001, Oxford and New York: Oxford University Press.

　　World Health Organization（1999）, *The World Health Report* 1999, Statistical Annex.

第五章 排斥与包容的政治经济学：民主、市场和人民

Deepak Nayyar

一、引言

进入 21 世纪后，市场经济和政治民主日益成为流行词：不仅有动荡的东欧地区试图对资本主义发动革命，同时更有从拉丁美洲到非洲、亚洲的发展中国家不断加入此行列。其部分原因是计划经济的瓦解和政府对于市场经济过多或不适当的干预行为。这导致人们认为市场经济和政治民主都存在优势，同时也势在必行。在这一过程中，一些国家不断寻找新的发展模式，而另外一些国家则试图沿用以往模式。

本章讨论的主题与这个时代的意识形态相反：市场经济和民主政治或许无法确保全人类的繁荣发展，因为事实上，大部分人民尤其是穷人，被排除在经济发展过程以外。第二部分解释了市场经济与民主政治并非魔杖的原因，强调市场经济和政治民主并非单独存在，而是相辅相成、相互关联的一个整体。第三部分分析了市场以怎样的方式将人民排除在外，表明了排斥和包容是市场经济的逻辑思维。第四部分将讨论经济和政治在解决问题方面的交互关系，认为经济行为主体或政治公民在经济或政治的自由选择权上并不平等。

二、民主和市场

亚当·斯密在两个世纪以前已经通过正统经济理论阐明了市场经济的优势所在[1]。它可以高效地优化生产（在资源配置上）和消费（效用最大化）。只要为所有人提供平等机会，那么这种市场经济就是民主的；只要为所有人提供自决权，那么这种市场经济就是自由的。对于像亚当·斯密这样的当代经济研究者来说，个人主动性是方式，经济繁荣是目标。同样，政治民主可追溯至盎格鲁—撒克逊人和自由主义的欧洲思想。其基本宗旨是个人自由、价值观多元论、权利的重要性和人人平等。

在这种政治思想中，这些信条是神圣不可侵犯的。社会契约存在多种限制，当个人同意受到社会系统的约束时，那么他就必须同意集体意见[2]。

正统经济理论强调的市场经济和政治民主的优点成为了当代世界改革的重要理论，在曾经的社会主义国家中尤为如此。让人惊讶的是，人们总是将民主和市场相提并论，仿佛它们是不可分割的整体，具有相同的重要性。这种看法存在两大缺点：

首先，有一个基本假设是民主和市场不可分割、相辅相成。这种观点是错误的。政治民主的存在并不是市场经济运转的必要条件或充分条件。一些国家的市场经济为该观点提供了足够的支持。从逻辑上来说，这表明市场经济的存在并不是政治民主存在的必要条件或充分条件。

其次，一种对应观点认为民主和市场存在平等关系。这种观点存在问题。一个政体引入民主是基本问题，而使用市场经济是体制问题。就其内在价值而言，民主本身就是目标。而市场则是一种方式，是否使用市场会带来不同的结果。对一些人而言，经济自由本身就是目标，因此市场同样也具有内在优点，且内嵌于自由或更好的选择中。在任何情况下，我们都不能假定民主和市场是基本要求，因为如果存在民主，那么是否采用市场经济、如何采用的决策者是人民[3]。

因此，民主和市场并不相同。同时，即使两者均为人类发展的体制，它们也不处于同等级别。但是，正统理论认为只要民主有关个人的政治自由、市场有关个人的经济自由，则双方就必须服务于人民的利益。但是，这一推论并不必然。

举个例子，民主依据少数服从多数原则或类似原则运行。很明显，这种机制更倾向于个人或少数人统治的君主政治或寡头政治。但是，民主可能导致多数人暴政[4]。更重要的是，在那些社会经济极其不平等的国家中，成年人普选权如何独自形成政治平等尚不清楚。同时，我们同样不应忘却的是普选权即使在欧洲也是在 20 世纪才出现。自由的基础并不是平等，而是财产权。长久以来，赋予人们投票权的一直是财产，因此享受政治民主只能是少数人的特权，而非所有人的权利。

再举个例子，市场为所有人创造同等机会的提议取决于一个关键性假设：最初财产分配权平等。因此，任何对市场带来良好效果的辩护都依赖于对财产权的初级分配平等的辩护。认为市场保护个人或（人种、宗教或政治）[5]群体利益而民主不保护上述利益的观点存在局限性，因为这些个人或群体如果没有收入就不能保证像购买者一样进入市场，如果他们没有东西可卖就不能像销售者一样进入市场。我们应该意识到民主可能导致多数人暴政，但是市场可能导致少数人暴政。

在实践中，我们知道民主和市场并不是提高多数人生活条件的必要或充分条件。平等发展可以为所有人带来幸福生活和均等的经济机会。在计划经济中已经存在这种平等发展，比如东欧社会主义国家；同时，在市场经济体中也存在这种平等发展，比如东亚和东南亚国家。与此形成鲜明对比的是，当市场和民主尚未得到充分发展和长期演化的情况下，就像在一些东欧国家那样，同时存在市场和民主只会造成混乱[6]。其结果是少数人实现了经济繁荣，而多数人仍然生活在水深火热中。很明显，世界上没有魔杖。民主和市场都是体制。最终的结果取决于使用市场和民主的方式。

很明显，有关市场经济和政治民主的正统信念体系存在争论。民主和市场并不一定服务于人民的利益，这一点已非常明确。而正统观点的根本问题是它将市场经济和政治民主视作独立的个体。因为它们分别提供了不同的自由选择权。这是一种很容易得到的抽象观点，但并非正确推论。事实并非如此，因为两者并非独立个体。事实上，它们是紧密相关的整体。而造福人民的其实是市场经济和政治民主的相互作用。本章随后将对经济和政治的这种关联进行讨论。

三、排斥和包容

琼·罗宾逊曾经说道："只有一件事比被资本家剥削还要惨，那就是不被资本家剥削。"参与市场经济也是如此。因为市场经济存在排斥现象[7]。

"排斥"一词已日渐成为经济学术语，而它本身在很早以前一直是欧洲社会学和政治学术语。"社会排斥"一词用于描述将个人或群体排斥在生计和权利以外，剥夺他们享受（在工业国家中）假定的幸福生活的权利的一种情况或过程[8]。其关键点是，市场经济和社会会自动整合一些人又将另一些人边缘化，以此将经济增长带来的利益分配给一部分人，并排斥其他人，因此经济分层是无法避免的。

相反，有关发展中国家的著作试图通过将重点放在贫困和不平等上来研究多数人的边缘化或剥夺权利问题。如果排斥概念可以帮助我们理解市场的拓展以何种方式影响普通人，那么排斥概念可能适用于发展中国家。排斥是市场逻辑与生俱来的特征。市场可能同时排斥消费者和生产者。

没有收入或足够收入以转化为购买力的消费者或购买者会被市场排斥。在阿玛蒂亚·森的术语学中，这种排斥被归因于权利的缺失[9]。这些人购买市场销售的商品和服务的权利被排斥在外。但是，他们或许还被排斥在非市场配置以外，包括政府提供的商品和服务；如果他们居住于城市贫民区或农村，其所在地并未为其提供饮用水、卫生设施、道路、电甚至是路灯。因此，贫困者所在地（并非其收入）剥夺了其享受公共服务的权利，在别处却可能（几乎）不受拘束。

没有资产或能力的制造商或销售方会被市场排斥。没有实物资产或金融资产用于（或出售用于）通过租赁、利息或利润的方式获得收入的人会被市场排斥[10]。但是，即使没有资产，生产者或销售者也可以通过他们的劳动力和能力进入市场[11]。这种通过教育、培训或经验获得的能力与天赋有很大差异。但是，能力分配是不公平的。相反，人们可以通过这些能力以薪酬的方式获得收入。因此，没有能力的人以及无法找到工作的穷人就会被排斥。事实上，如果劳动力市场没有相应能力的需求，那么即使有能力的人也可能找不到工作[12]。在终极分析中，这种能力必须在市场上获得认可或应用。这是一个问题。

此外，那些不接受或不遵守市场体系价值的消费者、生产者、购买者和销售者也会被市场排斥。最明显的案例要数市场经济体中的部落居民或森林部落，或者说是那些身处资本主义体系中却未形成资本主义思想者。这种排斥可能包含其他形式，比如无法或不愿意出卖资产者。比如说，一个人无法或不愿意在市场上出卖他的祖屋。或者是一些无法或不愿意出卖自身能力者。比如说，一个人无法或不愿意作为占卜师或音乐家向他人收费，因为他的信念体系认为不能也不应该出卖这样的才华。换句话说，一些人之所以被排斥在外是因为他们接受的一套规范与市场规范有所差异。总而言之，这种差距至少在一段时间里会加剧不安全感和剥削。

　　排斥作为一个概念可以描述一个情况或描述一个过程的特征[13]。在描述情况时，无论其指的是一个时间点还是一个持久状态，排斥的概念与贫困的概念都大致相同。其目的是分别明确被排斥者和穷人。在描述过程时，排斥概念重点指的是经济和社会力量如何运作以重建或强调排斥。这可能归因于市场逻辑，它让已经拥有的人拥有更多，又让一无所有的人无法拥有任何东西，这就好像累积因果的过程会导致市场驱动的良性循环和恶性循环[14]。这或许是发展模式的结果：由于经济发展存在地区不均衡现象、利益分配存在不公平现象，那么一些人会更加富裕，而一些人会永远贫穷下去。这或许是发展策略造成的结果，因为同样的经济表现在一种情况下可能造成平等发展，在另一种情况下可能造成一小部分人的发展超过大部分人的发展。很明显，调节经济发展和社会发展的制度安排是关键。因为这些制度机制可能加剧排斥或增强包容，同时也可能限制少数富裕者的利润，或扩展多数贫困者的利润。资产的初始分配以及之后的收入分配是决定弱势人群是否被边缘化、排斥、提高或包容的重要决定因素。

　　我们必须认识到市场排斥存在不同层次的影响：个人、社会群体、地区和国家[15]。个人如果没有必要的权利、资产、能力或价值就会被市场排斥。社会群体，如无产者、文盲、低等姓种（如在印度）、女性（一些职业）、移民或少数民族有时可能被排斥在外无法参与经济活动[16]。这可能意味着一些社会群体可能无法进入市场，甚至受到系统性排斥而无法谋生。国家内部的区域，尤其是没有自然资源、道路崎岖、位置偏远或没有熟练劳动力的区域可能被排斥在发展之外。这种排斥形式可能包括基础设施、公共商品和服务、经济和社会机会的缺失。一些市场排斥存在于国家层面。在很多案例中，贫困国家可能遭遇土地排斥、就业排斥、社会保障排斥、医疗保健排斥、教育排斥，甚至是最基本的人类需求排斥（如食物、衣服和栖身之地）。

　　分析可能认为排斥是坏的，包容是好的。但这并不是分析的目的。必须指出，这与包容和排斥的性质相关。包容并不总是好的。市场对童工、部落居民或农民工的强制性包容可能就是一种剥削。女性的用工期短于男性；农民工在无组织的城市行业的工资低于在有组织行业的工人工资。相关例子还有很多。基本观点是强制性包容或较短用工期无法让人满意，且包容的市场很重要。出于相似的原因，排斥也不总是坏的。对于那些不接受市场系统价值观、自愿被市场排斥的个人或群体是完全可以接受的。

四、经济和政治

如上文所述，市场经济和政治民主虽然看似是两个独立个体，却不能也不应分割。原因很简单，在每个社会里，经济和整体都是紧密相关的。因此，影响人民生活条件的经济政治的相互影响十分关键。

我们必须认识到造成市场经济和民主政治之间紧张关系的关键。在市场经济中，人们以财富投票。但是政治民主的基础是一人一票制，因此投票分配而非收入或资产分配是平等的。即使从市场购买力来说，富人的选票多于穷人，但是每个成年人都有政治投票权。经济和政体的不对称可能加剧这种紧张关系。被市场经济排斥的人却被民主政治所包容。因此，经济和政治中的排斥和包容是不对称的。在经济和政治中，能力的分配同样不均衡。富人从购买力方面主导市场经济。但是穷人因为选票较多，又在政治民主上拥有较多的话语权。这就造成了不匹配的情况。很明显，在调和市场经济和政治民主时，市场基于购买力设置的经济方向和政治体系基于一人一票制设置的优先权应达到一种折中平衡[17]。在这种情况下，一代代经济思想家和社会哲学家对于国家在调节过程中扮演角色的强调也就不足为奇了。这是因为政府对人民负责，却无须对市场负责。当然，在民主政治中，政府由人民选出。但是，即使并非如此，国家也需要人民的合法化，而大多数的人民并非富人，而是穷人。协调、调节的任务十分艰巨却又具有必要性。市场只响应富人的需求，而不响应穷人的需求，这是与生俱来的市场逻辑。根据这种逻辑，待生产的产品的决策以市场需求而非人民需求为基础。因此，市场为那些拥有足够购买力的人民生产产品。产品多样性依赖于市场支出的构成和规模。由于富人拥有更大的购买力，因此市场很可能生产更多的手机或软饮料，而非改良式篱笆或安全饮用水[18]。市场通过这种方式包容有权利的人，排斥没权利的人。从理论上来说，每个经济行为主体都有选择的自由。而在实践中，只有部分人可以选择，且一些人拥有更多的选择。

民主会更多地响应话语权较多者，而非人民大众。没有政治话语权的人通常会被忽略。当然，少数服从多数原则也存在问题，可能导致一些民主政治排除少数者。即使忽略这些问题，一人一票原则也并不能确保政治民主中的每个人实现平等。因为在现实世界中，社会和经济不平等会不可避免地反映在政治过程中。从理论上来说，民主为每个公民提供了民主权利和政治自由。在实践中，只有一部分人拥有自由，且一些人比别人拥有更多的自由。

经济和政体的传统二分法并不适用于现实。我们只能期待市场经济排斥和政治民主排斥能够相互作用。谋生之道的经济排斥通常会造成或加重政治权利的排斥。因此，对于身处民主中的穷人来说，其原则上拥有选举权，但是在实际选举中，其选举权可能被高压政治剥夺或被物质诱惑所哄骗。同样，极其贫穷的人容易受到剥削或压迫，因为他们合法的公民权或平等权只存在于原则上，在实践中很难保护或维持这些权利。原因很简单，他们并没有维权的资源。

排斥不仅存在于经济和政治领域，更延伸至社会和文化领域。排斥的社会表现具有巨大作用。印度就是一个极好的例子。印度的贫困阶层，比如低等种姓，几乎没有权利、资产或能力。但是，他们的市场排斥，尤其是印度农村地区的土地和劳动力市场排斥主要源于社会原因而非经济原因。同时，经济排斥会加剧社会排斥，而社会排斥又会加剧政治排斥。同样，文化排斥，比如移民群体、少数民族，会与市场经济排斥和民主社会排斥相互作用。

很明显，市场经济排斥和政治民主排斥存在重叠部分，就像市场经济包容和政治民主包容存在重叠部分一样。被经济边缘化的穷人在政体中同样没有话语权，而主导经济的富人则拥有较大的政治话语权。经济剥夺和政治边缘化相互联手，而经济力量和社会力量也以同样的方式联手。因此，我们所在的现实社会并不符合正统信念体系的特征。这里存在两个分歧并导致了两种主张：一方面，经济和政体相互关联，相互依赖。另一方面，经济行为主体或政治公民在经济和政治选择自由方面并不存在平等。事实上，自由存在分级。在经济和政治存在较多重叠时，一些人拥有较多的自由，另一些人则较少。出自本章分析的这两种主张让我们得以更深入地理解市场和民主。

总而言之，我们必须说存在更深入的自由悖论。一方面，市场排斥没有权利、资产和能力的人，这是市场的逻辑。但是，市场又愿意尽可能多地包容更多的人。就像亚当·斯密所说："劳动力的划分受到市场规模的限制。"另一方面，民主通过宪法选举权包容人民，这是民主的基础。但是，政治进程试图将没有话语权者排斥在外或边缘化。这就是政治权利想要追求和运用的结果。这一矛盾现状实在让人感觉讽刺不已。

注释

1. 这种文学开始在古典政治经济学的时代。最重要的贡献是斯密（1776）和穆勒（1848）。详情请参阅哈耶克（1960）。

2. 自由主义的经典语句在亚当·斯密、让·雅克·卢梭，特别是约翰·斯图亚特·穆勒的著作里面。最近代表不同的观点的分别是柏林（1969）、森（1970）、罗尔斯（1971）和爱丁堡（1981）。

3. 在市场经济的背景下讨论民主的重要性，详情请参阅森（2000）。森认为，民主有三个明显的优点：其内在的重要性，其工具性的贡献和它在建立价值观和规范时的建设性作用。森承认市场明显的工具性的美德。但他还认为，如果选择集的一个扩展是好的，市场经济可能会存在内在的美德。

4. 总是听取多数人的意见，这是一个原则性的事情，而且在很长时间内在一个民主国家一直是一个有争议的问题。例如，约翰·斯图亚特·穆勒（1946）认为，"整个政府仅仅是大多数人的"，多数决定的原则是不民主的。而且这将发展成为一个比较具有代表性的问题。

5. 问题是，尽管少数群体受到了多数人敌意的对待（一群人极端的政治观点，他们希望生产报纸），但市场体系为少数人提供了重要的保护（比如购买新闻纸和雇佣记者）。详情请参阅瑟顿（1981）。同样也可以参阅弗里德曼（1962）。他指出在中世纪的欧洲犹太人得以生存于充满敌意的环境，很大程度上是因为他们从事商业和贸易。人口的经济利益和宗教歧视相比占了上风。贝克尔认为市场通过竞争的力量保护少数民族。歧视某些少数民族的公司将会被那些不歧视的公司打败而出局。这个论点更加有限。它也可能是错误的，因为在某些情况下，歧视可以最大化利润。

6. 阿姆斯登等（1994）。详见泰勒（1993）。

7. 同样地，笔者认为在其他地方，全球化问题真的存在。详细讨论请参阅纳亚尔（2000）。

8. 请见欧洲经济共同体委员会（1993）。广泛讨论社会排斥等问题，通过国家政策来研究概念上的问题，请参阅罗杰斯等（1995）。

9. 这个名词第一次被森（1981）在他对贫困和饥荒研究的作品中使用。

10. 农村贫困人口在发展中国家没有土地，经历这样的排斥，不仅被剥夺了生活的来源也同时被剥夺了社会地位。

11. 在这一章中，笔者使用"能力"这个词来描述体现在一个人身上综合天赋、通过培训的技能、获得经验和通过教育获得的才能和专业的特征，能够使他或她使用这些（作为生产者和工作人员的技能），不仅仅是一个价格而是市场上的一种需求。这遵循了如果这个人的技能在劳动力市场上没有需求，那么就算是一个有能力的人也有可能找不到工作的规律。在这里非常重要需要注意的一点是同样的词语——能力，阿马蒂亚·森就有不一样的理解，他认为一个人的表现取决于这个人在他的掌握中所有的商品和它的特征的成功与否。例如，食物可能给一个健康人提供营养但却不能给一个患寄生虫病的人提供营养；或者，自行车可能为一个身体健康的人提供了一种便捷的交通工具但是一个残疾的人却不能使用。所以，对于森（1985），能力描述了一个人能获得的综合功能，形成了这个人的人格特征（转换的特色功能）和对日用商品的掌握。

12. 公开失业意味着被排除在劳动力市场之外，而且也排除那些在劳动力市场中曾经历在农业部门中不能就业的人们和自由职业者或是在城市非正规部门的临时雇佣人员。被细分的劳动力市场意味着能获得安稳的高薪工作是非常困难的，而获得不安全的底薪工作是比较容易的。

13. 罗杰斯等（1995）。

14. 对发展过程中的累积因果的分析，尤其是扩散效应和回波作用（发达国家与不发达国家之间的差异贸易平衡），详情参阅迈尔德尔（1968）。

15. 如果想要获得更多的详细讨论，请参阅罗杰斯（1995）。

16. 比如贝克尔，认为女性和少数族裔将得益于市场减少歧视。但如果这些组织没有必要的权利资产或功能的话，一切将变得不可能。更重要的是，歧视会因社会和政治原因而继续存在。

17. 如果想在印度继续讨论这个问题，请参阅玛哈赛和纳亚尔（1996）。

18. 同样，研发市场更有可能集中在贮藏寿命较长的番茄或用作家禽饲料的玉米上，而不会用于干旱土地的抗旱作物。

参考文献

Amsden, A., J. Kochanowicz and L. Taylor (1994), *The Market Meets its Match* Cambridge: Harvard University Press.

Berlin, I. (1969), *Four Essays on Liberty*, Oxford: Clarendon Press.

Bhaduri, A. and D. Nayyar (1996), *The Intelligent Person's Guide to Liberalization*, New Delhi: Penguin Books.

Commission of the European Communities (1993), *Towards a Europe of Solidarity: Intensifying the Fight against Social Exclusion and Fostering Integration*, Brussels: EC.

Friedman, M. (1962), *Capitalism and Freedom*, Chicago: Chicago University Press.

Hayek, EA. (1960), *Constitution of Liberty*, London: Routledge and Kegan Paul.

Mill, J.S. (1848), *Principles of Political Economy*, with an introduction by W.J. Ashley London: Longmans.

Mill, J.S. (1946), *On Liberty* (1859) *and Considerations on Representative Government* (1861), with an introduction by R.D. Mc Callum, Oxford: Oxford University Press.

Myrdal, G. (1968), *Asian Drama. An Inquiry into the Poverty of Nations*, London: Allen Lane.

Nayyar, D. (2000), "Globalization and Development Strategies", in J. Toye (ed.), *Trade and Development: Directions for the Twenty-first Century*, Cheltenharn, UK and Northampton, US: Edward Elgar, forthcoming.

Rawls, J. (1971), *A Theory of Justice*, Oxford: Clarendon Press.

Rodgers, G., C. Gore and J.B. Figueiredo (eds) (1995), *Social Exclusion: Rhetoric Reality Responses*, Geneva: International Labour Organisation.

Sen, A.K. (1970), *Collective Choice and Social Welfare*, Amsterdam: North-Holland.

Sen, A.K. (1981), *Poverty and Famines: An Essay on Entitlement and Deprivation*, Oxford: Clarendon Press.

Sen, A.K. (1985), *Commodities and Capabilities*, Amsterdam: North-Holland.

Sen, A.K. (2000), *Development as Freedom*, New Delhi: Oxford University Press.

Smith, A. (1776), *The Wealth of Nations*, with an introduction by Andrew Skinner (1970), Harmondsworth: Pelican Books.

Sugden, R. (1981), *The Political Economy of Public Choice: An Introduction to Welfare Economics*, Oxford: Martin Robertson.

Taylor, L. (1993), *The Rocky Road to Reform: Adjustment, Income Distribution and Growth in the Developing World*, Cambridge: The MIT Press.

第三部分

金融和资产市场

第六章　金融和竞争

William Darity, Jr., Bobbie L. Horn and Michael Syron Lawlor

> 商业的动力是金钱利益，其本质是购销。其目标和通常产出是财富的积累。
>
> （T.Veblen，1904，p.20）

一、引言

斯拉法于 1926 年发表的具有影响力的关于马歇尔竞争价格理论的论文序文评论部分包含了其在价值理论的新领域的调查，他的发现最值得关注的就是关于价值理论问题的讨论相对缺乏："经济科学当前位置的一个显著特点是对于经济学家所达到的关于竞争价值理论的成就几无争议。"（Sraffa，1926，p. 535）。有人也许会忍不住说斯拉法耗费了他余下的职业生涯来打破这个宁静——大体来说他成功地打破了。

随着理论界的争论，从大局上来看斯拉法的影响至少从 20 世纪 60 年代开始，这场由斯拉法引起的辩论通过探索经济理论的基本原理证明了相关价格构成是一个具有延展及持久的问题。辩论的原理涉及了经济论题的各个层级，从学科历史上阐释了当代经济意识形态的核心理论框架。从根本上来讲，这些争论涉及了一个挑战，对经典经济学家的阐释是前提条件，挑战了现代资本经济生产、定价和分配社会产出的步骤的正统概念。

挑战中增加了正统范例的批判性条目，这段争论的历史包括（但不限于）以下几点：

1a. 马歇尔企业理论内部一致性在长期运行和显著的产业发展"回报原理"外部一致（Sraffa，1926；SylosLabini，1985）。

1b. 这个交代在传统因素市场分析之下无法构建任何基于边际效应的一般分配"原则"（Harcourt，1972；Harcourt and Laing，1971）。

1c. 兼容性问题当表现为常规平衡系统时，在传统或经典观点中一个超过另一个（Hahn，1982；Walsh and Gram，1980）。

此外，在阵营内部，现在的古典系统可能因斯拉法在 1960 年复兴而产生争执，并被他的追随者视为传统概念上的价值理论可替代框架。这些争论中的问题已经得到解决的如下：

2a. 关于阐释斯拉法的"生产价格"的问题，尤其是他们在经济系统的复杂运算中提出一些有意义的原理来说明哪些客观价格可以被吸引（Garegnani，1984；Roncaglia，1978；Harcourt，1981）。

2b. 在斯拉法系统的程度上阐述政治经济学的经典和/或马克思主义的目标（Steedman，1977；Rowthorn，1974；Harcourt，1986；Hollander，1985）。

2c. 使用斯拉法的"经典"，以价值理论作为支持价格理论的支柱，用以重新定义宏观经济的后凯恩斯目标的可能性（Eatwell and Milgate，1983；Milgate，1982；Casarosa，1985；Harcourt，1981）。

2d. 斯拉法方法力量的明确本质十分适合分配规律的分析，给出系统对于所面临问题的相对开放结果（Garegani，1984；Hamouda and Harcourt，1988）。

2e. 整个古典的斯拉法价格体系是否等同价值理论在系统失去了平衡形态的动态特性的基础上可以被证明（Dumenil and Levy，1987；Nikaido，1983；Morishima，1973；Steedman，1984；Flaschel and Semmler，1987）。

当大量的争论被证实，而且尤其当它联合了正在发展的古典阵营自身涉及了价值理论方面更多显性范例的内部问题（比如非线性动态模型和路径相关平衡最为相似），这看来能使价值理论更加清晰，远离展示着的平静，是值得思考的形势。

我们的目的是通过对古典价值论中隐含的竞争基本概念的分析，试图勾勒出缓解上述争端的可能方式，在这些基本概念中，每一个概念都提供了现代资本主义经济的金融作用。我们的论点是上述（1a）和（1b）中的发展需要承认存在明显缺点，即斯拉法提出的理论批判在主导理论中已经被揭示了，并要求我们检查这些缺点中有哪些可用信息。这将是第二节的主题。

第三节我们将简要概述古典竞争观从斯拉法的"批判绪论"中汲取了多少营养，但是这也不断加强了后边缘革命传统的理论诉求，提供了一种摆脱正统理念导致的一些僵局的方式。

然而，根据上述提到的要点，我们也必须注意最近的研究在古典框架中发现的一些显著问题。因此在第四节我们通过金融市场的显性作用提出了古典概念发展的可能路线，我们发现这些与凡伯伦和凯恩斯著作中提出的观点是一致的。我们试图表明，这个概念不仅提供了一些关于古典竞争过程问题的可能答案，而且它也可以为一些问题提供解决线索——这些问题的传统答案在第二节的新古典理论批判中被视为错误的——以及古典批判已经确定的主导概念中依然活跃的观念的作用。

二、正统竞争

斯拉法对依然在经济理论占主导地位的马歇尔竞争观念的攻击，讽刺性地折射了最能反映该观念本身特点的也许就是竞争的平静。在离散式"产业"中，与价格行为相关的静态条件被离散式生产组织单位所围绕，马歇尔式竞争通过这些被动企业短期和长期内的有序行为开展。

在短期，企业被动调整产出，直到利润最大化的边际条件得到满足。在长期，基于各种"回报规律"，被动进入和退出早已在产业间存在带来了产业输出与公司平均成本一致，这是由多样的"回报原理"导致的。重要的是，这是一个现代和传统经典竞争观间的链接，这个同样的长期均衡现象是以在每个产业中（通常视为零）营运资本的等利润率或回报率为特征的。最后的细节是差异化生产力和组织的效率通过公司自然增长的修正值来解释等利润率中的产业内差异化。这非常适于描述这个竞争习惯的概念像竞争的事物情形观。竞争是由最初的用来描述提出企业在初创乏力条件的假想认定的，价格接受习惯。此外，这是基于这种情况下的标准使用，类似一个基准反对的较少程度竞争力被定义的现状。实业公司被有依据地归类为竞争和非竞争。加之，它本身也是用来进一步地定义这个市场结构的竞争观。

同时，它持续地在现代经济中显示了值得关注的恢复力。市场结构的竞争概念对于来自不同阵营的不满有着长期的吸引力。不满意的条目包括对一个棘手本质的争辩，它盯住公司理论的核心、产业结构的演变、资本理论和平衡的特征。它值得花时间简短地回顾部分批判。

早在20世纪20年代中期，皮耶罗·斯拉法（Sraffa，1926）发起了一个毁灭性的攻击，从马歇尔长期完全竞争分析到所有条件下的规模化成本和收益的不适用性。斯拉法的结论是，被马歇尔提出的唯一符合逻辑的理论可以保持独立公司价格接受行为的假设是任何规模经济在公司之外然而也在产业之内。在此假设下，独立公司可以仍然被看作满足标准凸面条件（那就是，U字形的平均成本曲线诸如此类）。它们仍然可以作为消极价格接受者并获得"标准"利润。

但是对于斯拉法（Sraffa，1926）来说这什么都不是，或者非常轻微，在空间中因此雕刻出与完全竞争一致的利润增长——在这些公司外部但产业内部的规模经济。法兰克·奈特（Frank and Knight，1925，p.333），他对法兰克·格雷厄姆的一篇文章中反应，"在稳定竞争情况下递减成本的类别残留了一个'经济空箱'"。

像斯拉法在1926年一样，奈特认为增加利润需要垄断要素。而斯拉法（Sraffa，1960）后来接受了一个竞争的非市场结构观，正如我们接下来将会看到的，植根于经典学派而非马歇尔经济学。

最近，普曼和克鲁格曼对非常流行的国际贸易领域中的外部经济模型表达了保留意见。外部经济模型允许分析者保持完全的竞争的归咎并躲避表现为直接支付生产要素费用的形式之上的剩余问题和预期外回报。

保罗·麦克诺提（Paul McNulty，1968，p.641）就产业结构极端古典案例表达了挫败的意见——完全竞争和垄断——指出了这两者随着对抗都忽视了竞争中更通常的概念。垄断者面前没有竞争对手，而且价格接受完全竞争者对于产业内其他参与者不以为意。

这时在完全竞争和纯垄断之间的区域有着多样的产业战略和努力出现——产品差异化、市场份额的冲突、掠夺性定价等，除了完全竞争所有这些行为按照定义是被一些古典指标接受的。在一个马克思竞争概念的讨论中，约翰·威克斯（John

Weeks，1981，p. 160）记录到：

　　资本主义（比如新古典主义的）理论开始了相对低水平抽象的竞争讨论，然后，结果，用特别复杂的形式对待它，在一个必须在价格竞争账户的起初的水平、产品差异化、资本流动、这些流动的壁垒和中央集权化过程。因此，折中分析收益，和形成在资本主义下竞争的努力获取虽然不是推动形成概念本身，但是可当作它的例外。

　　在某种意义上，威克斯太礼貌了。分析收益不仅"折中地"，而且更精确地在一个特定方式中，自从完全竞争和纯垄断之间的区域是一个不明确和非系统性的闭联集。

　　产业内竞争因此被归入一个不完美的情形在古典体制竞争特征中。产业内竞争残余了一个相对未发展的空间，包括意外争论的市场假设。后者需要一个潜在进入流行的条件；事实上潜在的进入成为竞争的真髓，一旦被可竞争市场假设接受，无论如何，它必须排除纯垄断的案例或一些寡头的变体理论的提出前提是从一开始就无法改变的进入壁垒。永恒性的来源是很少解释和无法令人基本满意的解释。

　　垄断竞争的中介机制能被转化为一个完全竞争的特殊案例。在一篇极具智慧的论文中，迈克尔·墨菲（Michael Murphy，1978）演示了极多的产品差异化企业可以看起来像大量完全竞争，前者的输出转化成为高质量调整过的单位。

　　罗宾·马里斯（Robin Marris，1964，p. 187），事实上库尔特·罗斯柴尔德（Kurt Rothschild，1947）甚至更早，主张寡头垄断是最典型的产业结构的优势。关于竞争，现在对其的定义众说纷纭，接下来能够被视为寡头垄断的特例，而且寡头垄断显然是战略的一个设定，是对于其他商人行为和冲突的预测。而且，罗斯柴尔德（Rothschild，1947，p. 305）非常有先见之明地预见到——寡头垄断理论是博弈论家的游乐场：

　　类推法的影响从力学和生物学中得到——在完全竞争和垄断竞争领域里分别富有成效——当我们处理强有力的活性剂比如双寡头垄断和市场供应垄断者必须被丢弃。类推法必须被用到……然后它们将必须从作家处理移动和反向移动的这些球体中得到，为了权利和地位而奋斗——在短期中，从书本处理政策的通用特性，以及军事战略和战术。

　　一个垄断性产业控制的环境，每一个参与者有必要制定一个以其他企业产出的行为为前提的策略，取决于每一个参与者反应—回答行为的描述——一个可以描述为理论家判断的模式与模式和论文与论文的不同。此外禁止相对简单的关于每个参与者认为有关行动的竞争对手的假设，产出经常不确定建立在先天的理由上。

　　宁可寻求一套符合公司或行业级别稳定输出条件的决定，平衡条件和大量寡头性产业可以与经济系统有联系。这样一种方法是一个垄断势力通向价格决定方法的最重要的提倡者的建议，在对一个批评家的回答中认为，卡莱茨基（Kalecki，1942，pp. 122-123）感觉只有用合理的方式来描述一个企业参与到加成定价法时经济的平衡地位，所有企业才能在那里获得统一利润率。

　　平衡然后超越不确定的博弈结尾对一个那儿没有机会在任何一个单一行为比在

其他任何行为获得更高比率的利润的环境。然而，这恰恰是竞争均衡的经典概念，独立的产业结构是独有的假设，而不是新古典主义想法关联到产业层级中利润最大化的边际条件。最近，达特（Dutt，1987，1995）提出竞争的经典观点——经济达成一个统一利润率的趋势——是一个最符合卡莱茨基—凯恩斯传统的观点。

我们接着将涉及与企业的古典理论相关联的均衡问题表征。在完全竞争下有一套适用于企业级别的（理想的？）边际条件（价格＝边际成本＝边际收益＝平均成本＝平均收入）。这些条件，与企业特别的盈利能力评估分离，特别是这种类型的企业在规模报酬不变的情况下赚取零纯利润，提出的一个是否真是一个公司/企业的理论的问题或只不过是一种理想情况下的企业内部的工厂的理论？

当所有市场清晰的时候，整体企业盈利能力的疏忽意味着某种平衡的"临时"性质，因为可能有大量的收益率或利润率差横跨不同行业的企业。古典方式的推定只简单地认为完全竞争的条件将导致这些收益达到平衡。原子论越高则导致奖励统一的倾向越高；集中性强则会导致减少奖励均匀性的倾向（更多有用的讨论参见Clifton，1977，pp.142-143）。

这是在古典竞争合并其行业结构概念发展中的一个阶段——基于竞争的概念与强调利润率均衡的经典概念。后者的概念通过后门悄悄溜入，推动竞争条件表征远离个别企业和/或个别行业就整体而言被经济弄疯的所有权。

它既不是明显的也不是必要真实的，以至于一个经济完全竞争的企业——那些运营基于对它们采取的无论任何的行为是否影响到其他的企业，反过来亦然——将更有益于利润率的平衡。当然，除非一个认为利润率相关为零和大量的完全竞争企业伴随极多的零和利润；然后，在一个同义重复情形里完全竞争自动意味着零利润率。

金融，正如我们下面讨论的，可以从这些难题中提供一个迂回路线，但是金融在竞争条件的新古典主义类型之内不易匹配。不是准许金融部门通过竞争表征取得影响，而是在现代经济学中的趋势曾经经常使金融从属于行业结构的竞争概念。

比如，理论上的询问经常采取完全竞争的金融市场作为他们的出发点。费马和米勒（Fama and Miller，1972，p.21）开启一个主题，采用他们称之为"特别有成效、特殊组的属性"：

（1）所有的交易者有平等和免费的权利获得现价和所有其他证券交易的相关内容的信息。

（2）买家和卖家或证券发行人把价格视为给定；那就是，他们的确而且可以无可非议地表现得好像他们在市场的活动已对现价没有可察觉的影响。

（3）没有经纪人佣金、证券交易税，或者其他买入、卖出或发行过程中转让所引起的支出。

费马和米勒（Fama and Miller，1972，pp.21-22）立即将添加以下免责声明关于真实世界与此概念无关，迫使他们为逻辑上的一致性，把金融市场推向非完美主义者中间区域的产业结构："不用说，在现实世界中，没有这样的市场存在，也没有可能。当然了，作为在物理科学领域的完美气体或完美真空是一种理想化的类和函数。"

这种理想化，促使我们把重点放在完全竞争体现的理想化竞争的"例外"上。在金融理论的情况下，对于费马和米勒来说证券市场变得只是另一个未能满足完全竞争条件的市场，也就是说，另一个市场以近乎无限的非完全竞争类别之一为特征。

至于贷款体系类似问题的突然出现。完全竞争的归咎被用来意指这类体系将向固定利率下的借款人信用额度做出无限量供应。借款人将没有价格歧视，没有信贷配置。信用吸收量将取决于借款人的需求，虽然这必须假定贷方和借方之间缺乏大量的重叠。已有一些绝妙的智力体操秀来借以更多"现实主义"到贷款业分析。信息不对称十分流行，其中一个版本曾在没有一个借贷无限量供应的环境下被用来解释贷款利率向上黏性逆选择理论。综上所述，完全竞争的古典概念是：①关于规模收益的假设不健全；②呈现竞争异常或临时性的活动，而不是商业活动竞争力的评估准则；③产生一个竞争的表征问题。

说到这儿，让我们暂停片刻，并从历史的角度考虑古典理论问题。这显然是各种所谓的"第二次边际革命"的伟大理论家宣称的意图（即维克塞尔、马歇尔和克拉克），使用由他们最近的前辈（也就是，门格尔、杰文斯和瓦尔拉斯）介绍的边际工具来构建一个完整的理论体系——在那里"完成"意味着除了一套相对价格之外，边际分析将提供对经典经济学家的传统成见的答案，尤其是分配（Kompas，1992；Milgate，1982）。

然而，我们现在可以看到大部分理论辩论这些长期问题的边际主义的答案在过去十年被发源于斯拉法提出的古典批判严重质疑。其结果是，现在看来边际主义的唯一逻辑一致性用途仅限于"暂时均衡"性质的短期问题。其中包括：瓦尔拉斯价格在相互替代的用途中符合定额资源的分配；短期工厂产出（不是一个企业），考虑到价格的产出和投入；法律规定的市场价格的短期变化，考虑到供给和需求的临时条件。

有趣的是，对于旧的经典经济学家这样的结论似乎是非常明智的，考虑到他们几乎完全缺乏兴趣进行"供需法则"的复杂运算（Ricardo《政治经济学及赋税原理》第4章和第30章（1951），或同样观点的现代解读（Garegani，1983）。因此，从历史角度来看，通过经典挑战古典理论的结果显示了传统边际主义对于短期供需问题的支撑似乎倒塌在他们在长期环境推动的经典理论领域的每一点，正如经典分析本身一直暗指的那样。

从逻辑角度来看，这种情况揭示了"经济科学"进一步发展的理论困境。一方面，我们可以按照一般均衡理论在长期均衡的回报率的过程中放弃竞争传统概念竞争，有利于同步供给和需求平衡普遍和逻辑严密规范。在这里所有所需是平衡的，所有市场明晰，回报率的整个理念成为跨期价格体系的扩展构造的一部分。

从我们的角度来看，发展线上最值得注意的是考虑到辅助角色符合回报率（它们只是随着"自己的比率"基于率均衡价格向量发生）这一事实，长期竞争过程整个问题，依照经典早期的边际主义传统这两种的构想彻底抛弃。本质上这一命题相当于被接受，如果平等利润资本的竞争过程无法被古典理论所捕获，那么它并不存在。我们想要建议的是，对于将竞争过程看作经济系统完整运行的一部分的那些人，一个内生于经典看法的可替代的竞争概念提供了将竞争过程合并到经济理论中的方法。

三、经典竞争过程

如上所述，竞争的替代概念可以在古典政治经济学中找到它的起源，而且它没有受到跟传统行业结构方法一样的困扰。在这一传统中不同的作家，从斯密和李嘉图到马克思，都一致认为竞争会导致利润平均化这一趋势形成。均衡或更通常来说理论探究的抽象对象成为定义、成为趋势是充分实现的一种情形。

这一立场采取了经典传统，因此从现代经济学分立出来。后来这一限制竞争被视为行业结构的标准——企业的数量、产品同质化、行业企业通过价格产生微不足道或重大影响等。金融，从古典角度，对于优先行业结构竞争特征是次要的，这一推动力明显地与将金融当作一个在"真实"上面蒙上一层纱这种行为的趋势相一致。相比之下在经典理论中金融在一个基本意义中有一个作用去发挥。但是对于那个角色的认识认知是漫长的发展过程。

在亚当·斯密（1776，p.60）看来，经典对象的理论探讨，是在利润平衡的环境下，以"自由竞争"通过"完美自由"的理论为特征。斯密的自然价格理论对于最终产品和对于产品的要素是要素流动的前提。要素会始终设法趋向那些提供给它们并超出它们的自然价格常规设定的收益率的活动，并会远离那些提供给它们少于它们的自然价格的回报率的活动。那是这一要素流动在斯密的分析中对建立了要素价格均衡化倾向的差别报酬有反应（Smith，1976，pp. 62–65）。

在假定的均衡中，一个特定因素的剩余的差异只能起因于斯密理论中的补偿变化。斯密（Smith，1976，p. 70）甚至用"竞争"一词来描述一个有着价格完全自由可以上下浮动来引起市场价格达到其自然价格，受制于自由的因素来随意改变行为一致的环境。

丹尼斯·欧布莱恩（Dennis O'Brien，1975，pp. 53–55）曾描述斯密主义竞争是"动态"的，当然不能与"完美竞争"相混淆。这并非意味着它应与不完全竞争混淆。它是一个独立于对行业架构做出特定假设的概念，与卡莱茨基（Kalecki，1942）在很多年后辩论中所持观点类似，只要这些结构特征不抑制生产要素的自由流动。斯密（Smith，1976，p. 132）曾在他的声明中明确表示，如果限制被放在"劳动和股票自由流通"的说法上，那么竞争是被限制的。

在李嘉图看来，经典理论将焦点从斯密对于一般要素流动性的强调移动到了资本移动方面——资本是金融上而非物理意义上的。经典理论的特点是假设系统相对价格的短期偏差（Ricardo，1951，p.88），从长期地位中将被一个投资流动的动态调整内部自我纠正。对于李嘉图来说，交叉的资本移动是被"在所有股票主中一些焦躁不安的欲望为了更高利润商业退出利润较少商业"驱动的。在他的分析中，这个机制运行确保了有效处理"自然"价格随着产品生产成本成比例变动，而且提供一个忽视暂时"市场"的基本原理，那就是，供求价格加在一起——一个在斯拉法（Sraffa，1960）的商品生产依靠商品中发展成熟的基本原理。

然而李嘉图还有一些讨论关于这个竞争过程如何运作或自然利润率如何达到任何特定的值（尽管对一个"增长"经济利润的时间路径被清晰讨论了）。我们经由解释得到的是一个简短讨论，在他的理论第4章，李嘉图提到课堂角色"有钱"人和银行家通过借贷"流动资本"来促进资源从低到高到利润的转换。李嘉图（Ricardo，1951，p. 92）似乎采取这一过程不言而喻，并限制了他的要求评论是"比一般假定更加活跃"。在这一阶段金融成本必须成为在一般利润率测定中的一个元素和在经典（统一盈利率）均衡调整中的动态元素。

作为19世纪最后一位伟大的经典经济学家（Walsh and Gram，1980），卡尔·马克思详细阐述了竞争的经典概念，与他对价值的经典概念所做的差不多。对于马克思来说，公司和行业之间的竞争过程是产品资本模型的主要特征。在历史观下，马克思描述竞争是随资本主义的发展而发展的。市场扩张和更多产品通过资本竞争来扩张，有组织地顺着资本主义的线进入前资本主义社会之球中并打破现存法律和行业架构立下的"壁垒"。

"当自由竞争已瓦解生产早期关系和模式的壁垒时，有必要观察首先有哪些壁垒是生产模式早期模型的固有限制……这限制拆毁的是意向的壁垒，它发展并实现。它绝不是因此解除所有限制或所有壁垒，而宁可说是只有限制而不是与它一致的案例。"（Marx，1973，pp. 649–550）

因此在一个对现代市场结构竞争理论有趣的比较中，"壁垒"这一角色进入竞争，古典概念中通过定义"进入"是马克思的竞争概念不可或缺的一部分。但是这些壁垒不是用虚无缥缈的限制来定义被动企业的竞争现状；它们是通过它本身极具竞争过程来创造和毁灭。因此，对于马克思来说，企业被视为强有力的经济主体，不是无力的价格接受者，天生具有价格设定的能力；它们的目标是通过企业重组和技术变革扩张并捕获瞬态的剩余利润（Semmler，1987，p. 540）。

企业参与竞争过程中持续的尝试用壁垒来打击对手，其他企业也是持续地在克服现存的那些壁垒，因此建立一个朝着回报率均衡化倾向的过程。唐纳德·哈里斯（1988，p.140，emphasis added）记录如下：

因此，在这种动荡的表面下存在潜在的系统性规则。这种规则有了不起的功能，它达成了使扩张驱动资本进行它们的利润率的聚合过程变得不那么重要，并因此使它们的客观绩效同质化，尽管异质化和多样化在它们所有其他关联维度像可辨识的资本一样存在。这种聚合构成了经济系统的运行定律，就像是自然秩序中的重力定律。

经典竞争概念以利润率均衡趋势的系统描述为中心。市场行为驱使价格朝着被其他独立市场现象的理论分析，各种计价的"自然""生产成本"或"劳动力价值"定义的价值运行。没有限制是被放在企业可能用于竞争的行为和策略上的，然而仍有一些对于部分经典学家垄断会抑制竞争过程的恐惧。

这种自满是由于对于竞争取决于要素的自由流动，尤其是资本的流动观点是一致的。最终，开始于亚当·斯密的资本聚集的私人本质的观点，以那些提供资金和组织生产的吝啬资本家为中心，经典理论的重点是增长转移朝向资本转化是组织金融市场一个特殊领域的观点。

如前所述，供需分析的主导权在 19 世纪 70 年代兴起后（Bharadwaj，1978），经典价值理论的基础发生了改变，但是内部部门间资本流动的角色在长期分析中地位保持不变（Milgate，1982）。正如一个转化的例子，我们看到马歇尔用一般价格替换了斯密的自然价格。对于这次转化的准确原因仍在争论中，但是它很清晰，试图再形成边际效益与竞争概念相符合的价值理论成为了激烈探究的主题（Stigler，1987，p. 532）。

正是在此背景下，竞争视野下的产业结构的状态描述也上升到主导地位。当注意力被转移至一个交换步骤的分配效率性能时，所有熟悉的"完全竞争"的元素脱颖而出——最值得注意的是对"微不足道"的每个独立代理（Aumann，1964；Khan，1987）过度关注。它对于我们的主题最有意义的是，它在尝试用边际主义的术语定义这些长期地位，解决了许多主要的现代理论出现的僵局。这定义和"资本"的衡量、长期供给时间表的意义，以及一般利润率的测定都是例子——也是尽头——尝试使用供需理论的遭遇来回答关于平衡的经典问题。很明显这些问题每一个都涉及了一些经典类似竞争中对资本移动的依赖，而且在这些尝试中在李嘉图时代到来之前没有更多的光亮。

它只是边际主义抽象概念的一个更高台阶，在现代一般均衡理论家的工作中，对于资本流动的依赖来保证一个朝着一个平均回报率的趋势被完全地抛弃了，正如描述经济均衡的方法（Milgate，1982）。当然，顺着这么一个被抛弃的东西必须有一个抛弃这一趋势运行的意愿，正如一个重要的经济现象的操作。

四、迈向经典竞争过程的金融观点

如果古典竞争概念是如此有缺陷和限制，并且如果其用来定义长周期理论已经导致理论尽头的一贯性，有着很多根据来尝试旧经典竞争力运行概念的全面发展。事实上，最近各种作家仿佛就是这样做的。这至少曾是部分斯拉法的经典思维模式的回归的信息。此外，一个地下工作者的著作的存在详细描述了经典观中凡勃伦和凯恩斯的工作。

这个著作专心于所谓的金融抑制现象在发展中家尤其在最不发达国家商业银行的利率反常的失真提升效应。这可以理解为金融部门在发展中国家更喜欢完美竞争的想法。但是在罗纳德·麦金农（Ronald McKinnon's，1973，p. 9）的处理中，提升抑制增加竞争力到一个完全不同的意识。

麦金农想要克服他认为的在最不发达国家中的金融部门高度"分裂"会导致"回报率的巨大差异"。如果这些差异可以被弥补，更大规模的金融将可以更有效地分配，根据罗纳德·麦金农（Ronald McKinnon's，1973，p. 9）的观点这将导致更高的经济增长率：

让我们定义"经济发展"为减少的社会回报率中现有的极大分散和在国内企业家的控制下的新投资。"发达"经济资本市场成功地监测了效率及在物理和金融资产趋向平等上推动回报而发展的股本，从而显著地增加了平均回报率。

减少碎片化是否会提高平均回报率而不是降低它或将它保留不变并不清楚，但明显的是替代概念的新古典主义的行业结构接近竞争的基础。这是一个想法即竞争可以被连接到所有类别投资回报交叉均衡及推测未来预期的感觉倾向的程度。

当代马克思主义者也信奉一个以朝利润率均衡的趋势的存在为中心的竞争概念（Semmler，1984）。再一次汲取经典而不是新古典主义的传统，塞姆勒（Semmler，1984，p. 35）曾记录到，"自由竞争基于资本流动"——资本流动成为表面上促进统一利润率行程的条件。这种竞争观引发了马克思主义理论家关于行业结构作为进程的观点改变是否提高或降低了这种回报均等化的趋势的主要争论。

在一个重要的文件中，唐纳德·哈里斯（Donald Harris，1988，p. 144）争论说几乎所有提供给新古典主义完美竞争的条件——除了价格接受行为外——必须支持足够的资本流动存在带来的统一利润率。但是哈里斯之前的一个学生认为 10 年前增加行业的聚合和专制可以在如果资本被理解为它的资本形式而非物理形式的任何活动下提高均衡回报的趋势（Clifton，1977，p. 146）。

克里夫顿（Clifton，1977，p. 146）强调了古典理论，建立了"自由资本移动的条件……通过混淆耐用品资本与金融资本，甚至企业的购买和出售需要贯穿系统竞争的存在"。克里夫顿建议突破这种混淆。事实上，物理的资本流动引发的古典竞争概念的斯蒂德曼难题被哈里斯（Harris，1988，p. 145）中肯地讨论。当生产商品担当生产手段，一个经济结构的独立可以意味着物理资本移动到一个部门，提供了一个高于一般回报率将不会必然地降低趋向一般比率的回报率。同样，物理资本从一个部门移走造成的一个低于一般的回报率将不会必然地提高部门趋向一般水平的回报率。

但这是一个针对物理资本作为均衡机制流动的难题。它不是一个与经典理论解释有关的问题，即一般利润率通过金融的移动来实现。事实上，克里夫顿（Clifton，1977，pp. 145–150）层层令人信服地争论资本被拿来以金融形式增加统一回报率的倾向，尽管现代的集团高度集权。正如我们下边提出的，凡勃伦针对此问题给我们提供了更深的见解。

如果经典理论是向前发展的，如果它是被用来定位资本主义经济的理论结构，那么金融活动应该被看作竞争的磨轮砂石。正是这种传统想法——当竞争是被一个利润率均衡的趋势存在而定义的，而且均衡是一个趋势完全实现的条件——在麦金农对于"经济发展"不寻常的定义和马克思主义通过现代集团相关资本移动增长现象的争论中找到最近的共鸣，但是在趋向经典概念的完全发展线索方面，经济的历史提供给了我们更多帮助。两个从古典理论发展主线中指出的重大偏差朝向经典竞争方法（和均衡的）扩张的林荫大道——凡勃伦（Veblen，1904）和凯恩斯（Keynes，1936）的工作。

为了配合托斯丹·凡勃伦的工作进入经典领域，我们必须覆盖迄今为止出现的一些特殊的难点和一些惊人的见解。这困难在于事实上凡勃伦的独特观点搭载了太多"行李"，就像他的大量的想法将必须投入长时间的在理论、哲学和历史中的远足。令人惊讶的是，考虑到凡勃伦传统的观点，是完全的局外人对古典经济的讨论，正如他关于竞争过程有许多要说的，一个我们看到的长期存在的凡勃伦会称为"经济学家的指南"的概念这个话题。

因此，为了避免混淆，并保证我们的主题会有用，用众所周知的凡勃伦所有信息的暴力风险，来迫使部分他的工商企业理论深入到之前提到的经典竞争框架中。这是希望阐释我们的主题和提供一些在凡勃伦作为经济学家的新的见解。但是读者就算沿着这样平凡的路也应该警惕，凡勃伦的无法抑制的冲撞偶像现实主义，迫使表面深入的问题损坏经典竞争现状，留下一个勉强辨认是先辈斯密主义和李嘉图主义来承载的这么一个范围。当然，最合适且为连接到凯恩斯做准备用这么一个经济衰减的说法，其动力是回报率均衡，财政上的考虑。

为了开始，凡勃伦提供了一个经典竞争现状的历史分析。他的"工商企业"提高的概念提供了我们在越来越多的客观的和金融上的出自经典学派的竞争过程特征的文本解释的具体形式。

对凡勃伦来说，竞争特征和金融角色是西方资本主义在历史上的进步过程。重要的分水岭在现代时期早期，生产的重要手工形式和工商企业在银行和贸易中，后者覆盖了行业生产在19世纪的进化，在科学地建立机械流程的基础上保持向前并被大的工商企业有序安排。凡勃伦称前者为工商企业时期或金钱经济，而后者被授予行业企业时期或信用经济的名称。

对于凡勃伦来说，它是在工商企业现代时期的早期，当所有者权利的制度基础被自然法哲学家规范出来，那个对于财产任意自由处置的"商业原理"和神圣不可侵犯的合同的本质变成主流的文化。然而产品仍然很大程度上在小规模手工业基础上和运用"古朴生产效率"的原则上运行竞争过程。显然地，对于我们的主题来说，这也是对形成经典经济学家展望的时期。

机械过程只是轻轻地发展，分散而且相对孤立，独立于其他企业，它们是继续在一个小的范围针对特定相关的市场，它们的管理在很多方面以18世纪英国本土行业为条件的环境为条件。它曾处在机械时代早期阶段条件下即经济学家早期那一代得出它们的对于行业内的商业人的理论。它一直很准确，在伟大的衡量中，承担人曾拥有行业的设备，以及维持一个对企业机械过程涉及资金处理的直接监管；它也是很准确的，在相对罕见的意外中，一个单纯的生产效率是商业成功的主要元素。一个前资本主义商业情形的更深特征是商业，无论手工还是贸易，都通常是以获得谋生的观点而不是投资获利的观点管理（Veblen，1904，p. 23）。

请注意凡勃伦的经典竞争观与早期现代商业企业个人本质的历史渊源。他眼中的现代经济（凡勃伦甚至定义早期现代情形为"前资本主义"）是纯粹金钱兴趣的有限范围有哪些不同，那是它们不直接与生产实际物品和服务相关。正如凡勃伦看到的，系统的增长和转换从基于商业企业到基于行业企业是被科技驱动的，但是结果是在金融利益中有一个新的主要角色。

"机械行业按比例普及……更大规模商业增长、更多样的事态，同时它们变得更服从精明的操作"（Veblen，1904，p.24）。现在商业企业的金钱一方来要求更多关注和机会来在金融活动中增长的商业收益和损失。这些情况创造了一个商业企业精灵，其目标是货币要求的积累资金以及其理论在金融市场的买卖。对于凡勃伦来说，这一商业企业制度代替了旧的基于经典竞争情形聚焦在金融条目的竞争的"古朴效率"。

随着现代行业系统的紧密结合和全方位全面发展，商人首先注意的是旧的监测和对所给的行业过程的监测，随着他的生活被紧紧束缚，移动到一个由少到多不断获利的投资重新分配的警觉，再到商业事态通过精明投资和与其他商人联合的战略控制上（Veblen，1904，pp. 24-25）。

最重要的是凡勃伦指出如果我们延伸他们的框架来处理现代情形，那历史观的科技衡量和体系要求由"80年代哲学家的理性主义，规格化的投机"（Veblen，1904）给予的竞争观修正。凡勃伦的"商业企业理论"提供了一个理论化药物需要的目录。一些与我们主题相关论点的概述就是下边凡勃伦涉及的：

（1）在商业利益控制下庞大机械在科技金融条目上竞争的背景下，在生产效率和竞争成功中再没有任何必要的巧合。信托的证人包括强盗大亨和他所在的富豪统治集团，凡勃伦描述这些所有权的金融操纵像是在行业系统中的可供使用的功能是完全有害的。他接下来在赚钱和生产物品直接行为之间做了一个清晰的区分，或者在商业企业和机械行业之间。商人只有找到服务利益才去赚"钱"并制作物品。因此竞争应该被认作一个金钱条目下定义，而非物资条目。

作为这个分歧点的结果，他提到旧的经典一致利润率概念在现代环境中变得有点浑浊不清，正如它错过了类似的行业相关所有者的熟练工人效率的回报。同样它仍然是一个"标准"，老生常谈的概念对商人（正如马歇尔应有的），它已采取了一个渐增的金钱和前瞻性的性质。

统一利润率的现象取决于竞争已经成为了背景，而且失去了一些它实事求是的特性，自从竞争在大行业开始从稳定和持续均衡的地位转化为在大商人中间歇和震颤张力的战略服务。商业团体中心的利益在利润和利润创造者的移动机遇之上，而不是在累积的和资本化的物品上。因此最终在实施中的调节力量和商业目标成为潜在的任何商业活动下的利润生产能力，而不是聚合财产或者产品输出的记录（Veblen，1904，p.90）。

（2）但是，假设客观和主观趋势朝向一致，作为商业成功的金融清算，竞争的特征不像平静的新古典主义的观点，成为始终的战略和战术。这是竞争的反社会倾向因为凡勃伦而出现的来源。

它通常是一个在商人之间的竞争，其结果更多不是依赖于哪一方可以承受或忍受更多金钱损害。金钱损害在这种情况下并不少见，其涉及行业工厂有关的挫折和一个错排问题，或多或少广泛存在于全体的行业系统中。大量的商人在工作，迄今为止，他们不得不做工业生存方案的订购计划，这是这个战略的特性（Veblen，1904，p. 32）。

（3）这种商业气氛的类型促进了垄断权力的增长（正如斯拉法更加学术的分析随后给了琼·罗宾逊建议），只有那些足够多数的商业来互相进行金融战争才能够幸存下来。行业组织对应的凡勃伦的理论在这个地方有所反映，它有利于现代现实即古典概念只能随着扰人事业忙于不安。商业增长高速而且还关联着它们可以召集足够的"商誉"来取得在有组织的市场上得到金融资本的权利。随着现代综合性市场的清晰这不需要成为给任何行业理由。相反，各种各样的比赛在行业纵向横向一体化上为战略的金钱服务，在事件的某一紧急事态上终结。两个有竞争力的新形式必然消耗现代企业的大量和重要的增长，这个情形现在随着公司贸易更加明确。广告需要管理商誉和它们的垄断实力代表的企业的必需品。企业现在使用凡勃伦称作货贷信贷或有权使用宽泛的融资构想，来增加它们金钱资本的流动速度和数量（Veblen，1904，pp.35-36，pp.92-104）。

（4）这种竞争需要金融来贷款信用来撬动企业和提高它的流转速度围着所有商业企业都要以金融市场现状为条件。它不依靠高度杠杆位置就不再具有赢得"一般利率"的可能。这是凡勃伦的早熟的资源和周期性商业的疏忽危机理论。随着信贷的扩张支持了商业扩张，潜在资本物资的价格比保值产品增值更快。这个过程持续下去直到基于"潜在生产能力"的企业代表值在一般利率上打了折扣，变得因此和现在的估价过高的权益资本不接洽以至于危机重现（Veblen，1904，pp.104-135）。

（5）最后，凡勃伦带我们回到了这个问题即在某种意义上开始的整个现代涵盖价值理论和竞争特征的争论——"资本"。对于凡勃伦来说，前面所有的事物在一个争论中结合，现代商业资本在信贷经济中是大量的金钱价值，而且它丝毫不再有必要关联到精明和迅速方式的原料条目。这是同时在古典生产力观念和经典唯物主义平常的资本概念中一个清晰的分歧，它如此剧烈地被斯拉法完善。生产力观点的问题现在很明显。经典概念，位于最近经典复兴的中心，迄今为止在最近的讨论中只是被问过在基于一致性的理由随着过程假定来在经典计划中定义它（Steedman，1984，and others，cited above）。对于凡勃伦来说，经典资本概念随着物质生产资料估价的价值变化，虽然也许适合去一个早期现代经济比如亚当·斯密支持的，与"行业企业它的实质性基础是它的行资产"这个情形不相干。

对于凡勃伦来说，重大体制上的事实是评估金钱价值的资金一般在现在商业企业中被称作"资本"，金融市场的交易和评估的基础完全是企业预期的盈利能力，或者正如他习惯性地叫它为公司的商誉。历史上这个发展是到期，当然，对有组织的市场出现，所有权要求可以被买卖，如股票市场。即从早期现代商业企业的评估资源到现代商业企业分割所有权和管理权。在这种体制下金融资本——注意凯恩斯观点浮现——资本评估具有一个非物质和心理上的特征。

市场波动在大量资本继续进行对部分投资者信心的变化，对随着可能发生的政策或商人控制的战略的当前的信念，对随着季节和政治家战略的预测，对不能确定的、大量的直觉、公众情绪的转移和恐惧。因此在现代条件下商业资本的大小和它一天一天的变化是在大量衡量大众心理学中一个问题而不是原料事实（Veblen，1904，pp. 148-149）。

读者将会感觉通常与凯恩斯关联的许多主题都被凡勃伦30年前写的《一般理论发展》阐释得相当广泛。它还有一个案例，即凡勃伦拿凯恩斯后来称为"货币经济"的观点进入凯恩斯没有进入的领域，就如企业和行业组织理论。当然，由于历史和社会学专业，凡勃伦的消息大多不为人知，直到凯恩斯对这些主题进行重写才有了广泛的影响。因此，重复凯恩斯的为人熟知的所有细节，我们希望最后以聚焦在凯恩斯的部分关于直接讨论竞争和金融的观点为结局，它是货币经济的基本性能观点。它是在第17章凯恩斯最有力且原汁原味地解决这些问题的《一般理论》。在这儿他设定了一个关于资产市场设备的普通观点，得到了比以前更多的注意（柯特雷尔和劳勒）（Cottrell and Lawlor，1991），但是首先它对于暂停有用，并考虑凡勃伦的分析如何把我们丢在金融经济的均衡趋势上。

争论贯穿这一章，经典框架已经从事实中绘制优势，即它是建立在均衡情形上，但是均衡定义在某种意义上解放了从缺陷中分析，涉及了竞争的古典概念。凡勃伦正如一个评估理论家，正如他作为边际主义的作者的日子的主要批判，正如咬住"闪点计算者"讽刺个体均衡涉及边际效用分析的作家，主要与描述社会过程有关，而非均衡现状。

但是他在经典概念中的均衡回报率趋势做了什么？必须要说凡勃伦的怀疑涉及机械类比到社会现象在某种程度上这些概念仍在继续存在，至少在它原来形态时。他的确认真地解决了这问题，但当他完成了这个，我们想去争辩，一种均衡的这种方法具有开放性，正如凯恩斯在第17章提供的。

如上文所述，凡勃伦清晰地认为这种趋向原料利润均衡的趋势如同曾存在的，在商业企业制度下已经完全转变在商业企业制度下到达一个更难以捉摸的概念，一个独立在预期利润的无形预算和很大地取决于大众心理学之上。这只是在这一点凡勃伦要求"大行业的竞争已经从一个稳定的地位和持续均衡移动到一个断断续续的、很馋的、更大的商人的战略"。

在形而上的层面，可以说凡勃伦已经介绍过了。金融战略作为一种竞争的力量来扰乱以前顺利运作的经典竞争的过程中。这在他后来对于市场"内部""制造信任"的运行讨论中变得特别清晰（Veblen，1904，pp.119-132，pp.160-174）。在这次活动中收益如此有策略，与其说库尔（Cours Majure）感兴趣于大玩家（就比如Ivan Boesky、Michael Milkin、T. Boone Pickens 或 Warren Buffet）进入的新战略地位的确认，以及回报类别如此直接且巨大，不如说任何提到"一般"利率的都完全消失。

在这个公司金融更高的发展，在操作可销售资本中，谈及上述流转的区间成为了一个不确定因素。商业进来获得的经营收益，但涉及有一段时间会无常且变化，而且无法计算每个单位时间百分比。因此，在这些更高层次的管理上，严格来说收入没有可确定的普通率（Veblen，1904，p.162）。

但这种较高的商业企业，凡勃伦清晰地表示，其取决于存在的潜在市场过程，包括局外人和可以有效掠夺的局内人的参与。这是这样普通的资产市场均衡——脆弱、期望、心理上和开放的滥用——最后的一个范围。凡勃伦留下了经典竞争情形。正是在这里凡勃伦遇见了凯恩斯。

在凯恩斯的愿景中差异的回报率在决定速度中的重要角色和投资流导向被禁锢在有组织的金融市场本质中。对于凯恩斯来说，现在货币经济是一个金融系统为投资者期望、借款人和投机者来影响生产活动提供的一个出口。

这一切开始于他认为经济行为者面临着根本的不确定性，凯恩斯大体分析了资产市场的运作。由于对这个情况的预期，货币计价回报率（自己的利率）可以对任何资产被计算，他在一个理论框架下为合并金融和投资活动提供了一个基础。此外，由于这些预期自己的比率将会与预期未来价格紧密联系（与流行的现货价格相比）是直接连接相对价格系统和自己的比率结构（Keynes，1937b）。

凯恩斯明确地处理过程以达到均衡回报率。在任何市场时期现货和期货的价格资产——无论物理还是金融上——直到用金钱衡量的预期的货币利率被带入平等贸易所现有存量资产。证券市场的存在使得商业企业有可能作为一个整体进行资产买卖。它再一次导致直接意义上的套利者的平衡。均衡（一般）回报率是与预期回报率在用新的生产资产来确定新投资的方向和数量上作比较的。

请注意许多经典经济学家的旧主题依然存在，比如利润率均衡的趋向和资本流动引起差异率影响，而且分析的设定从根本上不同于斯密的分析，因为我们现在限制在凯恩斯的（和凡勃伦的）观念上的货币经济领域中。这里的期望、不确定和投机的作用可以通过竞争过程发挥决定作用。毫无疑问，凯恩斯（Keynes，1937a，pp.242-3，n.2）意识到了这一现象，并将其描述如下："我发现——回过头来，欧文·费雪才是引导我把金钱视为实物的启蒙老师。"正如凯恩斯最优秀的口述整理者休·汤森所言，凯恩斯在《万物之理》的第17-a章将自己的思维诠释为从正统的碎片中得出的结论，即货币本身的利息才是各种规格货币所应当看重的（Cottrell and Lawlor，1991）。凯恩斯认为，货币利率应当占主导地位，而不是如马克思所言——资本利息的回报率受制于收益和生产率（Panico，1980）。

伴随凯恩斯的观点由汇率假设到真正货币理论这一转变过程的是，短期—长期平衡经典特征的亚转变。在凯恩斯的理论中，利率平衡是由不断套利获得的，再加上其建立于市场参与心理之上，这种平衡持续时间短、基础非常脆弱。然而，在某种意义上，它提供短期平衡的一种概念，这种平衡来自工业结构的考量。这催生出了相对价格理论，这一理论以经济市场和经典供求理论为立足点。确实如汤森（Townshend，1937a，p.324）所言，凯恩斯（Keynes，1936，p.48）的价值理论对所有价格的投资回报期望都产生了直接影响。

凯恩斯提到的长期平衡稳定状态必须从投资回报的角度思考。我们来看一下凯恩斯自己对长期平衡稳定状态的讨论：

我们假设这里有一段足够长的投资回报周期，雇佣活动也得以彻底进行，使得在新的一轮投资回报到来之前，没有任何新的雇佣活动发生。相对于长期的投资回报周期，这种稳定的雇佣关系被称为长期雇佣关系。

凯恩斯直截了当地表示，我们永远不会走进上述的长期关系，但是从分析角度来说，这种关系是一个重要的参照点。然而，不论从实用角度还是理论分析角度来思考，利率平衡都有更为深远的潜在意义。不论从理论角度还是实践角度讲，利率平衡都有相当大一部分没有被凯恩斯理论解释，但它指出了一条极具研究价值的道路以及经典竞争平衡论的逻辑路线。

沃什（Walsh）和格拉姆（Gram）（1980，p.296）已经发现，在经典理论中"竞争在资本主义国家中，是被用来以利润率平衡所有部门的生产"。这个竞争观点的中心思想在很多现代经济中已经丢失，但是它依然偶然地、偷偷地存活在内心本能沾了一些主流边缘的经济学家的段落里。在韦布伦、斯拉法和凯恩斯的作品中这个理论清晰地存在着，并且为克服正统观念的竞争带来的分析的局限性提供了基础。

采取另一种概念要求在产业组织分支中有改革。在某种程度上产业结构是重要的问题，经济的动态发展作为一个整体的观点和产业结构的改变在很大程度上促进或抑制利润的均衡、利润的倾向的观点。并且现在均衡必须理解上下文中的金融资本流动。

参考文献

Aspromourgos，T.（1987），"Neoclassical"，in John Eatwell，Murray Milgate and Peter Newman（eds）*The New Palgrave：A Dictionary of Economics*，London：Macmillan.

Aumann，R.（1964），"Markets with a continuum of traders"，*Econometrica*，32，39-50.

Bharadwaj，K.（1978），*Classical Political Economy and Rise to Dominance of the Supply and Demand Theories*，Calcutta：Longman.

Bliss，C.J.（1975），*Capital Theory and the Distribution of Income*，Amsterdam：North Holland.

Caravale，G.（1985），*The Legacy of Ricardo*，Oxford：Blackwell.

Casarosa，C.（1985），"The 'new view' of the Ricardian theory of distribution and economic growth"，in G.A. Caravale（ed.），*The Legacy of Ricardo*，Oxford and New York：Blackwell，45-58.

Chick，Victoria（1986），"Speculation，the rate of interest and the rate of profit"，Paper Presented at the Meetings of the American Economic Association，27-30 December.

Clifton，J.（1977），"Competition and the evolution of the capitalist mode of production"，*Cambridge Journal of Economics*，1（2），137-151.

Cohen，A.J.（1989），"Prices，capital，and the one-commodity model in neoclassical and classical theories"，*History of Political Economy*，21，Summer：231-251.

Cottrell，A.F. and M.S. Lawlor（1991），"Natural rate mutations：Keynes，Leijonhufvud and Wicksell on the 'natural' rate of interest"，*History of Political Economy*，

Winter.

Dillard, D. (1984), "Keynes and Marx: a centennial appraisal", *Journal of Post Keynesian Economics*, 6 (3), Spring, 1984, 421–432.

Duménil, G. and D. Lévy (1987), "The dynamics of competition: a restoration of the classical analysis", *Cambridge Journal of Economics*, 11 (2), June, 133–164.

Dutt, A.K. (1987), "Competition, monopoly power and the uniform rate of profit", *Review of Radical Political Economics*, 19 (4), Winter 1987, 55–72.

Dutt, A.K. (1995), "Monopoly power and uniform rates of profit: a reply to Glick-Campbell and Duménil–Lévy", *Review of Radical Political Economics*, 27 (2), June, 142–153.

Eatwell, J. (1982), "Competition", in I. Bradley and M. Brown (eds), *Classical and Marxian Political Economy*, London: The Macmillan Press, 203–228.

Eatwell, J. (1987), "Competition: classical conceptions", in J. Eatwell, M. Milgate and P. Newman (eds), *The New Palgrave Dictionary of Economics*, London: Macmillan.

Eatwell, J. and M. Milgate (eds) (1983), *Keynes's Economics and the Theory of Value and Distribution*, New York: Oxford University Press.

Eltis, W. (1976), *The Classical Theory of Economic Growth*, Oxford: Basil Blackwell.

Fama, E. F. and M.H. Miller (1972), *The Theory of Finance*, New York: Holt, Rinehart and Winston.

Farjoun, E. and M. Machover (1983), *Laws of Chaos: A Probabalistic Approach to Political Economy*, London: Verso.

Flaschel, P. and Semmler, W. (1987), "Classical and neoclassical competitive adjustment Processes", *The Manchester School of Economic and Social Studies*, March.

Garegnani, P. (1978–1979), "Notes on consumption, investment and effective demand", *Cambridge Journal of Economics*, Vols II and III, December 1978 and March 1979.

Garegnani, P. (1983), "The Classical theory of wages and the role of demand schedules in the determination of relative prices", *American Economic Review*, 73, May.

Garegnani, P. (1984), "Value and distribution in the classical economists and Marx", *Oxford Economic Papers*, 36.

Hahn, F. (1982), "The neo–Ricardians", *Cambridge Journal of Economics*, 6 (4) December.

Hamouda, O. and G.C. Harcourt (1988), "Post Keynesianism: from criticism to coherence?" *Bulletin of Economic Research*, 40 (1), 1–33.

Harcourt, G.C. (1972), *Some Cambridge Controversies in the Theory of Capital*, London: Cambridge University Press.

Harcourt, G.C. (1981), "Marshall, Sraffa and Keynes: incompatible bedfellows?", *Eastern Economic Journal*, 7, January.

Harcourt, G.C. (1986), "On Piero Sraffa's contributions to economics", in O. F. Hamouda (ed.), *Controversies in Political Economy: Selected Essays of G. C. Harcourt*, New York: New York University Press, 75–89.

Harcourt, G.C. and N. Laing (eds) (1971), *Capital and Growth*, Harmondsworth, Middlesex: Penguin.

Harris, D.J. (1988), "On the classical theory of competition", *Cambridge Journal of Economics*, 12, 139–167.

Hollander, S. (1985), "On the substantive identity of the Ricardian and neoclassical conceptions of economic organization: the French connection in British classicism", in G.A. Caravale, *The Legacy of Ricardo*, Oxford: Blackwell.

Kalecki, M. (1942), "Mr Whitman on the concept of 'degree of monopoly' —a comment", *The Economic Journal* 52, April 121–127.

Keynes, J.M. (1933 [1973]), "A monetary theory of production", in *Der Stand und die nächste Zukunft der Konjunkturforschung: Festschrift für Arthur Spietoff*. Reprinted in *The Collected Writings of John Maynard Keynes*, Vol. 13, London: Macmillan, 408–411.

Keynes, J.M. (1936), *The General Theory of Employment, Interest, and Money*, London: Macmillan.

Keynes, J.M. (1937a), "Alternative theories of the rate of interest", *The Economic Journal*, 37 (186), June.

Keynes, J.M. (1937b), "The theory of the rate of interest", reprinted in *Readings in the Theory of Income Distribution*, Philadelphia: Blakiston Company (1946). Originally published in the Irving Fisher festschrift (1937).

Khan, M. (1987), "Perfect Competition" in J. Eatwell, M. Milgate, and P. Newman (eds) *The New Palgrave Dictionary of Economics*, London: Macmillan Press.

Knight, F. (1925), "On decreasing cost and comparative advantage", *Quarterly Journal of Economics*, 39 (2), February, 331–333.

Kompas, T. (1992), *Studies in the History of Long-Run Equilibrium Theory*, Manchester: Manchester University Press.

Marris, R. (1964), *The Economic Theory of "Managerial" Capitalism*, New York: Basic Books.

Marx, K. (1867 [1976]), *Capital*, Vol. I, Harmondsworth: Penguin.

Marx, K. (1894 [1967]), *Capital*, Vol. III, New York: International Publishers.

Marx, K. (1973), *Grundrisse*, Harmondsworth: Penguin.

McKinnon, R. (1973), *Money and Capital in Economic Development*, Washington: Brookings.

McNulty, P.J. (1968), "Economic theory and the meaning of competition", *Quarterly Journal of Economics*, 82 (4), November.

Milgate, M. (1982), *Capital and Employment*, New York: Academic Press.

Morishima, M. (1973), *Marx's Economics. A Dual Theory of Value and Growth*, Cambridge: Cambridge University Press.

Murphy, M. (1978), "The consistency of perfect and monopolistic competition", *Economic Inquiry*, 16 (1), January, 108–112.

Nikaido, H. (1983), "Marx on competition", *Zeitschrift für National6konomie*, 43 (4), 337–362.

O'Brien, D.P. (1975), *The Classical Economists*, Oxford: Clarendon Press.

Panico, C. (1980), "Marx's analysis of the relationship between the rate of interest and the rate of profits", *Cambridge Journal of Economics*, 4, 363–378.

Rhymes, T.K. (1990), *Keynes's Lectures*, 1932–1935, *Notes of a Representative Student*, Transcribed, edited and constructed by T.K. Rhymes, Ann Arbor, MI: University of Michigan Press.

Ricardo, D. (1951), *Principles of Political Economy and Taxation*, Cambridge: Cambridge University Press.

Roncaglia, A. (1978), *Sraffa and The Theory of Prices*, New York: John Wiley and Sons.

Rothschild, K.W. (1947), "Price theory and oligopoly", *The Economic Journal*, 57 (227), September, 299–320.

Rowthorn, B. (1974), "Neo-Classicism, neo-Ricardianism and Marxism", *New Left Review*, 86 (July–August), 63–87.

Semmler, W. (1984), *Competition, Monopoly and Differential Profit Rates*, New York: Columbia University Press.

Semmler, W. (1987), "Competition: Marxian conceptions" in J. Eatwell, M. Milgate and P. Newman (eds), *The New Palgrave Dictionary of Economics*, London: Macmillan.

Smith, A. (1776 [1976]), *The Wealth of Nations*, Chicago: University of Chicago Press.

Sraffa, P. (1926), "Laws of returns under competitive conditions", *The Economic Journal*, 36 (144), 535–550.

Sraffa, P. (1960), *Production of Commodities by Means of Commodities*, Cambridge: Cambridge University Press.

Steedman, Ian (1977), *Marx after Sraffa*, London: New Left Books.

Steedman, Ian (1984), "Natural prices, differential profit rates and the classical competitive mechanism", *The Manchester School*, June, 123–140.

Stigler, G. (1957), "Perfect competition, historically contemplated", *Journal of*

Political Economy, 65（1）, February, 1–17.

Stigler, G. (1987), "Competition", in J. Eatwell, M. Milgate, and P. Newman (eds), *The New Palgrave Dictionary of Economics*, 531–535.

Sylos–Labini, Paolo (1985), "Sraffa's critique of the Marshallian theory of prices", *Political Economy: Studies in the Surplus Approach*, 1（2）, 51–72.

Townshend, H. (1937a), "Review of Hawtrey's Capital and Employment", *The Economic Journal*, 37（186）, June.

Townshend, H. (1937b), "Liquidity–premium and the theory of value", *The Economic Journal*, 157–169.

Veblen, Thorstein（1904［1975］）, *The Theory of Business Enterprise*, New York: Augustus M. Kelley.

Walsh, V. and H. Gram (1980), *Classical and Neoclassical Theories of General Equilibrium*, New York: Oxford University Press.

Weeks, J. (1981), *Capital and Exploitation*, Princeton: Princeton University Press.

第七章 投机性资产在进口管制和金融抑制下的宏观经济作用

Jørn Rattsø[*]

一、引言

泰勒（Taylor，1991）讨论了四个历史章节生产不景气已经与投机性金融的扩张结合在一起。他提供了一个框架来理解他们作为一个收入再分配后退的一个结果。收入集中趋势通过需求输出紧缩。我对这个问题的兴趣源于在撒哈拉以南的非洲 1980 年社会主义时的资料，尤其是在辛巴威。不景气和国内市场对房屋和土地的需求同时发生。现在非洲的社会主义像是历史。但是他依然好奇去理解它是怎么正常工作的，并且不景气和金融投机并没有消失。

不景气和繁荣结合的悖论在一个包括投资组合调整和进口配比的模型中被处理。这个研究可以被看作是泰勒（Taylor）在进口配比模型中对投机的理解和供应受限的结合。

一个地区一个时间段里经济的表现和外贸约束有关，是外债累积、进口独立性和出口不景气的结果。一个总和的经验主义文献为解释经济不景气的因素提供证据。惠勒（Wheeler，1984）和赫莱纳（Helleiner，1990）展示了外汇如何影响整个地区的经济。国家研究强调进口约束，包括乔希伯尔等（Chhibber et al.，1990）、格林和卡哈尼（Green and Kadhani，1983）以及戴维斯和拉特索（Davies and Rattsø，1993）在辛巴威，贝文等（Beavn et al.，1990）和恩杜鲁（Ndulu，1986，1993）在坦桑尼亚。经济的特点是进口的独立性与投资和中间产物都有关系。为了解决外汇约束，政府代表性地介绍定量的进口配额。这个配额与进口有限的替代可能性结合，生成一个资本利用和成长的交易。政府的外汇分配在进口中间产物和投资商品之间影响了出口和投资的决定。短期资本利用一般的价值被进口中间产物的限制获得所抑制。莫兰（Moran，1989）确认发展不好的国家均分了上述的特征。

在理论文献中，外贸约束在宏观模型中的多种尝试可以被认定为两缺口模型。现代的方法是基于布菲（Buffie，1986）的一般开放经济宏观模型，经过拉特索（Rattsø，1994a）修改来着重考虑中间产物进口在外汇的重要性和国内资产的利用。

这个模型再次形成允许投资组合的整理机构包括投机性资产。

　　投资组合的整理和投机性资产的运作已经被一些作者调查。达特（Dutt，1986）允许控制食品证券为了投机获得。里佐多（Lizondo，1987）介绍了一个外汇市场的黑市和投资证券组合控制外国货币。所有类型的投机都与撒哈拉沙漠以南的非洲有关联，但是在这里分析被限制在投机性的资产的固定供应上，比如土地。一个一般的投资证券组合设立包括对冲膨胀的作用和非生产性的有形资产建筑，由蒙蒂埃尔（Montiel，1991）提出。在实践中即使是最不发达的经济的人口可能选择各种生产性和非生产性资产人的财富积累。在非洲最明显的投机热潮是关注土地价格和房屋来积累财富。宏观经济的不平衡和政治因素鼓动这些富豪用这些办法储存财富。当投资（紧缩）指向更少的生产活动时，投机可以有真正的经济后果。

　　经济的不景气和投机应该被理解为现行政策制度的背景。扩大货币基础和被高估的货币是两个关键特征。这个分析是关注宏观经济政策的猜想。

二、投资组合分配

　　在经济制定的证券投资方面代表一种被压抑的经济金融市场。假设限制防止私人部门持有的外国资产，那么，不存在国内债券市场。财富积累对于资金、实际的资本和投机性资产来说是有限的。布菲（Buffie，1986）在没有投机替代的情况下提供了一个基准。一个静态组合分配决策决定资本的需求价格。需求价格加剧了托宾 q 型投资功能。加文（Gavin，1992）表示一个动态的投资模型包括预期的资本收益。由于这项研究专注于动态投机，对于实际的资本来说预期的资本收益会被忽略。

　　这个模型专注于对外汇投资组合的调整和约束。我们已经不计劳动力市场调整和收入分配的影响，并且在最后一节给出了一些它们可能的影响的评论。由于投资组合分配取决于资本的边际生产率，生产结构对推动投机非常重要。输出 Q 的产生被认为是进口 B 和生产性资本 K 的结合，生产函数可以被记为 $Q = Q$（K，B）。资本存量在短期内是固定的。生产函数具有传统属性，在此章中是非常重要的，限制供应进口媒介对资本边际生产率具有积极的影响，$Q_{12} > 0$。

　　财富分为投机性资产 Z、生产性资产 K 和高能力的金钱 M，如式（7.1）所示。投机性资产的需求价格 P_z 和实际资本 P_K 谋求满足投资组合的平衡，见式（7.2）和式（7.3）。资产需求函数 G 和函数 H 取决于两种资产的实际回报率、资本的回报 PQ_1/P_K（P 是价格水平，Q_1 是资本的边际生产率）和预期的投资性资本的资本收益率 Π_z。预期回报 Π_z 是外生的静态版本。

$$A = P_z Z + P_k K + M \tag{7.1}$$

$$P_z Z = G(PQ_1/P_k，\Pi_z)A \tag{7.2}$$

$$P_k K = H(PQ_1/P_k，\Pi_z)A \tag{7.3}$$

从根本上讲这两种资产的回报率是不同的。购买生产性资本的回报是用边际生产率的名义价值来衡量资本的需求价格。当资本的需求价格上升时，回报率将下降。投机性资产的回报是预期的资本收益，这里假定投机性资产的实际价格是独立的。名义财富是通过分配决策内生决定的，因为资产价格是对市场状况的反应。

$$P_z = L(\overset{-}{P}, \overset{-}{B}, \overset{+}{M}, \overset{+}{\Pi_z}) \tag{7.4}$$

$$P_k = J(\overset{+}{P}, \overset{+}{B}, \overset{+}{M}, \overset{-}{\Pi_z}) \tag{7.5}$$

对于组合调整的完整描述如图 7-1 所示。两个资产市场的平衡条件是线性的，并且都是向上倾斜的。生产性资本的需求价格的增加通过财富和替代效应刺激了投机资本的需求，同时也驱使价格上升。在市场平衡的状况下生产性资本是向上倾斜的，因为投机价格的上升将通过增加名义财富导致过度需求。当轨迹交叉如图 7-1 所示，有局部的稳定条件约束。如果间接影响太大将会导致投资组合不稳定。

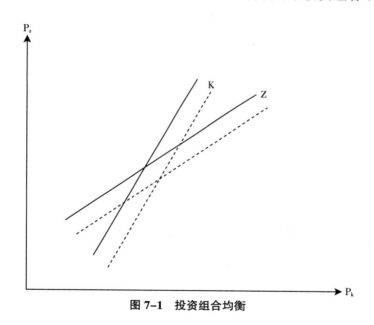

图 7-1　投资组合均衡

投资组合的调整被进口配额制度影响。进口的中间配给的可用性 B，是资本的边际生产率的决定性因素之一。更多的进口中间配给可提高资本的边际生产率以及像图 7-1 中所示的价格移动的平衡。相关资产的价格也有利于资本生产，而且当每个国内市场有直接影响的时候，投机价格会下降。$L_2 < 0$ 以及 $J_2 > 0$ 相反，更严格的进口管制会增加投机性资产的价格。收缩和投机性繁荣齐头并进，下面要做更详细的分析。

价格水平上升，通常是需求扩张的结果，通过资本的回报率影响投资组合分配。回报增加遵循投机性资产替代生产资本。如图 7-1 所示，投机价格可能会下降。投资的回报率上升被假定为降低投机资产的需求价格以及增加生产性资本的需求价格，就是 $L_1 < 0$ 以及 $J_1 > 0$。

投资组合配置被货币政策影响。扩张性的货币政策增加了货币 M 的股份，绝对会导致所有资产需求价格的增加，因为名义财富增加，$L_3 > 0$ 和 $J_3 > 0$。更高的资产价格暗示了新货币资源在私营部门。

动态的投资组合分配被状态变量的变化、投机资本的预期回报和生产预期回报股本驱动。当投机资本上移，投机就更被吸引，投机性资产增加。投机很容易自我推进，因为名义财富随着投机价格而扩大。这个机制被明斯基（Minsky，1986）强调并被泰勒（Taylor，1991）以类似的方式建模。在第五章动态方面进行了分析。

三、宏观经济模型

资产需求价格的调整将满足经济实体的投资功能，这暗示了实体和金融体之间的复杂而重要的交易。这个构想着重突出了进口的独立性和进口配给的作用。相比于巴菲的原始模型，供应方通过引进配给中间进口来重组。正如拉特索（1994a）所述，短期出口随着中间进口可得性而变化和投资混合物品的进口份额是固定的两个假设，反映了这个地区进口独立性。正如以上所解释的，个人储蓄决策也与进口配给有关。

国外交易业务由目前账目平衡来呈现：

$$S_f^* = (1 - \theta)I(P_k/P_c) + B + C^m - X(e/P) \qquad (7.6)$$

国外储蓄 S_f^* 被定义为投资进口的总和，中间物和消费物品 C^m 小于出口 X。名义交换率是 e，所有国外价格设置为 1。为了简化这些代数，我们忽略国外利率和国外资助。投资 I 是混合物品，固定份额 $(1-\theta)$ 是进口的。投资需求功能取决于需求价格和 P_k 资本的供应价格 P_c 之间的比率，并且 $I(1) = 0$，次导数 I，大于 0。出口 X 假设为被动供应量和出售于已知世界市场价格取决于真实交换率 e/P。资本的供应价格由式（7.7）定义，即国内价格等级和在其目前货币中的国外价格的加权总和：

$$P_c = \theta P + (1 - \theta)e \qquad (7.7)$$

内源性进口压力表现为政府进口配额的一个具体政策规则：消费和进口被收紧，而投资级进口具有优先权。这个法规基于戴维斯（Davies，1991）为津巴布韦共和国和恩杜鲁（Ndulu，1986）为坦桑尼亚描述的输入政策系统，而且它反映了这样一个普遍理解，即地区的停滞与中间物品的进口的匮乏有关，这是惠勒的主要结论。消费者和中间物资的配给取决于输入能力，被贝文等叫作内在贸易政策的系统。配给系统的一个相似公式由（Rattsø，1984）在一个各部门平衡动力的研究中使用。贸易平衡是内在的而且界定了国外交换不足，这是由于政府干涉、国际信用市场配给造成的。

剩余的进口能力的固定份额被分为中间物和消费者物资。为了简化公式，国外储蓄假设为金融进口投资商品。简化的结果当其重要的时候被注释。式（7.8）、式（7.9）显示了进口中间物和消费者商品可以被写成输出收入的份额：

$$B = \beta X(e/P) \qquad (7.8)$$

$$C^m = (1 - \beta)X(e/P) \tag{7.9}$$

很明显有这样一个假设：在现有存在的价格上总有对进口中间物和消费者商品的过度需求。

在一个进口管制经济中，外部干扰可能会有很强的输出影响。当进口中间物被配给时，国外交换收入中的变化会影响来自供应方的能力效用。供应功能来源于产品功能和国外交换配给，设置 p 和 e，原始值为 1：

$$dQ = Q_2dB = Q_2\beta X_1(de - dP) \tag{7.10}$$

供应曲线 AS 可能用价格等级和进口中间物的关系来描绘，如图 7-2 所示是进口中间物 B 和输出 Q 之间的产品功能关系。供应曲线是向下倾斜的，如图 7-2 和图 7-3 中所示，因为一个更高的国内价格等级超过输出，可得的进口中间物更少。货币贬值是供给方膨胀性的。

通过式（7.11）~式（7.14）描述需求更加方便，除了储蓄和进口紧缩之间的关系。国内出口用于家庭商品的消费 C^h、投资 θI（总和的国内份额 θ）以及式（7.11）中的输入 X（有国外价格估计）。个人消费等于国家收入与式（7.12）中的储蓄 S 的差。名义储蓄被期望 A^d 和式（7.13）中的名义价值实际值 A 之间的差距刺激。期望值的调整速率由 Ψ 决定。期望值与式（7.14）中的总名义收入有关。相对于附加价值促进价值保值的假设，我们的公式简化了无结果的计算。

为了反映出进口配给刺激个人储蓄这样一个程序化事实，期望收入财富比率 g 取决于消费者输入的可得性。当消费者输入受限时，家庭持有必须随着时间将其消费以非最佳方式分配。当他们预计限制将增强时，他们将持回配给时的原有持有量。这个关系的常用公式表明 g 功能有一部分消极衍生品，并考虑到供应配给的消费输入 C^m。理论解释由托维克（Torvik，1997）提供。津巴布韦共和国的个人储蓄

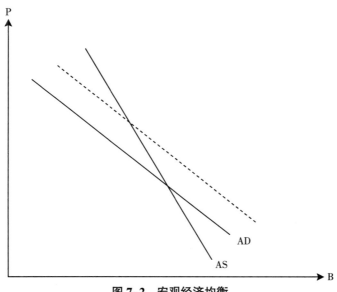

图 7-2　宏观经济均衡

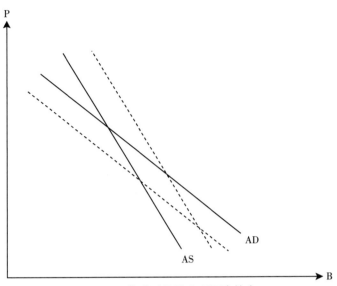

图7-3 货币贬值的宏观经济效应

和输入分配之间消极关系的经济学证据是由乔希伯尔等（Chhibber et al.，1989）、木兰迪和施密特（Morande and Schmidt-Hebbel，1991）提供的。

$$Q(K，B) = C^h + \theta I(P_k/P_c) + e/PX(e/P) \tag{7.11}$$

$$PC^h + eC^m = PQ(K，B) - eB - S \tag{7.12}$$

$$S = \psi(A^d - A) \tag{7.13}$$

$$A^d = g(C^m)PQ(K，B) \tag{7.14}$$

用式（7.1）、式（7.4）、式（7.5）和式（7.7）推出的式（7.11）~式（7.14）推导出的储蓄投资平衡描述了经济需求方：

$$\psi(g(C^m)PQ(K，B) - L(P，B，M，\textstyle\prod_z)Z - J(P，B，M，\textstyle\prod_z)K - M)$$
$$- P\theta I(J(P，B，M，\textstyle\prod_z)/(\theta P + (1-\theta)e)) = 0 \tag{7.15}$$

当考虑投资组合调整时，价格等级和过度储蓄会相互影响，就像附录等式运行的那样。带有上升价格等级的下降过度投资需求的等级稳定状态被设定。由于一个较高的价格等级会减少输入能力，消费者输入的配给促成了稳定性。当价格等级上升时，进口消费物资的可实现性下降，这抬高了期望价值，由g功能体现，而且更高的储蓄减少了物品市场的过度需求。

总需求曲线AD的斜率由储蓄和投资的中等进口配给的影响决定。当储蓄影响主体时斜率是下降的；更高的出口通过抬高期望价值来刺激储蓄。为了获得本地稳定性，对于价格调整上总需求必须比总供应更加灵敏，就像图7-2和图7-3中所画的。应该被注意到的是当在投资上中等进口的影响占主导时，AD曲线应该是向上的斜率趋势。更多的进口中间物通过增加资本的生产率来增加资本的需求价格，而且投资需求上升。

在对比等级总需求和总供应模型中产生了两个有悖常理的影响。由于进口配给和出口价格回应，供应曲线向上倾斜。需求曲线反映了影响个人储蓄的消费者输入的内在配给。因为通过这个途径过度需求被较高的价格等级降低，所以需求曲线的倾斜度不再那么陡。当对于托宾 q 的投资回应很强烈而且资本的需求价格对资本的生产率产生极大反应时，需求曲线会向上倾斜。

四、货币及交换率政策

机械的开发研制能够提供宏观经济政策、宏观经济表现和投机买卖的作用之间关系的一些信息。地区宏观经济政策的两个典型实例已被评估，即货币膨胀和货币的增值。货币膨胀和公共部分亏空及薄弱金融市场有关。财政政策和交换率安排上的矛盾导致了典型的增值。

货币政策通过若干渠道影响经济。需求方影响通过附录等式描述。膨胀的货币政策对储蓄的价值影响抬高了价格等级。名义价值的上升跟随着更高的金钱储存本身和在两种资产价格上的间接影响。更高的私人财富降低了储蓄的刺激而且资产价格回应刺激了投资需求。图 7-2 的总需求曲线整体上移。

当我们的政策规则允许进口配给的时候，传统的货币政策分析被转向反方向。扩张性的货币政策反而引起经济紧缩效应。进口中间产品的内源性配给解释了这种机制。更多货币的需求影响作用通过减少储蓄和提高投资需求来使价格水平升高。这种价格效应倾向于抑制出口，因此减少进口能力。扩张的需求政策在短期内会引起经济紧缩。如果这个模型是现实的，地区的经济停滞不是需求降低引起的结果。当总需求曲线在上升时这个结果同样有效。

正如 Rattsø 指出的，如果投资物品的进口被允许影响剩余的进口能力，那么紧缩性影响将会被加强。当更多的钱刺激投资需求和投资物品的进口时，对于中间进口的空间甚至会更少，而且供应曲线会向左移动。

就像在介绍中提到的一样，扩张的货币政策和经济停滞通过迅速增长的投机市场来共同研究。对于投机资产价格的降低形式表达，等式（7.4）帮助解释了这个典型案例。更多的钱和更少的中级进口都帮助了投机价格的增长。首先要说的是一个财富的影响。进口因素降低了资本的边缘生产率，因此引起了资产从多产资本到投机买卖的转变。一个更高的价格等级将提高资本回收的速率，因此抵消了增长的投机价格。

货币的增值是另外一个地区政策制度的主要方面。增值的经济效应可以通过研究贬值的影响来理解。如果进口能力被约束，正如假设，贬值由有利的供应方影响通过扩张出口。更多的中间进口空间会被创造，而且 AS 曲线会移至与图 7-3 一样。

贬值的净需求影响取决于两个对立力量的强度。进口的投资物品的更高的成本降低了投资需求。出口和储蓄之间影响的渠道通过消费者进口的配给来解释。更多的出口允许了更多的消费者进口，当消费被进口配给持回时鼓励了储蓄。

主要的投资效果和 AD 曲线下移的案例在图 7-3 中被描绘。积极的供应方反应导致货币扩张性贬值和价格水平的下降。减少需求带来进一步的降价和出口扩张。只有储蓄的大幅度下降才能扭转结果。货币的高估很可能是假设讨论下不景气的来源。结果就是与克鲁格曼和泰勒（Krugman and Taylor，1978）的紧缩货币贬值相反，与利佐多和莫泰（Lizondo and Montiel，1989）总结的中间进口产物模型不同。外汇在输出上的约束解释了结果。扩张性的货币贬值对减少投资成本有短期的影响。在短期资本利用和长期增长中存在冲突。对货币的过高评价和进口的管制导致高储蓄和投机性资产的高价。政策可以解释投机性的繁荣与输出的萎缩。

乐观的猜测投机可能是短期扩张性的，并且进口管制机制再次成为关键特性。当投机的预期收益率上升时，证券投资组合从生产性资本转移。资本的需求价格降低，并且生产投资不景气。投机对于长期增长没有帮助。然而，短期影响是扩张性的，因为国内需求的降低允许更高的出口收益和给进口中间产物更多的空间。

五、动态变化

从上文得知，虚假价格通常由扩展性货币政策和货币升值所导致。投机行为和资本积累的预期收益率对中期会立刻产生影响。为了研究这一现象背后的动力学，我们必须对期望值的形成做出一些假设。考虑到套用自适应预期理论已不再先进，我们现在试用理性预期理论解释问题，或者在随机性计划中保持前瞻性目光。我们将要考虑两种动力学模型。在第一种的常见鞍点平衡中，P_z 被认为是一个随预期收益率 $\prod_z$ 变化而变化的跳跃型变量。在另外一种模型里，我们假定虚假价格是被一个短时模型决定的，而这个虚假价格被认为是保持其本身与股金总额之间联系的诱饵。在第一种模型的鞍型路径中，资本积累和虚假繁荣常常相伴产生。在第二种模型中，我们将会对潜藏于虚假繁荣下的循环波动进行研究，而这种波动会把虚假繁荣引向通货紧缩。

长期静态平衡被如下模型定义：实际财富和期望财富相等，$A = A^d$，投资量为零，$S = I = 0$，而投机性质的投资预期率 $\prod_z$ 也是零。我们把静态资产价格定义为 P_z^*，股本定义为 K^*。虚假价格和股本的动态调整则由投机资产和投资功能决定，同时还要考虑宏观相互作用的影响。

投机市场平衡条件的动力学描述可以参照附录 1 方程式（A7.1）进行，同时其缩略形式如下：

$$dP_z/dt = Z(P_z，K，M) \tag{7.16}$$

若我们假设，对于投机市场来说，来自外界的直接影响占主导地位，那么我们立刻可以得到如下重要结论：虚假价格掌握自己本身的增长速率，这也是经济波动现象的一个典型机制。更高的 P_z 导致投机资产的过量供应，此时预期回报应升高以吸引投资者。而更高的股本 K 令投机资产更富吸引力，此时预期回报必须降低以平衡市场。当股价走高时，过剩的需求必将被虚假价格的跌落抵消。

资本积累由投资功能决定，而其动力学模型则是与需求和资本供应价格的时间调整相关。

$$dI = I_1(dP_k - P_k\theta dP) \tag{7.17}$$

状态变量和之前提及的两种价格之间的关系可以由附录 3 推出，而要探究其动力学规则所必需的假设也在其中得到了解释。在动态分析中，我们允许股本减少。虽然没有被明确指出，但这样的股本降低反映出了一种负反馈，以及对于时间变量的额外限制。

稳定状态邻近的区域内，动态分析可以参照式（7.18）、式（7.19）进行[1]：

$$dP_z/dt = \pi(P_z - P_z^*，K - K^*)，\pi_1 > 0，\pi_2 < 0 \tag{7.18}$$

$$dK/dt = \upsilon(P_z - P_z^*，K - K^*)，\upsilon_1 > 0，\upsilon_2 < 0 \tag{7.19}$$

这一系统在雅克非行列式公式小于零时体现出鞍点性质。

$$\pi_1\upsilon_2 - \pi_2\upsilon_1 < 0$$

我们在图 7-4 和图 7-5 中对鞍点平衡进行了概括。代表了短期虚假价格的曲线呈上升趋势。更高的股本 K 把证券分配转换为投机资产，过量需求要求更好的价格 P_z。图 7-4 中的凹形图线反映出生产理论中的标准假设，即资本临界生产率（Q_{11}）的降低伴随股本的升高而趋缓。股本越高，临界生产率的降低越少。因此，若我们用一个股本设定某升高值，则虚假价格会相应地产生一个小规模调整以抵消资本吸引力的下降。

描述短时股本的曲线也呈上升趋势。我们由此做出假设，对于投资需求（via P_k），虚假价格升高的积极作用占主导地位。更高的股本对其本身影响的动力学机理仍旧模糊，与产品功能曲线之间的关系也呈现出一些非线性特征。这种高股本对投资产生消极作用的稳定情况，我们将其展示在图 7-5 中。

指向平衡状态点 A 的鞍形曲线 SS 显示，虚假价格和股本是一齐运动的。我们认为，经济通常选择鞍形曲线上的短时平衡状态。但鞍形曲线的平衡位置不能解释虚假价格与资本积累呈现相反发展趋势的现象。

我们把来自货币股价预期之外的持久正反馈的动力学原理展示于图 7-4。由于新的证券平衡点需要更高的虚假价格，$dP_z/dt = 0$ 代表的曲线呈上升趋势。另外，由于需求方价格的积极作用会被低储蓄量带来的高物价抵消，代表零投资量的等倾线会保持恒定。投机市场的过剩需求诱使虚假价格沿新的鞍形曲线 SS′ 从原平衡点 A 向位置 B 跳跃。更高的虚假价格驱使资本的需求价格一路走高，即一段有效投资开始发生。与这一鞍形曲线相伴，虚假价格和股本一起向新的平衡点 C 运动。

我们把预期外跌价的中期影响展示在图 7-5 中。跌价提升了资本的供应价格，而静态的平衡点要求更低的股本。代表的等斜线 $dK/dt = 0$ 向左侧偏移。投机市场的静态情况通常不受跌价的影响。即时效果包括了虚假价格沿新鞍形图线从原本的 A 点向 B 点消极转变。虚假价格的下降导致资本需求价格的下降，揭示了资本沿鞍形曲线指向 C 点的负积累。再一次，这个动力学模型表明虚假价格反应和资本积累的运动是同步的。在第四部分中给出的短期例子并不适用于鞍点平衡下的中期情况。

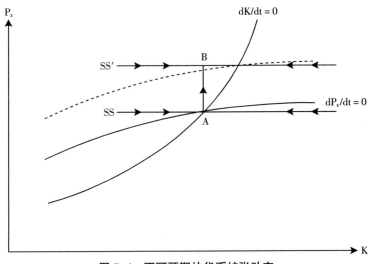

图 7-4　不可预期的货币扩张动态

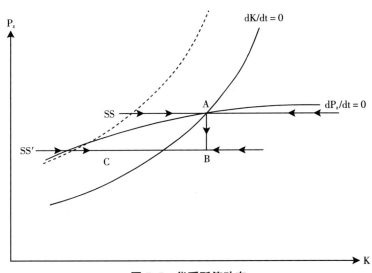

图 7-5　货币贬值动态

在模型的第二种解读里，投机资产价格被认作位于一个临时平衡点。我们从动力学规则式（7.18）和式（7.19）中可以归纳出循环波动。图 7-6 中展示了一个可能的循环路径。对于这个例子，我们要遵循先感知、后专业的顺序进行研究。这是个不断减弱的、朝向平衡状态运动的循环，且被看作是通往稳定共存状态的诱饵。在这个模型中，股本是猎手，而虚假价格是猎物。

如图 7-6 所示，从受抑制的开端开始，投机资产价格的下降会导致投资的下降，并最终导致股本的下跌。当猎物减少时，捕猎者就跟随他。当股本减少时，投机资产价格最终会上升。减少了的股本使证券朝向生产资本转变，而投资资产的期望收益率和实际收益率都必须继续走高以使其本身更加富有吸引力。猎手的减少使得猎物数量有机会增长。虚假价格的上升驱使资本价格和表面财富上升。虚假繁荣和资本积累是相伴相生的。更多的猎物会使得猎手数量进一步增长。资本积累本身就可以为虚假繁荣做贡献。更高的股本会把证券分配向投机资产转变。为了降低投机行为的吸引力，期望回报率必须被降低。在可行情况下，转变过程会到达一个稳定平衡状态。

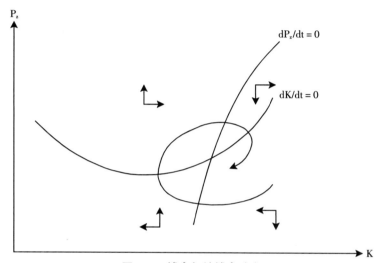

图 7-6　捕食与被捕食动态

潜在的平衡波动的分析由两个动力学等式主导——式（7.18）、式（7.19）。为使振荡趋向稳定平衡，雅克非行列式代数式必须呈负值，而行列式应呈正值。

$$\pi_1 + \upsilon_2 < 0 \text{ 且 } \pi_1\upsilon_2 - \pi_2\upsilon_1 > 0$$

由于虚假价格可以促进其本身的成长，投机行为本身就是不稳定的一个来源。在资本积累本身比较稳定的情况下，投资带来的影响可能会抵消这种不稳定，即当 K 足够大且财富影响占主导地位的时候。

六、结束语

已创建一种新的理论体系以分析撒哈拉以南的非洲地区在"社会主义"、进口管制和金融抑制时期的主要特征的作用。这种方法解释了经济停滞和预期繁荣同时存在的现象。

该地区的宏观经济政策在此期间可以被描述为货币扩张和被高估的汇率。遵循公共赤字和固定汇率制度。货币扩张和货币的估价过高似乎都对长期停滞和进口配额下的预期的价格膨胀有促进作用。模型预测出一个政策重新定位的长期，然而，由于货币紧缩和货币贬值投资将减少，世界银行（1990）总结的项目结构调整的经验倾向于证实这种消极的投资效应。在外汇短缺的情况下生产性投资和产能利用率之间存在折中的情况。

当假定对推测的预期回报是完全预期时，就可以得到多样化的动态调整路径。在鞍点平衡的情况下，预期价格和资本积累表现为沿鞍线一起变化。该模型还包含预期繁荣和投资萧条的周期波动的可能性。

附录 1　　投资组合模型

两平衡资产的需求价格，P_z 和 P_k 的确定与超额需求函数有关：

$$G(PQ_1/P_k,\ \textstyle\prod_z)(P_zZ + P_kK + M) - P_zZ = 0 \tag{A7.1}$$

$$H(PQ_1/P_k,\ \textstyle\prod_z)(P_zZ + P_kK + M) - P_kK = 0 \tag{A7.2}$$

关于 P_z、P_k、P、B、M 和 $\prod_z$ 的超额需求函数的微分，设置初始价格 $P = e = 1$，意味着：

$$a_1dP_z + a_2dP_k = a_3dP + a_4dB + a_5dM + a_6d\textstyle\prod_z$$

$$b_1dP_z + b_2dP_k = b_3dP + b_4dB + b_5dM + b_6d\textstyle\prod_z$$

$$a_1 = -(1 - G)Z < 0$$

$$a_2 = (GK - (AG_1Q_1)/P_k^2) > 0$$

$$a_3 = -(AG_1Q_1)/P_k > 0$$

$$a_4 = -(AG_1Q_{12})/P_k > 0$$

$$a_5 = -G < 0$$

$$a_6 = -AG_2 < 0$$

$$b_1 = HZ > 0$$

$$b_2 = -((1 - H)K + (AH_1Q_1)/P_k^2) < 0$$

$$b_3 = -(AH_1Q_1)/P_k < 0$$

$$b_4 = -(AH_1Q_{12})/P_k < 0$$

$$b_5 = -H < 0$$

$$b_6 = -AH_2 > 0$$

超额需求函数的行列式 $D = (a_1b_2 - a_2b_1)$，是假设被认为是积极的地区稳定。通常，间接的影响在两个市场之间是不被允许占据主导的。根据条件列举。

以下的偏导数可以计算为：

$$dP_z/dP = (1/D)(a_3b_2 - a_2b_3) = (AQ_1K/P_kD)(G_1(1 - H) + H_1G)?$$

$$dP_z/dB = (1/D)(a_4b_2 - a_2b_4) = (AQ_{12}K/P_kD)(G_1(1 - H) + H_1G)?$$

$$dP_z/dM = (1/D)(a_5b_2 - a_2b_5) = (1/D)(GK + (AQ_1/P_k^2)(H_1G - G_1H)) > 0$$

$$dP_z/d\textstyle\prod_z = (1/D)(a_6b_2 - a_2b_6) = (A/D)(K(G_2(1 - H) + H_2G) + ((AQ_1/P_{k2})(G_2H_1 - G_1H_2)))?$$

$dP_k/dP = (1/D)(a_1b_3 - a_3b_1) = (AQ_1Z/P_kD)(H_1(1 - G) + G_1H)?$

$dP_k/dB = (1/D)(a_1b_4 - a_4b_1) = (AQ_{12}Z/P_k^2D)(H_1(1 - G) + G_1H)?$

$dP_k/dM = (1/D)(a_1b_5 - a_5b_1) = (1/D)HZ > 0$

$dP_k/d\prod_z = (1/D)(a_1b_6 - a_6b_1) = (AZ/D)(H_2(1 - G) + G_2H)?$

偏导数被资产需求价格函数（7.4）和函数（7.5）在特定的假设中被总结。总体上，直接影响在每个投资证券市场上被假设占据主导：P 和 B 影响 K 的收益，直接影响暗示 dP_k/dP 和 dP_k/dB 大于 0，dP_z/dP 和 dP_z/dB 小于 0。$\prod_z$ 影响了 Z 的收益，$dP_z/d\prod_z > 0$ 且 $dP_k/d\prod_z < 0$。

附录 2　模型解决

储蓄和投资平衡的差异引起需求方在 P 和 B 之间的关系：

$$c_1dP = c_2dB + c_3dM + c_4de + c_5d\prod_z \qquad (A7.3)$$

$c_1 = \psi Q(g - g_1X_1(1 - \beta)) - \psi(ZL_1 + KJ_1) - \theta I - \theta I_1(J_1 - P_k\theta)$

$c_2 = -\psi gQ_2 + \psi(ZL_2 + KJ_2) + \theta I_1J_2$

$c_3 = \psi(1 + KJ_3 + ZL_3) + \theta I_1J_3 > 0$

$c_4 = -\psi Qg_1X_1(1 - \beta) - \theta I_1P_k(1 - \theta)$

$c_5 = (\psi K + \theta I_1)J_4 + \psi ZL_4$

$c_1 > 0$ 暗示过度需求减少是因为更高价格水平，也是当地稳定的标准条件。需求曲线的向下倾斜紧跟着的就是中间进口的储蓄影响占主导地位和 $c_2 < 0$。在书中讨论过，当投资反应 P_k 占主要地位时 $c_2 > 0$，货币扩张是需求方的扩张。货币贬值通过消费者进口不鼓励储蓄，也通过供应价格不鼓励投资，c_4 是先验不确定的标志。需求影响的变化在投机的预期收益中是模棱两可的，但是 c_5 会是负的，当投资需求影响通过 P_k 时占主导。

附录 3　动态变化

内源性的预期收益的动态模型包括式（A7.1）、式（A7.2）、式（7.15）和投资函数，考虑比率式（7.8）和式（7.9），确定动态路径 P_z 和动态路径 K。等式（7.6）描述投机价格的动态。等式（7.17）解决资本积累的路径，P_k 和 P 的依赖在精致平衡的状态变量必须确定。两个市场上的直接反应是假设占据主导地位。从资本的投资证券组合平衡条件（A7.2）可以得出：

$$((1 - H)K + (AH_1Q_1)/P_k^2)dP_k = HZdP_z - (P_k(1 - H) + (AH_1Q_{11})/P_k)dK \qquad (A7.4)$$

$$P_k = P_k(\overset{+}{P_z},\ \overset{-}{K}) \tag{A7.5}$$

储蓄的静止微分平衡，考虑式（7.8）和式（7.9），代表：

$$(\psi\,(g_1QX(1-\beta)(1-\varepsilon_x) + gQ + gQ_2\beta X(1-\varepsilon_x)) + \theta I_1 P_k\theta)dP = \psi ZdP_z + \psi(1 - gQ_1)dK \tag{A7.6}$$

$$P = P(\overset{+}{P_z},\ \overset{?}{K}) \tag{A7.7}$$

一个更高的资本股本在价格水平的影响上有两个冲突：一方面，财富效应的趋势减少了储蓄和需求的刺激；另一方面，输出影响增加了财富和储蓄的渴望，因此降低了需求。如果更高的股本减少了价格水平的静止平衡，这个影响是不被允许支配的式（7.19）。因为资本的边际生产力是随着更高资本股本减少的，输出影响可能占支配地位，当资本股本小的时候。当股本大的时候，财富效应很可能占主导地位。

注释

* 我非常高兴能与罗博·戴维斯、麦伦姆、兰斯·泰勒、拉格纳和麦克沃顿展开讨论，感谢达特以及匿名的推荐人，在奥斯陆和特隆赫姆研讨时的评论。提供资金支持的是挪威研究委员会和挪威外交部。

1. 不同类型的动态行为建立在以下的等式中，我们可以从特征根中看出：

$$\lambda_1,\ \lambda_2 = \frac{1}{2}\{(\pi_1 + \upsilon_2) \pm \sqrt{[(\pi_1 + \upsilon_2)^2 - 4\pi_1\upsilon_2 + 4\pi_2\upsilon_1]}\,\}$$

参考文献

Bevan, B., P. Collier and J. Gunning (1990), *Controlled Open Economies. A Neoclassical Alternative to Structuralism*, Oxford: Clarendon Press.

Buffie, E. (1986), "Devaluation, investment and growth in LDCs", *Journal of Development Economics*, 20, 361–379.

Chhibber, A., J. Cottani, R. Firuzabadi and M. Walton (1989), "Inflation, price control and fiscal adjustment in Zimbabwe", PPR Working Paper No. 192, Country Economics Department, The World Bank.

Davies, R. (1991), "Trade, trade management and development in Zimbabwe", in J. Frimpong-Ansah, S.M. Ravi Kanbur and P. Svedberg (eds), *Trade and Development in Sub-Saharan Africa*, Manchester: Manchester University Press.

Davies, R. and J. Rattsø (1993), "Zimbabwe", in Lance Taylor (ed.), *The Rocky Road to Reform: Income Distribution, Politics and Adjustment in the Developing World*, Cambridge: MIT Press.

Dutt, A. (1986), "Stock equilibrium in flexprice markets in macromodels for less developed economies: the case of food speculation", *Journal of Development Economics*, 21, 89–110.

Gavin, M. (1992), "Monetary policy, exchange rates, and investment in a Keynesian economy", *Journal of International Money and Finance*, 11, 145–161.

Green, R. and X. Kadhani (1983), "Zimbabwe: Transition to economic crises, 1981–1983: retrospects and prospects", *World Development*, 14, 1059–1083.

Helleiner, G. (1990), "Structural adjustment and long–term development in Sub–Saharan Africa", Development Studies Working Papers No. 18, Centro Studi Luca d'Agliano–Queen Elizabeth House, Torino and Oxford.

Krugman, P. and L. Taylor (1978), "Contractionary effects of devaluation", *Journal of International Economics*, 8, 445–456.

Lizondo, J. Saul (1987), "Exchange rate differential and balance of payments under dual exchange markets", *Journal of Development Economics*, 26, 37–53.

Lizondo, J. Saul and P.J. Montiel (1989), "Contractionary devaluation in developing countries: an analytical overview", *IMF Staff Papers*, 36, 182–227.

Minsky, H. (1986), *Stabilizing an Unstable Economy*, New Haven: Yale University Press.

Montiel, P. (1991), "The transmission mechanism for monetary policy in developing countries", *IMF Staff Papers*, 38 (1), 83–108.

Moran, C. (1989), "Imports under a foreign exchange constraint", *World Bank Economic Review*, 3, 279–295.

Morande, F. and K. Schmidt–Hebbel (1991), "Macroeconomics of public sector deficits: the case of Zimbabwe", PPR Working Paper No. 688, Country Economics Department, The World Bank.

Ndulu, B. (1986), "Investment, output growth and capacity utilization in an African economy: the case of manufacturing sector in Tanzania", *East Africa Economic Review*, 2, 14–30.

Ndulu, B. (1993), "Tanzania", in Lance Taylor (ed.), *The Rocky Road to Reform: Income Distribution, Politics and Adjustment in the Developing World*, Cambridge: MIT Press.

Rattsø, J. (1994a), "Devaluation and monetary policy under import compression", *Open Economies Review*, 5, 159–175.

Rattsø, J. (1994b), "Medium run adjustment under import compression: Macroeonomic analysis relevant for Sub–Saharan Africa", *Journal of Development Economics*, 45 (1), 35–54.

Taylor, L. (1991), *Income Distribution, Inflation and Growth*, Cambridge, MA: MIT Press.

Torvik, R. (1997), "Real exchange rate dynamics and trade liberalization: the case of multiple tariffs and unemployment", *Journal of International Trade and Economic Development*, 6 (3), 329–344.

Wheeler, D. (1984), "Sources of stagnation in Sub–Saharan Africa", *World De-*

velopment, 12, 1–23.

World Bank (1990), *Report on Adjustment Lending II: Policies for the Recovery of Growth*, Washington DC: IBRD.

第八章　发展中国家的金融脆弱性

Duncan K.Foley

一、引言

伴随国内和国际资本市场在 20 世纪 90 年代实现自由化，金融危机在发展中国家和新兴工业化国家中逐渐蔓延，这一现象也凸显了海曼·明斯基（Hyman Minsky，1975，1982）提出的金融脆弱性与当代世界经济间的相关性。明斯基的著作着重研究金融脆弱性在实现完全工业化以及拥有高度发达金融机构和市场的资本主义经济体中如何体现。他认为在经济繁荣的时候，借贷双方都能接受更高的债务股权融资比，所以经济会渐渐出现债务通货紧缩的危机。在他看来，经济体拥有金融脆弱性这一特点也给央行提出了一个难题，那就是在尝试用紧缩货币政策和提高利率来控制金融脆弱性的同时，有可能引发其避之不及的金融危机。

20 世纪 90 年代的国际金融危机有着迥然不同的时代背景。在"华盛顿共识"新自由主义的影响下，结构性利润率高、偏好具有高收益投资机遇的工业化经济使大量短期债券资本流入，这也引发了全球资本流动的自由化进程。投资和收益的骤然增加导致了资金的不稳定流入，致使经常账户赤字变得无从控制，这样就又反过来导致了外部和内部的财政危机。所以，基于不断增强的金融脆弱性而提出的明斯基危机就在这循环往复中显现了出来。

本章旨在对兰斯·泰勒（Lance Taylor）和斯蒂芬·欧康纳（Stephen O'Connell）在 1985 年提出的明斯基危机模型进行修正，此模型在当时被用于分析 20 世纪 90 年代的金融危机。泰勒和欧康纳以一个卡莱茨基经济体为研究对象，认为产能利用率和利润率存在的多样性，导致总供给和总需求达到短期均衡。他们将一个投资需求函数引入了这一经济理论中，该函数具有可变的"投资热情"因数，表明在繁荣期增加投资计划的企业存在潜在不稳定趋势。泰勒和欧康纳的模型存在一个让人费解的地方，即认为在实际增长率 g 和储蓄率 S 之间存在卡莱茨基封闭经济关系，$g = sr$，所以当 $s < 1$ 时，为使 $r > g$ 就必须要实行明斯基的对冲基金策略。

要想使国内增长率超过国内利润率，开放经济使外国资本流入就是一种很常规的做法，进而使经济达到运用明斯基提出的投机制度下的状况，此时 $g > r$。但是，修改后的模型和泰勒、欧康纳的基本观点并不矛盾，即在卡莱茨基经济体中，增长率和利润率之间存在高度正相关，但这又导致通过降低增长率来减少金融脆弱性变得不太可能。事实上，修改后的模型表明即使在大致实现稳定均衡的情况下，由于增长率和利润率进入稳定修正过程，经济也必然会陷入庞氏金融的金融脆弱制度中去。

虽然供方因素毫无疑问制约了工业化经济体的经济增长，提升基础设施以与资本积累相辅相成的难度较大以及高速经济发展施与创业发展较大压力，但是修改后的模型表明较高的目标增长率可能标志着更健康的财务状况。资深银行家以及他们来自各种国际机构的高级顾问，将会对在工业化经济体内机构调整的短期动态中的卡莱茨基总需求动态理论和明斯基财务约束理论的相互作用进行充分考量。

二、金融脆弱性分析

金融脆弱性源于企业经常使用债务合同为生产提供资金来源。在债务契约中，借入方企业从出借方获得金融支持，并许诺在贷款期限内按照合约向出借方定期支付利息和本金（债务还本付息）。借入方企业若有一次无法按合约支付应付款项，则会导致其破产，并中断企业的正常运营，同时也导致其他债权人面临无法按照合约收回贷款的风险。依据明斯基理论，如果一个企业的破产可以引起其他企业破产的连锁反应，那么就可以说企业所在的经济体存在金融脆弱性。

明斯基分析了企业现金流账户所体现的金融脆弱性。从高度聚集的形式来看，现金流恒等式为企业净营业收入的资金来源（R）与新借款（D）之和，等于投资用资金（I）与债务还本付息（V）之和（为简单起见，I 被简化为股利支付）。

$$R + D \equiv I + V \tag{8.1}$$

从资金来源和使用角度组成的现金流恒等式较为随意，因为当企业进行亏本经营时，R 为负数；当企业正在还贷时，D 为负数；当企业出售资产时，I 为负数；当企业为净债权人时，V 为负数。

企业净值 W 等于企业资产价值 A 与企业债务价值 B 的差值。企业净值的增值为投资增值，即企业资产的变化值，$\dot{A} = I$；减值为债务改变值，即 $\dot{B} = D$。

$$W = A - B \tag{8.2}$$

$$\dot{W} = \dot{A} - \dot{B} = I - D \tag{8.3}$$

如果一家破产公司无力偿还债务，即 W ≤ 0，则其债权人将无法收回贷款本金。

明斯基确定了三种企业可能的财务状态：

对于套期保值型企业来说，R ≥ V + I，则 D ≤ 0。此类企业的净收入可以负担其债务还本付息和投资，因此此类企业所处状态可减少其净负债。套期保值型企业仍绝对有可能陷入财务困境，当其净收入下降（企业业务不景气时可能发生）或债务增加（信贷紧缩时可能发生）。从财务上来说，套期保值型企业十分安全，但是这可能源于其缺少诱人的投资机遇。套期保值型企业的净值会不断增加，只要其保持套期保值，那么就永远不会破产。

对于投机型企业来说，$R \geq V$，但 $R < V + I$，因为 $I > D \geq 0$。投机型企业的净收入可以负担其当前债务还本付息额度，但部分投资必须通过借款实现。投机型企业的贷款信誉取决于其投资的未来盈利能力。若此类企业的债务清偿成本增加，那么只要其净收入依然保持强劲势头，那么其就拥有金融安全边界以限制投资。几乎所有成功的资本主义企业都在其发展过程中经历过投机阶段，因为成功的企业形成的投资机遇大于其内部融资的能力。投机型企业的净值会不断提升。只要投机型企业的投资可以维持收益，那么就不会破产。

对于庞氏型企业来说，$R < V$，因此 $D > I$。庞氏型企业不断借款以支付其债务还本付息额度。因为没有金融安全边界，因此庞氏型企业的贷款信誉取决于其让潜在出借人相信其净收入将在不久的将来上涨的能力。债务上升会导致庞氏型企业找到出借方的难度更大。很多成功的资本主义企业都在净收入或债务受到意外或短期冲击时经历过庞氏阶段。但是，庞氏型企业一直在预支未来寿命，因为其如果延续当前金融路径，那么就将在有限时间内资不抵债。如果其债权人对其收入预期失去信心，则这些债权人会拒绝向其提供新贷款以支付其债务，那么企业就会立即破产。

三、企业财政动态

企业资产和负债的变化率和回报率是计算企业财政路径最容易的方式。我们将 $g = I/A$ 设为企业资产增长率，$r = R/A$ 为企业利润率，$i = V/B$ 为企业利率（债息与当前债务的比率）。那么，现金流恒等式如下：

$$\dot{B} = D = I + V - R = (g - r)A + iB \tag{8.4}$$

根据这种路径，其中 g 为常数，那么 $A(t) = A_0 e^{gt}$，该微分方程拥有如下通解：

$$B(t) = \left(B_0 - \frac{g - r}{g - i} A_0 \right) e^{it} + \frac{g - r}{g - i} A_0 e^{gt} \tag{8.5}$$

可以通过以 ϕ 代替债务资产比简写上述等式。只要 $\phi < 1$，则企业就有能力偿还债务。ϕ 的路径为 $\phi^* = (g - r)/(g - i)$：

$$\phi(t) = \phi^* + (\phi_0 - \phi^*) e^{(i - g)t} \tag{8.6}$$

如果 $g > i$，则第二项会渐进消失，且 $\lim_{t \to \infty} \phi(t) = \phi^*$。若 $i > g$，则第二项处于支配地位，且 $\lim_{t \to \infty} \phi(t) = \pm \infty$ as $\phi_0 > < \phi^*$。因此，企业在有限时间内破产存在两种路径：第一种路径为 $g > i$ 和 $\phi^* > 1$；第二种路径为 $i > g$ 和 $\phi_0 > \phi^*$。

在 $r > i$ 的路径中，企业不会破产。当 $r > g > i$ 时，$\phi(t) \to \phi^* < 0$，且企业为渐进债权人。当 $r > i > g$ 时，$\phi^* > 1 > \phi_0$，$\phi(t) \to -\infty$，且企业为渐进式无限债权人。在

这两种路径上的企业通常为套期保值型企业。

但是，r>i 的企业拥有强烈动机通过提高 g 来提高投资。当 g>r>1 时，$\phi(t) \rightarrow \phi^* < 1$。投机型企业就是如此。这类企业从来不会套期保值，因为它们总会通过借款来完成投资。但是，其债务会以资产提升速率逐渐上升。

如果企业希望 i 永远大于 r，那么企业最好将其净值投入金融资产，并成为银行。要想实现这一点，那么就必须降低 g，并且在必要时将 g 设为负数。

在 g>i>r 的路径中，$\phi(t) \rightarrow \phi^* > 1$，且企业一定会在有限时间内破产。这也是庞氏型企业的典型情况。虽然信誉高的企业通常不会自愿选择庞氏路径，但是，当企业面临可控范围以外的事件时会至少暂时陷入庞氏状态。当政策或市场发展在企业可控范围以外时会导致利率上涨，并将企业的投机财务战略转变为庞氏型战略。在这种情况下，企业要么寄希望于利率在其无偿债能力前降至利润率以下，要么希望其出借方愿意看到其度过危机，或通过降低 g 来实现自救。

那么，庞氏型企业通过限制投资能将其财务状况稳定至何种程度？当 g<i，$\phi(t) \rightarrow (\phi_0 - \phi^*)\infty$ 时，企业必须以 $\phi^* = (r-g)/(i-g) > \phi_0$，或 $g < (r - \phi_0 i)/(1 - \phi_0)$ 为目标。r 越低，i 越高，ϕ 越高，则企业就必须越多地降低 g 以达到安全。如果大量企业试图通过削减投资支出达到自我稳定，则这些企业可能会降低总需求，并停止降低利润率，引发产量和国民收入降低，并使自身实现稳定的难度更大。

四、国民经济的金融脆弱性

国民经济可以被视为一个企业集合，因此描述企业财政动态的等式也同样适用于国民经济。在现实中，组成国民经济的企业会以不同的财务状态实现统计学分布——在任意时刻都有企业分别为套期保值型、投机型和庞氏型。但是，根据兰斯·泰勒（Taylor）和斯蒂芬·欧康纳（Stephen O'Connell，1985）的理论，我们可以通过研究模型总结出一些经济系统动态的观点，在此模型中，企业或国家被平均为一个代表性企业。

想象在一个小型开放式卡莱茨基经济体中，有效产出 X 的分布为工资，即 $W = (1-\pi)X$，所有支出均被立即支出；而利润 $P = \pi X$，分式 s 被省略，因此消费 $C = W + (1-s)P = (1-s\pi)X$。所有数量均以实际情况为准（或等于世界价格）。为了简化，我们仅提取政府课税和支出。投资为 I。收支往来账户赤字 D（或资本项目顺差）等于支出与产出的差值，即，$D = C + I - X = I - s\pi X$。其中整个经济体的 D 类似于上文对个别企业 D 的定义，代表了新的净借款，即 $d = D/K$，$g = I/K$，$r = \pi X/K$，其中 K 为资本存量，因此得到下式：

$$d = g - sr \tag{8.7}$$

根据 d 和 g，实际产出—资本配给，即 X/K，必须加以调整，以确定满足等式（8.7）的已实现利润率 r。在泰勒（Taylor）和欧康纳提出的封闭经济理中，d=0，表明假设 s<1，则 g<r。因此，他们提出的这种经济无法真正进入 g>r>i 的投机机制。相反，当前模型的开放经济可以通过资本扶持投资，以实现投机机制。

假设资本项目顺差 d 取决于实际利息率 i，并且受到货币当局[1]和利润率 r 的控制：

$$d = d_0 + \eta i - \psi sr \tag{8.8}$$

假设实际利率上涨会造成资本流入增加，且资本家会使用其部分利润购买外国资产，则参数 ψ 和 η 为正数。

根据泰勒和欧康纳的理论，假设资本增长率取决于利润率 r、实际利率 i 和代表资本家投资热情的 ρ 置信因数。

$$g = g_0 + h(r + \rho - i) \tag{8.9}$$

参数 h 为正数。可见：

$$r = \frac{g - d}{s} = \frac{g_0 - d_0 + (h + \psi)r + h\rho - (h + \eta)i}{s}$$

因此得到：

$$r = \frac{g_0 - d_0 + h\rho - (h + \eta)i}{s(1 - \psi) - h} \tag{8.10}$$

利率上涨会导致资本流入和资本输入上升，国内投资下降，但是会降低国内产出、产出与资本比率和利润率。投资热情上涨会导致国内投资、输出和资本比率和利润率上涨。

同样，我们可以得到：

$$g = \frac{s(1 - \psi)g_0 - hd_0 + hs(1 - \psi)\rho - h(s(1 - \psi) + \eta)i}{s(1 - \psi) - h} \tag{8.11}$$

因此，在 ρ、i 和结构参数已知的情况下，我们可以认为等式（8.7）、等式（8.8）和等式（8.9）可以确定 r、g 和 d 值。

若以这种方式处理该模型，则 ρ 和 i 为状态变量。由于 g 和 p 存在单调相关性，因此在了解 ρ 以隐式确定后，我们可以将 g 和 i 视为状态变量。这一研究经济动态的方法可以让我们将经济的（g，i）空间动态更加形象，且决定金融脆弱性的关系更加透明。因此，我们可以以 g 和 i 写出 r 的（以及收支往来账户赤字 d）计算式：

$$r = \frac{g - d_0 - \eta i}{s(1 - \psi)} \tag{8.12}$$

$$d = \frac{\psi g - d_0 - \eta i}{s(1 - \psi)} \tag{8.13}$$

图 8-1 表明了对应于不同财务机制的（g，i）空间范围。45°虚线表明 i=g，是上部 g>i 和下部 i>g 的临界线。g 与 i 的不同组合都通过等式（8.12）确定了短期均衡状态下的特定利润率。图 8-1 中的粗线是 r=i、i>g 时坐标（g，i）的轨迹，表明了套期保值型和投机型财务机制间的临界线。此条线以上部分中，i>r，是不可持续的庞氏型财务状态。超过这一临界线的经济体易受金融危机的侵害。实线是 r=g 且 i≤r 时坐标（g，i）的轨迹，同时也是套期保值型和投机型财务机制的临界线。图 8-1 强调了开放卡莱茨基经济体中增长率和利润率之间的关系。在这种经济体中，提高增长率可提高利润率，并因此降低金融脆弱性。

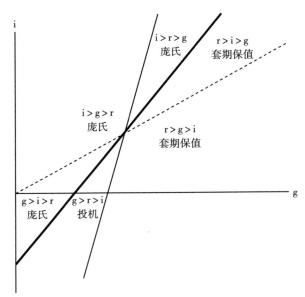

图 8-1　不同的财务机制

注：在 45°虚线上，i = g。粗线是 r = i 时坐标点的轨迹，且为庞氏机制的下边界。实线是 r = g 时坐标点的轨迹，同时也是套期保值财务机制的上边界。

五、明斯克动态经济学

为了研究模型的动态路径，我们需要为状态变量 ρ 和 i 规定运动定律。我们假设当增长率上升至均衡水平 $\bar{g}$ 以上时，投资激情 ρ 也会上升；当利率上升至均衡水平 $\bar{i}$ 以上时，投资激情 ρ 会下降。

$$\dot{\rho} = \beta(g - \bar{g}) - \delta(i - \bar{i}) \qquad (8.14)$$

泰勒和欧康纳分析了全资产均衡模型背景下的货币政策，因此我们可以采取较为简便的方法——将实际利率作为货币政策手段。目标很简单：当增长率上升至均衡水平以上时，当局会提升利率：

$$i = \gamma(g - \bar{g}) \qquad (8.15)$$

则有关时间方面的微分方程 (8.11) 为：

$$\dot{g} = h\left(\frac{s+h}{s}\right)\dot{\rho} - h\left(\frac{s+h+\eta}{s}\right)i$$

或：

$$\dot{g} = \left(\frac{h}{s(1-\psi)-h}\right)\left[\beta s(1-\psi) - \gamma(s(1-\psi)+\eta)\right](g-\bar{g}) - \left(\frac{h}{s-h-\psi}\right)\delta s(1-\psi)$$

$$(i-\bar{i}) \qquad (8.16)$$

式（8.15）和式（8.16）定义了代表整个经济体的动态系统。货币当局通过该系统的目标g确定均衡水平。当达到均衡水平时，ρ = 0，i = ī，从式（8.7）和式（8.9）可以得到：

$$\bar{i} = \frac{s(1-\psi)g_0 - [s(1-\psi)-h]\bar{g} + hd_0}{h[s(1-\psi)+\eta]} \tag{8.17}$$

该系统的雅克比行列式如下：

$$\begin{bmatrix} (\frac{h}{s(1-\psi)-h})\{\beta s(1-\psi) - \gamma[s(1-\psi)+\eta]\} & -(\frac{h}{s-h-\psi})\delta s(1-\psi) \\ \gamma & 0 \end{bmatrix} \tag{8.18}$$

已知 $\mathrm{tr}J = \left[\frac{h}{s(1-\psi)-h}\right]\{\beta s(1-\psi)-\gamma[s(1-\psi)+\eta]\}$ 且 $J = \gamma(\frac{h}{s-h-\psi})\delta s(1-\psi) > 0$。在这个系统中，一个标号要么拥有两个同样的方根，要么拥有一对复根。在任何情况下，稳定性均取决于轨迹。我们假设货币当局充满活力，也就是说会选择一个足够高的 γ 以稳定经济，因此轨迹为负。

但是，稳定经济的利率政策可能同样会使经济体受到金融危机的威胁。试图放慢利率上涨的央行可能会使大量投机型企业转变为庞氏型企业，并导致投资计划发生激烈的非线性紧缩。

图8-2列出了在 $\bar{g} > \bar{r} > \bar{i}$ 时投机机制中的系统平衡图，主要描述的是拥有良好投资前景的小型开放式经济体。$\dot{i} = 0$ 轨迹是 $\bar{g}$ 处的纵向虚线。当增长率较高时，g>

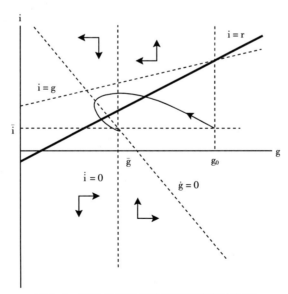

图 8-2 投机财务机制中稳定均衡状态相图

注：处于稳定均衡状态的投机型经济体在增长率上升后可能走上庞氏财政机制的路径。

g，则货币当局会提高利率。当处于稳定均衡状态时，$\dot{g} = 0$，则轨迹向下倾斜。在轨迹右侧，增长率下降；在轨迹左侧，增长率上涨。箭头表明了系统在资格区域的一般运动方向。如图 8-2 所示，很明显，无论是有两个负方根或一对负实数复根，当增长率上升时都会引起一个动态路径，其中增长率下降，利率上涨。图 8-2 中画出了作为庞氏财务状态区域边界线的 $r = i$ 轨迹以供参考。但是，该轨迹是导致经济体从投机型转变为庞氏型财务状体，并易受金融危机侵害的准确事件序列。增长率上升会提高投资热情，不仅可以抵消提高利率带来的影响，甚至可以超越均衡状态。当利率超过利润率时，经济体会重回均衡状态并进入庞氏区域，且具有金融脆弱性。

在更为传统的政治经济条件下，增长率上升会导致中央银行提高利率，通过降低投资率使增长率重回目标水平。但是，投资率降低会压低总需求和利润率，并降低经济的产能利用率。通常情况下，产能利用率的下降还会伴随着失业率上涨，如同货币紧缩政策的副作用一般。但是，随着利率上升和利润率下降，处于投机均衡状态的经济体会进入庞氏机制。众所周知，这只是一种暂时状态，因为当局会试图对上涨的增长率进行调整；但是，这并不能改变经济体必须在此期间通过新借款偿还债务的事实。如果一个国家取得私人或公共借款人的信任，那么它就可以在不受金融危机侵害的情况下渡过难关。正如图 8-2 所示，增长率和利润率会持续下降，直到达到一个转折点，即增长率重新开始上涨。在此之后的某段时间，增长率和利润率会上涨，而利率会下跌足够多，使经济体重回投机机制。

但是，在庞氏财务机制期间，由于新借款数量较少，经济体仍然易受金融危机的侵害。这样的危机可能会对图 8-2 所示的均衡状态调整起到干扰作用，使实际利率急剧上升，增长率和利润率急剧下降，迫使大量企业或金融中介机构破产。

六、结论

小型开放式卡莱茨基经济体为政策制定者提供了两个重要的启示。由于此类经济体增长率和利润率在短期内存在很强的正相关性，当增长率下降并拉低利润率时，小型开放式卡莱茨基经济体就会有金融脆弱性。该观点与传统观点大相径庭。传统经济学家认为避免金融危机的方法是通过紧缩通货政策降低增长率。

第一个启示是中央银行不应将过低的增长率设为均衡状态。在较低增长率的情况下，利润率较低，经济体会接近于庞氏机制。经济体可能面临其他约束并限制增长率，包括辅助性基础设施供应和创业量。但是在这些约束下，高目标增长率相比低目标增长率更可能有助于防止金融危机。

第二个启示是通过提高利率试图稳定经济体时，中央银行应将利率与利润率的关系对于企业资产负债表财政活力的影响考虑在内。过于有活力的利率政策可能会不小心引发金融脆弱性和金融危机。

在小型开放式发展中经济体中，国家在金融脆弱性期间吸收债务会面临巨大压力。因此，私营部门的金融脆弱性会转换至公共部门，而金融危机可能以公共财政和外汇储备危机的方式呈现。

注释

1. 货币当局的控制实际利率的确切机制将取决于机构的详细信息，如外汇体制（浮动或者是固定汇率制度）和国内金融市场的结构，但不需要制定执行金融脆弱性的分析。金融脆弱性的危机的表现也将取决于这些制度的细节，但根本原因是这个国家金融路径的长期非自生能力。

参考文献

Minsky, Hyman P. (1975), *John Maynard Keynes*, New York: Columbia University Press.

Minsky, Hyman P. (1982), *Can "It" Happen Again? Essays on Instability and Finance*, Armonk, NY: M. E. Sharpe.

Taylor, Lance and Stephen A. O'Connell (1985), "A Minsky Crisis", *Quarterly Journal of Economics*, 100, Issue Supplement, 871–885.

第九章　为了资金流入出售传家宝：收支和汇率平衡的双动力

*Amit Bhaduri**

一、引言

随着"资本全球化"的快速发展，市场驱动型的经济发展模式逐渐被大众认可。跨国公司、银行及共有基金等其他金融机构是全球，尤其是私人资本流动过程的主要参与者。在现货和期货市场上，外汇业务日成交量约为 2 万亿美元，这其中也包括"期权"和各种金融业务相关的"衍生品"（Felix，1996）。如此大规模的日资金流量足以彻底摧毁央行所有的外汇储备，流量中仅有 2% 与贸易有关，而对外直接投资的比例更小。这笔巨额资金流中绝大多数以松散组合形式存在，通常为短期行为（Neal，1990）。

由私有玩家主导的资本全球化进程，似乎为发展中经济体带来了前所未有的机遇与危险。公共部门私有化通常被认为是该背景下的机会之窗。私有化计划是吸引私有外国资本的便捷渠道。放松外汇限制为私有化进程提供了快速增长的机会，但是危险也与之并存，例如，导致国内货币人为升值。这意味着，国际贸易中价格竞争力下降，需要更多资金流入来覆盖经常账户赤字。这也可能刺激了由预期或实际国内货币升值带来的进一步资金流入的投机泡沫，而这并不是一个稳定经济体的系统配置。因为，随着资金流入导致国际债务上升，货币进一步贬值成为必然趋势，这也让大家对其失去信心。这必然导致最终资金流出，这种向特定国家放贷的"狂热"，变成了突然撤资的"恐慌"，使国家处于金融"崩溃"的边缘（Kindleberger，1978）。尽管略有不同，这一故事主线在拉丁美洲和东南亚最近几年中不断重复出现。在东欧一些国家，这一故事可能再次出现，这在东欧公共部门通常被视为不幸的历史遗产，需要进行私有化来改善。

本章的主题是由私有化和持续的汇率预期变化所引发的短期外国资金流动及其所带来的经济不稳定之间的关系。不同背景下，类似范围的问题均被进行了理论分析和实证分析（Dornbush，1976；Krugman，1979；Diaz-Alejandro，1985；Flood and Garber，1984）。本章第二节用分析模型尝试解答以上问题，通过研究随时间的变动下，资金流动、经常账户和汇率的各自变化，来确定其动态关系。为使研究更加聚焦，我们很谨慎地将利率变化作为资金流诱因，暂不考虑发展中经济体央行持有的外汇储备的影响（见后文等式（9.4））。第三节主要说明资金流变动引起的收支和汇率平衡相互影响。二者之一的稳定或不稳定，暗示了另一方的稳定或不稳定。最后一节用一些进一步的观察作为总结。

二、分析框架：经常账户资金流动力

我们沿用发展中国家将美元作为国际会计货币单位的惯例。因此，r 汇率即国内货币和单位美元的比率，r 值较高表示国内货币兑换美元价值处于"弱势"或廉价状态。此外，对所有相关大额经济业务，如外国债务（D）和美元储备（R），我们避免一些可能在当下环境中出现的不必要的会计问题，这些问题由国内货币储备重新定价导致。

令 M 为进口额，E 为出口额，Z 为要素报酬收支净额，所以经常账户赤字 B 可以写为：

$$B = (M - E) + Z = T(r) + Z \tag{9.1}$$

T(r) 代表净进口，它是 r 的递减函数，通过折旧来改善收支平衡，如果一般的马歇尔勒纳贸易弹性条件是满足的，则有以下公式（为简单起见，在线性情况下）：

$$dT/dr = T'(r) = -b \tag{9.2}$$

要素报酬收支净额要素，特别是当外国所有权私有化是一个重要组成部分时，其成为了一系列复杂因素的结果。由于正在进行的私有化计划，支付股息对于海外股权资本来说是越来越重要了。此外，通过利息支付债务的成本是一个重要的部分。利息收入需要从债务成本中扣除，尤其是持有大量外汇储备的积累资本流入是非常重要的。[1] 根据这些条件，更复杂的描述为：

$$Z = (1 - \lambda)\rho K_f + i_b(D - K_f) - i_1 R \tag{9.3}$$

其中，K_f 代表海外的股权资本，$(1 - \lambda)$ 代表利润分配的一部分，ρ 代表利润利率，i_b 代表借款利率，i_1 代表贷款利率。[2]

因此：

$$dZ/dt = (I - \lambda)\rho I_f + i_b dD/dt - i_1 dR/dt \tag{9.4}$$

其中，I_f 代表海外直接投资（FDI），$dD/dt = F$ 代表总资本流入，dR/dt 代表准备金的变化。

所以等式可以写为：

$$dR/dt = F - B \tag{9.5}$$

因此式（9.4）可以简写为：

$$dZ/dt = [(I - \lambda)\rho - i_b]I_f + (i_b - i_1)F + i_1 B \tag{9.6}$$

或：

$$dZ/dt = c.dD/dt = cF \tag{9.7}$$

其中，

$$c = (i_b - i_l) + [(I - \lambda)\rho - i_b](I_f/F) + i_l(B/F) \tag{9.8}$$

也就是 c 等于国外借款的时间加权平均成本，由于资本流入比重的变动，从而发生改变。

汇率的波动可以认为是由于外汇市场的供需关系，可以写为：

$$dr/dt = \theta[B - F] \tag{9.9}$$

其中，θ 代表着外汇市场的调整速度，反映了中央银行的放松管制和干预程度。

用时间来区分式（9.1），并使用式（9.2）、式（9.7）和式（9.9），我们得到经常账户收支平衡的变动：

$$dB/dt = -b\theta B + (c + b\theta)F \tag{9.10}$$

注意从式（9.8）开始，由于基于利益的债务创造（F）和基于利润的非债务创造（I_f）的变动，而造成权重组成的变动，最终会造成 c 的变化。简单来说，我们暂时假设 c 是已知的。

我们通过其他因素，例如跨境利息或税收差异，来关注汇率对资本流动的影响。因此，资本流动包含两个部分，其中长期的流动 L 不受预期汇率和由于对汇率的预期而造成的短期流动的影响。

$$F = L + a(r - \hat{r}),\ a > 0 \tag{9.11}$$

其中，$\hat{r}$ 代表预期的汇率。因此，$(r - \hat{r}) > 0$ 意味着本国货币的升值预期，这将会刺激资本流入，对于外汇交易中的资本收益期望增加；很明显，$(r - \hat{r}) < 0$，由于害怕在外汇交易中的损失，从而阻碍了资本流入。

预期的汇率主要取决于外部资产（R）和负债（D）的经济地位。因此，在其他条件相同的情况下，一个更大的外债加强市场对未来货币的贬值的情绪，而一个更大的储备鼓励对未来的货币造成升值情绪。可写为：

$$\hat{r} = H(D,\ R)$$

或者：

$$dr/dt = (\partial H/\partial D)\cdot dD/dt + (\partial H/\partial R)\cdot dR/dt \tag{9.12}$$

将式（9.5）运用在式（9.12）中：

$$dr/dt = (m - n)F + nB \tag{9.13}$$

其中，$\partial H/\partial D = m > 0$ 且 $\partial H/\partial R = -n,\ n > 0$

将简单代数化，m 和 n 暂时假定为常数相关范围。

用时间来区分式（9.11），使用式（9.9）和式（9.13），我们获得资本流入中的时间波动：

$$dF/dt = a(\theta - n)B - a[\theta + (m - n)]F \tag{9.14}$$

方程（9.10）和方程（9.14）一起定义了基本的动力系统，描述随着时间的推移，经常账户（B）和资本流入（F）之间的相互作用。

其在原点（B = 0，F = 0）达到平衡，没有经常账户赤字和基于利益的债务创造的资本流入（F），平衡在原点渐近稳定，确保迹（τ）是负的和行列式（Δ）是正的，也就是说：

τ<0，意味着 θ[I+(b/a)]+m>n　　　　　　　　　　　　　　　　　(9.15)

Δ>0，意味着 a[θ(bm−c)+cn]>0　　　　　　　　　　　　　　　　(9.16)

式（9.15）和式（9.16）限制的 n 值稳定在开区间。

P={θ[I−(bm/c)]}<n<{θ[I+(b/a)]+m}=Q　　　　　　　　　(9.17)

给定的值 n 在开区间内，式（9.17）的（Q−P）随 b、m 或 θ 的一起增加而增加，但当 a 或 c 增加时减少。这意味着为了应对贬值（即更高的 b），要有更多的贸易平衡，高负债会对预期的汇率贬值造成一个消极影响，例如由于通过储备金的变化，而造成的借款人更为谨慎（即更高的 m）和供需失衡而带来的更大的现货汇率调整（即更大的 θ），都会增加系统稳定的概率，稳定金融和资产市场。另外，较高的外部债务与服务成本（即更大的 c 值）和预期汇率变化（即更大的 a 值）会加强资金流反应，降低系统保持稳定的可能性。有趣的是，模型显示，汇率对需求反应（θ）的上升（通过放松管制和降低干预），储备状态变化反映了供给的失衡状态，可能帮助稳定互动的经常账户和资本流动状态，而这需要与更强的短期资金流管制（即降低 a 值）相结合。这也表明讨论重点不应为加强管制还是放宽管制，而应是在短期资金流动中，如何有效结合加强管制与放宽管制措施，从而稳定经常账户和资本流动（见第四节）。

另外，如果我们将所有其他参数（a、b、c、θ、m）设为常数项，除了 n，那么将在式（9.15）、式（9.16）和式（9.17）中得到体现，使 n 的一些取值具有稳定性［满足式（9.17）］，而较高的 n 值不具有稳定性。因此，随着 n 升高，系统逐渐趋于不稳定。经济价值大，意味着一个小变化，如储备下降，就可能会产生一个相对较大的未来汇率贬值的预期。因此，当储备金处于"危急"低值状态时，进一步削减储备金可能会导致货币大幅贬值，并妨碍大额资金流入。结果就是货币贬值，但这并不会改善贸易均衡［违背式（9.15）条件］，储备金将以不稳定的螺旋方式下降，甚至耗尽。而这正是模型抓住借贷和资金流入"狂热"现象特点的方法，这一时期对储备水平保持不敏感状态，即相对低位的 n 值，随着借贷和资金流出阶段的"恐慌"出现，这一时期 n 值相对较高，因债权人对储备水平非常敏感。在我们的模型中，受到债权人对储备变化敏感度的影响，参数 n 值即为不同储备水平的变化。但这要求 n 为 R 的函数，并引入系统，局部稳定性的线性分析，对此充其量只能提供皮毛性的帮助。

最后，n 值从等式（9.15）开始上升，迹 τ 从负数变为正数，n 值处于临界值，τ=0 即行列式 Δ 保持为正。在本迪克森负面标准下，不能排除"有限循环"的存在。尽管其只是未经具体非线性系统推敲的猜想，如果这种有限循环存在，意味着资金流和经常账户，在资金流入"狂热"阶段和资金流入"恐慌"阶段交替出现时，均可能遭到持续性波动影响。

三、相应的汇率动态

虽然我们迄今为止只检查了经常账户和资本流动的交互式动态，但它们也意味着相应汇率动态。我们在前一节中阐述了的汇率内容，可以视为相同类型的稳定和不稳定特性。为了更好地说明，我们使用显式线性形式的经常账户式（9.2），即：[3]

$$B = G - br, \quad G = \bar{B} + cD \tag{9.18}$$

使用式（9.9）、式（9.11）和式（9.14），我们能得到实际和预期汇率的动力系统：

$$dx/dt = \theta\big[(G - L) - (a + b)r + a\dot{r}\big] \tag{9.19}$$

$$dx/dt = (m - n)L + nK + \big[a(m - n) - nb\big]r - a(m - n)\hat{r} \tag{9.20}$$

在 $dx/dt = 0$ 时达到均衡，收益率均衡。注意，实际的汇率（r^*）和预期的汇率（$\hat{r}^*$）不相等，如果 $L \neq 0$ 在均衡点。从式（9.11）中，这意味着在平衡时，预期汇率的变化导致短期资本流的变动，从而抵消了长期资本流动（L），这样整体资本流动仍然是零（F = 0），经常账户也完全平衡（B = 0）。这再一次在原点（B = 0，F = 0）平衡均衡，如第二节所述。

因为式（9.19）和式（9.20）而导致的不均匀的系统，我们比较容易将其转变成均匀系统，考虑偏离平衡值式：

$$x = (r - r^*) = r - (K/b)$$

$$y = \hat{r} - \hat{r}^* = \hat{r}(L/a) - (K/b) \tag{9.21}$$

所以，重新计算，式（9.19）和式（9.20）产生的均匀系统：

$$dx/dt = -\big[\theta(a + b) + (ca/b)\big]x + \big[\theta a + (ca/b)\big]y \tag{9.22}$$

$$dy/dt = \big[a(m - n) - bn - (ca/b)\big]x + \big[(ca/b) - a(m - n)\big]y \tag{9.23}$$

很容易发现式（9.22）和式（9.23）的迹很简单，与前期动态系统式（9.10）和式（9.14）完全相同，从式（9.22）和式（9.23）中，迹 $\tau = -\theta(a + b) - am + an$ 与式（9.15）条件相同，行列式 $\Delta = a\big[\theta(bm - c) + cn\big]$，其条件与式（9.16）相同。

其延续了式（9.22）和式（9.23）的特征根，与式（9.10）和式（9.14）相同，因此这两个系统具有相同的动态定性特性。因此，经济上的汇率时间变化模式，具有与第二节讨论相同的稳定性/不稳定性的特点，并和经济参数（a、b、c、m、n 和 θ）在系统中扮演着相同角色。

四、结论：分析意义

（1）外汇（现货）市场放松管制的问题并不应该单独来看。汇率对储备变化的更大幅度的调整（θ），由外汇市场需求供给失衡导致，单独来看具有稳定性影响，当短期资金流对汇率变化预期反应强烈时（即相对较大的参数 a 值），尤其是储备变化导致的汇率预期发生变化时，汇率调整也可能变成不稳定因素。因此，短期资金流管制和外汇（现货）市场放松管制可能为制定可执行的混合政策提供了机会，而不是简单讨论是否应该放松管制。

（2）在我们分析过程中，显示了一个有趣的结果，在避免外汇市场不稳定时，债权人和债务人承担同样的责任。因此，货币预期贬值所导致债务上升的结果，债权人对此敏感性会更高，此时参数 m 值较高，即使在不稳定变得明显之前，债权人较高的敏感性，会趋向于成为延长式（9.17）中交替时间（Q－P）稳定经济的因素。正如我们经常所强调的，需要更加透明和严格的债务报告披露规则，也需要国际监管（例如边境税或托宾税）或国家监管（例如外汇资金流入中的部分央行定期存款），引导债权人在短期借款中，采用更加谨慎的态度。

（3）在我们的分析中［例如式（9.17）］，债权人储备变化反应被确认为关键变量，即参数 n。其落于一个开区间，使整个系统稳定。因此，当储备量较大时，n 值较小，因为债权人可能并不担心储备降低——短期资金流入将持续一段时间，将系统推离均衡状态，经常账户情况恶化，债务上升储备下降。另外，储备处于"危险"低水平时，债权人可能对储备进一步削减反应强烈，参数 n 值变大。因此，当储备降至很低，经常账户处于赤字状态时，经济将有被拖进金融危机的风险。注意式（9.17）中最左边不等式，储备降至足够低水平，借款服务成本为参数 c，例如，外国直接购买鼓励私有化操作，可能对经济起到稳定作用。但这只能是暂时的，直到利润大幅返流成为无法避免的现实。

（4）只要公共部门存在大额资产并向外国买家出售资产，而且还将这些资产私有化的政策继续执行，那么我们就无法时刻意识到这些公共资产还扮演着储备替代物的角色。"有价"公共资产储备非常充足时，外国债权人对流动储备削减较小时反应将不强烈（即 n 值较小），汇率制度和经常账户理论上呈现稳定。但是，当只有小额公共资产未私有化时，债权人对储备小幅削减反应强烈，可能引起严重不稳定，以持续性货币贬值和经常账户赤字拉大为特点，导致最终经济崩盘。注意净支付因素，尤其是以利润返流为形式的，如果私有制（前身为公有制）企业大多数被外国持股人管理，那么上述因素影响将提高。这强调了随着大额资金流入而出现的不稳定问题，需要覆盖大额经常账户赤字并稳定汇率预期。但是，在经济中待私有化部分大大减少，"传家宝"已经被出售完毕的情况下，如此大额资金流入可能导致吸引外资更加困难。

注释

＊我非常感谢 J.洛佩兹（J.Lopez）和匿名评审的评论。我也非常感谢 K.拉斯基（K.Laski）和 M.里斯（M.Riese）之前修改的草稿中的错误。本章源于一个由维也纳的 K.拉斯基（K.Laski）教授协调的研究项目，是在比较经济研究所（WIIW）中，研究一些东欧前社会主义国家的外部支付问题，以及一些我也正在做的发展中国家的汇率管理工作。

1. 这里只举一个例子，在 1998 年，波兰的银行持有的储备金增长了 60 亿美元，其中 80% 为短期流动性（Slawinski，1999，p.2）

2. 在胡尼奥和里克特（Hunya and Richter，1999，p.2）1998 年的报告中指出，大规模私有化后，超过 1/3 的匈牙利的经常账户赤字（GDP 的 4.8%）的增加，占利润汇回本国的外国直接投资。

3. 我们通过整合式（9.2）得到 $B = G - br$，在一个给定的净因素 cD 下，当 B 在 $r = 0$，G 是最大的当前赤字（意味着货币极端升值）。

参考文献

Diaz-Alejandro, Carlos (1985), "Good-bye financial repression, hello financial crash", *Journal of Development Economics*, vol. 19, 1-24.

Dornbush, R. (1976), "Expectations and exchange rate dynamics", *Journal of Political Economy*, vol. 84 (December), 1161-1176.

Felix, D. (1996), "Financial globalization versus free trade", *UNCTAD Review*, 63-104, Geneva.

Flood, R.R. and P.M. Garber (1984), "Collapsing exchange rate regimes: some linear examples", *Journal of International Economics*, vol. 17 (August), 1-13.

Hunya, G. and S. Richter (1999), Hungary: FDI, profit repatriation and the current account', *The Vienna Institute Monthly Report*, WIIW, no. 3.

Kindleberger, C.P. (1978), *Mania, Panics and Crashes*, New York: Basic Books.

Krugman, P.R. (1979), "A model of balance of payments crisis", *Journal of Money*, Credit and Banking, vol. 11 (August).

Neal, L. (1990), *The Rise of Financial Capitalism*, Cambridge: Cambridge University Press.

Slawinski, A.S. (1999), "Capital inflows and current account deficit: the case of Poland", *The Vienna Institute Monthly Report*, WIIW, no. 8/9.

第四部分

稳定、调整与增长

第十章　巴西的雷亚尔计划：
从内部视角审视

Edmar L. Bacha[1]

一、引言

　　处于当时那个软弱和分裂的政府当局的最后一年，也没有国际货币基金组织的支持，巴西 1994 年推出的雷亚尔计划使这个国家成功用本土货币改革措施使国家摆脱长期居高不下的通货膨胀。

　　兰斯·泰勒（Lance Tâylor）教授于 20 世纪 80 年代早期在里约热内卢天主教大学的经济系任教，正是这个部门的学者构思和实施了雷亚尔计划。泰勒（Taylor）的新结构主义宏观经济学理论是这些学者的长期灵感源泉。

　　本节分析描述了在 1993~1996 年实施的雷亚尔计划。第二节描述了此计划产生的经济和政治背景。第三节介绍了此计划的三个阶段。第四节详细阐述了此次货币改革的主要特点：公布前国家经济经历了一个完整的指数化阶段，突然趋于稳定；计划实施时也没有价格冻结、资本征税和经济萧条相伴随；计划实施后变得灵活的汇率和货币政策。

　　计划一开始就进展得非常成功，以至于团队中的政治大师——费尔南多·恩里克·卡多索（Fernando Henrique Cardoso）也顺理成章成为了巴西总统。如第五节所述，这正好可以应对因实施这项计划所引起的墨西哥收支平衡危机和宏观经济发展的不平衡。在 1995 年，政府采取了严格的货币措施和脱指数化机制。在第六节会指出，这些措施的代价是经济的暂时性衰退和金融脆弱性增加，但也成功地使通货膨胀下降。第七节总结全文。

二、经济和政治环境：1993 年

　　身为参议员和外交大臣的费尔南多·恩里克·卡多索（Fernando Henrique Cardoso）在 1993 年 5 月成为财政大臣时，巴西的通货膨胀率达到了每个月 25%，并且以每月 1%~2% 的增幅继续增长。鉴于他同时作为政治家以及学者的卓越表现，卡多索的任命受到了极大的肯定，但是巴西的经济学精英却不抱太大希望，因为有效的反通货膨胀政策在伊达玛·佛朗哥（Itamar Franco）总统任职的中期内就应该实行。尤其事实是卡多索（Cardoso）已经是弗朗哥总统八个月任期里的第四个财政部长了。

卡多索（Cardoso）和他最初的经济小团队决定采用非常保守的经济调整政策，并提出能够立即实施的方案用于着重进行公共账目的调整，这也是被认为是巴西长期通货膨胀的基本组成原因。过去的研究中详细阐述了该方案的建立基础[2]。其基本论点在于在巴西发生了反向的奥利维拉—坦茨效应，也就是说通货膨胀有利于平衡财政预算，因为税收在通货膨胀的条件下被采取保护措施，在这里默认支出保持不变。奥利维拉—坦茨效应是指，默认指出保持不变的条件下，通货膨胀上升时预算赤字增加，实际税收是在降低的。

征收通货膨胀税是传统地平衡通货膨胀所带来损失的策略，但可能通货膨胀也会导致政府减少开支。总之，要控制通货膨胀，政府就要先平衡其先前的预算，也就是说表现出减少支出的决心来代替以往由增加税收来填补的通货膨胀引起的资金缺失。

在最初的几个月，卡多索方案初级阶段进展得还不错，包括 1993 年对联邦财政预算的大幅度削减，重启地方债务与联邦政府的谈判，通过国库清理央行坏账，以及对外部账务的重新谈判。然而，通货膨胀依然在加剧。

在 1993 年 8 月底至 9 月初期间，由于个人生活与政治观点上的一些争议导致了央行与国家发展银行的主席均辞职。这两个令人不安的消息，却表现出极为积极的作用，因为它提供给卡多索经济团队锻炼自身的机会。卡多索（Cardoso）经济团队的一个显著特征是，从 1980 年起，大部分成员就在里约热内卢天主教大学的经济系一同工作，并且一直致力于研究巴西的通货膨胀。很多人也都是卡多索（Cardoso）议员的巴西社会民主党的积极分子。

卡多索（Cardoso）和他的团队清楚地知道，想要控制通货膨胀，不能停留在旨在控制之前运营预算赤字的计划初级阶段，他们需要开始控制名义预算赤字。名义赤字和运营赤字之间的区别是，前者包括用于支付公共债务的名义利息。后者只包括真正的（也就是说，通货膨胀已矫正）利息。由于名义利息取决于通货膨胀率，高通货膨胀下的名义赤字可以非常大，即使运营预算赤字是平衡的。因此，在 1993 年，当消费者价格通胀为 2490%，显示的运营平衡的盈余占 GDP 的 0.25%，名义平衡的赤字占 GDP 的 58.4%。

运营预算可能是平衡的，但只要通货膨胀可以使名义预算赤字保持在一个较高的水平，广义的货币供应将继续快速扩张，因此会使通货膨胀率一直保持很高。控制名义预算赤字是一个货币问题，而不是一个财政问题，在某种意义上讲，如果通货膨胀停止，名义赤字就相当于运营赤字；因此，如果后者是平衡的，广义货币供应量将会停止增长，从而使得通货膨胀停止。处理这种恶性循环下的通货膨胀和广义货币供应量增长之间的关系，有三种策略可以考虑。首先，宣布冻结工资和物价，类似于 1986 年失败的克鲁萨多计划。[3] 其次，以缓慢下降的策略，制定货币兑美元汇率、公共部门的价格和私营部门垄断价格，就像德尔芬·奈托（Delfirm Netto）先生在 1980 年失败的稳定计划一样。[4] 最后，采取货币改革计划。

经过一段时间的深思后，1993 年 9 月经济团队选择了第三种方式，尽管此方式有极高的风险。重复克鲁萨多（Cruzado）计划是对团队的一些成员的一种诅咒，因为他们曾参与那次尝试，试图应对巴西通货膨胀，但却最终失败了。使用技术手段提前控制价格飞涨，从而使通货膨胀慢慢下降，也在对抗着团队根深蒂固的信念，渐进式技术在处理巴西的长期通胀时显得很无力。

经济团队的成员已经讨论了货币改革实施的时间长度。这是一个用新的稳定的货币代替旧货币的过程，涉及两个阶段，首先使其成为一个价值单位，其次作为支付手段。艾瑞达（Arida）和安德烈·劳拉·雷森迪（Andre Lara Resende）共同起草了关于通过货币改革政策来对抗长期的通货膨胀的提议。[5] 在 1984 年的国际经济研究所的研讨会上，他们的论文首次公开问世，鲁迪格·多恩布什（Rudiger Dornbusch）称其为"艾瑞达提议"。

简单地说，这个想法就是建立一个国内货币单位，即 URV（这是"unit of real value"这几个单词的首字母缩写，意思是实际价值的单位），虚拟价值兑换率为 1URV=1.00 美元。此外，这个货币单位的本国货币价值（以及美元的货币价值）会随着通货膨胀率的提高而每天由中央银行提高。根据规定，国内所有商品价格和工资合约将被替换为用 URV 表示的金额，从而取代以前所有现有的合约，那些依据不同的价格指数，有效时期交叉的规则。一旦所有合同都用 URV 替换完毕，这个货币单位即开始投入使用，成为国家的新货币，取名雷亚尔，最初平价是 1 单位雷亚尔相当于 1 单位美元。这种新货币将完全取代旧货币——克鲁赛罗雷亚尔。

不熟悉巴西经济的外国宏观经济学家看到这个计划的时候，第一反应是要问：为什么不直接简单地采用美元，而是通过这样一个复杂的转换机制？不直接采用美元的主要原因是，现有的合同都是以本国原有货币来表示价值的，没有相对应的恒定不变的美元价值。多亏巴西有按照物价指数调整工资的政策和在通货膨胀条件下受保护的本国货币替代品，使得巴西经济在高通货膨胀的情况下并没有美元化。外币合同被禁止，合同都是以本国货币来签署的，并根据国内物价水平的变化来定期调整。雷亚尔计划因此找到一个利用完善工资调整物价导向，来保持价格稳定的机制。

拟议的计划相对于原始的艾瑞达提议，两阶段的货币改革应由国会的宪法修正案批准，平衡之前的联邦预算，必须要提前告知。只有在这样的前提下，经历 1992 年政府的软弱和分裂，经济团队觉得才有可能建立足够的公众信心去实现这样的雄心勃勃的计划。伊达玛·佛朗哥（Itamar Franco）总统希望这个计划能有个更快的结果和更少的前提条件，但他同意卡多索（Cardoso）和他的团队继续，只要他们认为这个计划是合适的。这个提议也在一次巴西社会民主党领导的闭门会议上提交过。经过一夜的讨论，当时的参议员马里奥·瓦斯（Mario Covas）反应如下："你们经济学家和我们这个政党一样重要；如果这是唯一的方法你认为可能继续，好吧，我们将跟随你……去悬崖！"

当局没有完全批准计划，就连卡多索（Cardoso）的团队也知道他们建议的政策之前从来未被在任何地方使用过，所以不敢确保它的成功。国际货币基金组织经过长时间的商议，最终还是不看好这个计划，也没有提供任何帮助。国际货币基金组织的工作想要削减预算，达到一个削减超过政治可行性的、比团队最少预算还紧缩的水平。他们也对两个阶段的货币改革计划感到不舒服，因为他们没有想到如果新货币发行会降低通货膨胀，认为财政和货币状况与旧货币时没有太大差别——财政状况用运营预算赤字衡量，货币状况用实际利率水平来衡量。

作者的计划虽然未能说服国际货币基金组织工作人员，但货币改革"魔法"可以实施是因为，在巴西的政权下，工资和物价的指数变动都是在一个完全被动的货币和汇率制度下进行的。这就是为什么通货膨胀率跟随运营预算赤字变化而变化（是零，在这个意义上，不需要通货膨胀税作为融资机制），或不根据实际利率变化而变化（这符合巴西风险，表示积极的净资金流入的外资）。[6]

经济团队认为，随着新货币的推出，一旦合同上的价格和工资没有随着物价变动，就可以实现积极的货币政策和汇率政策了，但这是发生在稳定之后，而不是之前。也许该基金员工被这些提议所吸引，然而，他们最近多次支持巴西重复尝试稳定方法，但都以失败告终，这严重毁坏了他们的声誉，所以对于这次在这样不确定的政治环境下执行计划明显感到不适。因此，他们选择了坐在一边，而不是参与这样一个新颖的方案。

1993 年年底，在计划执行之前，经济团队紧张的气氛随着几名成员的退出而到达了顶点。

三、雷亚尔计划的执行：1994 年

雷亚尔计划是一个分为三阶段的提前告知的稳定计划，其本质由卡多索（Cardoso）于 1993 年 12 月 7 日向大众展示。[7] 第一阶段是预算平衡机制。第二阶段介绍如何以一个稳定的记账单位对经济社会中的价格进行替换。第三阶段是将该账户的单位转换为国家的新货币，半固定的面值与美元相当。

该计划的第一阶段包括平衡之前的联邦预算，通过预算中的建议削减了 1994 年的大量花费，这些削减的实施需要国会批准一项宪法修正案（也被称为社会应急基金），允许冻结之前 20% 的专项费用供 1994 财政年和 1995 财政年使用。

第一阶段的目的是要表明，联邦政府在不需要通货膨胀所产生的收入时也能将预算支出付诸实践。

1994 年 2 月，国会批准了这项修正案后，政府就于 1994 年 3 月 1 日引入了一个稳定的货币账户单位（这被称为雷亚尔或 URV），面值与美元持平。除了少数例

外，现有的合同都必须重新在这个新的记账单位上计价。除了工资、住房租金、学校的费用、公共部门的价格和关税，缔约双方可以自由地在这些转换的条款中达成协议，不到一年的，按照物价指数调整工资条款会被废除。

这一阶段的计划的主要目的是将经济中一些最重要的价格调整至同一物价水平。价格调整机制的不完全和落后意味着在任何时候市场上物品的价格都不在同一物价水平，一些价格最近已被调整，一些还远远滞后。在这样的情况下，对通货膨胀的突然叫停，会使一些价格在最高点，一些则在最低点。之前存在的物价调整条款会迫使物价水平不一致的问题加剧，这也将不可避免地带来额外的通货膨胀的压力。不同于构成联邦预算赤字的其他结构性因素，这种滞后机制构成了巴西通货膨胀原因中的惰性因子。

在 1994 年 7 月 1 日，第二阶段实施 4 个月后，中央银行开始发行 URV，然后重新命名雷亚尔，作为国家的新货币，其平价被设定在不超过 1 美元兑换 1 雷亚尔。每次当美元的市场价值达到工雷亚尔时，中央银行就致力于出售美元，但是当美元价格不足 1 雷亚尔时，并不会对其进行干预。这就是所谓的不对称汇率政策，即设定美元的雷亚尔价格上限，而不设定下限，真实的两种货币汇兑比率为 0.83 美元兑换 1 雷亚尔。

为了遵守项目的初始声明，货币兑换执行日前 30 天会发布通知。巴西政府将新旧雷亚尔兑换比例设定为 1 新雷亚尔兑换 2750 旧雷亚尔（1994 年 6 月 30 日，1URV 可兑换 2750 旧雷亚尔），该比例即为货币储备置换率，更广泛来讲，该比例也用于未将旧雷亚尔转化成 URV 的合同或定价进行新旧雷亚尔转化过程。本质上来讲，这样便完成了雷亚尔计划的三阶段货币改革。随着雷亚尔代替旧雷亚尔，成为国家法定货币，所有以雷亚尔（也就是以 URV 单位）定价的合同，名义面值均固定（也就是雷亚尔）。

四、货币改革的突出特点

与巴西或国外多种多样的货币改革计划相比，雷亚尔计划具有与众不同的特点。第一，在实施了完整的一个指数制后，薪酬和价格才进行了脱指数化。第二，经济团队货币改革进行了预先宣布，与国会进行了开放式讨论，并且计划的实施没有进行工资或价格冻结。第三，未实施金融资产征税便实现了稳定经济的目的。第四，计划实施后的货币和利率政策具有灵活性，而不是单纯遵守僵化的货币目标或固定汇率规则。第五，在经济扩张中保持了价格的稳定。

（一）完全指数化之后的脱指数化

该计划最有趣也是最具争议的部分便是其第二阶段，即引入稳定计量单位，通过完全指数化方法将稳定计量单位与经济中的相对价格联系起来。乍看之下，这似乎互相矛盾，人们普遍认为巴西对抗通货膨胀的难题便是经济高度指数化。指数化机制的强化如何有助于遏制通货膨胀？

澄清这个显而易见的悖论关键点正是通过平均值进行稳定计量单位和相对价格的转化。虽然上述推理过程适用于任何收入的逆指数化，但我们要特别地考虑一下工资合同。如果指数化起点是合同工资的峰值，那么指数化过程提速（工资调整期从 4 个月下降到 2 个月）可能导致通货膨胀加速。这种情况下，消极货币政策保持产出稳定不变，那么为了将工资购买力压制在前期工资循环中的平均真实价值，就需要更加快速的通货膨胀。但是，只在工资第一次向平均价值转化时会应用更加完整的指数化方法，这样就不需要加速通货膨胀将真实工资减少至之前的均衡值。

更微妙的是通过使用 URV，工资指数期间长度不仅仅缩短了，甚至接近于零。但该段时间并没有真正缩短至零，因为 URV 不是通过同期通货膨胀率进行纠正，而是使用价格指数改变率进行纠正，价格指数反映了当前月的通货膨胀率。在新的环境里，工资在任何情况下均会快速对通货膨胀率改变做出反应。这导致降低工资所需的通货膨胀率非常之高。可取之处是，鉴于工资已经转化为它们的平均价值，所以不需要进一步的通货膨胀来降低工资价值。但问题是，相同的完全指数化机制也应用在汇率上，这需要每天按比例重新调整 URV 和货币供给。

狭义货币（在当时的巴西，数量上来讲并不重要）和活期存款并没有转换成 URV，因为这是货币改革的最后一步。但是，货币的广义替代品，如隔夜资金，则根据 URV 或短期利率进行每天一次的重新估价，该短期利率由中央银行根据当前通货膨胀率设定。自动重贴现系统保证了商业银行储备金能够满足银行系统在隔夜市场上对流动性的要求。从这一角度来讲，货币基础增长率完全是由需求决定的。结论就是，实际上货币系统变得无所依靠，极易受到不良期望或供给波动引起的通货膨胀加速带来的影响。这正是政策制定者的困境。一方面，完美的指数系统对于经济摆脱价格和工资惰性至关重要，因此，一旦执行了 URV 转化，从通用指数转化成新型非指数货币雷亚尔，就必须保证没有通货膨胀的影响。另一方面，指数化做得越好，经济就越容易进入由不良预期或供给波动造成的恶性通货膨胀螺旋。

此处我们必须做出妥协，其形式是多种多样的。首先，URV 根据滞后的通胀移动而非当前通胀。因为，制作价格指数需要时间，采样至少需要一周时间，而加工价格信息还需要一个星期。该经济团队以适用价格指数来计算 URV，认为这样能够用旧雷亚尔客观衡量通胀，不受主观猜想的控制和影响。

其次，最初财务合同向经济指数 URV 的转换是被禁止的，接下来一步步程序的实施，允许这些金融工具逐渐以 URV 发行，如商业汇票、信用违约掉期、国库券、隔夜资金等。金融工具转换预防措施反映了保持旧雷亚尔需求完整的期望，避免了国内货币的转移，如果不能规避国内货币转移，可能会引起通胀突然加速。

再次，商品和服务用 URV 进行计价并即时支付是被禁止的，目的是不减少每日价格变化的菜单成本，对通胀加速进行一定控制。URV 实行期间的第三个月，该限制被解除，使人民适应 URV 价格固定过程。

最后，公共部门价格和关税根据上述步骤一步步转换成 URV，旧雷亚尔价格重新调整期剧烈缩短，并保持真实平均价格基本不变。

最后一项妥协是 URV 使用周期的长度。一些有影响力的经济学家认为，一旦工资根据本身价值转换成 URV，那么货币改革必需工作基本完成，URV 试用期最短可缩短至 2 个月。这一论断受到政治暗示的影响，从以下方面判断：首先工薪阶层会看到每 4 个月一次的薪酬指数化调整，变成每月一次。然后他们的不满会迅速增加，一旦他们的月薪以旧雷亚尔计量，薪酬会被不断出现的日常通胀吞噬。因此，为了最大化工薪阶层信誉，避免恶性通胀风险，URV 使用周期应该缩短而不是延长。

但是另一些经济学家认为现在的政治情况对于稳定经济还不够成熟，URV 的使用应该延期到新政府掌权。令人忧虑的是，货币改革引发通胀突然停止后，经济团队控制财政和货币政策的能力会突然衰落。关于 URV 自主转换更长的持续时间也是争论所在，虽然短期内需要更多的政府干预。

经济团队中有人提出了这一想法，但最终被拒绝了，引入一个中间双货币改革计划阶段，在此期间——将只发行大面值的雷亚尔，而克鲁赛罗雷亚尔将继续自由流通。在这种情况下，只有新总统上台货币改革才会完成。

最终采用了 4 个月周期，但对于转换租金、学校费用和健康计划来说时间太短了，致使在雷亚尔时期出现了一些通货膨胀。然而，在这三种情况下，这个问题不是经济性问题，主要是来自于对抗政府对经济团队提出的转换规则的压力。一个折中的解决方案直到 URV 阶段快结束时才出现，引起了一场本可以在 URV 的生命周期里可以避免的雷亚尔货币的通货膨胀。

另一个选择 URV 持续周期的因素是政治。巴西计划于 1994 年 10 月 3 日举行总统大选，卡多索在 1994 年 4 月初从财政部离职，成为中间派政党联盟的总统候选人，在总统伊达玛·佛朗哥（Itamar Franco）的支持下，利库佩罗（Rubens Ricupero）大使取代了他，但他维持着卡多索的经济团队的所有成员的各自岗位。如果费尔南多·恩里克·卡多索（Ferbabdo Henrique Cardoso）有当选的好机会，市场会期望该项目在未来的政府继续执行，而这将帮助稳定预期，避免投机性攻击。另外，来自主要的反对党——左翼工人政党的候选人卢拉·达席尔瓦（Lula da Silva）的观点是，可能会继续改善，部分是基于他对政府未能处理加剧的通货膨胀的演讲。在这种情况下，金融市场可能会预测计划的中止，投机性攻击会成功，可能引发通货膨胀急剧加速，产生负面的社会影响，甚至危及选举过程。

为了维护民主的稳定，建议应该在总统大选前引入新的稳定的货币。初始控制通货膨胀以及取得效果，所有候选人将针对新货币来修改其选举演讲内容，确保当他们当选时维护计划完整。事实上已经发生了，但成功计划的主要受益者是其作者——卡多索（Cardoso）。当他在 1994 年 4 月初离开财政部时，民意调查显示卡多索（Cardoso）领先候选人卢拉·达席尔瓦（Lula da Silva）不到一半的选票，引入雷亚尔后，卡多索（Cardoso）很快在民意调查中处于领先地位，并在 10 月 3 日，以 54% 的支持率在第一轮投票中被选为总统。

（二）未采取价格冻结策略而获得的突然经济稳定

私人方在合同中 URV 转换条件上的谈判进行得很艰难，因各方在划分未转换前合同通胀浮动损益上无法达成一致。一个有趣的案例便是城市公交价格的转换，城市公交价格由对应的市政部门控制。这些价格通常根据通胀进行每月调整。尽管联邦政府做出努力，URV 使用期市政部门还是非常抗拒将调整周期大幅缩短，并维持公交票价真实平均价值不变的想法。就在公交价格连续上升 1 个月后，即 30 天内票价真实平均价格大幅上升，这些票价在 7 月 1 日将从旧雷亚尔转换成新雷亚尔，这样票价将不会被接下来连续月度调整之间的通胀侵蚀。联邦政府和市政部门的后续谈判，得出上述一些决策的回复，但是得到回复的决策并不是绝大多数。

反对下行修改的论断显示了收入分配的复杂性，而这种复杂性正是由通胀引起的。市政部门的支持论断是，公交价格月度上升能够快速实施，反映公交公司雇员月收入的增加，月收入周期正是 30 天。因此，公交票价真实价值下降的月份（相对价格总体水平），价格下降与薪酬成本并无关系，薪酬在当月也会因通胀而贬值。当通胀停止时，薪酬贬值也就停止了；因此，从薪酬成本角度来说，公交价格始终是不变的，尽管从整体价格指数角度来说，票价确实升高了。

URV 使用期主要目的是允许真实薪酬和价格调整，并消除向后看指数化，与之前的经济稳定计划不同，该计划不需要薪酬和价格冻结来停止通胀。逆指数化被消除，因 URV 本身即是一个价格指数。即使做不到反映即时通胀率，URV 仍将薪酬调整周期从 4 个月变成 1 天，成为日常指数化制度，以此说服工会接受薪酬通过平均价值转换（而不是用薪酬的峰值），且不需要承诺随后的价格冻结行动。

该计划最棘手的部分是，公众普遍预期在 URV 使用期通胀将加速，并缺乏薪酬的保护性机制。为了保证国会通过 URV 决议（由政府法令机构提起，每月更新法律地位），原始政府法案中添加了两项薪酬保护机制。第一项允许每一个工会在下一年薪酬调整时，进行一次薪酬增加，在 URV 四个月使用期内，进行 URV 转换的薪酬总额低于原始法案中转换薪酬总额。大多数情况，该差额对 URV 的使用有利，因为该机制并不影响新雷亚尔下的薪酬，并回应了关于 URV 转换过程导致薪酬损失的批评。

第二项机制引入官方价格指数衡量新雷亚尔下的通胀，并将 URV 最后阶段的通胀加速考虑在内。因价格指数具有时滞，URV 在 6 月 30 日的最后价值并没有将通胀加速计算在内。第二项让步是，新雷亚尔计划第一年，每个公会进行年度薪酬调整时，将根据价格指数的变化对薪酬进行全面重新调整。在新雷亚尔计划的前 12 个月，薪酬指数柔性机制始终有效。

遗憾的是，因住房租金和特定服务行业价格的急剧上升，该官方价格指数在新雷亚尔计划前两个月内引发通胀率逐渐上升到12%，导致薪酬推升机制出现，引起新货币的显著升值。政治妥协的有利事项是，说服劳工法庭与政府合作，接受新工资法苛刻条款的应用，在每年一次的薪酬谈判中，不会试图恢复到之前的薪酬峰值，而之前劳工法庭通常会进行这样的尝试。尽管 URV 在最后几天出现价格攀升，但新雷亚尔在维持低水平通胀上的成功，证明了一个具有高度争议的观点是正确的，即在不使用薪酬和价格冻结的情况下，也可将通胀率降低至接近零点。外国专家一致建议经济团队在新雷亚尔计划启动阶段采用暂时价格冻结。这些专家还认为引入新雷亚尔之前，对该计划进行预告简直就是疯子的行为，担心这会引起大范围防御性价格攀升和货币贬值。

非常肯定的是，公共部门价格和关税会进行冻结，汇率不会贬值至其均衡价值以下。原则上，如果薪酬上升的后果不会转移至价格，薪酬可以进行自由谈判（超过工资法条款规定）。最后一项限制并不是法律要求（主要是因为经济团队明白，如果将其纳入工资法，劳工法庭会更容易支持工资上升，导致政府不可能完成阻止价格上升的工作）。政府演讲中引用该限制条件，作为一项道德要求，希望商人能够自觉遵守。

通过非正式谈判，政府和最重要的商业集团达成转换规则和道德劝告协议，以维持新雷亚尔价格稳定。但是，这与使用正式价格控制非常不同，因其涉及一个咨询机制，通过该机制可以保证各方的合作，但不强制这种合作。关键商业部门受邀成为经济稳定计划的合作者，而不是成为该计划的反对力量。值得注意的是，没有尝试签署任何正式社会公约，在巴西这种多样性社会和小型政体环境下，尤其是当巴西总统选举正在如火如荼地进行时，想达成上述公约几乎是不可能的。[8]

（三）未使用金融资产税收达到经济稳定

新雷亚尔引入阶段，巴西货币基数只有 GDP 的 0.6%，金融工具也只有巴西GDP 的 1.1%。因商业银行免费提供隔夜资金和支票存款的转换，故重要货币均以隔夜资金的形式被持有，并以此开具支票。这类资金来源主要是 1 个月期的中央银行票据，可在央行根据每天隔夜利率自动进行再贴现。原则上，央行已经准备好为联邦国债提供直接而低成本的流动性（公众持有的央行票据加上国债），大部分国债在银行系统中流通，而不是在最终非金融持有者之间流通。负债量达到 GDP 的6.8%，作为国内货币的一种替代品。这使得巴西能够在高通胀率下，避免国内货币系统美元化。[9]

富裕的巴西人继续持有国内货币存款，因银行能够保护他们免受通胀的侵害，而央行保证了资金利率和流动性，故许多银行愿意为巴西人提供这种保护。中等到大型支票存款目前就处于上述情况；现金和少量支票存款不享有上述保护，这意味着社会中最贫穷人口支付了绝大多数的通胀税。

巴西货币系统中由广义货币支付利息，央行将其收益率以真实价值保持稳定。结果国内物价水平上升直接转移到公众持有的广义货币储备，导致广义货币名义价值上升。在更高的价格水平上，如果需要狭义货币，这将由额外商业银行储备自动提供，通过央行自动重贴现机制。

货币系统的这一特点导致一些学者相信，巴西为了执行经济稳定计划，需要解决其国内货币过剩问题。从过往一些稳定计划的失败来看，该论断认为，即使政府预算处于平衡状态，也做不到立刻停止通胀。因此，想让人们继续持有国内货币，名义利率就必须继续上升，这意味着公共部门名义赤字（提供广义货币）将继续扩大，即使运营赤字处于均衡状态。这种情况下，通胀下降只是暂时性的，因广义货币供给持续走高，工资和价格冻结就是例子。为了解决这一问题而突然降低名义利率，人们认为这种行为会引起国内货币贬值，对外汇市场造成压力，并将经济稳定计划置于险境。

这个推理得出一个结论，抑制隔夜资金价内程度是巴西经济稳定计划成功的必要成分。领子期权计划 I 于 1990 年 3 月 16 日生效时，概括了上述推理过程，75%的银行账户冻结了 18 个月，只有剩余的 25% 具有即时流动性。

新雷亚尔计划缔造者选择了一条不同的道路解决上述问题。他们首先尝试达成一种全国共识，即该经济稳定计划实施前提是事前经营预算赤字为零，然后经过国会进行宪法修正，进而在 1994~1995 年保证该平衡不被破坏。他们投身于货币转化程序的逐步实施，尊重现有合同，采用预先公布的逐步引入新货币的策略。理念是建立公众信心，使其相信财政部长和他经济团队不厌其烦地宣传的"无股票、无冻结、无充公"的承诺，只做预先宣布的事，只宣布将要做的事。

在公众关系方面做出的努力极具说服力，经济团队被相信其拥有一个独特的机会来执行一个不会引发金融资产资本税的货币改革。这种信心的结果是从 1992 年发生以来，出现了大量积累外汇储备。在 1994 年 7 月 30 日的货币兑换后，外汇现金储备达到 401 亿美元，相当于 12.5 倍的基础货币和 62% 的广义货币（联邦、州和市政债券在公众手中，加上货币、支票存款）。果然，只有 30% 的最广义的货币供应概念（包括储蓄存款和银行的证券存款），但它看起来仍然可以提供新货币的强大防线，特别是因为现有资本外流的限制而保持不变。

一个关键的决定，与中央银行在雷亚尔发行的第一天制定的隔夜利率相关。隔夜利率在克鲁塞罗雷亚尔的最后一天以每月 50% 固定，而且它在雷亚尔发行的第一天达到每月 8%。确实是一个非常大的下降，但以一对一的兑美元的固定上线汇率来看，仍有相当大的国际利率套利空间。雷亚尔的 8% 也是非常高的，因为从 7 月的价格指数可以看出大多数的残余通货膨胀完全是由 6 月价格指数浮动遗留下来的。正确的测量从 7 月 1 日开始，第一个月雷亚尔的核心通货膨胀率接近于零。然而，这事先并不知道，过了一段时间才展现在价格指数里。

1994 年 8 月，中央银行让月隔夜利率降至 5%，下降一直持续到 10 月。雷亚尔发行的第一个月的利率就非常高，可以维持储蓄存款，而且并没有引起消费的飞涨。最后，钱过剩问题被证明是不存在的。相反，巴西人看中了他们的新稳定货币，迅速建立了非利息支付的狭义货币的股票。另外推进 100% 的银行存款的边际准备金，货币基础从 6 月下旬到 9 月下旬上涨了 300%，这使得经济团队很难达到货币目标。对应这个再货币化，持有的隔夜资金减少，从而帮助减少联邦政府的准财政赤字。另外，国内的高差和利率吸引了外资，迫使政府提高对短期资本流入的障碍，同时允许真正的兑美元汇率升值了约 15%。

　　此策略允许自愿转换政府的国内债务市场利率的成本比强制延长固定利率的贷款的成本更大。但是，这与财政流动问题相关，而不是货币储备问题强调的货币过剩问题。从基本预算盈余来看，他们觉得完全有能力正常生产，为了强化公众对该计划的信息，经济团队认为财政成本值得接受，毕竟他们承诺稳定物价过程中，"不使用股票、无刺激、无充公、无冻结"。他们相信如果经济稳定计划成功，国内负债会以更低的利率在到期日进行自愿展期，政府尊重现有合同的决心支持这一观点。

（四）通过灵活货币政策和汇率政策进行经济稳定

　　在宏观教科书中，展示了开放经济中的两个极端货币制度例子。一个是固定汇率制度和消极国内货币政策；另一个是浮动汇率制度和积极国内货币政策。新雷亚尔计划初始阶段落于两个极端之间。一方面，经济权威对新雷亚尔与美元的汇率设定一个固定上限做出法律承诺；另一方面，高国内利率导致新雷亚尔对美元升值。此外，设定障碍限制短期国外资金流入，避免新雷亚尔的进一步升值。实际上，最开始新雷亚尔具有一个较为宽泛的汇率浮动区域，经济权威盯住美元汇率，接近债券的低端价格，并进行外来资本控制，作为工具来维持追求独立货币政策的自由度。

　　更复杂的是如何回答这项货币政策的操作目标是什么。最初，为了建立信心，权威部门承诺货币基础的严苛目标，而后高于预期的新货币的接受度证明了该目标是无效的。

　　新雷亚尔计划之前，货币政策还是得到了执行，通过将隔夜利率确定在足够控制私人需求的水平内。但是问题是，利率变化似乎只具有有限影响。一方面，替代效应对私人需求造成紧缩效应；另一方面，"收入"效应造成了扩张效应。后者的发生是因为私人部门作为一个整体，是一个净债权人，而公共部门则是一个净债务人，而大多数公共债务以短期浮动利率票据形式持有，所以利率上升时，其价值并不会下降。[10]

　　出于这个原因，新雷亚尔计划货币政策初始阶段，重视银行系统债权产生能力限制措施的设计。最开始，支票存款的储备金率要求为100%。随着银行通过大额可转让存单和其他负债继续扩大贷款，1994年12月，权威机构决定将该类贷款储备金率要求设定为15%，并限制消费贷款分期付款的期数。

（五）经济稳定并不伴随经济衰退

　　对于温和通货膨胀的逐步控制通常伴随着经济活动减少，高通胀的突然终止，会带来经济活动的复活。面对这一规则，新雷亚尔计划也不例外：1994年7月1日经济活动突然剧烈加速，尽管联邦预算平衡，并奉行国内高真实利率。以下几个因素能够解释这一现象：

　　第一，新雷亚尔计划突然终止了占GDP总额2%~3%通胀税的征收。这部分税收之前主要由低收入人群承担，他们没有途径在银行开有息存款账户，这样做是为了保护巴西富人的财富。这意味着，在高通胀期，因其对持有货币的贬值效应，月收入实际购买力将低于其名义价值的 10%~15%。工薪阶层试图通过月初集中购买来抵御货币贬值，但收效甚微，因为店家在每月月底对价格进行集中提高，在下月月初工薪阶层的蜂拥购买中获利。因为店主知道，尽管工薪阶层会搜寻更好的价格，但是这个过程会被目睹通胀侵蚀工薪阶层收入的痛苦终结。举一个典型故事说明这一观点，1994 年初，圣保罗农场的农民工要求他们的雇主对发薪日保密，这样在相邻街区店主知道他们开薪之前，他们就可以抵达商铺进行购买。

第二，低通胀时期，受到指数条款保护的金融储蓄作为实物资产相对价格变化风险对冲的吸引力降低，这些价格变化会因月底的高通胀推翻。在低通胀期，实物资产价值波动性降低，因此引起库存和实物投资预期水平的上升。

第三，高通胀带来的收入的不确定性往往会引起一定程度的谨慎储蓄，这个成为对冲未来实际收入变化风险的措施。从新雷亚尔计划实施后相对实际收入的稳定来看，这一措施并不必要。因此，实际收入不确定性的降低也支持当前收入消费。

第四，价格持续性和汇率稳定性的不确定性，可能引起消费和投资支出预期。

第五，实际收入稳定性使消费者和企业更具信用，使之前针对银行和店主贷款供应的现存信贷约束突然破裂。

政府采取紧缩信贷和降低进口壁垒措施，应对急速增长的个人需求。同样地，资金流入导致汇率升高。在 1994 年末，产能利用率急剧增长，对外贸易项目同样急速地由顺差变为逆差，这些经济过热风险仍挑战着雷亚尔计划。

五、经济不平衡：1995 年初的计划

1995 年 1 月，参议员费尔南多·恩里克·卡多索（Fernando Henrique Cardoso）参加共和国总统就职仪式时，雷亚尔计划的初步成功已经无可争辩。1994 年上半年，通货膨胀率为每月 45%，到同年末，已经骤降为每月 2%。雷亚尔计划的强度经受住了两任财政部长辞职的考验。第一次发生在 1994 年 4 月，卡多索成为总统候选人时，富有经验的外交官鲁本斯·利库佩罗（Rubens Ricupero）接替了他的职位。然而，由于利库佩罗（Ricupero）的政治轻率举动被不经意地在电视中播出，他不得不辞去财政部长职位，继而由东北部塞阿拉州的年轻州长西罗·戈麦斯（Ciro Gomes）来担任这一职位。

尽管利库佩罗（Ricupero）和戈麦斯（Gomes）并没有干预卡多索组建的经济团队，但他们并不希望卡多索（Cardoso）的个人能力仍继续全面地控制着经济政策的制定。因此，在 6 月末，当司法部在提议进行几项修改，包括价格控制措施，以使经济团队做好准备启动雷亚尔计划时，利库佩罗（Ricupero）威胁要辞去职务。在 9 月初，利库佩罗没能够说服佛朗哥（Franco）总统不提高公务员薪资。

在 1994 年下半年，雷亚尔计划再次经受了一次寒冬，巴西发生有史以来最严

重的旱灾，国际物价飞速增长。

在实践中，雷亚尔计划的最初成功展现了它所依赖的理论的正确性。第一，必须要有不借助预算通货膨胀来达到政府收支平衡的政治意愿。第二，若根据实际平均价值来进行货币转换，将工资和其他票据由雷亚尔换成日指数化的单位货币（URV），并不一定会导致雷亚尔的急速膨胀。第三，经过货币改革，可终止通货膨胀，而不需要征用金融资产、干预价格或冻结工资。

尽管在雷亚尔计划实施的最初几个月，态势良好，但是经济不平衡也正在逐渐累积。如果政府不采取措施，将会引发与之前试图维持物价稳定的失败措施中的类似问题。

其中一个主要问题是，由工资政策决定的名义工资增长与由货币和汇率政策决定的汇率增长不一致。1994 年 3 月，根据前四个月的实际平均价值，工资以 URV 计算。然而，这些平均价值通过付款日来计算，而不是通过平均消费日。这就意味着提高了工资购买力，等同于之前在付款日和平均消费日之间，膨胀税征用了工资。

此后，月付工资的货币购买力相对稳定。然而在此之前，经过 4 个月调整期之前的低谷，与再调整期后的顶峰，其间他们经受了重大磨难。由于消除实际工资的不确定性与实际价值的动荡紧密相关，尽管平均价值可能相同，但实际收入却增多了。

在市场环境中，很容易辨识出人们收入增多，因为薪资阶层已经开始更从容地进行信贷消费。尽管在雷亚尔计划初期，中央银行对商业银行活期存款项目收取 100% 的强制保证金，这类信贷还在此阶段快速增长。在 1994 年 6 月和 12 月间，金融体系对个人的贷款以不低于 150% 的速度增长。[11]

尤为重要的是，基于一种新价格指数——IPCr（制约消费者的物价指数），工资的年度指数持续稳定了 12 个月，而在实施雷亚尔计划后的六个月时间内，IPCr 变化幅度为 23%。1994 年 6 月雷亚尔货币膨胀后的影响是引起此变化的主要原因，且伴随食物供应的季节性问题和房租大幅增长等原因。这不是衡量引起雷亚尔核心通胀率的指标，因为由 WPI（批发价格指数）显示，通胀率跌降几乎为零。因此当反映在工资上时，此幅度变化意味着实际生产成本增加，难以维持公共部门的价格与关税，也难以对工商垄断行业采取非正式干预控制措施。

与此同时，货币紧缩政策产生的国内高利率，及非对称的汇率政策，导致雷亚尔对美元升值。1994 年 12 月 31 日，在雷亚尔计划实施初期，每 1 美元等于 0.846 雷亚尔。这意味着名义增值率为 15%，进一步降低了汇率与工资的比值。1994 年 9 月，经济顾问组采取促使进口贸易自由化措施，以缓解成本价格和需求压力，增加汇率对境外账户的影响。

由于前文中所述的工资购买力提升、耐用产品和设备的购买量减缓需求压力，人们从以往经历进行判断，但这只是一种暂时稳定。1994 年 6~12 月，[12] 金融体系中私营部门贷款增长率达 37%。

私营部门减缓公共部门需求压力的作用最大。首先，在 1994 年 12 月，尽管受到经济顾问组反对，佛朗哥总统提高了军队工资及联邦行政机关中收入较低人群的工资，并促使立法机关和司法机关公务员的工资平等。1995 年 1 月，所有公共部门员工从工资指数化方案获益，这不仅和基于 IPCr 整体再调整相关，也与以 12 个月较高平均值代替 1994 年 3 月为使工资转化为 URV 时而采取 4 个月较低平均值这一措施息息相关。国会政府法令的初始版本中，并未提及公共部门或私营部门中的工资货币措施，只是决议在雷亚尔计划实施后的第一个年度工资结算中，以 12 个月平均值来代替 4 个月的平均值。

1995 年 3 月，卡多索（Cardoso）总统对联邦行政要员进行了工资增补的大幅提高。最终，在 1995 年 5 月，最低工资调整为 100 雷亚尔，高于 IPCr 变化的 10%，对于社保养老也很有益处。

整体来讲，这些决策导致公共部门在工资总额和社保上的支出大幅上升，尽管有些类似决策，并没有比这些决策更加慷慨，但也被国家和市政部门采用了。

国内需求增加，部分需求被引导向进口商品，导致 1994 年底出现两种主要后果：行业产能的高度利用和贸易平衡的快速恶化。瓦格斯基金会行业 WPI（排除食物产品，因其具有季节性波动；排除石油衍生品，因其价格受政府控制）行为显示，国内成本压力和国内需求增加的结合，足以激起核心通胀走高。尽管汇率升值和进口自由化加速，平缓了外部竞争的提升，还是无法避免上述事件的发生。

在相对价格和供需关系剧烈变化的背景下，巴西受到墨西哥国际收支平衡危机而产生的龙舌兰效应的冲击。导致国外资本逆流，国际外汇储备压力增大，1994 年 9 月之后，因贸易平衡恶化上述现象不断出现。

六、新雷亚尔计划的第二阶段：1995~1996 年

1995 年 3 月到 6 月间，卡多索（Cardoso）总统的新政府采取了一系列激烈的经济政策和措施应对之前发现的贸易失衡，这些贸易失衡会对新雷亚尔计划的持续性造成威胁。

首先，政府决定大幅提高基本利率，并对信用扩展施加额外限制。这些限制措施于 1994 年 12 月逐一实施，存款证明强制性存款比例为 30%，银行信贷证明强制性存款比例为 15%。

在货币紧缩的同时，1995 年 3 月政府促进了新雷亚尔对美元的 5% 贬值，通过汇率带下滑取代不对称汇率带，并宣布提升汽车和家用电器进口关税，提升幅度高达 20%~70%。

1995 年 6 月，政府起草一份脱指数化法案，废除了 IPCr，并建立了自 1995 年 7 月开始运转的工资自由商讨系统。更准确地说，晚些时候开始的年度工资清算中，只有 IPCr 于 1994 年 7 月至 1995 年 6 月未在前一年度清算中使用的剩余部分具有法律强制力。例如，一个工会 1995 年 10 月的年度清算，有权使用 1994 年 10 月到 1995 年 6 月的 IPCr，对于 1995 年 6 月到 9 月通胀的最终补偿可以进行自由谈判。这一决策导致工资指数制度历史性的破裂，指数制度于 1964 年由军事政府引

入使用，意图通过过去通胀的数学计算解决社会冲突问题。这一制度的唯一结果就是，通胀制度化成为工人和雇主之间收入争议的解决办法。[13]

自 1995 年 4 月，该调整措施在恢复行业 WPI 通胀趋势上收效甚好。1995 年 3 月（加上 1994 年 12 月强制存款的时滞效应）采用的措施在外部赤字暂时性逆转上也很成功：1995 年 7 月起，贸易平衡开始出现小额顺差，1996 年上半年之前，该情况均处于控制之中。从这一点来看，随着经济开始从 1995 年中期的信用紧缩恢复过来，贸易逆差再次开始上升。

1995 年下半年开始，资本项目中的不利变动得到逆转。结果，1995 年上半年下跌 100 亿美元的国际外汇储备，不仅补回所有损失，还持续上升直到 1997 年的亚洲金融危机。

信用紧缩带来的负面影响在以下三个领域出现：经济活动、财政稳定和公共部门赤字。

1995 年第一季度实施新雷亚尔计划后，GDP 加速上升。信用紧缩不仅停止了增长，甚至还导致当年第二季度和第三季度经济活动水平下降。那时起，经济开始复苏，最初复苏速度较慢，1996 年下半年后开始强势回升。

1995 年下半年经济活动放慢，伴随着持续高位利率和前期上升的工资率，使企业财务状况进一步恶化，这些企业在前 12 个月的经济繁荣中债务缠身。1995 年农业和农业设备生产受到的影响尤其明显，1995 年引进的超级农作物使食物价格压力巨大。此外，新雷亚尔升值和贸易自由化进程深化，无疑使原本虚弱的企业雪上加霜，这些企业处于受国外竞争直接影响的领域，如资本商品、汽车零件、玩具、皮革、鞋业和纺织业。结果逾期贷款和破产大量增加。金融系统贷款总额中的私人贷款部分，逾期率或清算率从 1994 年 12 月的 7.5% 上升到 1995 年 12 月的 15.4%，1996 年 8 月上升到 19.8%。[14]

对于商业银行来说，信贷损失在通胀税收之利得后出现，它们之前获得的通胀税收，来自活期存款、基金转让和定期存款。

1995 年 8 月央行被迫关闭经济银行（巴西第七大私有银行），终止机构运行，金融系统中的脆弱部分更加凸显出来。之后建立活期存款扩展保护系统和制定私有银行重建计划才被采用，这真是迟到的决策。

该政策的第三个影响是公共部门赤字的高利率。公共部门是联邦政府（包括社保机构和央行）、州和市级政府，以及它们的非金融类国有企业。在经营层面，公共部门的综合平衡从 1994 年 GDP1.3% 的盈余，变为 1995 年 GDP4.8% 的赤字，下降了 6.1 个百分点。前文提到的工资和养老金上升，以及基本均衡从 1994 年 5.1% GDP 顺差到 1995 年只有 0.4% 的顺差，导致情况连续恶化三个季度。实际利息的影响也很重要，1994 年到 1995 年，实际利息从 3.8%GDP 上升到 5.1%。

1995 年运营赤字的上升，意味着公共部门减少负债的激进过程即将终止，这在十年计划的开端便出现了，公共部门负债以 GDP 比例显示。1994 年 12 月到 1995 年 12 月，公共部门净负债占 GDP 比例从 28.1% 上升到 29.9%，1996 年 12 月继续上升到 34.2%。

七、结论

尽管新雷亚尔计划在前 6 个月非常成功，但墨西哥金融危机爆发后，供求关系、工资和物价的不断失衡，使巴西经济难以在这条改革之路上走下去。引起上述情况的原因是多重的：工资指数化、公共部门赤字、汇率走高和私有部门信贷扩张。

1995 年上半年采取的治理措施成功克服了新雷亚尔计划初期问题，将通胀维持在低位。但是 1996 年 9 月大额贸易赤字重现，意味着经济政策混合只有在充裕的国际流动性情况下可持续发挥效用。

结论是新雷亚尔计划不仅成功将通胀率压低，还成功将其一直维持在低位——1998 年，巴西通胀率很可能达到其贸易伙伴的通胀水平。但是，新雷亚尔计划没有形成兼顾维持经济持续增长和合理的外部平衡的有效途径。

注释

1. 本章使用材料为先前文章："真实的雷亚尔：uma avaliagao"，由梅尔卡丹特主编，O Brasil Pós-Real，Campinas，SP：Unicamp/IE，1997：11-70。

2. 见 E.巴沙（E.Bacha）"O fisco e a inflacão：uma interpretacão do caso brasileiro"，航空杂志上的经济政治/53，14（1），Jan/March，1994：5-17。

3. 见莫迪亚诺（E.Modiano）"A ópera dos três cruzados"，阿伯主编，1889 - 1989。里约热内卢：Editora 校园，1990：347-386。

4. 见卡内罗（Carneiro），Ajuste externo e desequilíbrio interno'，in M. Abreu (ed.)，A Ordem do Progresso，（op. cit）：323-346。

5. 见艾瑞达（Arida）和劳拉·雷森迪（Lara Resende）惯性通货膨胀和货币改革，威廉姆森（Williamson）主编，通货膨胀和指数化；阿根廷、巴西、以色列，华盛顿特区，国际经济研究所，1985 年。

6. 巴西的建模类型与零运营公共部门赤字和通货膨胀的利息赚钱，请参阅附录 B 到 E，"O fisco e a inflacão"，op.cit。

7. 见 "龙门 FHC"，航空杂志上隐藏的政治 54 岁，14（2），4 月/ 1994 年 6 月：114-131。

8. 巴西经济政策之间的复杂的相互作用和现代社会和政治，见拉姆尔（Lamounier）和巴沙（Bacha），巴西的民主和经济改革，在一个不稳定的平衡。卷 2。民主和经济改革在拉丁美洲，旧金山，CA：ICS 出版社，当代研究所，1994：143-186。

9. 技术分析，见加西亚（Garcia），避免一些成本向恶性通货膨胀：通货膨胀和爬行巴西本国货币替代品的情况下，《发展经济学》，51(1)，1996 年 10 月：139-159。

10. 进一步分析，见洛佩斯（Lopes），巴西货币传导机制，油印，1997。

11. 资料来源：Boletim do Banco Central do Brasil，32（4），1996 年 4 月：98。

12. 同 11。

13. 巴西早日指数化系统的批判，菲诗曼（Fishlow）巴西的指数化风格：通货膨胀没有眼泪？布鲁金斯学会论文，1974。

14. 资料来源：Boletim do Banco Central do Brasil，32（12），1996 年 12 月：106~110。

第十一章 拉丁美洲金融自由化的两次浪潮

*Roberto Frenkel and Lucio Simpson**

一、引言

拉丁美洲30年的经济史表明，衡量地区金融自由化过程的最明智方法，不是将该过程视为可孤立于经济环境的政策动议，而是将其视为具有共同特点的一系列经验。但是，拉丁美洲不同国家之间的不同政策和表现还是值得注意的，可以从中吸取经验，了解具体措施的优缺点。

拉丁美洲金融自由化长期趋势并不是一个持续性过程，20世纪80年代，因第一次自由化浪潮的失败造成金融危机，导致自由化进程出现明显中断。这就是"南半球自由化试验"，我们特别分析了阿根廷和智利的情况。尽管该试验期限很短，就我们的目的而言，这些试验具有明确的开端和结束。[1]

20世纪90年代，我们的观点主要受五个国家情况的影响：阿根廷、巴西、哥伦比亚、智利和墨西哥。它们是该地区最大的经济体。它们代表了该地区超过3/4的产出，并是该区资本流入的主要接收国。它们为一些政策和经济表现提供了很好的例子。但是，即使按照时间顺序评价20世纪90年代的自由化进程，依旧十分复杂，因为一些进程从严格意义上讲，还没有完全结束。幸运的是，还是可以得到一些有力结论，尤其是在可持续性问题方面，通过考量墨西哥和阿根廷20世纪90年代前半段的经历。该时期终止点是1994年12月的墨西哥货币贬值，足够我们研究的内生动力过程充分陷入金融危机之中。

本章我们将回顾拉丁美洲资本市场自由化经历，评价该区域经济体自由化过程共有的特点；分析20世纪70年代的自由化经历；检视20世纪90年代自由化经历，重点为可持续性问题。

二、拉丁美洲资本市场自由化特点

全面解释特定政策引起的经济现象并不简单。我们试图评价的环境变化和特定措施只是一系列行为中的一部分，其效果经常有重叠部分。这些顾虑与拉丁美洲资本市场改革尤其相关。

首先，针对重叠效果，财政自由和开放并没有孤立政策动议，而是作为广泛结构改革和稳定计划的组成部分，在拉丁美洲获得应用。20 世纪 70 年代后期，这类政策在该区域得到执行，政策的执行在 20 世纪 90 年代普遍化。出于这个原因，在贸易开放、公共部门改革和宏观经济稳定政策措施相互结合后，财政改革出现较好效果。在 20 世纪 70 年代和 90 年代，固定汇率是稳定政策包中的首要措施。

其次，鉴于外部政策环境，财政改革恰逢国际金融繁荣期。这种繁荣总是伴随着大量资金流入，对经济运转造成重要影响。[2] 因为这种相关性，拉丁美洲自由化的结果，难以从资金流规模和成分的巨变中区分出来。

1973 年石油冲击后，发展中经济体迎来第一次资金流繁荣，该地区首先进行了激烈的金融改革（阿根廷和智利是最著名的两个例子）。这一阶段的繁荣因金融和外部负债深度危机戛然而止。接下来私有外部负债进行国有化并建立相关制度，外部融资必须与国际银行和国际货币基金进行商讨，因为拉丁美洲与国际市场是相分离的。除了永久性谈判环节，该地区在十年中的剩余时间里，始终与国际资本市场保持隔离状态。如果我们想更加明确地定位这一时期，我们可以说该时期以 1982 年墨西哥暂缓支付为起点，到第一份外部债务重组布雷迪计划的签署（1990 年墨西哥计划）。在这一时期，该地区运营制度以两个特定事实为特点：外部融资受限，债权人和多边金融组织通常强制执行具有宏观经济重要性的海外汇款。

外部融资和汇款限制主导了 20 世纪 80 年代的政策设计和经济表现。最初几年，外部金融危机控制是政策的绝对优先项，金融市场制度建立服从于该目标。例如，私有外部负债通过大量干预措施进行国有化，如墨西哥银行系统国有化，阿根廷私有负债的一般再融资和智利银行系统的整体救助。这一阶段优先项目是外部调整和尽可能多地恢复政策工具控制，导致前期自由化和开放政策的复苏。政策制定者试图稳定经济，实施应急措施，如重新引入汇率控制系统、锁定资金价值，以及制定利率调整规范，减轻金融危机管理压力。

尽管 20 世纪 80 年代的突发状况将金融自由化排除在政治讨论以外，但其还是伴随着外部负债讨论重回日程。该环节于 80 年代中期随着贝克调整增长计划的出现而清晰。从此，世界银行、国际货币基金组织和其他机构之间的合作得到提升，华盛顿共识定义更加明确。即使这样，资本市场自由化在 80 年代仍出现了第二种意义。该期间经济表现，尤其是阿根廷、巴西和墨西哥——地区最大经济体的宏观经济综合稳定计划获得连续尝试，却得到了连续失败。在新的不稳定趋势需要进一步调整和稳定措施之前，通货膨胀和国际支付均衡稳定下来。在停滞趋势中出现了巨大波动。金融领域制度框架的变化与这些循环相比，其重要性处于次级地位。

20世纪80年代的稳定计划试图通过达成三个相互矛盾的目标调和外部金融限制：债务服务、通胀降低和经济增长的复苏。一些国家，如智利和哥伦比亚在该期间的后半段时间解决了这个矛盾冲突，并稳定了经济表现，[3] 但该区最大国家直到该期间末端时，才达到上述目标。在阿根廷、巴西和墨西哥，20世纪90年代它们实现稳定，海外汇款急速恢复，该地区获得大量资金流入。金融自由化在这些背景下获得了新意义。外部限制也被解除。

20世纪80年代的市场划分，持续到该时期末端的不稳定性，以及国内金融市场环境的混合作用，赋予90年代经济历程特殊性质。类似的环境，赋予70年代智利和阿根廷自由化试验特定性质。

该期间南美洲试验初始条件是国内金融市场的特定情况。金融市场近期经历深度危机和重组（智利1971~1976年，阿根廷1974~1977年），长期与国际金融市场分离，适应了高通胀环境。该地区最大经济体的金融市场在20世纪80年代处于相似境况。尤其是三个最大的国家，金融自由化和资本流入的第二波浪潮，与第一波浪潮相似，导致经济动荡，直到出现低水平货币化和金融深化、银行系统虚弱的发展、金融资产的寒酸清单，以及私有产业的信贷不足。[4]

缺乏必要的制度基础，仅仅依靠对自由化的热情，导致金融系统面对大片未知领域。毫无意外，金融系统无法有效地分配强烈注入的资金。金融市场规模小，种类稀少，自然导致资金流引发重大波动的倾向。与现有货币、信用和国内金融资产储备相比，它们规模巨大。根据货币权威机构的干预程度，如此高位的流动储备率显示了外汇市场、信贷和流动扩张率的巨大升值压力。它们还导致了金融资产和实物资产的快速升值，如土地和不动产。大多数经验显示，固定汇率制度更加强化了这些趋势。一般来讲，动荡暗示着国内需求层面上重要金融扩张效应的出现。这解释了为什么真正金融繁荣初始阶段容易产生投机泡沫——在发展中国家普遍出现于金融自由化和大量资金流入时——这与拉丁美洲"初始情况"具有高度关联。

最后，20世纪80~90年代，该地区外部金融限制和海外汇款转变成丰富的融资系统。这一改变本身，对宏观经济表现只有益处。稳定计划获得成功；通胀整体下降；GDP和国内合并增加——后者高于前者。但是，宏观经济表现改善并不支持接受全球化的观点，即接受华盛顿共识为最佳政策。

事实上，这些政策的实施可能在资金流入中扮演着"信号"的角色，但是，有力证据显示，拉丁美洲的大多数资金（或许除了外商直接投资）流入回应了主要国际市场预期回报率的下降。拉丁美洲20世纪80年代经济表现并不是评价其90年代经历的相关基础，很大程度上，它显示了拉丁美洲国家在克服该负债负担和信贷限制上的失败尝试。本章尽管强调了全球化的负面影响，但并没有认为20世纪90年代是"失落的十年"。80年代的经验教训之一就是，政策制定者应努力保持进入国际金融市场的流动性。90年代则告诉我们要最小化全球经济中的风险，小心谨慎地应对，无论是速度还是广度。

三、20 世纪 70 年代的自由化经历

20 世纪 70 年代中期，阿根廷和智利采取了相似的政治和经济改革过程。庇隆主义和人民团结联盟政府于经济危机中期被武装独裁者推翻。军事政府第一阶段宏观经济政策，并没有大幅偏离两个国家 20 世纪 50 年代开始采用的传统经济稳定政策。物价受到控制，工资增长受到压制，汇率贬值。之后采用爬行钉住制度。财政调整主要基于工资支出收缩。两个国家的实际工资大幅下降，智利就业率锐减。智利的财政调整深入而持久，阿根廷的情况要好一些。经济政策创新便是国内金融改革：利率自由化和减少或去除金融中介机构。

20 世纪 70 年代前半段，智利和阿根廷均与国际金融市场隔离。当时欧元银行市场已经十分繁荣，尤其是 1973 年石油冲击之后（例如，巴西密集利用外部融资资源）。70 年代中期，阿根廷和智利经济并没有大额外部负债。它们的国际支付通过稳定政策包达到均衡状态。军事政府的正统性获得 IMF 和国际银行的信贷，尽管两个经济体正经历着高位通胀率。即使在资本项目开放前，高位国内金融收益也吸引了大量资本流入。面对这些压力，权威机构最初优先控制了国内货币供给，并试图通过实施法规阻止资金流入。

70 年代后半段，智利首先实施了新政策包，阿根廷紧随其后。外汇市场自由化和资本流放松管制被添加到先前实施的国内金融改革中。贸易自由化计划同时开始实施。关税将在接下来的几年中下调至低水平。[5] 汇率政策是反通胀计划包成分之一。通过宣布预先决定的月度贬值计划，固定汇率，调整到正常稳定的汇率。这项宏观经济稳定包受到"国际收支平衡货币调节方法"的启发。

计划包实施后，外部和真实表现特点如下：大量资金流入，储备积累进入第一阶段，以及货币和信贷的高位增长率。因消费增长（和投资增长——不及消费增长影响大），国内需求大幅上升，金融业和实物资产领域均出现了投机泡沫。因国内通胀率系统性地高于贬值率和国际通胀率之和，实际汇率持续升值。经常账户赤字快速上升并持续不跌，外部负债飙升。美国货币政策于 1979 年后期提高利率，两个经济体均已持有大量经常账户赤字和外部负债。之后，国际利率上升造成它们的外部脆弱性。危机爆发。1981 年初，阿根廷汇率制度崩溃，1982 年智利汇率制度崩盘。1982 年，阿根廷和智利外部市场融资关闭，大量救助措施用于解决金融危机。两个经济体均陷入经济衰退。

在这样的情况下，我们如何评估经济表现？实际影响的深度和长度人所周知。关键问题是危机时和危机后增长的可持续性。负面外部冲击在拉丁美洲债务危机发生中扮演根本性角色。国际利率上升不仅具有直接金融影响，还具有由世界经济衰退和贸易衰落引起的其他间接负面影响（巴西高度依赖石油进口，更高的进口价格加剧了 1979 年石油冲击的作用）。

　　另外，危机覆盖了整个地区。在 20 世纪 70 年代高流动性和低利率水平背景下，许多经济体出现经常账户赤字和重要债务积累。政策制度的一端是阿根廷和智利自由化和开发政策包。另一端是巴西深度替代进口行业（ISI）债务政策计划，这样资金流就受到政府的管理和控制。墨西哥将二者结合，像巴西一样提高公共开支，市场管制放松政策则效仿阿根廷。危机影响着所有高度负债的经济体，像传染病一样，影响其他经济体，如哥伦比亚。在 70 年代，这个国家明确拒绝通过改变政策制度加入新兴国际金融市场，将其外部负债/GDP 比例下降了一半。

　　将这种多样性考虑在内，评估阿根廷和智利自由化政策的方法之一是，将它们的表现与其他国家表现相比较，当然这些国家必须具有不同政策设定，并最终导致危机。南美洲受到的实际影响更轻微吗？市场缓冲机制真的如预期一样运行，限制了危机程度并减少了社会成本吗？

　　说到实际影响，智利是该地区经历最严重经济衰退的国家，阿根廷紧缩程度列首位。20 世纪 80 年代前半段，两国 GDP 紧缩程度高于墨西哥和巴西的收缩程度，当然也高于地区平均水平。智利调整措施导致劳动力需求锐减，失业率高达 30%。阿根廷调整措施的实施，主要通过实际工资锐减和持续性的三位数通胀。南美洲金融危机的长度、深度和社会成本，均超过该危机在其他受到负面外部冲击国家的相对重要性。[6] 市场稳定机制——物价和利率灵活性，实际资源配置和组合灵活性——不能按预想正常运转，或导致负面影响，如国内利率导致危机加深。因为资金流失更大的相对重要性（阿根廷）、前期更糟的外部负债指标（智利）、更高的金融波动性（两个国家），或者因为适用政策工具更少（两个国家），智利和阿根廷政策制度在防御国际金融市场波动上能力低下。国家间的比较并不支持金融自由化。

　　评估政策包的替代方法是，在权衡国际利率暴涨的重要性时，分析政策包产生的宏观经济动力。外部冲击之前的增长是可持续的吗？或者本地宏观经济动力是否出现了不稳定信号？一个重要的事实是，两个国家的国内金融危机均早于外部危机和货币贬值超过一年时间。阿根廷汇率制度崩盘早于墨西哥金融危机一年半。

　　事实上，两个国家均明显陷入一个内生循环，其中有一个转折点和一个紧缩阶段，其出现独立于国际利率演变。国内金融发展和国际收支平衡演变共同主导了上述危机。较差效果在第一阶段为正面影响，第二阶段为负面影响。该循环主要通过金融机构对实体经济造成影响——信贷演变、资产持有者组合决策和企业财务状况，尽管一个关键因素能够导致动力情况恶化，不均衡程度加深也是非贸易品相对价格上升的有力预示，价格将上升到能够造成实际汇率严重偏离长期均衡值的水平。循环的每一阶段在活期账户交易轨迹、外汇储备水平和国内利率上都有明确区别。实际情况如下：[7]

　　伴随着预先设定的正常汇率，贸易和资本项目对外开放。从那之后，汇率持续升值。通胀率有下降趋势，但还是系统性地高于预调贬值率和外汇通胀率之和。

　　政策包执行后，外国资金注入随之而来。货币基础、银行存款和信贷快速增长，金融中介的数量也同样增长。国内金融和实物资产价格快速升值。国内需求、生产和进口均具有扩张倾向。贸易开放、汇率升值和国内需求稳定扩张引起进口上升，导致贸易逆差扩大。同样，经常账户赤字上升，但其上升是逐步的，因外部负债最初还是少量的。最初资金流高于经常账户赤字和储备积累，其上升导致了上述国内货币扩张。

外部账户和储备的演变显示了该周期的一个方面。经常账户赤字持续稳定上升，而资金流入的变化非常激烈。在一个特定时刻，赤字将超过资金流入水平。储备达到最大值之后开始紧缩，导致整体货币紧缩。但是，该周期并不是由一个机制元素单独决定的：资金流规模不是一个外源性基准。国内货币主导的资产投资组合决策，并不独立于国际收支平衡和金融平衡的演变。二者在这一过程中均扮演重要角色。[8]

国内利率是该周期金融方面的明确指示灯。国内利率在第一阶段下降，之后在特定点转而上扬。因汇率规则最初具有高度信用，国内外金融资产和信贷套利，导致国内利率和外部信贷预期成本下降。后者在上述两个国家中变为负值。在阿根廷，真实国内银行借款利率变为负值；在智利，该利率大幅下降（降至之前水平的1/4）。更低的利率刺激了实物和金融扩张。但是，在海曼·明斯基（Hyman Minsky，1986）看来，金融不稳定性大幅提升，因不断上升的杠杆作用和资产负债的汇率风险，一旦利率上升，上述两个因素都会变得至关重要。

第二阶段，国内利率升高，非流动性集中出现，出现破产现象，期初是个别事件，然后变成系统性危机。什么能够解释名义利率和真实利率的上升？国际利率、计划汇率贬值率、外汇和金融风险综合在一起，便可以解释国内名义利率。这就是利率上升的主要解释变量。一方面，金融风险伴随金融不稳定性出现。另一方面，更重要的是，随着外部演变风险溢价上升。经常账户赤字持续上升，同时储备持续下降，降低了汇率规则的可信度。需要更高的利率来平衡投资组合，并吸引国外资金。反过来，非流动性和破产蔓延，造成系统危机。银行和企业的集中破产，进一步降低了汇率规则的可信性。在阿根廷和智利，该机制被证明是一个爆炸性系统。过程完结时，利率不足以维持国内资产需求。央行储备流失，导致汇率制度最终崩盘。随之而来的贬值进一步加深金融危机。

这种分析强调了国际利率在国内金融发展中的相对微弱（直接）影响。20世纪70年代后期，国际利率上升，与内生循环重叠，并导致了活期账户的迅速贬值，但这似乎是国际利率对国内循环的最主要影响。正如之前指出的，汇率和金融风险溢价是国内利率在第二阶段走高的主要原因。

我们还要提到的是，财政赤字和公共存款保证不具有任何影响，仅仅恶化了我们强调的动力产生机制。在智利计划实施之前，阿根廷智慧地将麻烦归咎于这些"罪过"。[9]但是，最后智利和阿根廷的命运是一样的，尽管智利拥有财政盈余，消除了存款保证，目标明确，即使金融系统高效而低风险运转。在这方面，其能够促成金融危机，"南半球试验"中道德风险的重要性很大程度上被恶化了。尽管金融系统的脆弱性作为不稳定因素扮演重要角色，但不稳定因素还是很大程度上归咎于银行系统监管不严和央行执法不力。

这是拉丁美洲自由化和开放进程的普遍特点。如果实施金融开放政策包的前提是强大、多元和监管良好的银行系统，那么这些政策根本不能实施，无论是 70 年代还是 90 年代。[10]

四、20 世纪 90 年代的经验

本部分我们并没有 100% 的后见之明。拉丁美洲 20 世纪 90 年代的经验并不是遥远的封闭案例，而是当前或者近代史中的事件。但是，许多特点还是因时间的流逝而难以识别。尤其是可持续性问题，墨西哥和阿根廷 1994~1995 年的金融危机标志着一个划时代分水岭——20 世纪 90 年代初，这可以被视为一个已实现的成就。本节第一部分，我们检查了 90 年代前期的宏观经济表现，将墨西哥和阿根廷情况与该地区其他经济体相比，这些经济体的动力系统更加稳定。

1. 该地区 20 世纪 90 年代初期宏观经济表现

20 世纪 80 年代经济稳定面对的是极端困难的任务，即从外部和财政角度，将外部债务服务责任和维持基本宏观经济平衡互相调和。国外债务利息支付上升导致财政账户情况恶化，而外国债务与其紧密相连，故外国债务情况恶化，导致上述任务更加难以完成。

结果，拉丁美洲国家难以负担债务，又面对信贷限制，无法承受外部或财政方面的任何不利变化，即使该冲击在其他环境下，并不具有不稳定性。另外，偶然的正面冲击不足以使国家脱困。拉丁美洲经济体的不对称反应，显示出它们的命运主要取决于它们的债务和缺乏国外融资。

20 世纪 90 年代上述情况得到逆转。几乎每一个国家都消除了财政和外部缺口。这种重大转变使低通胀率和高增长率成为可能。变化的国际金融情况和它们对外部环境演变的影响，是上述改善的主要原因。

随着外部限制的放松，宏观经济表现得到提高，因为大多数不稳定负面反馈机制被停用。首先，外部资源允许国内吸收和活动扩张。资金大量流入，许多国家拥有大量外汇供给，尽管进口量快速上升，但出现广义储备积累和汇率升值。

更活跃的经济活动和汇率升值促进了经济稳定。后者通过减少外部债务利息支出的实际价值对通胀降低和财政改善贡献巨大。同时，伴随活动性和销售量的提高，税收提高。通过直接提升税收真实价值，放松税收使用和行政改革，低通胀率有助于税收增加。此外，通过外国资金资助，大量私有化计划得到实施，一些国家达到财政平衡。

2. 墨西哥危机和影响

直到 1994 年中期，巴西是该地区最主要也是最重要的例外。新雷亚尔稳定计划于 1994 年开始实施，使本国经济与其他拉丁美洲大型国家一样，存在通胀、国际收支平衡和汇率升值问题。

奇怪的是，巴西经济被邻国追上几个月之后，墨西哥和阿根廷就受到了外部和金融危机的打击，并面对着新一轮调整。1995 年，对两个国家的官方多边支持阻止了外部支付拖欠和 1982 年情况的再现。与此相对，金融市场很快对拉丁美洲重新开放。

墨西哥总是处于该地区经济稳定和结构改革进程的最前沿。它引导着国际社会对拉丁美洲的投资期望。其 20 世纪 90 年代初期的发展被评价为稳定发展过程，国际贸易提升，金融一体化提高，尤其是与美国的合作。墨西哥被视为拉丁美洲类似改变的先锋。墨西哥金融危机的爆发改变了这种看法，90 年代的良好表现并不能抵抗不稳定性的复苏。从这种角度来看，金融危机标志了该地区的分水岭。危机结束了一个时代，这个时代起始于 1990 年墨西哥签署第一份布雷迪协议。

墨西哥和阿根廷危机，由龙舌兰效应引起，我们通过将 20 世纪 90 年代初期这两个案例与其他国家强劲的经济表现进行比较，探究地区经济持续性问题——事实证明很难做到。

3. 资金流、汇率升值和外部不稳定性

1991~1993 年，该地区金融资源净流入达到 1660 亿美元，经常账户赤字总额为 980 亿美元。每一个国家净资本流入均高于经常账户缺口，导致储备增加。所有的资金流入中，750 亿美元流入墨西哥，290 亿美元流入阿根廷，200 亿美元流入巴西，80 亿美元流入智利。这四个国家瓜分了该地区 1991~1993 年 80% 的资金流入，墨西哥一个国家就吸引了 45% 的资金流入。除了这些国家，资金流入对秘鲁和委内瑞拉同样重要。

汇率升值是普遍问题，但是不同国家的升值程度却不同。20 世纪 80 年代后半段，墨西哥和阿根廷经历了与实际汇率相比，有史以来最大幅度的升值。1994 年智利和哥伦比亚走上另一个极端。相对升值程度取决于 90 年代初的汇率水平，以及其接下来的动态。墨西哥的稳定计划从 1987 年开始，1988 年墨西哥就发生了大幅度汇率升值。该升值过程慢速持续到 1990 年，1991 年后加速。阿根廷汇率在 1990 年经历了重大升值，并于 1991 年固定在上升后的水平之上。进一步升值持续到 90 年代初期。与此相反，智利和哥伦比亚进入 90 年代后，汇率出现相对贬值。智利升值率是其他国家中最低的。在哥伦比亚，该过程于 1994 年加速。巴西维持已贬值汇率直到 1993 年。新雷亚尔计划实施后，汇率强势升值，尤其是在第一年中，并保持上升，尽管上升速度有所下降，但仍于 1996 年初到达峰值，1998 年末，尽管经历微量贬值，真实汇率还是高达 1996 年的年初值。最后，尽管 IMF 支持计划包的实施，巴西还是被迫放弃其汇率制度，并于 1999 年 1 月贬值之后，采纳肮脏的浮动系统。

汇率演变的不同与每一个国家采用的宏观经济政策有关。一方面，墨西哥和阿根廷采用的稳定政策，均以固定名义汇率为主要成分，完全放开资本账户管制，并对资金流入采取积极态度。另一方面，哥伦比亚、智利和巴西（直到 1994 年）将真实汇率目标纳入它们的汇率、财政和货币政策。[12] 智利和哥伦比亚采取爬行盯住汇率制度，根据资金流的不同类型设置不同税率，对资金流入进行管制——这要求对外汇市场保持同样的控制。这些策略并不总是能实现目标，但是它们的确带来了更好的整体表现。[13]

地区贸易逆差出现上升趋势，于 1993 年达到 150 亿美元。但是，逆差总额中巴西占比很高。1991~1994 年，巴西累计贸易顺差 500 亿美元，尽管 1994 年新雷亚尔计划的实施引起进口激增。与此相对，墨西哥贸易逆差在 1991 年到 1993 年达到 630 亿美元。阿根廷贸易逆差为 80 亿美元。上述情况中的贸易逆差均为进口快速增长的结果。这种趋势持续 1994 年整年，两国贸易逆差总额达到 290 亿美元。哥伦比亚进口同样快速增长，贸易平衡从 1991 年的 23 亿美元的顺差，变为 1994 年的 21 亿美元的逆差。在智利，贸易平衡在 90 年代初期保持顺差，除了 1993 年。

地区进口年度增长率从 20 世纪 80 年代后半段的 10.3%，上升到 90 年代的 16.1%，此时出口增长率下降（除了巴西）。在墨西哥，进口额增长到 80 年代后半段的三倍，这一数额持续到 90 年代。在阿根廷，从 1991 年到 1994 年，出口额每年上升 5.5%，而同期进口增长率为 55.6%。

整体来看，拉丁美洲 1993 年经常账户赤字/出口额比率为 27.5%，并在 1994 年略微下降。地区均值受到巴西涉外部门有利结果的影响产生偏差，经常账户实际上处于均衡状态。考虑到此，外部不稳定性指标的均值，可以作为国家间进行比较的标准。

关注 1993 年的情况十分有趣，因其很大程度上是 1994 年变化的前提条件，下面我们将具体描述。1993 年，根据不同外部不稳定性指标将国家排序，显示了一个明显规律。在 CAD/X 比率上，智利和哥伦比亚低于地区均值，墨西哥和阿根廷是均值的两倍。此外，如果将 FDI 支持的经常账户赤字比例考虑在内，排序保持不变，[14] 阿根廷和墨西哥还是排在末位。外部负债/出口额比率出现相似情况，尽管巴西相对高额外部债务推高了整体水平，接近墨西哥和阿根廷该比率水平。1994 年，哥伦比亚 CAD/X 比率略微上升，但仍低于地区均值，智利 CAD/X 比率下降。同时，墨西哥和阿根廷 CAD/X 比率恶化，1993 年上升了 20%。

4. 1994 年的转折点

1993 年底，墨西哥和阿根廷经济在该地区，外部不稳定性指标表现最差。90 年代初期维持宏观经济表现的困难可以预见，在某种程度上，这种动力组成了南半球试验的初始阶段，前一节已经分析了。因此，可以预见接下来的转折点，即随后的紧缩将出现。事实上，一些转折点相关的信号在 1994 年已经出现，就在墨西哥 12 月货币贬值之后。该变化衡量指标便是墨西哥和阿根廷外汇储备走势的变化。

但是，紧缩阶段的准确时间会因内生循环外部事项提前或延迟。1994 年 2 月，联邦储备发起的利率强势上升，为同年晚些时候，墨西哥受到冲击埋下伏笔。联邦决策之后，美国收益率曲线迅速上扬，但其对拉丁美洲债券价格造成高出比例的影响。结果，利率上升导致该地区国家风险溢价的提高。较之其他国家，墨西哥和阿根廷上升幅度较高，这与它们较高水平的外部不稳定性一致。金融资产的相关表现即是其症状：1994 年初期，阿根廷和墨西哥金融资产表现经历重大下滑；巴西下滑程度较小；智利资产价格保持稳定。

拉丁美洲资产风险溢价上升，是对美国利率上升的回应，出现新兴市场第一波羊群效应，该效应在亚洲和俄罗斯也出现了，[15] 纳斯达克指数和新兴市场资产价格出现了"怪异"的正相关关系。[16]

国家风险溢价提高对联邦政策改变的回应该如何解释？一个合理假设是，由于债务人受到高利率的影响，国际投资者感受到了外部不稳定性的提高。但是，通过减少风险敞口——这需要更高的风险补偿，金融市场参与者使高国际利率的原始不良影响恶化。反过来，这种变化提高了经济向"劣质均衡"推进的可能性。这为市场情绪的突然转变埋下伏笔，而这种情绪后期与负面预期促成了墨西哥货币贬值。反过来，阿根廷经济弱点迅速传染给别国。墨西哥和阿根廷危机并非在平静环境中突然爆发，而是因美国货币政策改变而出现的财政压力激增期中最后一次危机。

随着国家风险溢价升高，阿根廷和墨西哥资金流下降，这大幅改善了地区恶化趋势。1994 年，资金流入总额为 470 亿美元，而 1991~1993 年，年平均资金流入为 550 亿美元，1993 年资金流入额最高，为 700 亿美元。减少量主要是由两个国家引起的，尤其是墨西哥，其资金流入从 1993 年的 300 亿美元下降到 1994 年的 100 亿美元。对比之下，巴西和哥伦比亚资金流入在 1994 年出现上升，该地区其他国家当年资金流入水平与前一年基本持平。

墨西哥和阿根廷资金流入下降伴随着经常账户赤字的上升。1993 年，墨西哥赤字达到 235 亿美元，阿根廷赤字为 75 亿美元。1994 年，两国赤字分别上升到 306 亿美元和 111 亿美元。由于资金流入下降和高经常账户赤字，1994 年，两国外汇储备进入 20 世纪 90 年代后首次出现降低。在阿根廷，由于货币基础制度，储备下降导致的紧缩货币影响甚至在龙舌兰效应引发金融危机之前。

5. 龙舌兰效应

墨西哥货币贬值产生的初始动荡，对拉丁美洲和其他更远市场造成影响。但经过相对较短时间后，智利和哥伦比亚经济并没有进一步动荡。巴西的情况是，新雷亚尔计划的突然收支平衡效果使经济处于不稳定外部状态，1995 年前半年，巴西有资金流出。尽管如此，巴西拥有充裕的外汇储备，经济动荡仅导致其增长速度变慢。[17]

对比之下，龙舌兰危机对阿根廷造成猛烈冲击。危机的传染效果就是上述趋势的蔓延，与墨西哥和阿根廷宏观经济情况相似之处有关。在阿根廷，墨西哥危机引发了金融危机和 1995 年私有资金的大量流出，公共涉外债务也随之提升。两个经济体都经历了深度经济衰退。1995 年，墨西哥 GDP 收缩了 6.6%，阿根廷 GDP 收缩了 2.8%。两个国家 1995 年的失业率均是 1993 年的两倍。

五、结论

拉丁美洲 20 世纪 90 年代宏观经济的经历，与其 70 年代的经济表现在关键方面具有相似之处。金融市场自由化、金融市场开放、大量资金流入、贸易开放和汇率升值导致外部金融不稳定性升高。经济体易于受到异常金融周期和国际环境的影响。70 年代，墨西哥和阿根廷的经济经历十分相似。在南半球试验的初始扩张阶段，1991 年到 1994 年的实物、金融和外部发展，显示出明显的平行关系。这种平行关系与汇率政策和资金流入尤其相关，在两个国家的宏观经济计划中，在实现与国际金融市场接轨的目标中，扮演重要角色。资金流入受到多种渠道的刺激（包括完全放松管制），但是国内货币和金融政策整体还是被动的。

然而，与 20 世纪 70 年代相比还是存在不同点的，尤其是受益于公共企业私有化进程，财政政策扩张性较弱。此外，阿根廷金融系统监管框架较之 70 年代，有很大改善，要求银行维持高于国际平均水平的储备水平。银行系统的更加健全，使阿根廷在最后崩盘时幸免于难，但阿根廷还是需要多边救助计划包来停止消耗存款和外汇储备的资金流出。最后，较之 80 年代，小额财政赤字似乎只影响了危机到来的时刻，并没有阻止危机的最终发生。

事实上在南美洲经验中，通过国内金融发展，很快转折点就出现了。鉴于这个原因，循环的真实维度主要反映了金融循环。20 世纪 90 年代，在墨西哥和阿根廷，金融循环扩张期持续的时间更长，使上升更加深化和持久，是贸易开放和汇率升值[18]结合的持续性真实影响。

上述分析强调，1994 年阿根廷和墨西哥资金流入和外汇储备趋势发生变化，主要是由外部因素，即国际利率上升引发的。很明显，这次上升的幅度无法与 1979 年那次上升相比。此外，外部不稳定性的发生率采用了另外一种形式，因为 70 年代和 90 年代的主导外部融资机制非常特殊。浮动利率银行信贷在 70 年代非常盛行，故国际利率上升主要通过提高经常账户赤字来影响外部不稳定性。债券在 90 年代非常盛行，因为布雷迪债务重组的实施，墨西哥和阿根廷债务市场利率下降。在这样的背景下，国际利率上升通过减少资金流入和提高国家风险溢价，并提高支付利率均值，对外部不稳定性施加影响。因此，70 年代经常账户对国际利率变化更加敏感，90 年代对其变化较为不敏感（直到 90 年代末期），但资金流波动性更强。

最后，让我们考虑一下墨西哥和阿根廷，以及其他强劲经济体的比较。很明显，本章检视的元素不足以解释不同经济体的不同表现。考虑到这种解释，上述分析说明了造成国家不同表现的两类因素。

第一，宏观经济政策不同突出，尤其在汇率方面。汇率升值程度越大，不稳定性越高，而汇率升值程度与不同国家采用的汇率制度和货币政策本质相关。第二，国内金融系统和国际资本市场的互动理念不同。这两方面具有相关性，故资本项目政策和国家宏观经济导向是一致的。墨西哥和阿根廷实施资本项目无限制开放。相反，试图保留部分货币和金融自主权的国家（如智利和哥伦比亚）实施监管规范，目的在于对资金流和资金流成分进行缓冲。[19]这些政策似乎减少了短期资金流的波动性，即使不能完全消除"投机性"资金流动。

注释

* 本章利用罗伯托·弗伦克尔《资本市场自由化和在拉丁美洲的经济表现》（1998），研究论文系列三，第一篇文章，CEPA，新学院大学。

1. 当然没有理由反对阿根廷，即使可能变成智利的情况。最常被告知的关于改革的路径是，认为这一过程是一个连续的序列，第一步已于20世纪70年代完成。在这个叙述中，20世纪80年代的金融危机和外部危机，及其实际后果次要意义存在着连续性。智利无疑是大部分保存着20世纪70年代改革实施期间和之后的危机的拉丁美洲国家。因此，关键是有争议的。然而，在本章没有详细分析智利的历史。就我们的目的而言，智利在20世纪80年代危机时关闭了一段时间，可以评估其本身的表现。我们做的只不过是恢复南半球试验，观察在接下来的几年的债务危机。上面提到的故事发生在20世纪80年代末，当时智利被认为是主要的华盛顿共识的成功的例子。见威廉姆森（Williamson，1990）、法奈利等（Fanelli et al.，1992a）、世界银行（1991）以及法奈利等（1992b）。

2. 在自由化后还没有大规模的资本流入的情况很少见，但确实存在。玻利维亚，在20世纪80年代下半段没有受到私人流入管制，并在1985年全面开放其金融市场。在20世纪70年代和90年代的案例是，重要的资本流入并没有重大自由化措施，巴西是这两个时期最重要的例子。

3. 智利和哥伦比亚，因为不同的原因，是最小的海外转移的案例。在哥伦比亚，这是因为其外债相对较小。智利显示区域债务/GDP的比率最高，但其转移是最小的，因为它受到相当大比例的多边支持。见达米尔等（Damill et al.，1994）。

4. 智利在20世纪80年代末的相对深入发展的金融体系在这次观察中被排除。智利没有经历在最大的经济体中的指令寄存器的通货膨胀率，其宏观经济在80年代的下半段表现相对平稳。哥伦比亚的宏观经济表现也稳定，但其金融系统很小，缺乏多样性。

5. 关税削减计划被认为是快速的。它们被认为在当前传统的标准下是渐进的。

6. 阿根廷的财政危机救助的直接成本估计为50亿美元（当时私营外部债务是140亿美元）。在智利，政府国内债务融资救助问题相当于国内生产总值的1/3。见达米尔等（1994）。

7. 弗伦克尔（Frenkel，1983）提供了一个正式的模型。它被威廉姆森（1983）简述并被泰勒（Taylor，1991）重新叙述。

8. 新古典主义模型基于不同的贸易和资本账户的调整速度，同时建立了贸易和金融开放解释周期。这些模型复制初始扩张阶段，但既不是紧缩也不是危机。见爱德华兹（Edwards，1984）。新古典主义模型的对称建议的第二阶段是，下降价格的灵活性可以调整汇率升值和经常账户赤字，促使经济达到一个新的平衡。在没有这样的通货紧缩的情况下，我们就考虑这么多。除了如此快速和如此规模的通货膨胀难以置信外，有必要重新平衡经常账户，这些模型忽略了金融体系。金融关系之间没有对称的扩张性和紧缩性阶段。在任何情况下，假定通货紧缩会加剧流动性和破产问题，这描述了紧缩阶段。

9. 见麦金农（McKinnon，1982）。

10. 自由化和开放资本市场只有在经济稳定后才有，开放贸易和稳健的财务建议正是"排序"文学，其在20世纪80年代南半球试验中得到发展。这些方法在沿着华盛顿共识的实际应用中迷失。见爱德华兹（Edwards，1984）和麦金农（1991）。

11. 下面的讨论引用于弗伦克尔（1995）。

12. 由于不断变化的资本流动，在巴西的雷亚尔计划提出后，一些资本流动法规也在执行。然而，交换、货币和资本账户政策就像阿根廷和墨西哥那样，而不是像智利和哥伦比亚那样。

13. 一方面是墨西哥和阿根廷，另一方面是智利和哥伦比亚，进入 20 世纪 90 年代，以不同的经济现实和不同程度的自由来定义它们的政策。智利和哥伦比亚已经在 20 世纪 80 年代中期稳定本国经济，在这十年的下半段的增速相对较高。这是可以理解的，它们的宏观经济政策导向的方向是保持稳定的资本流入。相比之下，墨西哥最近才实现其稳定计划，而阿根廷从 1991 年开始。两个程序都使用固定汇率作为通货膨胀主要的"锚"。它们的可持续发展从根本上取决于持续的资本流入。

14. 尽管用 FDI 为经常账户赤字融资显然比其他不稳定来源更好，但外国直接投资流入对国际收支的长期贡献不应被高估，首先，越来越多的跨国公司通常是一个永久的增加进口的因素。其次，再投资的利润经过第一个快速扩张的时期之后速度会大大下降，特别是在经济衰退抑制了"动物精神"，导致利润的汇款增加，即使在经济衰退的背景下。从本质上讲，只要外国直接投资需要一个风险溢价对外债的回报率，其服务可能更加昂贵，即使因为它具有较低的波动性而更加可取。

15. 在一些国家甚至更少的基础上的"基本面"。

16. 在某些情况下，相关性确实是矛盾的。因此，应提高对墨西哥经济预期的石油价格的上涨，跟下降的资产价格相关。什么复杂的论点可以证明这种行为？

17. 不过，如前所述，经过雷亚尔在俄罗斯的 8 月危机之后，巴西终于在 1999 年 1 月被迫放弃其汇率制度。

18. 一个非常严重的新的经济衰退出现在 1990 年，阿根廷的 GDP 在 20 世纪 90 年代初增长迅速。相反，墨西哥的缓慢增长表明，令人沮丧的实际影响是从 20 世纪 90 年代开始的。我们已经提到过，贸易开放和汇率升值已经在这种情况下进行多年。见法奈利和弗伦克尔（1999）在阿根廷，多恩布施和沃纳（Werner，Dornbusch，1994）及罗斯（Ros，1995）在墨西哥。

19. 巴西是一个中间的例子。结果是限制和关闭应用选择性税收来限制短期资本流入。

参考文献

Amadeo，Edward（1996），"The knife-edge of exchange-rate-based stabilization: impact on growth，employment and wages"，UNCTAD Review，Geneva.

Balassa，Bela，G.M. Bueno，P.P. Kuczynsky and M. Simonsen（1986），*Toward Renewed Economic Growth in Latin America*，Washington DC：Institute for International Economics.

Damill，Mario，José María Fanelli and Roberto Frenkel（1994），*Shock Externo y Desequilibrio Fiscal：La Macroeconomía de América Latina en los Ochenta*，Santiago de

Chile: CEPAL.

Damill, Mario, José María Fanelli and Roberto Frenkel (1996), "De México a México: el desempño de América Latina en los noventa", *Desarrollo Económico*, special issue, vol. 36, Buenos Aires.

Dornbusch, Rudiger and Alejandro Werner (1994), "Mexico: stabilization, reform and no growth", *Brookings Papers on Economic Activity*, vol. I.

Edwards, Sebastián (1984), "The order of liberalization of the balance of payments", World Bank Staff Working Papers, No. 710.

Fanelli, José María, Roberto Frenkel and Guillermo Rozenwurcel (1992a), "Growth and structural reform in Latin America. Where do we stand?", in A. A. Zini Jr. (ed.), *The Market and the State in Economic Development in the 90s*, New York: North Holland.

Fanelli, José María, Roberto Frenkel and Lance Taylor (1992b), "The world development report 1991: a critical assessment", in *International Monetary and Financial Issues for the 1990s*, UNCTAD, New York: United Nations.

Fanelli, José María, and Roberto Frenkel (1993), "On gradualism, shock treatment and sequencing", in *International and Financial Issues for the 90s*, vol. II, United Nations.

Fanelli, José María, and Roberto Frenkel (1999), "The Argentine experience with stabilization and structural reform", in Lance Taylor (ed.), *After Neoliberalism: What Next for Latin America*, Ann Arbor, MI: University of Michigan Press.

Frenkel, Roberto (1983), "Mercado financiero, expectativas cambiarias y movimientos de capital", *El Trimestre Económico*, No. 200, Mexico.

Frenkel, Roberto (1995), "Macroeconomic sustainability and development prospects: Latin American performance in the 1990s", UNCTAD Discussion Papers, No. 100, Geneva.

Frenkel, Roberto (1997), "New Prospects for Latin American development", in Roy Culpeper et al., *Global Development Fifty Years After Bretton Woods: Essays in Honour of Gerald K. Helleiner*, Basingstoke, UK: Macmillan.

Frenkel, Roberto and Martín González Rozada (1999), "Apertura comercial, productividad y empleo en Argentina", in Víctor E. Tokman and Daniel Martínez (eds) *Productividad y Empleo en la Apertura Económica*, Lima, Peru: OIT Oficina Internacional del Trabajo.

Krueger, Anne O. (1986), "Problems of liberalization", in M. Armeani, A.M. Choksi and D. Papageorgiou (eds), *Economic Liberalization In Developing Countries*, London: Basil Blackwell.

McKinnon, Ronald (1982), "The order of economic liberalization: lessons from Chile and Argentina", *Carnegie-Rochester Conference Series on Public Policy*, 17.

McKinnon, Ronald (1991), *The Order of Economic Liberalization. Financial Control in the Transition to a Market Economy*, London: Johns Hopkins University Press.

Minsky, Hyman P. (1986), *Stabilizing an Unstable Economy*, New Haven CT: Yale University Press.

Ros, Jaime (1995), "Trade liberalization with real appreciation and slow growth: sustainability issues in Mexico's trade policy reform", in G.K. Helleiner (ed.), *Trade Policy and Industrialization in Turbulent Times*, London and New York: Routledge.

Taylor, Lance (1991), *Income Distribution, Inflation and Growth*, Cambridge, Massachusetts: MIT Press.

Tokman, Víctor and Daniel Martínez (1997), "Costo laboral y competitividad en el sector manufacturero de América Latina", in Edward Amadeo et al., *Costos laborales y competitividad industrial en América Latina*, Peru: OIT.

Williamson, John (1983), *The Open Economy and the World Economy*, New York: Basic Books.

Williamson, John (1990), "What Washington means by policy reform", in John Williamson (ed.) *Latin American Adjustment. How Much has Happened?*, Washington DC: Institute for International Economics.

World Bank (1991), *The World Development Report 1991: The Challenge of Development*, Washington DC: World Bank.

第十二章　通货膨胀、货币稳定和增长：结构主义模型的多重平衡

Jaime Ros

20 世纪 90 年代拉丁美洲经济表现的主要特点是恢复经济增长，整体速度较为平缓，国家表现形式多种多样。关注宏观经济稳定在经济恢复增长中的作用的文献不断增加，目前已经达到广泛一致，即货币稳定在经济复苏中即使没有扮演主要角色，也是重要因素之一。[1]但是，该领域文献的空白是对于经济增长到宏观经济稳定逆因果关系的分析。本章展示了泰勒结构主义宏观经济传统增长模型，其中通胀稳定使恶性均衡和高通胀低速增长状态，变为高水平均衡、低通胀高速增长状态。该模型基本观点是货币稳定能够引起投资回收、资金流入和实际货币升值良性循环，反过来强化了货币稳定过程。引发因素可能是异常物价、工资冻结、财政调整、"动物精神"回归、私人资金流入或者公共部门国际借款复苏。通常不止一个因素会产生影响，例如，智利 20 世纪 80 年代中期，财政调整之后是国际借款复苏，墨西哥 80 年代后期异常货币稳定伴随着债务免除，或巴西 1994 年中期以货币改革为基础的异常货币稳定和财政调整。

本章展示了 90 年代货币稳定和增长的情况，构建了分析框架，并将该框架应用于货币稳定效果测试。

一、通货膨胀和增长表现

表 12-1 概括了四组拉丁美洲和加勒比国家 20 世纪八九十年代通胀及增长经验（具体实验结果见附表）。第 1 组国家的特点是，将 80 年代后半段高水平通胀（三位数通胀甚至更高）在 90 年代成功控制住，快速稳定下来。实际上，该组四个国家均经历了恶性通胀阶段。第 2 组国家的稳定过程缓慢得多，更准确地说，成功稳定住中等水平通胀（高于 20%低于三位数通胀水平）。第 3 组国家平均通胀大多数低于 20%，不论是 80 年代后半段还是 90 年代；该组国家经济稳定，80 年代通胀没有超出控制范围。第 4 组国家没能成功稳定经济（直到 90 年代后期），90 年代大多数时间里，这些国家还是具有高水平或中等水平通胀，甚至在 80 年代后半期到 90 年代出现了通胀表现恶化。但 90 年代末，该组国家还是控制住了通胀水平。

表 12-1　拉丁美洲和加勒比地区的增长和通货膨胀

Group	GDP 年增长率（%）			通货膨胀率（%）			国家
	1981~1990 年	1991~1999 年	Change	1985~1990 年	1991~1999 年	1999 年	
1	-0.8	4.1	4.9	3301.7	9.4*	3.3	Arg, Bol, Nic, Per
2	1.8	4.1	2.3	35.5	9.5	5.4	Chi, Dom, Sal, Gua, Mex, Par
3	0.7	2.5	1.8	8.3	10.3	5.9	Bar, CRica, Haiti, Hon, Pan, Tri
4	1.2	2.4	1.2	209.2	141.4	19.0	Bra, Col, Ecu, Uru, Ven
Mean	0.8	3.3	2.4	691.2	41.6	8.4	

注：*1992~1999 年阿根廷和尼加拉瓜；1993~1999 年秘鲁（见本章附表）。
资料来源：本章附表。

如表 12-1 所示，90 年代增长表现的主要改善集中在两个国家组。80 年代通胀表现的不同，或许解释了当期第 1 组和第 2 组增长表现的重要不同，其中第 1 组通胀表现远差于第 2 组表现，第 2 组增长率高于第 1 组 2.6%。两组国家均在 90 年代成功稳定通胀，两组增长率倾向汇聚于每年 4.1% 的增长。但是，第 1 组的初始状态远差于第 2 组，故该组增长表现的变化是最大的（第 1 组增长 4.9% 而第 2 组增长 2.3%）。

第 1 组和第 2 组的对比指出了 80 年代高通胀对增长的负面影响，以及 90 年代货币稳定对增长复苏的积极作用。这种作用在第 2 组和第 4 组的对比中清楚地体现出来。80 年代，这两组经济体增长速度不尽相同（年增长率分别为 1.8% 和 1.2%），它们的表现在 90 年代明显不同，两组国家增长率差异达到 1.7%（分别为 4.1% 和 2.4%）。如果将海地包括进来，该差异会更大，海地是第 3 组和第 4 组之间的边界例子，落在第 4 组。[2]

当然，并不是所有增长率提高都可以通过通胀降低来解释。所有组别国家的 GDP 增长率均有明显改善，包括第 3 组国家，其 80 年代通胀从未失控过，以及第 4 组未成功稳定经济的国家。但是这种改善还是很小的：增长率平均增长只有 1.5%，不包括第 1 组和第 2 组。

二、分析框架

传统结构主义宏观经济中，分析框架是罗斯（1994）的精简版，借鉴并扩展了泰勒（1991）的敞口模型。与罗斯（1994）模型的重要不同是模型闭合。本书模型拥有实际汇率变量，而不是调整公共投资内生化情况，维持收支平衡。该改变希望抓住国内货币的实际升值，这对于拉丁美洲地区稳定进程至关重要。

（一）储蓄和投资

该经济具有三个部分：私有、国有和外资，分别用 P、G 和 F 代表。首先考虑储蓄投资等式：

$$i = i_G + i_P = s_G + s_P + s_F \tag{12.1}$$

其中，i 表示投资，s 表示储蓄，所有变量均为潜在产出 Q 的分数。私有和公有储蓄与潜在产出的关系：

$$s_P = s(1 - t)u \tag{12.2}$$

$$s_G = tu - c_G \tag{12.3}$$

其中，u 为产能（GDP/Q），s 为私有存款概率，t 为税收，以 GDP 分数形式显示，c_G 是公共消费（潜在产出的分数）。为了简化问题，我们忽略政府部门公共负债利息支出和私有或外资部门收入。[3]

私有投资（潜在产出的分数），假设具有预期盈利能力——取决于利润率和产能利用率，[4] 以及通胀率：

$$i_P = i_0 + \alpha u - \beta p, \quad \alpha, \ \beta > 0 \tag{12.4}$$

常数项 i_0 表示利率和投资利润率的影响。将产能利用率包括在投资功能中的证明如下：我们将经济设想为多个连续领域，在某一特定时点，一些将具有更高的预期产能利用率和正利润率，而其他领域将具有更低的预期产能利用率，以及为零的利润率。随着平均产能利用率上升，具有高预期利用率的领域增多，对投资利润率整体提高有利。不同领域短期收入需求弹性的不同，足以使总需求对不同领域产能利用率产生不同影响。

有充足的实证证据支持这种假设，即通胀对投资和增长有害。[5] 这些负面影响的原因可能包括：第一，高通胀使长期金融合同不复存在，其资源配置不当对未来回报造成更高的价格不稳定性和变化性。第二，没有完整的金融指数，通胀导致企业部门因更高的名义利率和金融成本提高带来的负债过早摊销。第三，预期实际利率和汇率的不确定性，尤其在没有指数的情况下，刺激资金流出，外国资产和国内投资成为替代品，对私有投资造成负面影响。这种效应可通过更高的利率来维持国内经济中的资金，或者通过提高私有资金流出维持对等利率。

有许多好理由和实证数据支持通胀和投资为非线性关系的观点（见布鲁诺和伊斯特利，1998）。一方面，通胀对投资的负面影响，只有在通胀达到一定程度时才会出现：低通胀并不是投资和增长的严重障碍，中等和高通胀具有超比例的有害影响。另一方面，高通胀率时，投资崩盘或经济体已经找到通胀影响抵御机制时，通胀率进一步上升对投资不太可能造成大影响。这在等式（12.4）中显示出来，系数根据通胀水平变化，低或高通胀率时，系数很小，中等水平通胀时，系数较大。

（二）外汇市场

考虑收支平衡等式。设外汇储备变化为零，外汇市场呈均衡状态，规定经常账户赤字（或外汇储蓄 s_F）和资本账户盈余相等：

$$s_F = d_P + d_G \tag{12.5}$$

其中，d_P 和 d_G 分别为流入私有和公共部门的外国资金。所有变量为潜在产出的分数。

经常账户赤字随着产能利用率（高利用率减少出口增加进口）上升，随着实际汇率（e 刺激净出口）下降：

$$s_F = mu - fe \quad m, f > 0 \tag{12.6}$$

为了简化，我们忽略经常账户服务。外部公共借款（d_G）内生化。低于最大水平（d_P^*）时，由于私有部门预算限制与私有储蓄、资产需求和私人投资相关，私有净资金流入内生化。忽略国内金融资产净收购，通常只是产出的一小部分，私有部门持有国外净资产变化必须加上金融盈余（$s_P - i_P$）。私有资金流入确定公式为：

$$d_P = i_P - s_P \quad d_P < d_P^* \tag{12.7}$$

政府在国外信贷市场受限，公共外部债务内生化，私有资金流入内生化。这一处理似乎对发展中国家更恰当，发展中国家近期具有大量资金外流和资金回流，超过全部内生资金流入，用二敞口模型和三敞口模型表示，信贷限制应用于大多数政府和私人部门。[6]

（三）通货膨胀

通胀等式从价格成本等式得出，假设劳动力加价和进口成本不变，工资通货膨胀的菲利普曲线和工资及汇率指数机制为：

$$p = \pi_0 + \pi_1 u + \pi_2 e \quad \pi_0, \ \pi_1, \ \pi_2 > 0 \tag{12.8}$$

目前，通胀率可以视为由惯性原件（π_0 基期通胀率）、需求波动影响（在 u 中有所反映），以及实际汇率波动决定。等式系数 π_1 和 π_2 反映劳动力和进口在国内生产中的比例（及工资对产能利用率的反应），以及工资和汇率指数机制。对目前通胀调整速度越快，幅度越大，系数越大，更高的当前通胀本身与基期值有关。

（四）潜在产出增长率

中期均衡时潜在产出增长率的定义完成了该模型，均衡时具有产能利用率不变的特点，一定等于 GDP 增长率（g）。因此：

$$g = vi \tag{12.9}$$

其中，v 为增加产出—资本比率，$i = i_G + i_P$。

（五）关闭模式

为了完成模型，必须采用实际汇率或公共投资如罗斯（1994）第一次完成模型的做法；公共投资之后内生化，达到外部平衡。这里，我们将使用公共投资，作为通胀稳定过程的关键特点，是实际国内货币升值的精确表现。实际汇率内生化，并向清理外汇市场的汇率值移动。

该模型可以简化至 4 等式系统。将国内储蓄等式［式（12.2）和式（12.3）］、经常账户赤字［式（12.6）］代入储蓄—投资等式，并解出 u，我们得到清理市场产能利用率水平。这是私有投资、实际汇率（提高净出口）以及公共支出水平（$c_G + i_G$）外生功能的提高。

$$u = z(c_G + i_G + i_P + fe) \quad z = 1/[s(1-t) + t + m] \tag{12.10}$$

将经常账户式（12.6）代入式（12.5），得到收支平衡等式，u、e 和 d_P 为内生变量：

$$mu - fe = d_G + d_P \tag{12.11}$$

将私有储蓄式（12.1）代入式（12.7），得到私有资金流入，为私有投资上升函数，产能利用率负函数：

$$d_P = i_P - s(1-t)u \tag{12.12}$$

最后，将通胀等式（12.12）代入私有投资函数得到：

$$i_P = i_0 - \beta\pi_0 + (\alpha - \beta\pi_1)u - \beta\pi_2 e \tag{12.13}$$

式（12.13）显示，产能利用率对私有投资具有两个相对影响：加速影响（参数 α），以及直接负面影响，因高产能利用率导致高通胀率（参数 $\beta\pi_1$），对私有投资具有消极影响。另外，高实际汇率对私有投资（u）具有紧缩影响，因其对通胀具有积极影响。

该模型可以进一步简化，通过强调式（12.10）、式（12.11）和式（12.12），共同得出政府部门预算限制：

$$c_G + i_G = tu + d_G \tag{12.14}$$

模型中，假定公共支出价值和政府外部债务已知，调整产能利用率，满足政府预算限制。这些变量和税率，完全决定产能利用率均衡值，不管其他外生变量和参数（包括私有投资和净出口函数）。[7] 设 u^* 为该产能利用率均衡值。从式（12.14）得：

$$u^* = (c_G + i_G - d_G)/t \tag{12.14'}$$

式（12.10）到式（12.14）确定了 4 个未知数：u、e、i_p 和 d_p。这些变量决定了经济增长均衡值，与外部平衡和不变产能利用率保持一致。模型中关键调整机制是产能利用率水平，产能利用率在产品市场和实际汇率不均衡时发生变化，而实际汇率调整保持了外汇市场均衡状态。

三、需求对增长率的限制

模型中含有两个不等量。当前产出高于产能（u 必须小于等于 1），该状态无法持续，资金流入不能高于 d_P^* 水平。我们假设产能利用率永远不会达到最高水平，重点关注中期路径，此时增长率受到需求限制。当 $d_P = d_P^*$ 时，我们认为经济处于外汇限制状态；当 $d_P < d_P^*$ 时，经济运行受到投资限制。

（一）外汇限制

私有资金流入达到最大值时，投资将受限，国内未来储蓄水平低于产能完全利用时国内产出水平，差额为外汇储蓄水平（外生性）。模型闭合相当于放弃私人投资功能，引入私人投资外国信贷限制。将式（12.14）代入式（12.12），得到相应的私有投资率：

$$i_P = s(1 - t)u^* + d_P^* \tag{12.15}$$

将式（12.14）代入式（12.11），令 $d_P = d_P^*$，得到实际汇率均衡值：

$$e = (mu^* - d_G - d_P^*)/f \tag{12.16}$$

增长率受外汇限制，因资金流入无弹性，资源利用和国内储蓄水平低于其潜在价值。这种意义上，除了本模型中实际汇率为内生变量以外，本模型类似于传统两缺口模型，并附有一个外汇限制条件。

模型闭合特点可通过简单的静力试验来说明［见式（12.14′）］。公共投资上升导致产能利用率均衡水平上升。这对私有投资产生刺激作用，尤其是国内储蓄对投资限制放宽，而这也引起了实际汇率贬值［见式（12.16）］，随着经常账户赤字在初始汇率水平上不断恶化。[8]

公共外部负债上升引起 u^* 下调［见式（12.14′）］。原因是更大量资金流入并没有引起政府提升开支，同时，这还引起货币升值，对净出口和产出有害。实际汇率下降到保持政府预算限制的必要水平。产能利用率达到更低水平的均衡值之后，私有储蓄投资对私有投资造成不良影响。

更大私有资金流入还会引起实际升值［见式（12.16）］：实际汇率必须下降，形成更大数额的经常账户赤字，与更大量资金流入配比（注意由于产能利用率均衡的限制，这是经常账户赤字上升的唯一途径）。不同于前例，随着大量资金流入放松私有投资信贷管制，其对私有投资具有积极影响。

大量公共外部债务（i_G 和 d_G 等量上升）资助的公共投资上升，导致产能利用率均衡值未受影响。私有投资保持不变，实际汇率下降，因面对大量资本账户盈余，收支均衡需要更大量的经常账户赤字。

（二）投资限制

资金流入保持在最大值以下，如前文所示，模型获得私有投资和增长率均衡值。私有投资和实际汇率均衡值的求解过程如下：将式（12.14）代入式（12.13），我们从（i_p, e）组合得到 IS 曲线，即产品市场均衡曲线。因实际汇率对通胀的影响，以及通胀对私有投资的不利影响，曲线下行。

$$i_P = i_0 - \beta\pi_0 + (\alpha - \beta\pi_1)u^* - \beta\pi_2 e \tag{12.17}$$

将式（12.14）和式（12.12）代入式（12.11），我们获得 BP 曲线，为收支平衡曲线。BP 曲线同样向下倾斜：私有投资上升改善了资本账户收支平衡，维持外部平衡需要实际汇率下降，提高经常账户赤字。

$$i_P = [s(1-t) + m]u^* - d_G - fe \tag{12.18}$$

私有投资和实际汇率均衡水平推导过程如图 12-1 所示。可以说增长率受限于投资活动，由于资源未充分利用，国内储蓄和私有资金流入低于它们的最高或潜在水平。与两缺口模型不同，资源未能充分利用的原因不在于缺乏外汇，而是投资水平过低，而这是由低水平公共投资或高通胀率对私有投资压制效果引起的。

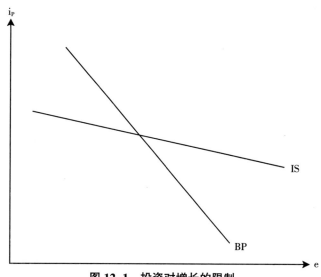

图 12-1　投资对增长的限制

外汇市场稳定要求 $f > \beta\pi_2$，所以 IS 曲线比 BP 曲线平缓。[9]假设条件满足，产能利用率对私有投资无强烈加速影响 $[\alpha < s(1-t) + m + \beta\pi_1]$，考虑公共投资和公共外部债务改变的影响。在采取外汇限制的经济体中，上述条件对实际汇率造成类似影响，原因相同：公共投资上升导致实际货币贬值（产能利用率均衡值上升，经常账户情况恶化），外部公共债务上升导致实际货币资本账户盈余改善而升值。但是，对私有投资的影响还不明朗。更高的公共投资提高了产能利用率和通胀（产能均衡值和实际汇率均提高）。对产能利用率的影响倾向于提高私有投资，而对通胀的影

响则倾向于减少私有投资。整体影响可能升高或降低产能利用率和引起实际升值的通胀，这取决于两个因素的影响力大小。对私有投资的整体影响可能为正也可能为负。

四、稳定和增长

如引言中所述，近期关于拉丁美洲经济改革对增长表现影响的研究文献中，似乎达成了某种一致，即 20 世纪 90 年代增长复苏的重要因素是成功的宏观经济稳定。如前文所讨论的，这就是为什么在 90 年代"成功案例"中，我们发现一些国家如阿根廷、秘鲁，起步于 80 年代末恶性通货膨胀，却能够稳定经济，重新控制住通胀问题。现在，我们使用前文展示的分析框架，对稳定和增长之间的关系进行分析。

图 12-2 上部分展示了投资限制、经常账户赤字模型闭包（s_F）、资本账户盈余（$d = d_P + d_G$），纵轴为收支平衡率，横轴为通胀率。通过将式（12.14）代入式（12.6），并使用式（12.8）消掉式（12.6）中的 e，获得经常账户赤字和通胀之间的关系（$s_F - p$ 曲线），即：

$$s_F = f\pi_0/\pi_2 + (m + \pi_1/\pi_2)u^* - (f/\pi_2)p \tag{12.19}$$

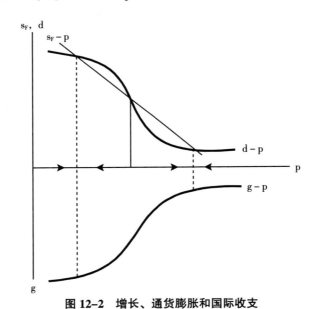

图 12-2　增长、通货膨胀和国际收支

该曲线负斜率的原因很明显：低水平经常账户赤字要求高水平实际汇率来产生足够高的通胀。

通过式（12.14），并将式（12.4）代入式（12.12），得出资本账户盈余和通胀关系（$d - p$ 曲线）等式：

$$d = i_0 - [s(1-t) - \alpha]u^* + d_G - \beta p \quad d = d_P + d_G \tag{12.20}$$

时间表斜率向下说明：更高的通货膨胀率抑制私人投资和刺激资本外逃从而减少资本账户盈余。考虑到通货膨胀和投资之间的非线性关系，d-p 曲线相对平坦并因非常高的通货膨胀水平而陡峭。图 12-2 下方的这些非线性增长的通货膨胀曲线（g-p 曲线）也是非线性的。g-p 曲线的方程从式（12.14）替换成私人投资函数得到，然后使用增长率的定义：

$$g = v(i_0 + i_G + \alpha u^* - \beta p) \tag{12.21}$$

非线性曲线可能导致多个均衡点出现，如图 12-2 所示。假设当总体的支出平衡出现赤字（因此 $s_F > d$ 时），实际汇率（通货膨胀率 $d > s_F$）上升，当出现盈余（$d > s_F$）下降时，三个平衡点中的两个为稳定状态——高增长低通胀和低增长高通胀，中等通胀和增长均衡点并不稳定。两个稳定均衡点中，高增长均衡点具有大量经常账户赤字，而低增长均衡点具有少量经常账户赤字。[10] 在稳定均衡点，通胀和投资互相影响。例如，在劣质均衡点，低水平投资意味着少量经常账户盈余，因为收支均衡需要少量经常账户赤字和相对较高的实际汇率。这产生高通胀率，保持投资水平低位状态。

低增长期框架中，20 世纪 80 年代债务危机后的高通胀和大量经常账户盈余，可以解读为高水平均衡向低水平均衡转移的结果。1982 年后公共外部债务紧缩，使 d-p 曲线向里平移，s_F-p 曲线向外平移，导致实际贬值，通胀加速和增长放缓。这样来看，高通胀和低增长是外国资金流负面冲击的结果，并互相影响，使经济维持在低水平均衡状态。

设想一个经济体，处于高通胀和低增长状态，这正是 20 世纪 80 年代拉丁美洲经济体的经历。劣质均衡状态的经济体可以通过四种途径（或者四者合一），转移到高水平均衡状态，即高增长低通胀。公共开支紧缩和公共外部债务提升可以降低产能利用率（u^*）均衡值，导致 s_F-p 曲线内移，d-p 曲线外移。减少低水平陷阱并消除劣质均衡。作用机制是经常账户赤字（d_G 上升时，资本账户盈余）下降，导致国内货币升值，有利于稳定和增长，而这两者又具有互相强化作用。

通胀等式常数项（π_0）下降由工资和价格冻结造成，因工资和价格冻结导致 s_F-p 曲线外移并消除劣质均衡。通胀下降初始状态并不包括实际升值和低通胀率对私有投资的直接积极影响。随后，高增长率对经济本身进行资助，也就是说：更高的私人投资产生资金流入，进一步降低通胀率（通过实际升值），对投资造成积极影响。"动物精神"（投资函数中常数项 i_0 上升）的复苏导致相似影响，使 d-p 曲线外移。常数项 i_0 上升导致私有资金流入上升，国内货币升值，通胀下降和私有投资上升。

以上所有情况中，经济均向高增长低通胀状态移动，通过稳定和高私有投资之间的自我强化过程，稳定刺激私有投资和增长；反之，高私有投资促进资金流入、实际增值和低通胀。但是，增长的最终效果，取决于经济体采取的特定行动方法。"动物精神"的复苏（i_0 上升）不仅改变了经济劣质平衡状态，还通过使 g-p 曲线外移〔见等式（12.21）〕，在高水平均衡状态提高增长率。通胀外生性下降（π_0 下降）自然对 g-p 曲线造成影响。相反，公共投资紧缩和公共外部债务上升导致曲线内移，对高水平均衡状态增长造成不良影响。资源使用均衡水平下降，对增长率具有直接消极影响，公共投资紧缩对增长造成的负面影响尤其巨大。

上述分析显示，增长复苏范围越广，初始状态越差。如前文所讨论的，这似乎就是真实状况：增长复苏越快，通胀下降幅度越大。另外，低通胀高增长均衡状态并不能保证增长的持续性。经常账户赤字规模与经济增长率相关，从某种意义上来说，不可持续的外部负债积累，可能会造成高水平均衡十分脆弱。这种情况下，私有部门最终将达到外部借款上限，接着经济便逼近外汇上限，造成缓慢增长和少量经常账户赤字。此外，以实际汇率升值成本为代价达到经济稳定，即使外部限制没有约束力，增长还是十分缓慢。许多拉丁美洲国家经济政策对快速增长和通胀控制相调和的同时，也将快速增长与持续性收支平衡目标相协调。

附表　拉丁美洲和加勒比地区的增长和通货膨胀

Country	GDP 年增长率（%）			通货膨胀率（%）		
	1981~1990 年	1991~1999 年	change	1985~1990 年	Average 1991~1999 年	1999 年
第一组						
Argentina	−0.7	4.7	5.4	1216.2	3.8[a]	−1.7
Bolivia	0.2	3.9	3.7	1383.9	8.5	2.4
Nicaragua	−1.5	3.2	4.7	8526.0	11.8[b]	7.7
Peru	−1.2	4.7	5.9	2080.5	13.4[c]	4.8
第二组						
Chile	3.0	6.0	3.0	21.1	9.0	2.6
Dominican Rep.	2.4	5.0	2.6	43.2	7.3	6.6
El Salvador	−0.4	4.4	4.8	23.8	8.3	−0.6
Guatemala	0.9	4.2	3.3	25.2	9.7	5.2
Mexico	1.8	3.1	1.3	71.7	19.3	13.9
Paraguay	3.0	2.1	−0.9	28.1	12.5	4.6
第三组						
Barbados	1.1	1.4	0.3	3.8	2.6	2.0
Costa Rica	2.2	4.1	1.9	17.6	15.6	9.4
Haiti	−0.5	−1.2	−0.7	7.6	19.1	10.1
Honduras	2.4	3.1	0.7	10.6	17.9	10.6
Panama	1.4	4.7	3.3	0.5	1.1	0.8
Trinidad and Tob.	−2.6	3.0	5.6	9.3	5.5	2.5

续表

Country	GDP 年增长率（%）			通货膨胀率（%）		
	1981~1990 年	1991~1999 年	change	1985~1990 年	Average 1991~1999 年	1999 年
第四组						
Brazil	1.3	2.5	1.2	855.8	565.5	8.0
Colombia	3.7	2.5	−1.2	25.7	20.3	9.7
Ecuador	1.7	1.9	0.2	45.6	37.9	53.5
Uruguay	0.0	3.2	3.2	83.1	36.0	3.4
Venezuela	−0.7	1.9	2.6	35.6	47.5	20.2

注：a. 不包括 1991 年的 84% 的通货膨胀率。b. 不包括 1991 年的 865.6% 的通货膨胀率。c. 不包括 1991 年 139.2% 和 1992 年 57.7% 的通货膨胀率。

资料来源：拉丁美洲经委会（1993，1999）。

注释

1. 见伊斯特利等（Eaterly et al.，1997）、费尔南德斯·阿里亚斯和蒙铁尔（Fernandez Arias and Montiel，1998）、劳拉和巴雷拉（Lora and Barrera，1998），以及斯托林斯和佩雷斯（Stanlings and Peres，2000）。

2. 海地记录了一个重要的通货膨胀恶化表现（从 20 世纪 80 年代后半期的 7.9% 到 90 年代的 19.1%），但通货膨胀率仍低于 20%。

3. 事实上，正如我们将看到的，我们应当忽视国内收购金融资产的私营部门，从而承担国内公共债务。

4. 类似的详述见洛斯奇（Rowthorn，1981）、达特（1984）、泰勒（1985）、巴格万和玛戈林（Bhaduri and Marglin，1990）及前文的斯泰纳姆（Steindl，1952）。

5. 见卡门第和马格瑞（Kormendi and Meguire，1985）、巴罗（Barro，1997）、布鲁诺和伊斯特利（Bruno and Easterly，1998），特别是拉丁美洲的卡多索和菲诗曼（Cardoso and Fishlow，1989）及德·格雷戈里奥（De Gregorio，1992）。

6. 目前的模型没有信贷配给，也不同于标准的开放经济模型，资本流入——公共的和私人的，都完全内生。此外，私人资本的流入不同于更传统的净资本流入，其是一个指定显式函数，然后对国内债券的需求被隐式地由私营部门预算约束。我们的方法也反映了不同的方法。外国资产和国内投资为密切替代品：即使利差保持不变，私人投资下降也将导致净资本流入减少。对于许多发展中国家而言，这似乎比传统的方法更合适，至少是由于一个原因：外国直接投资——一个顺周期性整体私人投资是私人资本净流入的一个重要组成部分。

7. 这个结果是假设的结果，假设国内私营部门金融资产的净收购是零。相关的公式见克里普斯和歌德利（Cripps and Godley，1993）。

8. 这是不同于蒙代尔—弗莱明模型的财政扩张，导致实际升值且没有输出增加。不同之处是由于这样的事实，在当前模型中没有国际资本流动。

9. 面对汇率的小幅增加，$di_p = -fde$ 是私人投资所需的变化，用来保持国际收支平衡，而 $di_p = -\beta\pi_2 de$ 是实际的改变。如果实际的私人投资下降小于所需的（$\beta\pi_2 < f$），资本流入大于所需的，且整个国际收支顺差伴随着对汇率稳定的影响而增加。

10. 当然，多重平衡只是一种可能性：基于图 12-2 右边的 d－p 曲线，此模型的特点是保持一个平衡的高增长和低通胀，而 s_F－p 曲线足够产生一个平衡的高通胀与低增长。

参考文献

Barro, R. (1997), *Determinants of Economic Growth*, Cambridge, Mass.: MIT Press.

Bhaduri, A. and S. Marglin (1990), "Unemployment and the real wage: the economic basis for contesting political ideologies", *Cambridge Journal of Economics*, 14, 375-393.

Bruno, M. and W. Easterly (1998), "Inflation crisis and long run growth", *Journal of Monetary Economics*, 41 (February), 3-26.

Cardoso, E. and A. Fishlow (1989), "Latin American Economic Development: 1950-1980", NBER Working Paper No. 3161.

Cripps, F. and W. Godley (1983), *Macroeconomics*, Oxford: Oxford University Press.

De Gregorio, J. (1992), "Economic growth in Latin America", *Journal of Development Economics*, 39 (July), 59-84.

Dutt, Amitava K. (1984), "Stagnation, income distribution, and monopoly power", *Cambridge Journal of Economics*, 8.

Easterly, W., N. Loayza and P. Montiel (1997), "Has Latin America's post-reform growth been disappointing?", *Journal of International Economics*, 43 (3/4), November.

Fernandez-Arias, E. and P. Montiel (1998), "Reforma económica y crecimiento en América latina durante la década de 1990", *Pensamiento Iberoamericano*, special edition.

Kormendi, R. and P. Meguire (1985), "Macroeconomic determinants of growth: cross country evidence", *Journal of Monetary Economics*, 16, 141-163.

Lora, E. and F. Barrera (1998), "El crecimiento económico en América Latina después de una década de reformas estructurales", *Pensamiento Iberoamericano*, special edition.

Ros, Jaime (1994), "Fiscal and foreign exchange constraints on growth", in A. Dutt (ed.), *New Directions in Analytical Political Economy*, Aldershot, UK and Brookfield, US: Edward Elgar.

Rowthorn, Robert (1981), "Demand, real wages, and economic growth", *Thames Papers in Political Economy*, Autumn.

Stallings，B. and W. Peres（2000），*Growth，Employment，and Equity. The Impact of the Economic Reforms in Latin America and the Caribbean*，Brookings Institution/ECLAC.

Steindl，Josef（1952），*Maturity and Stagnation in American Capitalism*，Oxford：Basil Blackwell.

Taylor，Lance（1985），"A stagnationist model of economic growth"，*Cambridge Journal of Economics*，9，383-403.

Taylor，Lance（1991），*Income Distribution，Inflation and Growth：Lectures on Structuralist Macroeconomic Theory*，MIT Press.

第五部分

超越新自由主义：企业、行业政策和竞争

第十三章　让企业重新参与进来

Helen Shapiro[1]

一、引言

在哈佛商学院的这五年里，笔者教授的是一门必修课——国际政治经济学。许多学生在探讨欠发达国家的政策方针时，都对市场力量代替政府主导决策资源分配的方法给予了绝对的支持。他们通常都对引进替代策略颇有微词，认为一个国家的生产结构主要取决于该国的相对优势，即较低的薪酬和自然资源等。尽管他们也承认，工业政策对东亚新兴工业化国家是有积极作用的，但他们对政府是否能进行公平、有效干预普遍持怀疑态度，认为国有企业应该私有化。总之，他们非常认同新自由主义方法，或所谓的《华盛顿共识》。他们设想，一旦价格恰当、贸易开放，私人组织就会热情、高效地开展投资。

十分讽刺的是，因为他们在上笔者的课的同时还参加了一项课题——迈克尔·波特（Michael Porter）教授的"竞争策略"。[2] 他们在这项课题中，戴着首席执行官的帽子却不是公共决策者，他们关注的是企业如何才能创造、利用竞争优势。他们强调，企业战略的基础不应该是短暂、非可持续的成本优势，譬如低薪酬和汇率的贬值，应该是非价格因素，譬如品牌识别、产品的质量和服务。显然，每班的学生都在暗自以不同的潜在概念，对产业结构和企业行动进行经营。从本质上讲，企业战略世界是寡头行业之一，业内都是创造、利用竞争优势的企业。相比之下，正统宏观经济政策的建议表明，竞争性业界的企业都是价格的接受者，而相应的价格是私有组织行为的主要决定因素。

不幸的是，这一概念性的精神分裂症仍在延续，商学院的课程并非特例。[3] 许多相同的欠发达国家的政府和企业领导已经接受了新自由主义改革，也接受了波特和他的竞争优势概念。他的书以发达经济的实证研究为基础，但现在已经广泛流传，而以类似框架进行工作的美国咨询公司，已经受到来自民间行业协会和类似政府的委托。实际上，这两个框架的兼容性假定仍然是不够明确的。

虽然"竞争力"这一术语席卷了整个热门论坛和经济话题，但与经济和商业战略文献仍然有很大区别。特别是，致力于宏观经济与发展中国家贸易政策的经济学家很少关注企业。[4] 在现在的政策圈中，已很少认为"适当调整价格"就足以维持欠发达国家的经济增长，工作的焦点集中在金融市场、监管机构等领域，互补水平制度改革的需求，以及国家本身或民间社会的社会行动者。如果当前发现经济发展的动力来自于私人组织而非国家，那么对企业分析缺乏重视就是一个特别明显的疏忽了。[5]

本章将阐明，经济学家应义不容辞地把企业重新加入到他们的分析和政策建议中[6]。十年前，夏皮罗和泰勒（1990）指出，尽管早期发展理论家将国家作为交易代理人，但他们对国家没有明确的理论，所以国家在资源配置方面优越的能力依然是不可动摇的。如果没能在欠发达国家环境中吸纳恰当的企业理论，将导致无法解释的异常结果，提高了决策失误的风险。

此外，因为此疏忽，还丢弃了企业战略概念优势点工作的政策阵地。虽然这些学者和咨询顾问的国际声誉和影响力有助于说服决策者，宏观改革本身不能创造一个让企业可以更有竞争力的环境，[7] 但他们的方法存在不足。正如下面将要讨论的，这种方法往往会降低国家在企业微观层面的发展，忽略了欠发达国家企业和政府历史和制度的特殊性。特别是，波特等的重点几乎完全集中在国有企业，而许多欠发达国家的产业是由跨国企业主导的。最后，本章将指出，这种方法为欠发达国家政策制定循环带来利益的一个原因在于，它仅仅适合政府在创造竞争优势中发挥特定的作用。许多欠发达国家产业专家更支持有针对性的产业政策，或对结构改革的实施提出质疑，与之不同的是，这种方法并没有明确地挑战宏观经济的优势。事实上，新自由主义改革受到了普遍支持，尽管其背后潜在的假设存在内部矛盾。

本章将回顾迈克尔·波特教授的理论，以及他以欠发达国家为框架进行的研究。选择波特的研究不仅是因为它的影响力，还是因为它明确地指示了企业竞争力对政府政策的影响。在他的研究里，列举的都是拉丁美洲欠发达国家。

二、欠发达国家的竞争优势

波特在他 20 世纪 80 年代的《竞争战略》一书中，评估了行业组织的理论对企业战略不完全竞争的影响。他认为，企业需要以"五力"为基础分析产业竞争力属性，并制定相应的战略。这五力包括企业用户购买力、竞争对手的等级和性质、新入行者的威胁、替代性产品的威胁以及企业供应商的供给力。因此，企业在寡头垄断行业所面临的压力远甚于竞争较为激烈行业。它们不能做被动的价格接受者，必须参与到竞争对手未来的行动中，创造不依赖于暂时现象（如廉价的劳动力）的竞争优势。

在他 20 世纪 90 年代的《国家竞争优势》一书中，波特延伸了他的框架，以阐述整个国家的经济成就。他认为，国家福祉的关键在于提高生产力，生产力发展的主体是企业，而不是政府。这本书提供了先进工业国 50 个成功出口行业的大量文档。在对这些案例进行研究的基础上，他得出结论，如果一个国家：①消费者是成熟而苛刻的；②企业面临的国内竞争是激烈的；③供应商行业是强大的；④熟练劳动力和基础设施是丰富的，那它就能催生具有国际竞争力的企业。他认为，在这"钻石四条"的强化中，政府起的作用虽然重要，但这种作用是间接的。

此项工作非常受欢迎，并被广泛引用，但也存在争议。[8]虽然它主要是以发达国家的企业为基础，但寻求相关经验的欠发达国家的政策制定者和商人也广泛地阅读了他的书。波特自己也支持并参与了贫穷国家的思想推广，论称："在我们明白穷国怎样变富之前，就已经了解了发达国家是怎样发达的。"[9]立足于美国的研究者和顾问已经承担了几项国家研究以及美国市中心的一个大型高端项目。[10]这样一本书——由迈克尔·费尔班克斯（Michael Fairbanks）和斯泰斯·林赛（Stace Lindsay）（波特咨询公司的咨询顾问）所著——《耕海：培育发展中世界进步的隐性资源》，受到了来自世界银行行长詹姆斯·沃尔芬森（James Wolfenohn）的书面护封认可（费尔班克斯和林赛，1997）。

总的来说，这些研究都承认，贫穷国家在发展进程初期必须依靠廉价劳动力和自然资源方面的相对优势，它们认为，如果缺乏有效的政策，即便有先天条件因素支撑也并不足以确保竞争优势。[11]此外，要真正看到，生产力以及因此带来的收入、进步和国家竞争优势最终必须依靠创新驱动。政府的作用是提高生产力因素，譬如劳动力熟练度、基础设施因素，支持各个产业，推动企业之间的国内竞争。

这些国家企业业绩疲软是政府和企业的失误造成的。政府因其扭曲价格（定价失当）、[12]保护主义和家长作风而遭受批评。费尔班克斯和林赛得出结论，支撑产业联系的是企业间薄弱的合作，客户的不理解、相对竞争地位的贫乏认知、进步整合的失败和政府的家长作风解释了安第斯企业无法拥有国际竞争力的原因。他们竟然还谴责了对传统相对优势来源的依赖，将其归咎于该地区经济增长的不足。他们指出，没有创新的基础，立足于廉价劳动力和资源的低成本策略是不可持续的。在某个地方，总会有某些人能够更廉价地开展生产，迫使企业（和国家）进一步削减工资。因此，"在自然资源方面具有巨大优势的发展中国家，在昂贵的劳动力水平和肥沃的土壤条件下，最终只能持续贫困，无法创造经济的增长"。

这些研究中有许多见解对拉丁美洲很有用处，其最大的亮点在于对企业的审视以及企业成功或失败背后的原因。虽然研究中也存在几点问题。

三、历史的教训和政府的政策

研究详细说明了过去政府政策对企业绩效的负面影响，但没有分析这些政策出现的历史背景，研究首次给出了建议。例如，费尔班克斯和林赛（1997）批评拉丁美洲国家依靠的是原材料出口，而非制成品出口。"当一个经济体结构对准自然资源出口，在竞争环境下就很少会有相应的投资，然而复杂的行业才可能取得更大的成功"。他们进而把这种结果归咎于进口替代政策："管理拉丁美洲经济体的主要范式一直是通过自然资源等先天条件的相对优势创造财富的幻象。很明显，进口替代政策……这种范式造就的进口替代政策将会失效。"

这描绘的是拉丁美洲历史上的无知，此后，ISI 政策的意图正是从原料生产向制成品生产转移。事实上，学者的许多建议是普雷维什（Prebisch）等在约 50 年前提出的。这个问题很重要，不仅仅是为了保证历史的准确性，政府对政策的影响也是原因之一。

似乎学者们都认同 ISI 政策的目的，但批评了它的手段，即通过保护主义和补贴政策造成价格的扭曲。企业不应依靠政府保护、补贴投入或货币贬值，因为这些因素不受企业控制，而且属于不可持续的优势。因此，他们认为，应该由市场来决定相对价格，因为政府操控机构往往会扭曲真实的市场信号，并限制企业保持自身战略地位的能力（费尔班克斯和林赛，1997，p. 177）。

华盛顿共识假设，在一个有潜在相对优势的国家，"定价适当"将会鼓励企业做出投资和生产的决定。与之不同的是，学者们建议企业忽视短期价格优惠，这无疑将有利于开发"相对优势"。他们建议出口更复杂的（即高端）产品，这是一个企业可以轻松应对由通货膨胀、工资或汇率上涨带来的成本增加的宏观证明。

更关键的是，最需要他们建议的企业可能恰恰是国企，它们在竞争激烈的细分市场中是价格的被动接受者，可能无法忽视短期相对成本。正如有人指出的，这个框架为获得某种可持续竞争优势的企业提供了一个合理的事后分析，分析了企业如何操作才能享受更高的利润收益。[13] 较难应用的是像哥伦比亚皮革生产商这样的企业，它们的质量、品牌辨识度和声誉还没有达到意大利同行的水平。

问题依然是如何就地转换投资和生产模式，用阿姆斯登（Amsden）的话来说，即"扭曲定价"或短时运营期间保护（保障）这些公司。或者，正如夏皮罗和泰勒（1990）认为的，"目前的问题是，格申克龙（Gerschenrron）的长期被遗忘的落后和惰性：需要的不只是一个市场信号，来取代以前的'平衡'，以加大非传统出口市场和投资项目的吸引力"。而波特认为，早期政府援助和保护的重要性与他调查的全球领先竞争对手并不相关，其他人强调，即使在工业化国家，政府支持同样重要。类似地，在拉丁美洲，公司的出口能力通常是作为竞争力的指标，是以 ISI 创建的原有工业为基础预测的。这些公司的投资和贸易模式受到路径依赖性的深刻影响，依然是与政府之间复杂相互作用的结果。[14] 费尔班克斯和林赛在"带部长去吃午餐"（确保政府支持的延续）或"行业重塑"之间提出的二分法是错误的。

四、跨国企业和贸易

考虑到波特的"钻石理论"，进口替代政策管理体制营造了一个对消费者而言相对轻松，但国内公司之间的竞争较小、供应商链薄弱、基础设施不健全的环境。面对较小、需要保护的国内市场，企业通过产品多种经营和垂直整合发展壮大。垂直整合也是对薄弱的供应网做出的回应。市场很集中，几乎没有创新的竞争压力。

　　整个拉丁美洲都已经废除了进口替代政策管理体制，开始贯彻执行自由贸易和结构改革。这些创造者支持这种政策，改变某些状况。进口获批，消费者对国内的企业就会有更多需求。进口会导致企业间产生竞争，并迫使企业提高效率、降低成本。企业能够以发展变化的策略去发掘商机，出口的基础是国家因素和需求优势。企业能够从最好的供应商那里得到货源，忽略占尽地利的本地供应商，从而迫使本地企业达到国际标准。

　　最近拉丁美洲的研究表明，企业对结构调整做出了各种不同的回应，这取决于发展经历和生产能力。[15] 改变总是来得迅猛，许多企业在调整适应巨大变化的环境方面十分吃力。然而正如预期之中，许多企业的垂直一体化大不如前。一些企业专门针对国内市场从事生产线或设备组件，或为进出口增添附加生产线。一些企业已成为进口组件的装配工或者已经停止大规模生产而成为进口商品的批发商。

　　但是，在政府未加干预的情况下，调整过程中没能营造适合各个层面企业生产的局面。外国企业居于特权位置，特别是在大多数国家贸易开放和汇率高估的背景下。波特的国家竞争优势，主要以先进的、工业化的国家为基础，主要专门应对国有企业。可是，事实上位于拉丁美洲的外国企业的地位毋庸置疑。该地区一个大型快速增长的制造业居然被外国公司大比例掌控，这令人十分震惊。它们一直在重要行业中居于主导地位，与参与的消费者、供应商同样重要。

　　据加里多和佩雷斯的统计，1996 年拉丁美洲 100 强企业销售份额如下所示：私营国家公司占 40.2%，私营外国公司占 57.3%，国有企业占 2.5%。[16] 私营国企所占份额相比 1990 年时的 45.9%有所下降。在阿根廷，500 强企业中跨国公司的销售份额从 1990 年的 33%飙升至 1995 年的 50%。[17] 拉丁美洲如果不讨论这些企业的作用，竞争力就无从谈起。

　　连在当地市场占主导地位的大型国有集团，也发现其自身并不能很好地应对贸易自由化。如前文所述，在 ISI 背景下，这些公司通过多样化及垂直整合不断成长。它们生产的许多产品无法交易，限制了出口市场及与进口商品的竞争力。在一个又一个国家，涌现出一批国有企业，它们组建合资企业，并向国外出售从汽车部件到牙膏再到啤酒的集中行业产品。跨国公司购买它们来增加新的利益，或增加进入当地停滞数年后重新增长的市场的机会。[18]

　　这些公司不是调查全球世界级供应商，而是简单地将其子公司整合到全球生产策略中。或者，它们将国家生产限制到特殊的产品线，然后使用进口产品进行补充。它们还能够在公司框架中提供出口市场。大量研究显示，跨国公司在该区域将导致"出口密集型"或"易出现赤字"工业化流程。[19] 在阿根廷方面，卡斯科夫（Kosacoff，2000）写道：

　　简而言之，数据表明生产行业具有贸易开放度及经济管制，来增加出口产品，不但包括部件或组件还包括成品。这表明逆垂直一体化的趋势会影响生产活动（从国外购买的部件及组件中可以看出）及商业化活动（从销售产品线及进口商品的完成方式中可以得出）。

此外……进口成品在后续销售（在 1991 年及 1992 年总进口份额约占 40%）中所发挥的重要性，使阿根廷工业的跨国公司的新位置的特征之一更加明显。从其他相应公司的部门进口产品的销售与当地生产商产品的销售同样重要，在某些情况下，更是如此。

对于阿根廷的许多企业而言，南方共同市场中企业内部贸易高于世界其他位置。在这方面，对阿根廷跨国公司主要下属公司代表组进行的研究显示，60%的进口产品及 78%的出口产品属于公司内交易。进口商品中，56%的属于投入品，40.4%的属于成品。

本文献与欠发达国家竞争力有关，并未考虑跨国公司全球策略在国家工业发展或收支平衡方面的衍生物。而且还未充分考虑在 ISI 背景下如何结合这些公司的历史，可获取的资源及操作速度将这些公司置于特权位置，而且，这些公司采纳了"竞争策略"，公司策略文献在咨询公司如何成为全球竞争对手方面不太有用，正如上文所述。在企业成为全球性企业后如何运作方面阐述了大量的信息。在这个世界上，它们不是被动的价格接受者而是支配并克服市场力量的专家。在某种程度上，企业通过出口精密产品成为"宏观经济证据"，更能够轻易地躲避因通货膨胀、工资或汇率导致的成本增加，正如费尔班克斯和林赛所建议，它们正是进行如此操作的企业。

对企业策略进行这种探察，有助于解释一些实行市场改革的国家在经济增长和贸易效益方面的异常结果。如果增长一直比预期的要慢，或贸易模式已经落后了（在这种意义上，他们还没有反映出一个国家潜在的相对优势），这种情况下，许多宏观经济学家就会指责政府的贸易自由化和结构改革进行不完全，相比之下，这部关于企业战略的著作提出了另一种解释——企业不太可能沿着比较经济静态分析预测的走向。即使政府"定价得当"，路径依赖、全球生产和贸易战略加上政府的干预，也都会比当前比价显露的优势对投资、生产和贸易决策造成更大的影响。

例如，20 世纪 80 年代拉丁美洲的研究表明，出口对比价的反应并不总是在预期之中。在巴西，博内利发现，20 世纪 80 年代后半期，尽管实际有效汇率、相对出口价格和单位劳动力成本显示相对竞争力受损，制造业出口总量依然持续攀升。他认为，这种对比价变化的滞后反应，有助于解释巴西企业的行动。由于出口市场渗透产生沉没成本，造成汇率升值，面对这种情况，企业还继续进行出口。[20] 哥伦比亚和墨西哥的出口研究文献列出了这种沉没成本对出口的影响，得出的结论是，已经参与过出口的企业对汇率变化的反应与新参与出口的企业是不同的[21]（这些结果表明，"得当"的价格可能不足以让企业的出口应对贸易自由化，因为进入出口市场需要相关的费用；可能还需要附加某些刺激）。

异常出口表现的另一个解释是，当国内市场停滞时，就出现一个现象——拉丁美洲企业将出口市场作为顺差的通风口。[22] 在巴西，计量经济分析表明，取代国内疲软需求的是生产能力利用率，它更能解释 20 世纪 80 年代的出口表现。[23] 在阿根廷，卡斯科夫发现，即便在 20 世纪 90 年代贸易自由化之后，一些公司仍然把出口作为顺差通路。这些公司往往是跨国公司子公司，是在进口替代政策下形成的，虽然进出口利益和/或专业化更大，但它们还不断为国内市场进行生产；它们的出口在国内经济活动中仍然是反周期的。

最后，20 世纪 80 年代末巴西经验的另一种解释是，行业内和企业内贸易越发重要了。在巴西，1980 年和 1990 年跨国公司负责的制成品出口比例分别为 38% 和 44%。弗里奇和弗朗哥（Fritsch and Fransco，1991）指出，1985 年跨国公司 3/4 的出口量都是跨国公司内部贸易。该假说认为，短期到中期运营中，与公司间贸易相比，公司内部贸易的价格弹性可能较低。

巴西和其他地区的跨国公司有所增加，内部贸易趋势可能会加强。而且，这些公司正在向区域投资和贸易策略转移。贸易协议促进了这种模式，如北美自由贸易区和南方共同市场协议，但也反映了企业试图在市场停业几年后理顺跨国生产。这些区域投资并不只是基于当前相对优势的指标，还反映了过去立足于 ISI 政策和/或政府征收出口目标的投资，以及未来预期的增长。在某种程度上，区域贸易自由化会促进专业化，子公司间贸易应该会增加，对汇率或其他相关成本因素的敏感性可能降低。[24]

在一些拉丁美洲国家进口自由化之前，许多出口在短期内没有表现出对价格的敏感性，对巴西而言，是由于以下原因：巴西国内产能过剩，与进入出口市场相关的沉没成本，与政府协定的出口目标，或全球网络中专门的出口生产能力。事实上，进口替代政策的逻辑有某一部分是迫使国内外企业进行不易逆转的大量投资，就像一辆装配好的汽车一样，不容易被拿走和转移。这种投资制约了企业的选择；它们随后被迫考虑要保护进入市场的投资和它们过去没有视为沉没成本的投资。出口过剩产能是一种选择；在其他情况下，企业承担了出口项目，而不是进一步为国内生产扩大进口。[25]

贸易自由化后，公司拥有了新的特权。然后各种依存关系仍然影响投资决定，现在他们能够使得附属子公司加入全球资源网络中。其诱因是质量和产品的标准化，而非价格。结果就是，一些供应商企业大幅缩水。以阿根廷汽车配件公司的数量为例，1994 年的数量还不到 20 世纪 70 年代的一半[26]。在巴西发生过相似的重大变革[27]。在阿根廷，钢铁和石化公司正被进口所排挤。这些行业很难取代。甚至相关对比的优势指标应该变换，在一些领域中，国内没有剩余的替代品去取代进口产品。

公司的策略文献强调实力强大的供应商产业的重要性，批评进口替代措施和庇佑支持创造薄弱的供应网络。恩莱特（Enright，1994）表示，进口贸易自由化既能为企业提供高质量的输入渠道也能对国内的供应行业产生竞争压力。然而，在这里，自由化的速度与国外企业面向全球采购的步伐紧密相关，令国内供应商绷紧了神经。一旦建立这些跨国链条，国内的生产者消失，重新组建的国内供应商处境会更难。

卡斯科夫强调说，在阿根廷，垂直非一体化和对进口日益严重的依赖，对为什么调整后的价格更高、输出比预期更大更慢做出了解释。近日，致力于墨西哥相关研究的莫雷诺·伯德（Moreno Bird）提出了相似的问题。[28] 通过使用收支平衡约束的增长模式，他向世人展示墨西哥进口需求的收入弹性在过去的 15~20 年里翻了一番。出口增长虽然可观，但是尚不足以进行补偿。结果就是产生了对增长更紧的收支平衡约束。莫雷诺·伯德指出，其主要原因是贸易自由化一时的影响所致。

关于不同企业对价格和汇率的变换做出的回应，将来要从实际出发认真研究。但是，如果本地的附属子机构都进入全球企业的脉络中，而且本地供应行业被削弱甚至摧毁，那么相关价格上的改变不可能导致跨国公司用本地产品去替代进口。

实际上，像墨西哥这样的欠发达国家已经目睹了组装业在出口方面取得的巨大成功，这无形中就被定义为与国内经济没有回向联系。在政府刺激和工资过低的基础上，国与国为这些行业展开竞争——或许是根据传统的利益比较指标，而且与竞争战略建议存在矛盾。因此，依赖于"导入型工业化"[29]策略，很好地证明了无论在产生足够的就业，还是出口增长（补偿进口），或是创建被波特概括为"竞争型"企业的方面都没有取得进展。

五、总结

近期国家的经济作用已经减弱，发展政策专家和机构对国家的关注是自相矛盾的。对独立民族国家的这种关注，是十分不和谐的，就好像它在一个号称全球化的时代，在一个正常商业市场运行一样。同时，企业是改革过程中的一个关键机构，却仍然为政治辩论所忽略。经济学家的基本假设仍然是政府更容易失误，而尽管市场有一些法规会调整各项事务。"市场"而不是企业，越来越多地被称为"参与者"（如"市场将做何反应"）。只要通过国家改革对宏观政策进行补充，仍然认为《华盛顿共识》是正确的。

虽然支持《华盛顿共识》是它的固有矛盾，但它对企业实际行为、企业战略文献、企业缺陷的描述和预测，为企业如何运作提供了重要的观察。将企业作为参与者清楚地显示出来有助于进行宏观调整。

然而，即使企业营销能力很强，较高的利润率也不能像费尔班克斯和林赛提出的那样，成为完整的"宏观证据"。[30]正如许多宏观经济学家对企业的忽略一样，这种路径，没有考虑大型政治经济的重要性，也没有联通微观与宏观间的距离。任何人都不能通过聚焦成功的企业和行业去推断一个国家的发展战略。

更重要的是，企业理论和拉丁美洲实际进行中的转型过程带来的问题是，对"竞争性企业"有益的对国家发展是否也会更有利。莫雷诺·伯德的研究展现了，哪种重要的公司子集工作可以使国民经济更容易在收支危机中保持平衡，并放缓中短期的经济增长。而且，它可能对企业避开价格敏感的市场竞争有一定意义，让企业既不再依赖于不受其控制的低工资，又不需要雇佣更多员工。

注释

1. 作者要感谢威尔逊·佩雷斯（Wilson Peres）和卢·威尔斯（Lou Wells）在拉丁美洲研究协会上提出的、对这章节早前版本的有用意见，芝加哥，1998 年 9 月 24~27 日。

2. 特别是基于竞争战略（1980）。

3. 经济学中，内生增长的定义、不确定性下的投资、不可逆性和路径对微观基础和公司依赖的增加，它们几乎没有影响发展中国家的宏观经济稳定和重组政策。这在某种程度上反映了经济学专业内的知识分工和将理论转化为政策的困难。这也不是一个新问题。类似工业组织的工作不完全竞争和垄断行为——波特著作中的经济基础及标准贸易理论的假设和政策影响导致学科内的失调。当这两个领域被保罗·克鲁格曼和其他人在战略贸易理论下研究时，讨论仍主要在理论领域。在某种程度上，它对政策有一个直接影响，在先进的工业国家，部分是在东亚的新兴工业化国家，政策的应用程序后来被克鲁格曼否认。它并没有影响宏观经济或最不发达国家的贸易政策。

4. 兰斯·泰勒显然是一个例外。他是为数不多的用他的模型研究发展中国家企业异质性和产业结构合并的宏观经济学家。见阿姆斯登等（Amsden et al.，1994）、伯格和泰勒（即将出版）。

5. 塞尔索·加里多和威尔·逊佩雷斯（Celso Garrido and Wilson Peres，1998）得出了一个类似的观点。

6. 这明显地使用了埃文斯（Evans）、瑞斯其密尔（Reuschemeyer）和斯考切波（Skocpol）的有影响力的书，使国家回到阿姆斯登（Amsden）的《在世界发展》（1997）中描述的"将生产带回"。例子是进行产业结构和公司战略的经济学家持此观点，并在有关拉丁美洲的文献中提供了全面的研究，见卡茨（Katz，1996）、科萨克（Kosacoff，2000）和佩雷斯（Peres，1998）。

7. 感谢威尔逊·佩雷斯指出这一点。

8. 一些评论家认为这是一种事后分析成功的公司，并提供小的如何建立所需的增长的建议（索罗，1990）。其他人并没有直接提出波特的理论，他们担忧竞争力的概念，认为相关的需求和运行一个公司的概念框架不同于那些需要被管理的国民经济（克鲁格曼，1994）。

9. 《哈佛商学院研究评估印度的竞争力》，《哈佛商学院公报》1995 年 2 月。

10. 包括恩莱特等（1994）、费尔班克斯和林赛（1997）。

11. 见恩莱特等（1994）在委内瑞拉的纸浆、纸张和与石油相关的行业。

12. 恩莱特和斯科特·萨维德拉（1994），第 14 页。

13. 见索罗（1990）。

14. 见尤菲（1994）。

15. 科萨克（2000）展示了公司在阿根廷，如何被大多数宏观经济模型无差别和没有回应地对待。

16. 加里多和佩雷斯（1998），第 37 页。

17. 科萨克（2000），第 2000 页。

18. 见佩雷斯（1998）和科萨克（2000）。

19. 墨西哥，见杜塞尔·彼得（1996）、拉斯帝格和罗斯（1999），以及莫雷诺·伯德（2000），第 4 章。

20. 波尼利（1992）。更多对巴西出口和出口政策相关资料，见夏皮罗（1997）。

21. 哥伦比亚，见罗伯茨和蒂波特（1995）；对墨西哥来说，见马罗尼和阿塞维尔（1995）。

22. 研究显示产能利用率为最不发达国家出口产品的一个重要决定因素，见法伊妮（1994）、莫兰（1988）和萨克斯（1989）。

23. 在巴西，出口集中在长期资本密集型的中间产品，供给在短期内相对缺乏弹性，见巴蒂斯塔（1993）。类似的趋势在墨西哥的 20 世纪 80 年代，当时化学、汽车和金属力学行业成功将 10%~15% 的生产转向出口（卡塞尔，1994）。

24. 在某些情况下，政府的政策实际上强调这种厂商之间和公司之间的倾向。例如，汽车公司在南方共同市场已经允许进口不是本地生产的零部件和模型，主要比那些没有本地生产的企业更容易。见科萨克（2000，pp.60-61）。在显示比较优势的基础上，一些人认为南方共同市场鼓励不正当的贸易模式，即非南方共同市场的国家的低成本进口被高成本进口取代。虽然这些政策影响贸易决定，但它们也反映企业的区域性策略可能不是基于比较优势指标。例如，美国福特几乎不出口到欧洲，这一决定并不仅仅基于比较成本。此外，美国占世界汽车贸易的份额掩盖了美国公司在全球生产和贸易的角色；基于国家贸易的显示比较优势的指标掩盖了这一点。见耶兹（1997）和德夫林（1996）关于南方共同市场的讨论。

25. 见夏皮罗（1994）如何应用于巴西和墨西哥汽车工业。

26. 科萨克（2000），第 2000 页。

27. 见珀斯楚马（1997）。

28. 见莫雷诺·伯德（2000），第四章。

29. 杜塞尔·彼得（1996）所使用的术语是指自 1988 年以来涉及的墨西哥。

30. 费尔班克斯和林赛（1997），第 41 页。他们的上下文中使用的术语用来鼓励企业增加出口高端产品，这将使企业转嫁成本上升的通货膨胀、工资的增长或汇率升值更加容易。恩莱特等（1994）认为，在缺乏良好的宏观经济环境的情况下，所有其他政府政策都将会失败。

参考文献

Amsden，Alice（1997），"Editorial：bringing production back in by understanding Government's economic role in late industrialization"，*World Development*，25（14），469-480.

Amdsen，Alice，Jacek Kochanowicz and Lance Taylor（1994），*The Market Meets its Match：Restructuring the Economies of Eastern Europe*，Cambridge：Harvard University Press.

Batista, Jorge Chami (1993), "A insercao das exportacoes brasileiras no comercio internacional de Mercadorias: uma analise setorial", 23 Estudos BNDES, Rio de Janeiro, September.

Berg, Janine and Lance Taylor (forthcoming), *External Liberalization, Economic Performance and Social Policy*, New York: Oxford University Press.

Bonelli, Regis (1992), "Fontes de crescimento e competitividade das exportacoes Brasileiras na decade de 80", *Revista Brasileira de comercio Exterior*, April–June.

Casar, Jose I. (1994), "Un balance de la transformation industrial en Mexico", mimeo for Programa CEPAL/IDRC de Estudios sobre Organizacion Industrial, Sistema Innovativo y Competitividad Internacional, Santiago, May.

Devlin, Robert (1996), "In Defense of Mercosur", *The IDB*, December.

Dunning, John H. (1992), "The competitive advantage of countries and the activities of transnational corporations", *Transnational Corporations*, 1 (1), February.

Dussel Peter, Enrique (1996), "From export–oriented to import–oriented industrialization: changes in Mexico's manufacturing sector, 1998–1994", in Gerardo Otero (ed.), *Neoliberalism Revisited*, Boulder, Co: Westview Press.

The Economist (1997), "Murky Mercosur", July 26.

Enright, Michael and Edith Scott Saavedra (1994), "Executive summary of Venezuela: The Challenge of Competitiveness", Harvard Business School Working Paper, 95–040, November.

Enright, Michael, Antonio Frances and Edith Scott Saavedra (1994), *Venezuela: el reto de la competitividad*, Caracas: Editiones IESA.

Evans, Peter, D. Rueschemeyer, and T. Skocpol (eds) (1985), *Bringing the State Back In*, Cambridge: Cambridge University Press.

Faini, Riccardo (1994), "Export supply, capacity and relative prices", *Journal of Development Economics*, 45 (1).

Fairbanks, Michael and Stace Lindsay (1997), *Plowing the Sea. Nurturing the Hidden Sources of Growth in the Developing World*, Boston: Harvard Business School Press.

Fishlow, Albert (1991), "Liberalization in Latin America", in T. Banuri (ed.), *Economic Liberalization: No Panacea*, Oxford: Oxford University Press.

Fritsch, Winston and Gustavo H.B. Franco (1991), "Politica comercial, de competicao e de investimento estrangeiro: analise da experiencia recente e proposta de reforma", Discussion paper no.63, FUNCEX, October.

Garrido, Celso and Wilson Peres (1998), "Las grandes empresas y grupos industriales Latinoamericanos en los anos noventa", in W. Peres. (ed.), *Grandes empresas y grupos industriales latinoamericanos*, Mexico: Siglo ventiuno editores and CEPAL.

Hikino, Takashi and Alice Amsden (1994), "Staying behind, stumbling back, sneaking up, soaring ahead: late industrialization in historical perspective", in W. J. Baumol, R.R. Nelson and E.N. Wolff, (eds), *Convergence of Productivity*: *Cross-National Studies and Historical Evidence*, New York: Oxford University Press.

Katz, Jorge M. (ed.) (1996), *Establizacion macroeconomica*, *reforma estructural y comportamiento industrial*, Santiago de Chile and Buenos Aires: CEPAL and Alianza Editorial S.A.

Kosacoff, Bernardo (ed.) (2000), *Corporate Strategies under Structural Adjustment in Argentina*, New York: St. Martin's Press.

Krueger, Anne O. (1992), "Conditions for maximizing the gains from a western hemisphere free trade agreement", IDB-ECLAC Working Papers on Trade in the Western Hemisphere, WP-TWH-6, July.

Krugman, Paul (1994), "Competitiveness: a dangerous obsession", *Foreign Affairs*, March-April, 28-44.

Krugman, Paul (1996), "A country is not a company", *Harvard Business Review*, Jan.-Feb.

Lustig, Nora Claudia and Jaime Ros (1999), "Economic reforms, stabilization policies, and the 'Mexican Disease'", in Lance Taylor (ed.), *After Neoliberalism*: *What Next for Latin America*, Ann Arbor: University of Michigan Press.

Maloney, William F. and Rodrigo Azevedo (1995), "Trade reform, uncertainty and export promotion: Mexico 1982-1988", *Journal of Development Economics*, 48.

Moran, C. (1988), "Manufactured exports for developing countries: a structural model", *World Bank Economic Review*, 2 (3).

Moreno Brid, Juan Carlos (2000), "Essays on the balance of payments constraint with special reference to Mexico," Ph.D. dissertation, Faculty of Economics and Politics, Cambridge University, October.

Peres, Wilson (ed.), (1998) *Grandes empresas y grupos industriales latinoamericanos*, Mexico: Siglo ventiuno editores and CEPAL.

Porter, Michael (1980), *Competitive Strategy*, New York: Free Press.

Porter, Michael (1990), *The Competitive Advantage of Nations*, New York: Free Press.

Posthuma, Anne Caroline (1997), "Autopecas na encruzilhada: modernizacao desarticulada e desnacionalizacao", in Glauco Arbix and Marco Zilbovicius (eds), *De JK a FHC*: *A Reinvencao dos Carros*, Sao Paulo: Scritta.

Roberts, Mark J. and James R. Tybout (1995), "An empirical model of sunk costs and the decision to export", Policy Research Working Paper 1436, World Bank, International Economics Department, International Trade Division, March 1995.

Roberts, Mark J., Theresa A. Sullivan, and James R. Tybout (1995), "What makes exports boom? Evidence from plant-level panel data", paper prepared for World

Bank research project "Micro Foundations of Successful Exports Promotion" (RPO 679-20), preliminary draft, December 18.

Rodrik, Dani (1996), "Understanding economic policy reform", *Journal of Economic Literature*, 34 (1), 9–41.

Sachs, Jeffrey (1989), "Introduction", in J. Sachs (ed), *Developing Countries Debt and Economic Performance*, Chicago: University of Chicago Press.

Sachs, Jeffrey D. and Andrew M. Warner (1995), "Natural resource abundance and economic growth", NBER, Cambridge, Mass, December, Working Paper 5398.

Shapiro, Helen (1994), *The Engines of Growth: The State and Transnational Auto Companies in Brazil*, Cambridge: Cambridge University Press.

Shapiro, Helen (1997), "Review of export promotion policies in Brazil", *Integration and Trade*, 1 (3), Sept.–Dec. 69–91.

Shapiro, Helen and Lance Taylor (1990), "The state and industrial strategy", *World Development*, 18 (6).

Thurow, Lester (1990), "Global trade: the secrets of success", *New York Times Book Review*.

World Bank (1991), *World Development Report 1991*, Oxford and New York: Oxford University Press.

World Bank (1997), *World Development Report 1997*, Oxford and New York: Oxford University Press.

Yeats, Alexander (1997), "Does Mercosur's trade performance raise concerns about the effects of regional trade agreements?", Research Policy Paper, 1729, February, World Bank.

Yoffie, David (ed.) (1994), *Beyond Free Trade*, Boston: Harvard Business School.

第十四章　微观—宏观的相互作用、竞争力和可持续性

José María Fanelli[1]

一、引言

　　20 世纪 90 年代，拉丁美洲（LA）有两个突出的特点，连续实施以市场为导向的改革，以及全球化日益增长的影响力。因此，如今拉丁美洲经济体结构出现了本质改变。在战后时期，国际贸易和资本流动更加开放，国内市场也更加自由。在这个新背景下，关键宏观经济指标开始好转，比如通胀率令人振奋，同时与债务危机时期相比，经济的增长前景也更为乐观。然而尽管如此，过去实现增长率可持续发展的挑战，以缩小与发达国家的收入差距，并不比近几十年来容易。以市场为导向的改革遇到两个障碍：一是拉丁美洲市场欠发达。在生产要素、服务和商品市场方面的严重失灵，往往会显著影响市场结果的最优性。二是制度建设薄弱。如此一来，政府干预和法规往往很低效。这两个因素成为发展更密集型市场结构的严重障碍，而这种类型的市场结构往往能很好利用市场自由化的潜在效益。在这种市场失灵和制度薄弱的环境下，政策制定者对经济发展进程中出现的生产力增长、宏观经济稳定和全球经济一体化之间复杂的交互作用，管理能力有限。它们不确定是依靠自由市场调控还是依靠政府制度调控。

　　了解发展进程和改进政策设计的一个主要困难是，生产力、宏观经济稳定、世界经济一体化和体制问题很难在一个分析框架内融合到一起，华盛顿共识（WC）试图在 20 世纪 80 年代构建这样一个框架。华盛顿共识将从具体发展经验的分析和"自由化"方法对发展理论的理论贡献中得出的经验教训结合到一起。其很有效地揭示了旧发展模式的低效和矛盾。旧的发展模式主要是基于进口替代和国家干预，以及为了解除市场限制、减少国家规模和职能，而去建立新的指导方针。事实上，其普及的部分原因是其可以大范围呈现它政策设计的整体框架，并且在这个区域内，大家都拥护该经济和体制因素。很多发展中国家将华盛顿共识的政策建议付诸实践，得以成功消除很多旧发展模式，比如广泛分散的高保护率，以及国家过度参与控制生产和高通货膨胀率的行为。

　　然而，今天，华盛顿共识方法和全球化正在审议。经过十多年的改革，经济增长、生产力和宏观经济稳定方面，并没有达到预期效果，追赶发达国家的进程还远远落后，社会公平方面也没有得到改善。事实上，华盛顿共识方法很明显的不足是，对如何具体提升生产力并不清楚。这在华盛顿共识的政策建议里表现得很明显。通常明确认为市场放松管制和向外发展（即没有扭曲的世界经济一体化），是保证生产率呈上升趋势的充分条件。[2] 但最近拉丁美洲的经验表明，尽管如此，仅市场放松管制政策，可能不足以充分利用私营部门的创造力来提高生产率。在这方面，该愿景致命的缺陷是，它淡化了市场失灵和即时调整成本的作用。假设产品和生产要素市场自由化后运营良好，当然，在发展中国家因为市场知识、劳动力、服务和金融基础设施，普遍存在不完善之处，这种自由化也不能保证。这些市场对生产力的发展起着决定性作用。同样，华盛顿共识也趋于淡化严重的宏观经济不平衡现象带来的永久效应，这种现象通常在微观层面遵循自由化，如积累技能的丧失和长期失业的损失。

　　但除了 20 世纪 90 年代下半叶长期发展的生产力之外，龙舌兰酒行业、亚洲和俄罗斯金融危机催生了新的问题，即发展中国家在规避危险的同时，如何利用全球化和市场经济的确切办法。这也是不确定性方面的最重要来源之一。事实上，有些出乎意料的是，一些非常成功的对外型国家，像韩国和其他实力型国家，也经历过严重的宏观经济失衡，其中伴随着拉丁美洲国家一些不稳定性的特征，如货币攻击、金融脆弱性以及活动总量的急剧下降。这些事实证明，国际资本市场职能也存在不完善，即使是最成功的国家，在这种情况下，对外型本身并不足以保护某一国家免受资本流动波动的危害。同样地，在国内，危机表明，宏观经济的不稳定性、金融脆弱性与企业的资本结构之间也是密切相关的。

　　近来拉丁美洲国家发展的不确定性并不重要。拉丁美洲国家近期的几个例子就足以表明这种不确定性的特征。阿根廷采取冒险的华盛顿共识战略，与 20 世纪 80 年代相比，其经济增长速度大大加快。但是它的经济还是遭受到龙舌兰效应、亚洲和俄罗斯金融危机的严重打击。改革无法从根本上改变过度的经常账户赤字趋势，而这在进口替代时期一直是阿根廷的经济结构特征。因此，如今的问题不仅是经济是否能维持 90 年代的平均增长速度，还有其是否能够满足外部金融的义务。智利也一贯遵循华盛顿共识战略，十多年来增长表现一直很优秀，几乎不受墨西哥货币贬值的影响，但是智利当局也无法逃脱 1998~1999 年新兴市场的经济动荡。显然，智利经济的出口多样化程度低，造成了该国家不能很好地抵挡贸易条件的冲击。事实上，无论是阿根廷还是智利，都不能摆脱传统的依靠自然资源以扶持其净进口精密工业产品的现状（Fanelli，2000）。开放性基本上有利于自然资源密集型行业非传统出口的发展。另外，90 年代，该地区的两大经济体——墨西哥和巴西的经验，尚不够鼓舞人心。它们的经济增长速度均低于智利和阿根廷，而且经历了严重的宏观经济失衡时期。

　　除了这些国家的各种经验，拉丁美洲稳定性和结构改革的经验，也可以确认这些典型事实。[3] 本章有助于强调以下三方面事实，它们都与宏观经济、世界经济一体化和金融中介相关：

（一）宏观方面

货币和汇率制度对微观结构不存在中和效应，因此可促进经济增长。

名义因素通过对预期值和相对价格波动的作用影响竞争力，尤其是影响实际汇率。

虽然宏观经济不稳定性可能会阻碍生产率增长，但宏观经济稳定性既不是持续增长的充分条件，也不是推动力。

（二）世界经济一体化

进入国际资本市场的不完善的渠道，会导致两个重要后果。首先，它会造成流动性约束，使得"竞争力"成为制约短期宏观经济平衡的关键因素，另外也是决策者长期关注源。其次，不完善的准入国外信贷市场，对生产率的增长有着显著影响，这使得它难以管理风险，将严重制约资源跨期配置。

在微观层面，贸易专业化模式，通过对经常账户的进程和可持续性的作用，影响宏观经济稳定性和增长率。

（三）金融弊端

在宏观层面，金融缺乏深化（即生产力周期和总体演进），会影响企业的资本结构、投资行为以及政府执行反周期政策能力。此类情况下，经常出现"双重危机"，对金融深化和宏观经济动态造成长期的负面影响。

金融因素关系到经济的生产力和竞争力，以至于在金融资源配置中存在反创新或反贸易偏见。

总之，在当今的拉丁美洲国家，生产力落后、金融脆弱性，以及国际收支平衡问题，都是经济政策讨论的核心问题。此类讨论中，竞争力概念及可持续增长进程主导着整个讨论。但这两个概念的含义，在通常的使用过程中非常含糊。本章主要阐述竞争力和可持续性的意义所在。

在新兴国家背景下，理解竞争力和可持续性意义的障碍除了重要的例外情况，一方面是在竞争力与可持续发展之间缺乏交互作用的系统分析，另一方面是生产力、宏观经济平衡与国际一体化。我们先前提到的大多数典型事实中，都隐含着这种交互作用。本章的第二个重要目的，是探讨一种假说，假设宏/微观交互作用的认识可能是理解这些问题的关键因素。笔者在之前的文章中界定了宏观—微观交互作用概念（法奈利和弗伦克尔，1995）。基本上，将主要探讨五个假设：

Ⅰ.宏观经济失衡可能会对微观经济结构产生永久性影响。

Ⅱ.名义与实质程度的交互作用产生实际影响。

Ⅲ. 当市场不完备时，金融方面受到实际影响。

Ⅳ. 市场失控造成宏观经济层面上的协调失灵。

Ⅴ. 产业欠发达也是市场创新以及政府提供调控手段来弥补市场失灵的一个障碍。

本章分为三部分。第一部分分析了假设Ⅰ和假设Ⅱ，目的在于为理解宏/微观交互作用提供一个框架。它强调价格刚性、流动性约束和国际金融市场失灵的作用。第二部分分析了假设Ⅲ和Ⅳ，对假设Ⅴ做了简短评述。第三部分运用框架来分析竞争力和可持续性的概念。宏观经济因素、生产力和金融稳定性相互间的联系，存在系统检测。

二、微/宏观的联系和名义变量

（一）趋势和周期

假设Ⅰ认为，宏观经济失衡可能会对微观经济结构和增长潜力产生永久性影响。这一假设，在关于经济政策的讨论中非常合理。然而，在分析层面上，很少有研究对此提出理论基础。也许，对宏/微观关联分析稀缺的原因是，直到最近有关经济增长趋势和周期之间的区别的经济理论才迅速增多。历来，商业周期理论家分析数据趋势，并将趋势作为周期的外生变量，而增长理论家们则侧重于描述长期增长路径特征。该方法的严重弊端是，无法解释随机趋势的存在（阿基翁和豪伊特，1997）。在某些情况下，认为宏观经济失衡可以永久性地影响微观结构（法奈利和弗伦克尔，1995）的观点，意味着暂时性的冲击可能嵌入长期的发展路径，因此，这一观点与某些内生增长模型方法相一致。有趣的是，在这方面，虽然有这样的事实——在发展中国家，宏观经济的过度不稳定性以及经济增长缓慢这种现象并非个例——但直到最近，才有人尝试对波动或持久/严重不平衡期对增长趋势的影响做系统性的分析。[4]

然而，必须强调的是，暂时性的冲击既可阻碍增长又可促进增长。例如，如果实际汇率在较长时期内被人为地维持在低水平，这可能会长期削弱贸易部门的生产能力。但是，我们也很容易想到，这种临时的热潮也会带来持久的正向效应。假设，降低汇率引起资本流入激增，那么，贷款受限企业就可以在较长时间段内拥有额外流动资金。如果学习和技能积累与物质资本积累互补，那么柔和的流动性约束将带来较高投资率，可对生产力产生永久性的正面影响。20世纪90年代，像阿根廷和秘鲁这样的国家曾运用过这种机制。总之，当假定趋势是随机的，那么不只是暂时性的冲击对经济有影响，短期宏观经济调整路径的特点更会引起经济长期持续的负面效应。这一事实是政策制定者关注的一个主要来源。

从相关经验来看，显然微观相互作用的必要条件是宏观经济发展不平衡。此条件下我们的方法不同于经济理论中通常明确的但在政策讨论中隐含的几个二分法。这是假设Ⅱ认为介于实际和名义值之间的二分法无效，而假设Ⅲ认为将财务决议与实际决议分离后会产生不便的原因。我们将简单讨论这些问题。

（二）实际与名义值之间的二分法

在宏观经济学中，有关名义与实际变量之间相互作用的讨论已经存在很长时间。事实上，宏观经济学得以存在的根本原因，是有数据驳斥了传统微观经济学的假设变量，例如，总体价格水平的绝对值不会对实际状况产生影响。在这个意义上，假设Ⅱ并没有表达任何新的概念。然而传统宏观经济学文献，与我们所讨论的微观相互作用问题并不相同。在宏观经济学中，通常认为名义变量对实际变量所产生的影响只是短期的。从长期角度来看，因为实际变量的平衡值不受名义变量的影响，所以名义变量的影响一定会逐渐减弱。与这个观点相对，本书明确提出长期平衡值会受到短期失衡的影响，而且由于这个原因，趋势和周期并不是独立存在的。

本章将会对假设Ⅱ进行展示，有利于后文对选择汇率和货币体制所进行的讨论。本章将会运用简单模型来例示名义/实际二分法及短期失衡如何引起长期的实际变化。在小型开放经济体中，若假设市场中的商品、服务和金融资产的套利完美，市场主体完全掌握市场动向，则处于这种平衡时，一定成立的是：

$$\varepsilon = \pi - \pi^* \tag{14.1}$$

$$\pi = \theta - g \tag{14.2}$$

$$r = r^* + \varepsilon \tag{14.3}$$

等式（14.1）中，相对 PPP 条件成立，所以国内货币的贬值率（ε）恰好等于国内通胀率（π）与国际通胀率（π^*）的差值。相同地，如果价格可变，且金融市场正常发挥作用，货币将处于中立状态，膨胀率等于货币名义供应增长率（θ）与经济增长率（g）之间的差值。在资本完全流通的状态下，未抵补利息率平准条件必须有效，从而国内金融市场的名义利率（r）等于国际名义利率（r^*）与货币贬值率的总和。

如果假设代表性主体处于费舍尔分离原理中，所提到的莫迪里阿尼—米勒领域则在增长率的"约化型"表现形式的基础上，很容易展现微观经济学结构：

$$g = g(r^* - \pi^*) \tag{14.4}$$

考虑到科技因素，经济增长率依赖国际实际利率。在世界上，企业家的工作并不是举步维艰的。其可以承担任何盈利率为 r^* 的项目，而不需要担心如何为这些项目筹集资金，以及公司老板的短期偏好是什么。在完全资本市场中，资本、主体、消费者和投资者的计划处于完全一致的状态。

对于资本和贸易流通开放的小型经济体来说，r^* 和 π^* 是既定的，因此，可以仅通过使用式（14.4）来计算经济增长的平衡率，且不需要参照其他因素。要注意这个处于由式（14.4）展现的"微观"结构和由式（14.1）、式（14.2）、式（14.3）展现的"宏观"结构中的严密二分法。

在文献中，通常假设二者之一具有价格稳定性，从而使条件式（14.1）和/或式（14.2）无法成立，或不完全资本市场会至少影响式（14.3）中的相等状态。[5]然而，在正常情况下，这两种假设并不会完全独立存在。为了便于讨论，假设不完全竞争导致价格低迷。在这种情况下，由于相对 PPP 条件不再成立，实际汇率的变化率（δ）变成内生变量，则需将式（14.1）重写如下：

$$\varepsilon = \delta + \pi - \pi^* \tag{14.1'}$$

然而，若实际汇率变化，而我们采用平衡相对 PPP 规则的短期偏差，[6]则经常项目会受到影响。明确地说，变化的实际汇率会加剧经常项目的不平衡，因此，国家"杠杆比率"（例如，借款/GDP 或借款/出口比率）会有增长趋势。此情况下，债权人会考虑相对价格失衡可能持续，因此在"错误"价格达成交易。理智的投资者会这样考虑，他们所生活的这个世界中，存在着失衡和未达成的期望，这是一个合约也有可能是会被违反的不确定的世界。如果认为投资者和债权人不关心宏观经济平衡，那么这个判断是很武断的。他们会认识到较低的实际利率意味着更少的竞争、较高的经常项目赤字、更高的杠杆利率和更高的资金拖欠风险。只要不在完全竞争市场中，就会出现竞争和增长持续性问题。在新的市场环境中，更为实际的做法是将式（14.3）更换如下：

$$r = r^* + \varepsilon + \gamma \tag{14.3'}$$

其中，γ 代表国家风险溢价。基于之前的讨论，似乎 γ 与前一阶段所得到的杠杆利率（d_{t-1}）和 δ 相关，因此：

$$\gamma = \gamma(\delta; d_{t-1}) \tag{14.5}$$

在这种情况下，风险会影响资本成本，所以投资决策必须考虑风险因素。因此，增长率等式变为：

$$g = g(r^* - \pi^* + \gamma) \tag{14.4'}$$

不完美的价格变化与正相关的国家风险率，能完全改变宏观经济因素的作用。一方面，仅用式（14.4'）不可能确定增长率，而且在这种方式下，微观结构和宏观结构二分法不适用。在这种新情况下，政府所做出的有关名义价值的政策选择不再对实际情况产生影响。如果政府仅选择使用固定利率制，则仅式（14.1'）定义实际利率值，因果关系方向发生完全改变。现在，由宏观到微观。另一方面，如果政府选择浮动利率制，因果关系方向不确定，各变量值也会同时随之变化。在微观和宏观因素中，有一种双向的相互作用。恰好在这些情况下，利率制的选择会成为一种关注因素，也会带来困境。

本书认为，因政策决策者知道不同的利率制下的调节方式不同，所以，在不同的可变利率之间做出选择的这种政策困境是至关重要的。如果调节方式对长期平衡的影响并不明显，那么选择一种特定的利率制对于竞争演变十分重要。让我们以最近发生在亚洲和拉丁美洲的经济危机为例。收支失衡和收支均衡通常出现在（接近）固定汇率制度下。这种环境具有两种基本政策反应。最普遍的选择是货币贬值和汇率制度变化。其他经济（如阿根廷和中国香港）与之相反，并没有进行货币贬值，在保持还是改变汇率制度中，优先选择保持汇率制度，并以此保留竞争能力。

贬值在短期外部失衡纠正中效果良好。那么，为什么还有国家不采取货币贬值呢？在这一点上，阿根廷案例非常有趣。保留制度可变性背后的原因是，制度改变成本过高，也会引起微观经济层面的非期望突变。最重要的成本是关键相关价格的高波动性和财务系统的脆弱性。短期来看，这些成本高于纠正汇率错位的好处。无论阿根廷政权对制度改变成本和收益的估计是否准确，阿根廷的例子明白地显示，相关价格并不是宏观经济因素影响微观经济决策和竞争的唯一渠道。波动性和不稳定性都很重要。阿根廷案例显示，在特定环境下，在实际汇率变动值和平均值之间有一种权衡。我们并不是说汇率水平不重要。我们认为，特定纠正的实现方式对真实世界并非中性，设计经济政策时，微观作用应该得到小心的衡量。

在分析微观/宏观之间的相互联系时，我们得出的一个重要结论是，竞争力不仅意味着相关的正确定价（尤其是汇率）。发展中国家薄弱机构、分散市场或市场缺失的出现，决定了经济主体间外部性、溢出效应、财政紧缩和战略互动的普遍性。这种情况下，宏观经济负面冲击出现时，本应该自动恢复均衡的市场力量（超额需求驱动的价格变化）过于虚弱。结果在不稳定力量中出现不均衡趋势，如严重的经济衰退和波动性提高，伴随着高位并持续的通胀和失业。笔者认为这是发展中国家较之具有完整市场结构的经济体，宏观失衡更加严重和不稳定的原因。

总的来说，笔者认为在发展中国家许多实际问题的理论基础，是打破实际和名义变量一分为二局面的必要条件，而考虑宏观经济失衡可能引起微观结构的永久性改变。

三、金融调解和失衡

（一）实物领域和金融领域一分为二的局面

如果我们假设，能够不对金融问题进行直接干涉便能解释企业竞争表现，我们无疑假定使用了莫迪利亚尼密勒定理、托宾和费雪分离定理。企业资金决策与项目选择无关。每个项目的现值与其资助方式无关。这一假设在大多数发展中国家过于极端，因为在要素市场和资本市场中存在非常严重的失败。据此，假设Ⅲ表述，在发展中国家，假设追求竞争优势的企业总是能够资助他们的生产项目，这一假设具有误导性。与完备资本市场形成强烈反差，在发展中世界，具有潜在竞争力的企业，可能会被迫放弃投资机会，可能因为信贷限制设置的流动性制约，也可能因为由市场不完备或宏观经济过分波动引起的异常高位利率。在这样的环境下，实物决策不能与金融决策分离开（法扎里等，1988）。

在发展中国家，市场细分是一项规则而非例外情况。很容易发现两个企业具有同等水平潜在竞争力，但是表现却十分不同。一个可能能够轻松资助项目，而另一个可能因为极高利率或信贷限制无法进行项目融资。在发展中国家，原材料和中间产品供应商通常为买家尤其是小型和中型买家提供买家信贷，无法使用金融机构信贷（彼得森和拉詹，1996）。市场细分可能非常有害。它可能成为强大而有竞争力企业和金融中间商发展的严重障碍，反过来，产生发展中国家的二元经济结构，并使之长期存在。该问题可从静态和动态两个角度分析。从静态角度，在资本市场细分背景下，假设边际生产力条件不变，所有生产因素的使用具备相同利润率，这并不是自然而然的事。我们假设金融机构能够筛选出最好的项目，并监督它们的发展。结果，如果关键资本细分市场被遗漏，则意味着筛选和监督行为的减少，以及资源的劣质配置。没有银行监管的企业，面对实物资源的无效配置，可能会采用次优的风险管理。在现代资本主义经济中，金融机构有平衡各领域资源使用利润率的重要任务。金融机构越虚弱，推进生产平衡的力量越虚弱，生产平衡力应用于不同领域和地区，较高的利润率便是二元经济结构的产物。

从动态角度来看，金融调解还有另一项重要任务：以分散的方式"挑选出赢家"。这么来看，金融影响增长，因金融机构为加强生产和绝对优势做出贡献。金融调解能够刺激技术创新，通过发现和资助那些最可能成功的创业者，对创新产品进行生产。这样，金融机构和金融市场的发展是增长过程中关键而无法摆脱的一部分（莱文，1997）。跟随熊彼特的想法以及近期金融和内生增长文献，拉詹和津加莱斯（1998）指出，资本市场通过重新配置资金，达到其最高使用价值，并利用道德风险、逆向选择或交易成本限制损失风险，从而为经济增长做出贡献。

但是，增长和金融深化文献的一个弱点便是，在为什么金融深化在发展中国家水平较低问题上的解释并不完整清晰。这里我们采用微宏观视角，有必要引入宏观经济因素。尤其是我们看到了价格和数量更高波动性，以及外国投资者情绪变化的负面影响。从这个角度，从反方向考虑这些因素也很重要：缺乏金融深化是宏观经济失衡的重要原因。在流动性、风险和资源跨期配置管理方面的困难，提供了经济业务在错误价格上进行的可能性。同样地，金融深化的缺乏，显示出政策制定上的严格限制。例如，20世纪90年代拉丁美洲许多国家在试图净化资金流入过程中遇到了困难。和现有国内债券储备相比，资金流入金额巨大，净化过程很快导致国内利率不可持续的增长。

（二）市场失灵和宏观经济失衡

在完备市场中，对可签署合同范围没有实际限制。但是，在发展中经济体中，事后执行合同的不确定性、信息不对称和困难，会对事前可行的合同进行限制。我们分析了市场不完备如何产生微观作用，对国内市场结构质量产生不利影响。国际环境不完备的限制也很严重（奥布斯特费尔德和罗戈夫，1996）。有两个特别的负面特征：第一个是市场划分。一些发展中国家面对供给曲线上升，而其他国家则需要按需供给。第二个是波动性。控制价格和数量演变的随机过程，展示了稳定期和市场情况出现突然变化的可能性。即使拥有合理资金的国家也可能经历信贷限制期。这些特点形成了发展中国家在资本市场中，尤其是不完备资本市场中为价格接受者的假设。

国际资本市场失败的重要后果之一是，这些失败导致了流动性限制条件的出现。假设Ⅳ强调这个事实为合作失败和宏观经济失衡的来源。笔者强调了市场失灵和流动性限制与理论文献其他重点之间的联系。文献研究内容通常针对不完备对风险管理和资源跨期配置的影响，并显示当一个国家能够利用国际市场，利用自给自足和国际风险及未来消费价格的差异时，其情况将会好转。这些结果非常重要，因为它们澄清了遗漏市场可能侵蚀经济增长能力的方式。此外，笔者相信很有必要强调，在不完备市场中，真实不确定性存在，故流动性限制很重要。一个国家流动性限制的严格程度具有限制功能，在管理非预期资金短缺时可以获得融资。这种条件反过来与市场完备性程度有关。该观点在拉丁美洲背景下十分重要，因为在该地区不断重复出现收支平衡问题。

我们可以使用式（14.1）至式（14.4）来证明微观经济结构失效可以产生流动性限制和微观作用。为了简化问题，我们将使用信贷限制情况来说明问题。在信贷限制下，至少暂时性地，国家将进入类似自给自足的状态。这具有两个直接后果：第一，国家将面临外部流动性限制，费舍尔分离理论将被舍弃。该理论将不再成立，所有的盈利项目将被实施。例如，我们可以轻松地想象，国家经常账户赤字（资本账户盈余）将存在最大限额。如果项目利润率为 r^*，流动性限制条件未得到满足，将失去这样的机会。第二，利率将由国内决定。这种情况下，我们必须替换式（14.3），而使用国内资本市场均衡等式：

$$D(r, \pi) = K + S(r, \pi) \tag{14.3''}$$

其中，D 是财政赤字，S 是私有领域盈余，K 是外国信贷最大额。我们将相应地改变式（14.4）：

$$g = g(r, \pi) \tag{14.4''}$$

很容易看到，外部流动性限制（K）打破名义和实际变量一分为二的局面，因式（14.4''）并不能够解出均衡值 g。正如我们已经看到的，这提高了微观作用。另外，在限制条件下，我们注意到经济增长率取决于国家净可用信贷额。这样，一个国家会降低增长率，并不是因为缺少潜在盈利项目，而是因为缺少资金错过盈利投资机会。增长和流动性之间的关系，解释了为什么 ECLAC 不计麻烦计算拉丁美洲国家收到的年度海外汇款。我们还注意到，当国家面对上升的供给曲线时，式（14.4'）的变化，在建立增长率和投资者市场情绪浮动之间联系上，具有同样的影响效果。

鉴于模型的简单结构，K 变化的主要实际影响体现在增长率上。流动性限制的出现导致引入"有效"和"名义"增长率之间楔子的出现。也就是说，如果国际市场是完备的，观测增长率将会低于"名义"增长率。从这种意义上讲，我们的方法自然需要对增长设置使用宏观经济中的不均衡理论（莱荣霍夫德，1981；贝纳西，1993）。宏观经济中，失衡属于短期现象。假定不完备会导致失衡的出现（也就是刚性价格或利率），而其在长期将消失。微观方法与之相反，短期失衡可能具有长期影响。它们能够永久阻碍市场结构和宏观经济发展。对其总结只是逻辑问题，这将导致"有效"增长率的永久性降低。例如，我们强调了，如果金融市场被细分，就不能假设边际生产力均衡条件不变。资金边际生产力和市场利率之间的均衡将无法保持。如果市场整体运行不畅，自然一种生产要素可能在不同领域和地区的不同生产力/价格组合中被使用，或者没有被使用。从笔者的观点来看，这种"长期失衡"是"二元"经济结构形成的重要原因，二元经济结构经常出现在发展中国家。市场结构的普遍失败排除了"传统"产业追赶"现代"产业的现象，造就了部门内生产力差异。

很明显，考虑到 K 值和 γ 值变化的短期影响，或短期理论和有效价值更普遍的差异，我们能够轻松使模型复杂化。例如，缓慢价格调整背景下，外汇短缺会影响活动水平和失业率。事实上，这种调整通过三缺口模型，解释了债务危机中极端限制下的宏观经济动力。尽管缺口模型在当下自由资本流动和管制放松市场背景下显得过于基本，金融市场不完备、增长和宏观经济协调失败之间存在联系，这一基本理念还是合理的，长期失衡在缺口理念中并不直接。

在假设 Ⅲ 和假设 Ⅳ 中，市场发展缺乏发挥重要作用。随后的重要政策经验便是，资本主义经济发展的重要任务不是市场自由化，而是市场创造。这样，关键市场创造输入便是机构建立，这使得假设 Ⅴ 作为微观作用分析框架组成部分十分合理。此外，当存在市场失灵时，存在机构工具能够帮助市场达到更好的资源配置。例如，政府通常发展机构组织，对小型企业进行信贷分配，或建立基金以支持区域追赶计划。但是，假设 Ⅴ 表述，在发展中国家，组织问题与市场失灵同样普遍，故非市场解决方案通常无效。当机构受到的监管不力时，寻租和腐败并不鲜见。这样，二元经济结构既不是市场结果，也不是机构完成工作的后果。

笔者相信，不完备市场设置受到流动性限制和价格灵活性不足的困扰，价格灵活性不足导致了竞争力和可持续能力"错误"痴迷的出现。在下一节，笔者将以 20 世纪 90 年代拉丁美洲经验为例，进一步分析竞争力和可持续能力的关系。

四、竞争力和可持续能力

克鲁格曼（1996）认为，竞争力是一个不相关概念，而国家生产能力提高才攸关生活水平的提高，与世界其他地区生产力无关。有两种强烈的反对声音，认为一个国家可以获得超越别国的永久性竞争能力。第一种便是著名的比较优势原理。每一个国家都具有某些优势。第二种是休姆的反重商主义思想，即试图在所有领域优于他人的行为只会弄巧成拙。一个国家不能在出现持续性经常账户赤字的情况下，不对整体竞争力造成影响；经济的货币面会引导相关价格变化。而从分析角度来看，可持续能力的概念也没有严格意义上的必要性。收支平衡跨期方法只需要偿债能力的概念，即一个国家并没有实施庞氏骗局。

那么，为什么发展中国家经济政策讨论中，竞争力和可持续能力概念如此流行？笔者认为有三个原因与前文强调的观点有紧密联系：第一，不完备市场流动性限制和不确定性的存在。第二，政策制定者需要显示出他们在不稳定环境中的支付意愿和能力，尤其是当他们的行为因国家未来展望恶化而处于审查状态下时。第三，在发展中国家，竞争力、增长潜能和支付能力并不是独立现象。本节将对这三个观点做出更详细的讨论。

（一）流动性约束和不确定性

基于前面的讨论，可以得出两个结论：第一，世界金融市场的失败状况产生了流动性约束，使短期竞争同时与宏观经济平衡和金融稳定相关联。第二，资本市场不完善也导致不稳定性。强制措施和信息不对称因素使得很难评价一个国家的偿付能力。

也正是在这种情况下，在有关经济政策中，就不可避免地要讨论竞争和可持续问题。而且，典型的竞争概念有两种使用含义：一种用于短期宏观经济不平衡，另一种用于经济停滞的长期问题，这使其难以达到外在要求。这个词的两种使用含义并不需互相对立，但是最好的办法是进一步探讨它们之间的联系，以避免混淆，并建立它们与可持续增长之间的联系。

（二）信誉与短期调整

经常项目不平衡加剧，或国家风险溢价增长时，常常会出现短期竞争。如果一个国家超过既定的经常项目赤字——GDP 比率（例如，所谓的"夏季规则"），那么它存在"竞争问题"，应该做出改变以增加贸易领域的供应并提高对外收支平衡。例如，在贸易急剧恶化或国际利率提高时，就会发生上述状况。在这种情况下，应常采取金融和货币贬值政策。在不平衡环境中，债权人会担心国家偿付能力及之后的严重流动性约束，此时，政府通过加强短期竞争力来展现其还贷的意愿和能力将会十分有效。

在合约强制力不完善和信息受限的情况下，信誉会发生重要作用。因此，政府会有完成国家义务的强烈意愿。如果异常高的利率暂时发生，或一个国家超出资本市场配额，那么可通过其他方式来提升流通性。尤其实际汇率的暂时增长可解决此问题。考虑到价格低迷的状况，快速有效的方法是名义贬值。通过长期平衡办法使实际利率发生短期贬值，一个国家可以突然变得"有高度竞争力"，并获得额外资金。国家通过使用自有资金来完成相应的义务，可以有效地体现出这个国家正在产生货币流动，而不是遇到偿付问题。在此意义上，贬值类似于个别公司使股票价格低于成本价以加强股票的流动性，从而使其公司的银行债务更具信用，也因此保存了公司的声誉资产。总之，短期宏观经济失衡可保存声誉和传达可持续涉外的信号。

（三）可持续性、贸易模式和偿付能力

竞争的第二层含义用于长期竞争。在发展中国家，"发展"的首要含义是接近工业化国家的人均 GDP，因此，成功发展意味着缩小与富裕国家的收入差距。在此情况下，使整体生产力的增长率高于发达国家的增长率，成为经济政策的关键目标。生产力提高幅度高于其他国家，说明这是一个具有竞争力的国家。然而，在这种环境下，竞争力概念并不是那么具有吸引力。它至多是一种区别不同国家之间生产力差别的标签。但是，如果我们再考虑另外两个因素，那么状况又会发生改变：一是"内部增长"方法与贸易专业化模式和增长的联系；二是增长前景与不确定环境中的支付能力之间的关系。

贸易专业化模式的具体特征会对生产力增长产生影响，因此，也会影响增长的可持续性。有三点与我们的讨论高度相关：第一，出口自然资源的国家可能会有落后的生产力模式。根据萨克斯和华纳（1997），如果丹麦病效应阻碍经济产生前后联系，学习或利用外部优势，那么它可能会使"国家"平衡失效。第二，专于自然资源的国家，可能会在外汇资金流动中表现出更大的差异性。在不完善市场背景中，发展中国家在规避风险时面临着严重阻碍，差异性越大，风险越高。例如依赖于几种高价格商品所带来的贸易顺差，来缩小与其他国家的差距，远不如多样性顺差结构的国家那样稳定（法奈利，2000）。通过这种方式，贸易专业化模式可能成为宏观经济不稳定的因素。第三，依赖主要出口产品所产生的不稳定顺差来实现资本进口的国家，其实际资本的不稳定积累可能会阻碍其发展。

当我们从微观角度考虑这个问题时，如果一个国家专于动态最小的行业（几乎平坦的学习曲线，规模收益低，创新空间小），那么它的生产力不会提高，也会失去竞争力（阿基翁和豪伊特，1997）。如果是在这种状况下，从长期角度来看，改变相对价格最多只是一部分对策。实际问题在于，专业模式使生产力的发展变得迟缓。在这个意义上，长期竞争力意味着通过加强生产力来增加市场份额，而不是"人为地"降低国内成本。例如，一个国家使国内实际工资低于相似生产力国家的实际工资以增强竞争力，这种成果不会长远。从长期角度，基于生产力与工资之间具有一致性的倾向，市场力量可能推动工资的增长。以这种方式，通过提高生产力来增强竞争力的方法，比通过降低实际工资的方法更为可靠。

如我们已经意识到的，不确定因素存在时，很难判断一个国家的支付能力。本书认为可采用加强短期的流动性这种方法来对支付能力进行判断。但是，很明显地，一个国家也必须维护其长期债务信誉。对于这一点，偿付能力比流动性更为重要。偿付能力的一个关键指标是国家的发展前景，而且由于长期竞争力和发展之间具有紧密的联系，前者会是投资者判断可持续增长的决定指标。这会使长期竞争力和信用之间产生联系。在这样的背景下，为增加国家在世界出口中的市场份额的经济政策是有效的。加强长期竞争力能确保可持续性，降低出现配额短缺的可能性。总之，这意味着贸易专业化模式、生产力增长和经常项目并不是独立存在的现象。

从某种意义上讲，可持续性是长期竞争力的代名词。

五、结束语

上文的论点指出短期竞争与流动性有紧密联系，长期竞争与偿付能力相关联。然而，在实践中，很难区分是在何种意义上使用竞争力。有时是指短期的相对价格调整所造成的收支平衡困难，在其他时期，它是指国家的一种倾向，即与世界上其他国家比较，生产力发展相对滞后的倾向，因此，也会面临可持续发展问题。

我们认为，"竞争力"的复杂性是这种混乱的根源，它具有价格和非价格维度，包括微观和宏观元素，且这些因素互相影响。笔者将与前一节中微观与宏观相互作用的讨论建立联系。

首先，让我们来研究一下从宏观到微观的运行效果，以及哪个可能引起持久的变化。基于我们之前的讨论，我们可以设想一下宏观经济变量可能有助于塑造微观结构形态的几个途径。笔者想强调的是，宏观经济变量如何影响生产力以及非价格竞争力的系统性决定因素。

假设在不稳定的宏观经济环境中，大规模的宏观经济失衡是复发性的，因此，价格、数量和金融变量也随之波动。这很不利于相对价格传递信息的能力，以及它向代理商提供正确的投资和创新激励机制。当价格过于波动时，就会削弱市场结构。一些市场不复存在，另外一些则被削弱。例如，高通货膨胀和不确定因素是金融深度化较低的主要原因。它们也造成了合同长度缩短和投资者安全投资转移的趋势。同样地，对于强有力的制度网络发展来说，环境的不确定性并非最好。不确定的环境以无法实现期望与合同为特征，继而难以完成后续事宜。这种环境也不适于强化财政制度。复发性的财政危机不利于人力资本投资和国家创新系统的整合。

其次，此环境在选择投资项目上，可能会产生严重的抗风险偏见，以及其在竞争力和生产力方面的非价格微观因素上的后果。例如金融深化的程度、学习和创新能力以及发展机构的能力。举例说明，假设贸易自由化消除了相对价格结构上的抗出口偏见。在新的情况下，人们会期望公司进行重组，充分利用所提供的贸易机会。但此外，假设转型期朝向新平衡发展的特点，是一定程度上的宏观经济不稳定性和金融脆弱性，在此情况下，公司将在获取公司重组所需资金时面临困难。在分割市场条件下，极有可能只有跨国公司和大型国有企业，才有能力为它们的项目筹集资金。很多潜在的企业家，将面临基于安全投资转移而产生的资金短缺困难，从而退出市场。如果大公司能够承接它们的项目，就会分散掉一些影响，不过社会利润就不会有那么多。另外，如果由于大公司不知道该怎么做、规模上有问题或者其他原因大公司没有承接这些项目，那么对社会将有净亏损存在，竞争力就会受到长久的影响。这种类型的微观—宏观相互作用也许能够解释，为什么很多发展中国家在发展创业类企业和更完全的市场结构方面，面临重重困难。这些猜想符合财政问

题的假设，并且具体地说，对比较优势非常重要。事实上，结合拉詹和津加莱斯
（1998）对外部抚养比率的假设与对贸易专业化类型和公司资本结构的分析，我们
找到了这一假设的其他支撑观点，即金融深化的程度影响了竞争力和贸易类型（法
奈利和梅厚德，2001）。

最后，从微观到宏观的力量与市场失灵类型以及我们这一章确认的制度缺陷密
切相关。它必须考虑：不完善的市场引起总水平上的协调失灵，相较于发达国家，
发展中国家的市场结构更加不完善。这些都会引起在经济环境中，实现分散计划的
总体一致性更为困难，因此，协调失灵现象更加频繁，同时宏观经济失衡往往更深
一层。发达国家有成熟的非市场机构、财政和货币工具，这些都能有效地、强有力
地防止经济失衡，或者至少限制失衡的强度和持续时间。发展中国家的机构质量
差，经常阻碍其成功使用非市场稳定工具。[7]

疲软的市场和机构最终导致随机过程的高波动性。基于我们的讨论，在财务方
面，国际市场失灵和国内资金深化缺失有关键作用。它们引起的波动会在一定程度
上产生流动性约束，并使其难以管理风险和跨期配置。在实际方面，我们必须强调
价格弹性和短期合同的缺乏。我们也看到，二元性和频繁的基本专业化类型是微观
经济因素，它们对协调失灵和波动性产生影响。

注释

1. 非常感谢杰米·罗斯（Jaime Ros）、J.J.普拉德（J.J. Pradelli）和匿名评审的
评论。

2. 对一个典型的华盛顿共识的改革计划的展示见世界银行（1993）和法奈利等
（1992）的批判。

3. 这些程式化的事实是基于法奈利（2000）、法奈利和德福德（2001），以及法
奈利和冈萨雷斯·罗扎利亚（1998）。

4. 尽管如此，趋势和周期的概念不应该分开，这一理念有着悠久的传统。这尤
其对结构主义的方法和利用三缺口模型解释在债务危机期间20世纪80年代的洛杉
矶缺少增长有影响。在这个问题上，见泰勒（1979，1983）。

5. 这些问题和汇率制度选择的问题，见弗兰克尔（1999）。

6. 均衡实际汇率和购买力平价的调整速度问题，见香果和罗格夫（1995），及
爱德华兹和瑟瓦托（1999）。

7. 这并不意味着否认在此章节中提到的市场失灵对工业化国家也有效这一事实。

参考文献

Aghion, P. and P. W Howitt（1997）, *Endogenous Growth Theory*, Cambridge,
Mass: MIT Press.

Benassy, J. P.（1993）, "Non –clearing markets: microeconomic concepts and
macroeconomic applications", *Journal of Economic Literature*, 31（2）, June.

Edwards, S. and M.A. Savastano（1999）, "Exchange rates in emerging economies:

what do we need to know?", NBER Working Paper 7228, NBER Working Paper Series, Cambridge, MA, July.

Fanelli, J.M. (2000), "Macroeconomic regimes, growth, and the international agenda in Latin America", Latin American Trade Network Working Papers No 9.

Fanelli, J.M. and R. Frenkel (1995), "Micro-macro interaction in economic development", *Unctad Review*, New York: United Nations.

Fanelli, J.M. and M. Gonzalez Rozada (1998), "Convertibilidad, volatilidad y estabilidad macroeconómica en Argentina", *Estudios de Politica Económica y Finanzas*, 1 (2) October.

Fanelli, J.M. and R. Medhora (2001), "On competitiveness, trade and finance in developing countries", in Fanelli, J.M. and R. Medhora, *Trade, Competitiveness and Finance. The Developing Countries' Experience*, New York: Routledge.

Fanelli, J.M., R. Frenkel and L. Taylor (1992), "The World Development Report 1991: a critical assessment", *International Monetary and Financial Issues for the 1990s*, UNCTAD, New York: United Nations.

Fazzari, S., Glenn Hubbard and B. Petersen (1988), "Financing constraints and corporate investment", *Brookings Papers on Economic Activity*, N°I.

Frankel, J. (1999), "No single currency regime is right for all countries or at all times", NBER Working Paper 7338, NBER Working Paper Series.

Froot, K.A. and K. Rogoff (1995), "Perspectives on PPP and long-run real exchange rate", in G. Grossman and K. Rogoff (eds), *Handbook of International Economics*, vol. III, Ch. 32, 1647-1688.

Haque, Irfan ul (1995), *Trade, Technology, and International Competitiveness*, Washington: The World Bank.

Krugman, Paul R. (1996), *Pop Internationalism*, Cambridge, Mass.: MIT Press.

Leijonhufvud, A. (1981), *Information and Coordination*, New York: Oxford University Press.

Levine, Ross (1997), "Financial development and economic growth: views and agenda", *Journal of Economic Literature*, Vol. XXXV, June.

Obstfeld, M. and K. Rogoff (1996), *Foundations of International Macroeconomics*, Cambridge, Mass.: The MIT Press.

Petersen, Mitchell A. and Raghuram G. Rajan (1996), "Trade credit: theories and evidence", NBER Working Paper No. 5602, June.

Rajan, Raghuram and L. Zingales (1998), "Financial dependence and growth", *American Economic Review*, 88 (3), June.

Ros, J. (2000), *Development Theory and the Economics of Growth*, Ann Arbor, MI: University of Michigan Press.

Sachs, Jeffrey and Andrew Warner (1997), "Fundamental sources of long-run growth", *American Economic Review*, 87（2）, May.

　　Taylor, Lance（1979）, *Macroeconomic Models for Developing Countries*, New York: McGraw Hill.

　　Taylor, Lance（1983）, *Structuralist Macroeconomics*, New York: Basic Books.

　　Williamson, J.（1990）, "What Washington means by policy reform", in John Williamson（ed.）, *Latin American Adjustment. How Much has Happened?*, Washington: Institute for International Economics, 5-20.

　　World Bank（1993）, *The East Asian Miracle*, *Economic Growth and Public Policy*, Washington: Oxford University Press.

第六部分

北方、南方与全球化

第十五章 进口的收入弹性、南北贸易和不平衡发展

Amitava Krishna Dutt

一、引言

世界上的富国和穷国的人均收入水平之间的差距是巨大的。1998 年，世界银行归为高收入国家的人均国民生产总值（GNP）几乎是低收入国家的 50 倍，并且是除去中国和印度之外这些国家的 67 倍。在调整过的人均购买力方面的差距有所缩小，但这些倍数仍然很高，在 11 和 17 之间。

问题自然而然地产生出来——这种差距是否将随着时间的推移而缩小或扩大？关于过去的趋势的证据产生了一个凄凉的画面。1960~1990 年，购买力平价调整的人均国内生产总值标准方差已经上涨了，这就是所谓的 σ—散度（Sala-i-Martin，1996）。洛伦兹曲线显示国家之间的收入分配同期上升，泰尔指数也增加（Stocker，1994）。虽然是松散的，但是方程回归初始的人均 GDP 的增长速度具有正斜率，这是所谓的 β—散度（Sala-i-Martin，1996）。二次回归意味着一个倒 U 形状的关系，对于大多数样本来说，积极地暗示了开始的收入和经济增长之间的关系和对于一小群发达国家来说的消极关系（Baumol，Blackman，Wolff，1989；Ros，2000）。柯（Quah，1993）估计了 5×5 马尔可夫链转移矩阵，每个国家的人均收入相对世界平均水平是基本数据，表明它意味着一种分布：日益缩小的中产和在低和高尾巴上的累积。对已经在高收入水平的国家来说，这个双峰意味着收敛，但并不存在于富裕国家和贫穷国家之间的收入水平上。国家的平均真实的人均收入增长数据讲述了一个类似的故事：《世界发展报告》的数据显示，在 1970~1995 年，最富有的 1/3 的国家每年增长了 1.9%，而中间的 1/3 只上升了 0.7%，底部的 1/3 几乎没有增加（Scott，2001，pp. 162-163）。[1]普里切特（Pritchett，1997）表明，其中存在分歧。分歧存在于世界上的富裕国家和贫穷国家在过去漫长的 150 年的时间跨度中。总之，富裕国家和贫穷国家之间的不平等增长，伴随着高收入国家俱乐部成员之间的收敛。

尽管证据有分歧，一些人认为，这一趋势可能在未来被逆转。琼斯（1997）使

用柯的方法，发现过渡矩阵的估计概率意味着未来收敛。卢卡斯（2000）开发仿真模型，国家从人均收入一个相同的水平起飞（在概率意义上）表明，根据"可信的"参数值，各国最初的不平等产生于某种意义上符合实际的趋势中，但之后下降。他的结论是，"每个人都迟早会加入工业革命，经济体增长速度将与最富裕经济体共有，收入水平的差异百分比将会消失"（卢卡斯，2000），这是由他的模型假设所提出的，假设说起飞的国家的概率随着世界平均水平人均收入的增加而增加，后来初学者一定比收入的领导者增长得更快。

富裕国家和贫穷国家是否会收敛的问题不能被简单的推断或简单的过去的趋势模型所解决。答案取决于许多因素，一些是关于国家的内在动力（新古典增长文献强调因为收敛资本收益递减），另一些是关于富国和穷国之间的相互作用的方面。富国和穷国之间交互的后果——通常促进了南北融合，吸引了太多的关注。这种分析吸引了大量的机制，其中一些会通过米达尔（1957）所称的"扩散效应"产生融合，而另一些则通过"回流效应"导致分歧或发展不平衡。这些机制包括那些依靠专业化的贸易模式和收益递增的角色（辛格，1950；克鲁格曼，1981；达特，1990）、技术和南北贸易需求组成以及增长的影响改变（普雷比施，1950；辛格，1950；达特，1988，1990，1996）、国际资本流动的角色（辛格，1950；博格斯塔勒和萨韦德拉，1984）、劳动力流动（黄和伊普，1999）和之前提到的卢卡斯（2000）著作中强调的工作国际技术转让。考虑到大量的不同机制和每一种的复杂性，它是有意地去孤立个体机制和检查它们收敛和不均衡发展问题的影响。

本章检验了如此一个机制：当南方对北方进口需求的收入弹性比北方互惠弹性高（由于南方没有能力去制造技术娴熟、价格弹性的商品）时南北贸易的后果。在他许多文献的集合里，包括哈罗德（1933）、普雷比施（1950）、西尔斯（1962）、卡尔多（1970）、迪克逊和瑟尔沃尔（1975）、瑟尔沃尔（1983）辩论道，他们的核心命题是一个简单的规则，即一个国家的增长速度相对于其他国家可以是对其出口产品的需求的收入弹性比上进口需求的收入弹性的近似的比例。两组国家——北方和南方的相对增长率可以表达为从南方进口的收入弹性与从北方进口的收入弹性的比例，暗示北方更快的增长，或相反。

本章的剩余部分如下：第二部分简要介绍由瑟尔沃尔提出的弹性参数和批判性分析有效的条件。第三部分使用一个泰勒（1981，1983）之后的简单的南北贸易模型在一个更广泛的环境中检查弹性参数的影响。第四部分探讨引入贸易失衡和债务积累的影响。第五部分讨论了旧的证据，并提出了一些关于进口假设的收入弹性实证有效性的心得。第六部分为总结。

二、收入弹性和不平衡发展

如果我们将世界划分为两个区域，称为北方和南方，瑟尔沃尔的关系可以写成：

$$y_S/y_N = \varepsilon_N/\varepsilon_S \qquad (15.1)$$

其中，y_i 是 i 地区的输出增长率，ε_i 是 i 地区进口需求收入弹性，N 和 S 表示北方和南方。如果，正如瑟尔沃尔和其他人假设的那样，ε_N 是低的——也就是说北方对南方产品的需求收入缺乏弹性——而 ε_S 是高的——也就是说，南方对北方产品的需求是具有收入弹性的，$\varepsilon_N < \varepsilon_S$，这意味着 $y_S < y_N$，所以该地区发展不平衡，收入水平较低，经历着缓慢的增长。

瑟尔沃尔（1983）解释说，方程（15.1）只有在非常严格的假设下才成立，即北方和南方之间的贸易平衡和真正贸易条款的持续性。验证如下：假设北方的出口功能，或者说南方的进口功能，给出了：

$$X_N = \Theta_N (1/P)^{-\mu_N} Y_S^{\varepsilon_S} \qquad (15.2)$$

$\Theta_i > 0$ 是不变的，$\mu_i > 0$ 是 i 地区进口产品需求价格弹性的绝对值，并且 $P = P_S/EP_N$，P_i 是该地区以自己货币结算的产品价格，ε 是相对于北方货币单位南方货币的价格。简单来讲，我们设定 ε 是个体。我们假设，根据瑟尔沃尔（1983）所说，弹性是持续的。函数显示，南方从北方进口的水平随着南方的生产和收入的增加而增加，随着北方产品相对价格 $1/P$ 的降低而降低。相似地，我们假设南方的出口函数，或者北方的进口函数是：

$$X_S = \Theta_S P^{-\mu_S} Y_N^{\varepsilon_N} \qquad (15.3)$$

北方对南方产品的进口随着北方生产和收入的增加而增加，随着南方产品的相对价格 P 降低而降低。支出的平衡可以表达为：

$$P_S X_S + P_N F = P_N X_N \qquad (15.4)$$

F 涉及北方货物从北方到南方的资本净流量，这表明：

$$P X_S + F = X_N \qquad (15.4')$$

等式（15.4′）以增长率形式表达，可以写成：

$$[1 - (F/X_N)][p + x_S] + (F/X_N)f = x_N \qquad (15.5)$$

$f = (dF/dt)/F$，将式（15.2）和式（15.3）代进式（15.5）里，可得：

$$y_S = (1/\varepsilon_S)\{(1 - \mu_N - \mu_S)p + [1 - (F/X_N)]\varepsilon_N y_N + (F/X_N)[f - (1 - \mu_N)p]\} \qquad (15.6)$$

在特殊情况下，贸易平衡且 $F = 0$、$f = 0$，可以缩写成：

$$y_S = (1/\varepsilon_S)\{(1 - \mu_N - \mu_S)p + \varepsilon_N y_N\} \qquad (15.6')$$

在特殊的情况下，贸易条款没有改变，因此 $P = 0$，但是贸易不是必须均衡的，我们得到：

$$y_S = (1/\varepsilon_S)\{[1 - (F/X_N)]\varepsilon_N y_N + (F/X_N)f\} \qquad (15.6'')$$

如果我们假设双方贸易是均衡的，$p = 0$，我们能得到式（15.1）。

方程（15.1）表明，根据贸易平衡和不变的贸易条款，这两个地区的进口必须以同样的速度增长。因为 i 地区的进口以 $\varepsilon_i y_i$ 速度增长，这是进口需求的收入弹性和出口增长率的乘积。如果一个地区有一个更高的进口收入弹性，它将不得不以比其他区域更慢的速度增长来满足贸易平衡。

如果平衡贸易和贸易条件的假设并不满足，这个结果也不一定成立。如果贸易条款改变，等式（15.6′）显示 y_S 会偏离 $(\varepsilon_N/\varepsilon_S)y_N$。如果 Marshall–Lerner 条件满足，那么 $\mu_N + \mu_S > 1$。正如我们以下所看到的价格调整稳定性所要求的条件：遵循等式（15.6'），当且仅当 $p<0$ 时，y_S 可以超过 $(\varepsilon_N/\varepsilon_S)y_N$。也就是说，如果均衡贸易中南方贸易条件恶化的话，南部贸易条件的恶化将使北方增加其从南方的进口和南方减少从北方的进口，以便南方发展得更快。如果我们保持 p 不变，但是允许贸易不均衡，等式（15.6"）显示出了北方的发展速度，等式（15.1）中并不需要抑制南方的发展。假设南方是资本进口国，我们可以得到 $F > 0$。如果外国资本的数量（涉及北方货物）没有改变，我们可以得到 $f = 0$。接着得出 $y_S = (1/\varepsilon_S)[1 - (F/X_N)]\varepsilon_N y_N < (\varepsilon_N/\varepsilon_S)y_N$，以至于南方发展确实低于没有发生资本流动的情况，因为整个外汇是源于出口和资本流动——这就是所谓的融资进口和增长。此增长是小于出口增长的。然而，如果 $f > 0$，南方经济增长率将高于 $(\varepsilon_N/\varepsilon_S)y_N$，日益增加的资本流动因此可以为南部增长提供资金。

这个不平衡发展理论有多好？这个问题的答案进一步取决于两个问题：第一，假设的模型具有的现实意义足以使方程（15.1）为我们提供一个南方和北方相对增长率的精确理论吗？第二，从经验上来看，$\varepsilon_N < \varepsilon_S$ 是真的吗？

关于第一个问题，我们可以从理论上和经验上进行分析。瑟尔沃尔本人探索经验维度是通过出口增长数据和个别国家的进口的需求收入弹性来找出这两者如何很好地解释国家的实际增长率。瑟尔沃尔（1979）使用许多发达国家战后时期的数据发现大多数国家的增长率接近这个简单的规则。然而，当瑟尔沃尔和侯赛因（1982）为了找出进口收入弹性是可行的，对发展中国家进行相同的调查时，他们的预测是不太准确的。他们发现，贸易条件变化和资本流入对一些经济增长率的变化做出了解释，实际增长率的平均绝对误差 x_i/ε_i 等于 2.01，他们承认这可能被看得过高。许多人跟随瑟尔沃尔并把这种增长估计与其他国家的实际增长速度和时间相比较，使用更先进的计量经济学技术来估计进口弹性。这一实证文献的回顾存在于麦克比（1997）和达特（2002）的文献中。基于方程（15.1），在许多情况下，结果支持瑟尔沃尔的预测，但不支持许多其他的情况，尤其是欠发达国家（最不发达国家）。这种情况不应该是一个大惊喜，因为方程派生于一些不切实际的假设。

在理论方面，我们已经看到，方程（15.1）的有效性需要一些严格的假设，即贸易是平衡的，贸易条件是不变的。此外，我们已经暗中在这个方程中做了其他假设，包括：世界可以被有意义地分为两个区域，这两个区域完全专门从事交易商品的生产；其价格和这两个地区的进口需求收入弹性是不变的。现在适当地抽象这些隐式假设，让我们考虑一下不变的贸易条件和贸易平衡的假设。

有两个评论是为了对贸易条件的假设：第一，理论上可以认为，贸易条件的变化应该最好被解释为一般均衡全球经济的模型，这完全指定了北方和南方增长的决定因素。其详述在芬德利（Findlay，1980）和泰勒（1980，1981，1983）的南北模型理论中，但并不在上述方程中，因为它没有假设两个区域的结构允许我们确定它们的增长率。相反，我们仅仅是假设一个恒定的贸易条件"解释"差距增长。第二，假设意味着我们在忽视一些发展经济学家关于南方贸易条件恶化的主要问题的任何考虑（Prebisch，1950；辛格，1950；索罗斯，1983）。

在平衡的贸易条件下，最不发达国家经常求助于外国借款和接收其他类型的资本流入。有关最不发达国家的国际资本流动问题的发展经济学文献量是巨大的。它强调了许多问题，比如：利润归还和利息支付的国际收支影响，由于生产的变化引起的对贸易条件的影响，跨国公司对操作技术、产业组织和收入分布的影响。其中的一些问题也被纳入南北模型，去检验影响资本流动的南北发展模式（博格斯塔勒和萨韦德拉，1984；达特，1989）。然而，这些重要的问题正在上述平衡贸易假设分析中被忽视。可以说这些问题的分析截然不同于不同的进口弹性，因此，将关于进口弹性南北发展模式的影响分析，从国际资本流动的影响中分离出来，不仅是合理的，而且更可取。有必要看到，在多大程度上允许南北资本流动影响进口弹性的影响分析。伯德（Moreno-Brid，1998–1999）实际上扩展了瑟尔沃尔单一经济的限制增长的收支模式，认为瑟尔沃尔的理论分析通过引入国际借贷而被改变，甚至是在简单的假设下。

在进口和出口收入弹性的这个问题上，一个产业已经发展，其为个别国家估计了这些贸易弹性。然而，似乎没有系统的经验证据去比较北方进口对北方收入弹性和南方进口对南方收入弹性。

接下来的三个部分依次解决了刚才讨论的这三个问题，即：开发一个一般均衡的南北贸易模型，明确分析全球发展的动态规律；研究南北资本流动的影响；进口弹性差异的实证问题。

三、南北贸易模型

一个同时决定北方和南方增长率的模型和南北贸易条件的演变可以通过使用泰勒（1981，1983）的结构主义假设进行开发。在他开创性的南北贸易模型中，每个区域都会产生一个交易商品（萨卡尔，1998）。泰勒之后，我们假定北方伴随着过剩产能增长，企业实践加成定价和出口由需求决定；换句话说，我们假设卡莱茨基—凯恩斯北方理论成立。而北方货物是在寡头垄断条件下生产的，南方货物市场是完全竞争的，因此，这样的价格是灵活的且南部生产者能够充分利用他们的能力。然而，南方有一个固定的实际工资和失业的劳动力，因此，有着马克思—路易斯（Marx-Lewis）结构。对于这两个地区，我们假设使用劳动力和资本的生产的固定系数产生了输出物。在北方，公司根据方程（15.7）设置产品价格：

$$P_N = (1 + z) W_N b_N \tag{15.7}$$

其中，z 是外生给定的标记，代表北方货物市场的垄断程度，W_N 是北方固定货币工资，b_N 是北方的固定单位劳动要求。北方生产者根据需求确定输出。在南方，公司以满负荷能力进行生产，因此我们有这样的公式：

$$Y_S = K_S / a_S \tag{15.8}$$

其中，a_S 是固定资本输出率，K_S 是南方资本储藏。

在每个地区，都有两个收入群体：收入工资的工人和收入利润的资本家。在北方，方程（15.7）意味着资本家获得北方价值输出 $z/(1+z)$ 的份额，工人收到 $1/(1+z)$。在南方，工人得到的工资是南方货物价格的固定部分（以下我们将假定），因此我们得到：

$$W_S/P_S = V_S \tag{15.9}$$

其中，V_S 是南方实际工资，是外生固定的，资本家收获南方货物的 $(1-b_S V_S)P_S Y_S$ 作为他们的收入，b_S 是南方固定劳动力要求。

在北方，资本家节约了收入的 S_N，工人消费了所有收入。

北方的资本家和工人在南方货物上花费一小部分的消费支出，其余的花费在北方货物上。这个比例是由

$$\alpha = \alpha_0 Y_N^{\varepsilon_N-1} P^{1-\mu_N} \tag{15.10}$$

决定的。这个公式兼容了多种价格假设和对这两种货物需求的收入弹性。如果 $\varepsilon_N = \mu_N = 1$，两种商品的消费支出在比例上是不变的。如果 $\varepsilon_N < 1$，北部的收入增长将导致在南方货物上的较低的消费支出比例，这意味着南方货物收入无弹性。如果 $\mu_N < 1$，当 P 增加，北方在南方货物上的消费支出上升，暗示对南方货物的价格弹性需求，如果 $\mu_N > 1$，则反之。南方的工人把全部的收入用在消费南方货物，而资本家节省 S_S 和消费剩下的一小部分，投入一小部分在北方货物上，剩余的才投入到南方的货物上。与北方消费者相似，我们假设：

$$\beta = \beta_0(\sigma_S Y_S)^{\varepsilon_S-1} P^{1-\mu_S} \tag{15.11}$$

不同于北方的总收入，我们使用收入的利润分享 $\sigma_S Y_S$，其中 $\sigma_S = (1-b_S V_S)$。因为工人把全部的收入花在南方的物品上，收入是不能够对两地的物品进行分配购买的。

北方公司有着一个投资公式：

$$I_N/K_N = \gamma_0 + \gamma_1(Y_N/K_N) \tag{15.12}$$

其中，K_N 是北方的资本存量，γ_1 是积极的常量，它表明北方投资利率取决于产能利用率 Y_N/K_N，因为更高的利用能力意味着更多的活跃市场和更高的利润。只有北方货物被作为一个投资货物。在南方，资本主义企业投资整个储蓄。我们假设北方和南方的物品可以投资在南方，简单假设，总投资的一小部分 β 花费在北方货物上，其余的花费在南方货物上。无论在哪个地区，资本存量都会贬值。

$$P_S X_S = \alpha\{[1+(1-s_N)z]/(1+z)\}P_N Y_N$$

使用式（15.10）可以写成式（15.3），其中，$\Theta_S = \alpha_0[1+(1-s_N)z]/(1+z)$。

南方从北方进口的价值，也就是说，北方的出口——注意北方物品消费和投资需求的相同比例由南方资本家所花费——决定于

$$P_N X_N = \beta\sigma_S P_S Y_S$$

这个等式，使用等式（15.11），可以写成公式（15.2），其中，$\Theta_N = \beta_0 \sigma_S^\varepsilon S$。因此，我们的假设意味着南北模型从以前的部分嵌入了它的出口功能。

为了分析模型，我们区分短期和长期。在短期内，我们假设在这两个地区资本的存储 K_i 给定，两种商品的市场通过北方和南方（相对）价格的波动输出。从长

远来看，我们认为短期平衡条件总是持续的，并且由于投资资本存储变化。在短期内，我们假设一个对南方商品的积极的过度需求导致南方短期均衡相对价格 P 的增加，商品的过度需求可以写成：

$$ED_S = C_{SS} + I_{SS} + X_S - Y_S \tag{15.13}$$

其中，C_{ij} 代表的是 j 地区 i 商品的消费需求，I_{ij} 代表的是 j 地区 i 商品的投资需求。因为南方的收入被花费在购买本地的商品或者进口上，因此，$Y_S = C_{SS} + I_{SS} + M_S$，$M_i$ 是 i 地区商品的进口数量。因为 $M_S = X_N/P$，我们可以重写等式（15.13）：

$$ED_S = X_S - (1/P)X_N \tag{15.13'}$$

我们也假设对北方商品的过度需求会导致其以 $u = Y_N/K_N$ 的速率增长——北方的满负荷生产率。北方产品的过度需求可以表示为：

$$ED_N = C_{NN} + I_N + X_N - Y_N \tag{15.14}$$

因为北方的收入可以用来消费北方的商品，可以买进口产品，可以用于储蓄，我们可以得到 $Y_N = C_{NN} + M_N + S_N$，其中 S_N 是用北方商品获得的储蓄。因为，$M_N = PX_S$，我们可以重写式（15.14）：

$$ED_N = I_N - S_N + X_N - PX_S \tag{15.14'}$$

短期均衡中，u 和 P 不改变，给出 K_i，要求 $ED_i = 0$。把这种情况列入方程（15.13'）和方程（15.14'），并使用方程（15.2）、方程（15.3）和方程（15.8），以及北方的储蓄假设，这意味着 $S_N = s_N \sigma_N Y_N$，我们可以解决短期平衡值的贸易条件和北方的能力利用率：

$$P = [(\Theta_S/\Theta_N)(uK_N)^{\varepsilon_S}/(K_S/a_S)^{\varepsilon_N}]^{1/(\mu_N + \mu_S - 1)} \tag{15.15}$$

$$u = \gamma_0/[s_N \sigma_N - \gamma_1] \tag{15.16}$$

其中，$\sigma_N = z/(1 + z)$，北方的利润分成和贸易条件的均衡值可以通过用方程（15.16）替换代入方程（15.15）去解决。

方程（15.16）表明，要获得一个经济意义的 u 的均衡价值，我们要求 $s_N \sigma_N > \gamma_1$。这是数量调整模型的标准条件要求的响应性储蓄的变化输出超过投资稳定的响应输出调整。短期的（当地）稳定平衡还要求 $\partial(ED_S)/\partial P < 0$，在附近的短期均衡，区别方程（15.13'）中的 P 和使用方程（15.2）、方程（15.3）和方程（15.8）要求 $\mu_N + \mu_S > 1$，这就是著名的马歇尔—勒纳条件。

从长远来看，资本库存增长在这两个地区基于资本积累率，给出了 $g_i = I_i/K_i$。北方的累积公式源于等式（15.12）和公式（15.16）。

$$g_N = \gamma_0 + \gamma_0 \gamma_1/[s_N \sigma_N - \gamma_1] \tag{15.17}$$

对于南方来说，我们可以得到：

$$S_S = s_S \sigma_S K_S/a_S$$

S_S 是南方商品所获得的储蓄，因为投资是以南北方商品的形式进行的，所以投资可以由以下等式得到：

$$I_S = P^\xi S_S$$

当 $\xi < 1$ 时，把这两个等式合在一起可以得到：

$$g_S = s_S P^\xi \sigma_S/a_S \tag{15.18}$$

长期的增长动态和贸易条件被展现在图 15-1 中。g_N 曲线描绘了等式 (15.17)。g_N 不受 P 约束，g_S 描绘了等式 (15.18)，表明 g_S 随 P 增长而增长。等式 (15.15) 表明，u 和 a_S 是不受 K_i 约束的。

$$P = [1/(\mu_N + \mu_S - 1)](\varepsilon_N g_N - \varepsilon_S g_S) \tag{15.19}$$

这表明，P 的改变率取决于 $\varepsilon_N g_N$ 和 $\varepsilon_S g_S$ 的差异。尽管只要 $\varepsilon_S > \varepsilon_N$，我们的结论就是合法的，我们假设 $\varepsilon_S > 1 > \varepsilon_N$，曲线 $\varepsilon_S g_S$ 将位于曲线 g_S 上方，曲线 $\varepsilon_N g_N$ 将位于曲线 g_N 的下方。给出 K_i 的几个最初的值，等式 (15.15) 展示了贸易的均衡在短期内是如何被决定的。对于任何 $P > P^*$，我们有着 $\varepsilon_S g_S > \varepsilon_N g_N$，根据等式 (15.19)，P 下降，而当 $P < P^*$，P 上升。

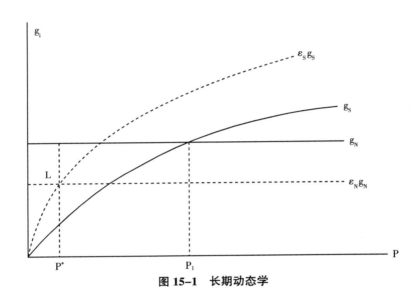

图 15-1　长期动态学

现在假设 K_i 是这样，以至于我们让 P 开始去满足 $P_1 > P > P^*$，$g_N = g_S$，$P_1 = P$。我们必须让 $g_N > g_S$，$P < 0$。因此，$P = 0$，全球经济将经历 P 和 g_S 的下降，但 g_N 不变，直到它到达点 L。这是一个长期系统的均衡，P、g_N 和 g_S 变得静止不动，就像 y_N 和 y_S。然而，我们已经在这个均衡中有 $g_S < g_N$，这样 $y_N > y_S$ 时我们持续地发展不平衡。[2] 注意到如果最初 $P > P_1$，我们将首先有一个 $g_S > g_N$ 的阶段，但随着时间的推移，南方的贸易条件恶化，将减少 g_S 直到我们已经不平衡发展达到 $P_1 > P > P^*$。如果最初 $P < P^*$，贸易条件将改善，直到达到在 P^* 上的长期均衡。

机制与不平等增长率的世界经济达到均衡可以直观地解释如下：假设，最初，这两个地区以同样的速度增长，考虑到收入弹性的差异，北方商品的需求增加的速度将比南方商品更快。这将意味着贸易条件将对抗南方。因此，北方经济增长不受影响（鉴于我们模型的特殊假设），但是随着其投资的进口部分商品的价格上涨，南方的投资率减少。最终，当贸易条件趋于稳定时，南方比北方增长得慢。因此，我们的模型表明，在长期均衡中，当南北贸易条件不变时，我们出现不平衡发展，北方资本和产出增长速度超过南方资本和产出。

关于贸易条件，我们注意到贸易条件恶化和发展不平衡之间存在着一些关联。根据贸易条件给定的范围 (P^*, P_1)，我们既有发展不平衡又有贸易条件恶化。然而，间隔 $[P^*, +\infty)$ 和 $(0, P_1]$ 一个也没有发生。在 P^* 上，南北平衡发展，但贸易条件恶化，$P > P_1$ 时，贸易条件恶化，我们有着均衡发展。[3] 在 P^* 上，我们有着持续的贸易条件和不平衡的发展，而低于 P^*，随着贸易条件的改善，我们的发展是不均衡的。

四、贸易和债务

我们迄今认为，对于南方来说，投资是等于国内储蓄的，以至于南北方之间的贸易是均衡的。我们现在修改分析允许南方向北方借款。如果南方能从北方借款，其积累的速度 g_s 不再限制其储蓄；如方程（15.6）所示，y_s 因此可以由南方借贷筹措。

一个伴随借贷的南北完整动力学模型分析，需要一些关于南方积累速率的决定性因素的假设，无论是投资率的决定性因素，或是关于对南方借款的限制，以及一个南方债务状况的动态分析，例如，是通过南部外债输出比例所测量得到的。关于南方借款的南北贸易的模型由泰勒（1986）发展起来，但该模型的重点是解决短期投机危机。达特（1989）利用泰勒（1981，1983）解决长期问题的分析开发的模型假定，南方的资本积累是外生给定的，外国借款在给定利率下弥合南方国内储蓄和投资率之间的差异。模型需要北方和南方资本储蓄与南方的债务（关于北方的商品），要在短期内确定短期运行平衡、市场结算、价值观的贸易条件和北方的产能利用率，就像前面的分析，但考虑到资本流动和利息支付。然而，这一模型假定对这两种商品的需求的收入弹性在同一区域，这意味着在给定的贸易条件下增加收入，会增加这两个地区的进口比例。

在这里我们希望考察进口不同的两个区域的收入弹性的影响。而不是分析上述假设描述的完整动力学模型，我们追求两个简单的路线。首先，我们分析南方债务演化必须满足的条件，长期均衡的发展，我们假设的贸易条件是不变的，并探讨是否这些条件在现实中可能会满足。其次，我们介绍一些可信的假设来确定南方债务或外国借款的演化，并在贸易条件不改变的假设下考察长期均衡中发展模式的影响。

第一个路线，伴随持续的贸易条件，我们注意到，方程（15.6″）表明：

$$\varepsilon_s y_s = [1 - (F/X_N)]\varepsilon_N y_N + (F/X_N)f$$

如果 $1 < F/X_N < 0$，[4] 这就意味着 $\varepsilon_s y_s$ 是 $\varepsilon_N y_N$ 和 f 的加权平均数，且一定存在于它们之间。因为 $\varepsilon_s > \varepsilon_N$，均衡发展表明 $y_s > y_N$，我们一定得出 $\varepsilon_s y_s > \varepsilon_N y_N$，进而建立起 $f > \varepsilon_s y_s$。在不变的贸易条件下，等式（15.2）和等式（15.3）表明 $x_s = \varepsilon_N y_N$ 和 $x_N = \varepsilon_s$

y_S，这表明 $f > x_N > x_S$。这意味着南方净借款必须增加得比出口更快，此外，F/X_N 必须增加。当 F/X_N 接近一致时，$\varepsilon_S y_S$ 接近 f，以至于如果 $\varepsilon_S > 1$，y_S 将增长得比 f 更慢。关于北方的货物、南方债务的演变 D，给出了：

$$dD/dt = F + iD$$

其中，i 是南方借钱的利率。这意味着：

$$d = (F/D) + i \tag{15.20}$$

其中，d 是南方债务的增长率。假设利率是常数（至少在长期均衡中），并假设南方债务以恒定速率也在增长，F/D 将是不变的，这意味着南方债务和贷款将以同样的速度增长。因此，通过从北方借贷，南方试图增长快于北方，$\varepsilon_S > \varepsilon_N$，债务增长速度将高于出口（$\varepsilon_S > 1$），债务增长速度也超过产出的水平。考虑到南方信贷限制，这是难以置信的假设，选择这种外国债务的累积是可能的。

我们现在转向第二个路线，南方债务或借贷进化在一定条件下，考虑南方的信贷约束的现实。因此，我们使用出口方程（15.2）和方程（15.3），以及国际收支条件方程（15.4），得到方程（15.6），并强加额外条件。其中一个条件是贸易条件不变。另一个条件是南方债务，或者南方的借贷是被南方的一些信誉指标所限制。[5]

我们考虑几个备选假设形式化南方信贷约束。三个上界强加于借款和债务的比率指标输出南方，我们假设具有约束力。假设一个南方贸易逆差作为南方产出的比率是常数，[6] 所以：

$$F/PY_S = \lambda_1 \tag{15.21}$$

另外的南方净资本流入与南方输出的比率是常数，因此：

$$(F + iD)/PY_S = \lambda_2 \tag{15.22}$$

另外一个假设说明南部债务储备与南方输出的比率也是常数，因此：

$$D/PY_S = \lambda_3 \tag{15.23}$$

三种可能造成了贸易赤字、南方净资本流入和南方债务。不是南部的输出，而是南方的出口价值将是一定的。[7] 因此，我们得到：

$$F/PX_S = \lambda_4 \tag{15.24}$$

$$(F + iD)/PX_S = \lambda_5 \tag{15.25}$$

或者

$$D/PX_S = \lambda_6 \tag{15.26}$$

等式（15.21）表明：

$$f = y_S + p \tag{15.27}$$

借助于等式（15.20），等式（15.22）表明：

$$f\left[(F/D)/((F/D)+i)\right] + id\left[i/((F/D)+i)\right] = y_S + p$$

在长期均衡中，F/D 是不变的，因此 $f = d$，等式（15.27）必须被再次满足。等式（15.23）表明：

$$d = y_S + p$$

因此，$f = d$，等式（15.27）必须被再次满足。

很明显，在相同的方式下，等式（15.24）到等式（15.26）表明了

$$f = x_S + p \tag{15.28}$$

如果我们假设方程（15.27）和方程（15.6）中 p = 0，我们得到：

$$y_S = [1 - (F/X_N)]\varepsilon_N y_N / [\varepsilon_S - (F/X_N)]$$

如果 $\varepsilon_S < 1$，这意味着南方的增长速度将高于 $(\varepsilon_N/\varepsilon_S)y_N$。但在这种情况下，$F/X_N$ 必须不断随着时间的推移而增长。因此，南方服从其信贷约束，y_S 有可能无限期上升，没有面临贸易条件恶化。然而，如果 $\varepsilon_S > 1$，这个增长率必须低于 $(\varepsilon_N/\varepsilon_S)y_N$。此外，$F/X_N$ 随着时间的推移必须不断下降，这意味着 y_S 也必须要遵守以上方程。因此如果 $\varepsilon_S > 1$，通过借贷南方的增长速度不能超过北方。

如果我们现在假设方程（15.28）和方程（15.6）中的 p = 0，我们得到

$$y_S = (1/\varepsilon_S)\{[1 - (F/X_N)]\varepsilon_N y_N + (F/X_N)x_S\}$$

使用方程（15.3），表明：

$$y_S = (\varepsilon_N/\varepsilon_S)y_N$$

这和方程（15.1）是相同的。因此，不均衡的增长条件又和均衡贸易的情况是一样的。

总之，即使南方可以经历外国资本流入和鉴于国际信贷的现实约束，暂时增加其增长率高于北方的增长率，南方比北方有更高的收入弹性，这从长期来看也不太可能发生。如果 $\varepsilon_N < \varepsilon_S$，南方不能借款，或允许其外债增长，速度快于出口，发展不平衡就像发生在平衡贸易模型中那样。如果南方不能借款或允许其外债增长快于国内生产总值，那么发展不平衡是可以避免的，但是如果 $\varepsilon_S > 1$，这是不可能的。

五、进口的收入弹性的经验主义

我们现在来谈谈南方和北方进口的收入弹性的比较。人们通常认为贫穷国家一般比富裕国家有较高的进口需求收入弹性，因为它们生产相对收入缺乏弹性的商品如初级产品和基本制成品。因此，随着收入的增加，它们要求更多的具有收入弹性的商品，进口成比例地增加，比它们的收入多。但是，发达国家没有这个特征，因为它们能够生产相对复杂的具有收入弹性的商品。有两种类型的研究，可以用来经验性地评估这种说法。

在消费的收入弹性和不同种商品的进口的评估中，间接证据是可以得到的。例如，霍撒克和麦基（Houthakker and Magee，1969）使用季度数据在 1947~1966 年期间发现，比起粗糙的材料、粗糙的食物和半成品，完成生产和制造的食品的进口收入弹性较高。众所周知，制成品弹性高于半成品和初级产品。鉴于贫困国家专门从事初级产品生产和发达国家专门从事制成品生产的传统特点，我们可能会接受收入弹性的说法。但是，广为记载的是，不发达国家的出口组成已经发生了重大变化，初级产品越来越多地扮演一个小角色，生产份额增加这一趋势已经吸引了半工业化不发达国家（Reidel，1984）。

转向进口收入弹性的直接证据，基于 1951~1966 年的年度数据，霍撒克和麦基（1969）用以下方程计算了一些国家出口和进口的收入和价格弹性：

$$logM_t = A_0 + A_1 logY_t + A_2 log(P_{Mt}/P_{Dt}) + u_t$$

$$logX_t = B_0 + B_1 logY_{Wt} + B_2 log(P_{Xt}/P_{WXt}) + v_t$$

其中，Y_W 指有着持续出口份额的贸易伙伴的实际收入的加权平均作为权重，P_{WX} 是出口竞争国家的价格指数，P_D 是国内价格指数，批发价格指数。然而，几乎所有的国家，它们评估出口进口功能的国家都是发达国家。对于大多数国家来说，它们发现进口出口活动弹性没有显著的不同，虽然它们是美国和日本。但在相反的方向，它们计算出口和进口弹性的唯一的发展中国家是印度，出口弹性是 0.54，进口弹性是 1.43。在最不发达的欧洲国家中，葡萄牙是大致相同的。许多拉丁美洲国家外汇收入弹性不到 1。

许多文献已经为个别国家发展了被评估过的进口与出口功能，并因此估计进口的收入弹性和出口的全球收入弹性（麦基，1975；戈尔茨坦、汗和卡恩，1985）。虽然大多数可用的证据是在讲发达国家，有许多的研究也包括不发达国家，其中有卡恩（1974）、巴赫马尼（Bahmani-Oskooee，1986），以及法伊尼等（Faini et al.，1992）。然而，这种大型文献不允许我们得出关于富国和穷国进出口需求的收入弹性的明确结论，因为估量是不会遵循一个一致的模式出现的。Bairam（1997）使用可用的进出口弹性去争论，对于大多数发达国家来说，进口弹性比上收入超过出口的外汇收入弹性，而对于发展中国家来说是相反的，他轮流的通用规范方程表明出口弹性与人均收入下降而进口弹性的发展水平不改变。他指出，这一观点不符合普雷维什的假设，当然，它是不符合本章的发展不平衡假说。然而，瑟尔沃尔（1997）批评 Bairam 是从一个小并且是主要包含新兴工业化国家和一些极度贫穷的发展中国家的选择性的组里得出的推论。

此外，众所周知，这些估算面临许多问题。第一，由聚合造成的聚合问题源于商品和国家的聚集。正如我们已经提到的，出口和进口的弹性根据商品的组类可以是不同的，因此贸易的结构会影响估计的弹性。因为它们将国家聚合在一起，特定国家的进出口检查与世界其他地区相比，通常不会分解贸易合作伙伴。第二，有同时性问题。特别是出口方程，期望供给和需求因素影响出口是合理的，而估计方程只检查需求方面。戈尔茨坦和卡恩（Goldstein and Khan，1978）试图使用联立方程方法解决这个问题，出口供应采取依赖相对于国内价格的出口价格和国内产能的指数。然而，他们仅为发达国家估计函数，尽管需求的价格弹性高于单一方程模型，我们关注的收入弹性是相似的。第三，有遗漏变量问题，可以说是最重要的贸易限制，尤其是对最不发达国家。法伊尼（1992）试图通过使用外汇可用性（以外汇收入和滞后储备水平测量）解决这个问题去代理进口控制，或使用一个非关税壁垒直接测量，假设限量供应货物的边际进口倾向与整体边际进口倾向的比率可以近似限制的进口与总进口的比率。

对于我们的目的，这些估计的最重要的问题是它们试图估计个别国家的出口和进口弹性，而我们关心的是北方和南方之间的贸易弹性。如果双边弹性或弹性估计分别用于富国和穷国，我们可以使用特定国家的弹性。一些双边弹性估计确实是可用的。例如，马尔克斯和麦克尼尔（Marquez and McNeilly，1988）估计非欧佩克最不发达国家的出口收入弹性选择发达国家，是通过分解商品组对 1974~1984 年期间使用季度数据检查后者国家的进口功能实现的。马尔克斯（1990）在八组之间估计双边贸易弹性，包括更大的发达国家，比如日本和德国，其他发达经济体、欧佩克和非欧佩克发展中国家使用 1973~1985 年的季度数据。这两项研究发现有明显的弹性分散体的保证分解研究。此外，他们发现相对较低的收入弹性为最不发达国家的进口，一些富裕国家从最不发达国家进口弹性相对较高，显然与我们的假设相反。主要研究需要努力扩展这项工作，需要更广泛的富国和穷国并考虑到最近的数据。

我们通过估计聚合数据，去计算南北进出口弹性，将北方等同于经合组织国家，南方等同于非经合组织国家。[8] 可以说这种分析合成了一些聚合问题，并没有解决同时性问题和错误设定问题，但至少解决了南北维度的评估。在任何情况下，结果必须被初步考虑。

我们使用豪斯克—麦奇公式，估计南方的进口和出口函数，得到下面的公式：

$$\log M_t = A_0 + A_1 \log Y_{St} + A_2 \log(P_{Mt}/P_{St}) + u_t$$

$$\log X_t = B_0 + B_1 \log Y_{Nt} + B_2 \log(P_{Xt}/P_{Nt}) + v_t$$

在进口方程中，M_t 指的是南方进口的数量，Y_{St} 是南方实际收入，P_{Mt} 是南方进口单价的美元价格，P_{St} 是南方价格水平。在出口函数中，X_t 指的是南方出口的数量，Y_{Nt} 是北方实际收入，P_{Xt} 是南方的出口价格，P_{Nt} 是北方价格水平。我们的目的当然是比较 A_1 和 B_1 的震级，发展不平衡假说声称 $A_1 > B_1$。因为以下考虑，我们估计南方的函数而不是北方。进出口价格指数可用于南北，但不是双边南北贸易。因为比起在南方出口和进口的份额，在北方有着更大份额的出口和进口。比起北方进出口价格，南方的出口进口价格是一个更好的南北价格的指标。

用于我们评估的数据，涵盖了 1968~1990 年。我们得到的南方出口到北方和南方从北方进口的价值总和来自经济合作与发展组织的数据。我们从国际货币基金组织的 IFS 数据，得出南方进出口的价格指数和北部的出口价格指数。我们使用佩恩表（PWT）数据计算南北方实际收入，聚合了有关国家的 GDP。为了计算南方的进出口数量，我们将进出口的价值除以进出口价格指数。为了计算南北方价格水平，我们将名义国内生产总值除以实际国内生产总值，得到 GDP 紧缩指数。所有相关变量以对数形式衡量。

表 15-1 显示了使用许多不同的方法得到的进出口方程的评估结果。一个简单的普通最小二乘法生成了所有变量的参数估计结果，尽管价格弹性在统计学意义上并非不等于零。然而，收入弹性明显不等于零，出口弹性为 1.02，小于进口弹性 1.16，证实了发展不平衡假说。因为进口弹性超过个体，我们也发现随着资本流入，不平衡发展也会发生。一个辅助变量公式使用两阶段最小二乘法和独立变量的滞后值产生类似的结果，出口弹性为 1.07，进口弹性为 1.24。由于一些变量被发现是不稳定的，我们也使用协整分析估计方程。虽然收入弹性估计更高，甚至不合理，我们发现出口弹性为 3.5，比进口弹性 6.2 要低。

表 15-1　进出口方程

Specification	Equation	Income Elasticity	Price Elasticity	Adjusted R²
OLS	Export	1.020280431 (8.29560003)	−0.147225119 (−1.95440066)	0.809294055
	Import	1.164753752 (8.549832029)	−0.232240622 (−0.761356626)	0.922681552
IV	Export	1.066962694 (8.293111313)	−0.254305974 (−3.015219355)	0.754631188
	Import	1.243297688 (8.035004769)	−0.455542074 (−1.199321141)	0.898996711
Co-integration	Export	3.505697637	−0.963417719	
	Import	6.268934386	−1.93204377	

注：括号内为 t 值。

为了检查结果的鲁棒性，我们使用另一个数据集的数据——1964～1995 年的世界银行与世界银行工业和发展中国家的分类（撇开其他组的国家），去定义南方和北方。OLS 所估计的与早先的估计在定性方面是相似的，所有方程的系数有预期的迹象。价格弹性的总和超过价格弹性绝对值。此外，南方出口的北方收入弹性是1.27632，南方进口弹性预测是 1.67035。

正如我们所指出的，这里给出的实证分析存在许多问题。两个特别严重的问题是高水平的聚合，以及我们的分析忽略了限制性贸易政策。虽然检查这些问题带来的全部影响超出了我们分析的范围，更不用说去纠正它们，我们可以考虑两个问题。关于聚合问题，我们的方程已经聚合，除此之外，可以说具有不同的出口和进口弹性的各种各样的商品。因此，随着南北商品组合的变化，弹性会改变，违反了我们评估的恒常性假设。特别是，因为稳定的南部出口转变远离收入弹性较低的初级产品，转变为高弹性的出口制成品，南方出口的北方收入弹性随时间增加了。这个论点往往会削弱我们上面提到的实证结果。关于贸易限制的问题，可以说，贸易限制的程度会影响进口估计收入弹性。伴随强劲的贸易限制，由于贸易管制，增加收入可能不会导致大幅提高进口，如瑟尔沃尔（1997）所述。许多南方经济体似乎存在进口自由化，然而，收入弹性将随时间而增加，从而加剧了不平衡发展的问题并加强了我们的实证结果。

研究这些问题的一个简单的方法是允许出口和进口的收入弹性有时间依赖。我们已经尝试添加一个相关的收入变量和时间变量的对数形式到我们的进出口方程。因为我们不希望我们的方程有着一般时间趋势，可能是考虑到因变量的非稳定性，我们还为方程添加了一个时间变量。结果如表 15-2 所示，不仅出口的收入弹性低于进口的收入弹性，而且这两个弹性之间的差距往往会随着时间的推移而增长。出口弹性没有统计上显著的时间趋势（尽管系数为正），这表明随着时间的推移，尽管南方出口结构有变化，北方的出口收入弹性却没有显著增加。此外，似乎南方进口的收入弹性有显著的上升趋势，符合进口自由化可能加剧了不平衡发展的力量的观点。因此，改变南部出口的商品组成没有增加出口弹性，而贸易自由化可能增加了进口弹性，从而加剧了发展不平衡的问题。

表 15-2　依赖于时间的收入弹性

Equation	Y	tY	p	t	Adjusted R²
Export	4.188545612 (8.838552755)	0.02554346 (1.584247488)	−0.015173372 (−0.217692804)	−0.682004525 (−1.809838132)	0.939987109
Import	4.720178203 (7.739028098)	0.118380209 (4.418895018)	0.131400315 (0.584268501)	−2.73780722 (−4.496707054)	0.971764518

注：括号内为 t 值。

六、总结

　　本章侧重一个发展不平衡的机制，认为由于进口的收入弹性的差异，统称为北方的富裕国家，增长速度将高于统称为南方的贫穷国家。这种机制在国际发展的文献中被广泛讨论，其中有普雷维什、西斯尔、卡尔多和瑟尔沃尔。

　　本章试图对这一机制的讨论做出三个贡献：第一，它在南北贸易的模式中嵌入了不同进口收入弹性的假设，这个假设由泰勒提出，假设贸易平衡，表明发展不平衡发生在长期均衡上。第二，它检验了南方借款的后果，表明即使资本流动，在合理的条件下，不同的进口收入弹性意味着不均衡的发展。第三，它提供了一些初步的实证结果，表明南方进口收入弹性确实比北方的大，此外，即使资本流动，发展不平衡的弹性条件可能在经验上也是可以被满足的。

　　可以说，这里讨论的不平衡发展的理论是以世界经济的静态视角来看的。即使贫穷国家从发达国家进口的收入弹性比发达国家从贫穷国家进口的收入弹性高，这种情况可能会随着南方出口的商品构成的持续改变而改变。然而，本章的分析没有忽视这种可能性，但到目前为止，我们发现出口组合的改变无法增加南方出口的北方收入弹性。到目前为止可以看出的变化似乎表明，相反，通过增加从北方进口的南方收入弹性，由于贸易自由化，日益加剧的全球化可能加强这种不平衡发展机制的力量。

　　因此本章表明，南北贸易的影响可能导致发展不平衡，发生在当今世界的南北差距可能是由于南北进口收入弹性的差异。

　　应该强调的是，本章认为，南北进口收入弹性的差异造成发展不平衡，这并不意味着这些差异不可避免地导致发展不平衡或贫穷国家的停滞。我们的理论模型试图通过摘录发展不平衡问题上的其他机制分离进口弹性差异影响。例如，如果南方的资本产出率开始下降，在世界经济里有可能是更大的整合将带来更快速的技术转让，以此将增加南方的生产率，阻止不平衡力量的发展。此外，更大的整合还可以允许南方面临的信贷约束变得不那么僵化，从而允许南方借更多的钱，发展得更快和经历更大的技术变革，从而赶上北方。如果这些其他机制被认为在经验上是合理的，可以使用这里开发的南北模型去模拟影响。我们的分析显示的是，不同进口弹性会形成不均衡作用，即使在这样的模型机制下，为了形成收敛我们需要克服它。我们的实证结果是高度综合的，并很有可能有一些贫穷国家的弹性条件在经验上是被违背的。因此，很可能有一些贫穷国家会赶上北方。我们的分析确实指出，大多数南方国家在实现这一结果。

注释

1. 近期有许多关于低收入国家中，中国和印度最近比较快速的增长率的影响的热议（多拉尔和克雷，2002）。虽然这些国家在最近的增长数据中大面积占主导地位，目前还不清楚这些相对控制和关闭（虽然慢慢打开）的经济的经验，在什么程度上能复制在其他最不发达国家，并在何种程度上这些增长率可以持续，特别是对印度来说。

2. 模型和不平衡发展的结果与杜特（1988，1990）较早开发的一个模型相似，它也试图探索南方货物的北方需求缺乏弹性的后果。这两种模式都借鉴了泰勒的南北贸易模型。然而，早期的模型显示，当收入弹性在北方与南方对南方货物上的花费的份额方面降低时，北方与南方资本的库存比率随着时间推移而增加。这里的模型是假设给定的广义贸易弹性。两者之间的主要区别是，早期的一个特点是不平衡发展在长期均衡下不稳定，而目前的一个特点是不平衡发展发生在长期均衡下。

3. 应该指出的是，如方程（15.19）所示，高（但有限）的价格弹性值会降低贸易条款变更的速度，但不会以任何其他方式影响这些结果。

4. 如果南方和北方的出口是正的，方程（15.4）意味着 $F/X_N < 1$，如果南方经历资本流入，正如我们假设的那样，则 $F/X > 0$。

5. 我们使用术语"信用"来包括证券投资和外国直接投资的约束，而不只是实际借款。

6. 莫雷诺（1998–1999）做了一个类似的假设，虽然他没有把利息考虑在内。

7. 瑟沃尔和侯赛因（1982）假定了一个持续的外国资本流出口比率。

8. 与卡马尔进行联合工作，并由锡贤基姆协助得到此报告结果。

参考文献

Bahmani-Oskooee, Mohsen (1986), "Determinants of international trade flows: the case of developing countries", *Journal of Development Economics*, 20 (1), January-February, 107-123.

Bairam, Erkin I. (1997), "Levels of economic development and appropriate specification of the Harrod foreign-trade multiplier", *Journal of Post Keynesian Economics*, 19 (3), Spring, 337-344.

Baumol, William J., Sue Anne Batey Blackman and Edward N. Wolff (1989),

Productivity and American Leadership: *The Long View*, Cambridge, MA: MIT Press.

Burgstaller, Andre and Neantro Saavedra-Rivano (1984), "Capital mobility and growth in a North-South model", *Journal of Development Economics*, 15 (1, 2, 3), May-June-August, 213-237.

Dixon, R.J. and Anthony P. Thirlwall (1975), "A model of regional growth differences on Kaldorian lines", *Oxford Economic Papers*, July, 201-214.

Dollar, David and Aart Kraay (2002), "Spreading the wealth", *Foreign Affairs*, January-February, 120-133.

Dutt, Amitava Krishna (1988), "Income inelasticity of demand for Southern goods, international demonstration effects and uneven development", *Journal of Development Economics*, 29 (1), July, 111-122.

Dutt, Amitava Krishna (1989), "Trade, debt, and uneven development in a North-South model", *Metroeconomica*, 40 (3), October, 211-233.

Dutt, Amitava Krishna (1990), *Growth, distribution and uneven development*, Cambridge: Cambridge University Press.

Dutt, Amitava Krishna (1996), "Southern primary exports, technological change and uneven development", *Cambridge Journal of Economics*, 20 (1), January, 73-89.

Dutt, Amitava Krishna (2002), "Thirlwall's law and uneven development", *Journal of Post Keynesian Economics*, 23 (3), Spring.

Faini, Riccardo, Lant Pritchett and Fernando Clavijo (1992), "Import demand in developing countries", in M.G. Dagenais and P.-A. Muet (eds), *International Trade Modelling*, London: Chapman and Hall.

Findlay, Ronald (1980), "The terms of trade and equilibrium growth in the world economy", *American Economic Review*, 70 (3), June, 291-299.

Goldstein, Morris and Mohsin Khan (1978), "The supply and demand for exports: a simultaneous approach", *Review of Economics and Statistics*, 60, 275-286.

Goldstein, Morris and Mohsin Khan (1985), "Income and price elasticities in foreign trade", in R. Jones and P. Kenen (eds), *Handbook of International Economics*, Vol. II, Amsterdam: North Holland.

Harrod, Roy (1933), *International Economics*, Cambridge: Cambridge University Press.

Houthakker, H.S. and Stephen P. Magee (1969), "Income and price elasticities in world trade", *Review of Economics and Statistics*, May, 51 (2), 111-125.

Jones, Charles I. (1997), "On the evolution of the world income distribution", *Journal of Economic Perspectives*, 11 (3), Summer, 19-36.

Kaldor, Nicholas (1970), "The case for regional policies", *Scottish Journal of Political Economy*, November.

Khan, Mohsin S. (1974), "Import and export demand in developing countries",

IMF Staff Papers, Vol. 21, 678-693.

Krugman, Paul (1981), "Trade, accumulation, and uneven development", *Journal of Development Economics*, 8, 149-161.

Lucas, Robert E. (2000), "Some macroeconomics for the 21st century", *Journal of Economic Perspectives*, 14 (1), Winter, 159-168.

Magee, Stephen P. (1975), "Prices, income and foreign trade: a survey of recent economic studies", in P.B. Kenen (ed.), *International Trade and Finance: Frontiers for Research*, Cambridge: Cambridge University Press.

Marquez, Jaime (1990), "Bilateral trade elasticities", *Review of Economics and Statistics*, 72, 70-77.

Marquez, Jaime and Carlyl McNeilly (1988), "Income and price elasticities for exports of developing countries", *Review of Economics and Statistics*, 70 (2), May, 306-314.

McCombie, J.S.L. (1997), "On the empirics of balance of payments-constrained growth", *Journal of Post Keynesian Economics*, 19 (3), Spring, 345-375.

Moreno-Brid, Juan Carlos (1998-1999), "On capital flows and the balance-of-payments-constrained growth model", *Journal of Post Keynesian Economics*, Winter, 21 (2), 283-298.

Myrdal, Gunnar (1957), *Rich Lands and Poor*, New York: Harper & Brothers (also published as *Economic Theory and Under-developed Regions*, London: Duckworth).

Prebisch, Raul (1950), *The Economic Development of Latin America and its Principal Problems*, Lake Success, New York: United Nations.

Pritchett, Lant (1997), "Divergence, Big Time", *Journal of Economic Perspectives*, 11 (3), 3-17.

Quah, Danny T. (1993), "Empirical cross-section dynamics in economic growth", *European Economic Review*, 37 (2-3), April, 426-434.

Reidel, James (1984), "Trade as the engine of growth in developing countries, revisited", *Economic Journal*, 94, March, 56-73.

Ros, Jaime (2000), *Development Theory and the Economics of Growth*, Ann Arbor: University of Michigan Press.

Sala-i-Martin, Xavier (1996), "The classical approach to convergence analysis", *Economic Journal*, 106, 1019-1036.

Sarkar, Prabirjit (1998), "Endogenous technical progress and North-South terms of trade: Modelling the ideas of Prebisch and Singer on the line of Kalecki-Kaldor", in David Sapsford and John-ren Chen (eds), *Development Economics and Policy*, London: Macmillan and New York: St Martin's Press, 249-257.

Scott, Bruce R. (2001), "The great divide in the global village", *Foreign Affairs*,

January–February, 160–177.

Seers, Dudley (1962), "A model of comparative rates of growth of the world economy", *Economic Journal*, 72 (285), March, 45–78.

Singer, Hans (1950), "The distribution of gains between investing and borrowing countries", *American Economic Review*, 40, May, 473–485.

Spraos, John (1983), *Inequalizing Trade?*, Oxford: Oxford University Press.

Stocker, Herbert (1994), "A world falling apart? Trends in the international distribution of income", Department of Economics, University of Innsbruck, unpublished.

Taylor, Lance (1981), "South–North trade and southern growth: bleak prospects from a structuralist point of view", *Journal of International Economics*, 11, 589–602.

Taylor, Lance (1983), *Structuralist macroeconomics*, New York: Basic Books.

Taylor, Lance (1986), "Debt crisis. North–South, North–North and in between", in M.P. Claudon (ed.), *World Debt Crisis: International Lending on Trial*, Cambridge, MA: Ballinger.

Thirlwall, Anthony P. (1979), "The balance of payments constraint as an explanation of international growth rate differences", *Banca Nazionale del Lavoro Quarterly Review*, March, No. 128.

Thirlwall, Anthony P. (1983), "Foreign trade elasticities in centre–periphery models of growth and development", *Banca Nazionale del Lavoro Quarterly Review*, September, No. 146, 249–261.

Thirlwall, Anthony P. (1997), "Reflections on the concept of balance–of–payments constrained growth", *Journal of Post Keynesian Economics*, 19 (3), Spring, 377–385.

Thirlwall, Anthony P. and M. Nureldin Hussain (1982), "The balance of payments constraint, capital flows and growth rate differences between developing countries", *Oxford Economic Papers*, 34 (3), November, 498–510.

Wong, Kar–yiu and Chong–Kee Yip (1999), "Education, economic growth and the brain drain", *Journal of Economic Dynamics and Control*, 23 (5–6), April, 699–726.

第十六章 对平衡的援助关系：在低收入发展中国家捐赠性能监控

Gerry Helleiner

一、引言

在当前关于官方发展援助贫穷国家的主流文献中，有一个新的范式，强调需要"伙伴关系"和"当地所有权"。它体现在来自国际金融机构（国际货币基金组织和世界银行）和双边援助机构的写作和修辞中，尤其是在所谓的全面发展框架（由世界银行推动）和减贫战略文件（被高负债贫困国家获得进一步的债务减免和官方援助所需要）中。仅仅是花言巧语，还是援助关系实际上可以而且应该改变了？本章认为，兰斯·泰勒的许多建设性的精神特征攻击了正统思想，虽然目前的现实仍然掩饰新的援助的说辞，人们很容易认为改革会显著缩小花言巧语与现实的差距。特别是单个援助接受国，援助国的独立监测性能，涉及它们所规定的目标和承诺的关键元素，能够开始平衡这种不可避免的不对称援助关系和提供真正意义的伙伴关系的概念。

本章介绍了新的援助伙伴关系的言论和一些问题，简要叙述了低收入国家的监控性能的发展，探讨了当前的援助（不足）系统性能监控。描述了在接受国方面，真正有用和有效的系统监测援助国的性能的主要元素，提供简短的结论。

二、新的援助伙伴关系：修辞和现实

富裕国家和贫穷国家之间的"伙伴关系"，因为后者争取发展和减贫，很长一段时间里已经成为了开发社区里通过了的修辞的一部分——至少自 1969 年皮尔森委员会发表题为《伙伴发展》（皮尔森，1969）的报告开始。它很少被有效地提及。长期以来，一些从业者怀疑这是否有可能。在皮尔森报告的批评中——当它被提出时，帕特尔准确预期这些问题将不可避免地（至少）在下一个 30 年困扰着援助关系。

　　不幸的是，一个真正的伙伴关系的概念在发展……缺乏可信度。从未有过任何捐助者和接受者之间有真正意义上的平等，即使他们参加同一联盟会议，在其他论坛坐在相同的席位上。对于接受人来说，坦率地讲，在一个分配援助的论坛里，援助捐助者的政策或态度，是众所周知像骆驼穿过针眼一样困难的通道。捐赠政策的批评，即使它来自非接受者，受捐助者也很少能有义务回答最深远的对自己的政策的批评。显然有两套规则。仅仅是机会平等地参与对话而不能建立决策平等……相互监督或真正的发展伙伴学说是不切实际的……（帕特尔，1971）。

　　到 20 世纪 90 年代中期，捐助者驱动的援助项目的特点和当地有限的"所有权"，不可避免地使许多分析师和决策者终于意识到，在富裕国家和贫穷国家之间，援助关系需要一种新型的"伙伴关系"（尽管不是，在全球经济治理下，它必须急忙补充上）（赫莱纳，2000）。

　　正如经合组织发展援助委员会主席所说：

　　如果捐助者相信当地所有权和参与，那么他们必须寻求使用不破坏这些价值观的合作的渠道和方法。外部支持必须避免窒息或试图取代当地倡议……自力更生的原则、地方所有权和参与构成的合伙方式与捐助者强迫贫穷国家去做它们不想做的事情去获得它们所需要的资源是不一致的。这一观点总是可疑的价值。将发展合作作为伙伴关系表明，它已经过时了（OECD，1996）。

　　为了使得这种新的伙伴关系起到作用，并实现真正发展中国家的"所有权"，就必须要偏离以前相对被动的、在接受援助的国家中普通存在的心态，转向积极领导"本土"发展项目的发展中。

　　发展中国家，尤其是它们的政府，必须提出更为清晰的，关于它们要求什么形式的外部支持的观点。最近有些非洲人在这些问题上提出的观点之一，就体现得明确。

　　根据明确的国家目标和国家能力和资源详尽的动员，非洲国家需要更精确地定义它们需要的外部援助。对大多数国家而言，推动它是必要的。捐赠者和接受者必须认真考虑向非洲提供援助的目的和性质。毫无疑问，一些援助起到一些积极的作用，但政策制定者应该发起一个讨论，引导援助在一个加强建设和使用非洲人力资源的潜能的内容上，动员国内资源，逐渐使非洲经济体远离援助的依赖（姆坎达维尔和路多，1999）。

　　当然，援助机构的用意必须表现在它们所说的反思和改革目前的援助形式上。捐赠者之间，还有一个这些问题上的修辞和实际应用上的奇怪的"断开"（郝莱纳，2000a；Sweden，2000）。

　　当前捐赠者达成共识，当银行认为国内政策是"正确"的时候，当这些政策是真正在国内被"拥有"时，援助工作是基于世界银行的分析（伯恩赛德和多拉尔，1997；世界银行，1998），受到如此严重的方法论的挑战（汉森和塔普，2000；伦辛克和怀特，2000），它不能持续。然而，直观和明显的意义是，如果整体政策早已不合时宜，援助是不可能有多大影响的；除非国内政策支持它们，否则不太可能持续。参数适当的政策的细节、测序、阈值效应，以及初始条件的作用必将继续。

既然国内如此多地强调一个期望，当事态严重时，捐赠者和接受者之间的这种观点将更频繁地允许接受者怀疑的好处。但它仍然很难找到任何这样的捐赠行为的变化的证据（而不是捐赠言辞）。国际金融机构和双边捐助者继续寻求详细的政策影响，即使现在表面上在受捐赠者"全面发展框架"下。在任何情况下，在特定的国家，ODA 的实际作用仅仅是可能理解和分析其影响决策的使用目的。

三、低收入国家性能的测量

　　在结构调整和低收入国家的发展的文献及丰富经验中，对于正在调整的国家，没有短缺的政策处方和性能指标。从早期强调宏观经济政策和指标到后来更微观的经济措施，例如私有化和自由化，后来还强调治理和制度，到现在的减贫，国际金融界一直保持政策变化的压力和程度的可量化的措施。同时，对援助依赖影响的担忧不断增加，适当的措施也必须被设计（最近的一个简洁的总结，参见伦辛克和怀特，1999）。重点发生了变化，援助接受者"性能"的测量变得更加困难。设计的"良好治理"的措施包括——法治的程度、政府有效性的评估，以及官员腐败和非法支付的频率（考夫曼等，1999a，1999b）。当地"所有权"的措施亦如此（约翰逊和 Wasty，1993）。但是如何测量和聚合这样的不同组件的概念仍要讨论；最终，这是一个武断判断的问题。

　　贫困的概念扩展到合并的维度，除了纯粹的收入，教育、医疗等，和/或人体测量措施一起，例如体重和身高年龄，类似的问题出现。脆弱、无力和那些悲伤不容易量化，力量和声音也产生收入和资产分布的问题，在选择测量方法上有着大量的文献。然而现在所宣布的国际货币基金组织和世界银行项目的主要目标与国际发展援助是减贫。显然，当前所采用的性能的表现比"旧日"的国际货币基金组织的贷款限额、通胀和增长速度更加难以衡量。然而，有一件事可以肯定：适当的政策和性能的新概念将尽快出现，大批（主要是北部）的研究人员将开始新的努力去澄清和量化它们。

　　也许可以理解，甚至合理化所有这些持续的努力来衡量低收入国家的政策变化和"性能"，这毕竟是全球发展努力的方向。但毫无疑问，努力已经基本上受援助国的"驱动"，而不是发展中国家本身。人们不禁疑惑，是否等价的支出政策制定者和研究者的研究重点主要在发展中国家，就不会更有效地使用"发展"资金。笔者不打算在这里辩论这些研究重点是什么，它们是有区域性的和有国别的。相反，笔者想在所谓的"援助关系"中测量和监控的努力中对巨大不平衡唤起注意。

四、援助性能监控：当前系统

对一种新形式的援助合作，最引人注目的是未能遵循一个更为平衡的性能监控方法。尽管细节已经改变，基本没有任何受助国要求报道程度上的改变，或有国际货币基金组织、世界银行和个人双边捐助者性能监测强度上的改变。事实上，通过引入减贫战略文件（扼要介绍），权威延伸到低收入国家，外部需求可能已经上升。然而，什么都没做，增加（极其有限）透明度或责任的任何双边援助机构或国际机构与低等收入国家交互在一种据称是"新"的援助伙伴关系中。

什么信息、什么形式将是最有用的低收益的合作伙伴援助关系？个人援助应该测量和报告什么性能指标？

目前，唯一的主要官方援助性能数据和绩效评估是经合组织发展援助委员会（DAC）得来的。它发布的数据是捐助者提供的信息。它使用自己的（高度任意）官方发展援助的定义，并且它的报告（评估）只在高度聚合级别，这是每个援助国的总性能的级别。捐赠绩效评估是其他 DAC 成员通过"同行评审"而进行。援助接受者没有参与任何 DAC 决策的制定——发展援助的定义，数据请求和报告的确定，报告和评估的性质，等等。它们也没有参与绩效评估。DAC 是一个捐赠组织，它的目的是为其成员的需要服务。受助者不是成员，没有发言权。如果它的数据报告系统和绩效评估的实用性对援助接受者是有限的，这就不应该引起太多的惊喜。

以下是个人捐赠者 ODA 性能 DAC 报告的主要元素：

● 总（净）ODA 流（支出和承诺）和向主要接受者（捐赠者前 15 名）的流动

● 官方发展援助总额支付和承诺，以及拨款等价物，占捐赠国民生产总值的百分比

● ODA（净支出和承诺）及低收入国家（地方政府投资公司）和最不发达国家（LLDCs）拨款因素，捐赠国民生产总值的比例

● ODA（净支出）捐赠国家的人均资本

● 总承诺的捆绑状态，不包括技术合作

● 聚合技术合作的承诺

● 总承诺构成，主要用途和目的

价格紧缩指数对每一个捐赠者提出，允许不变价格流动数据的计算。在单个受援国的水平，报告了总净官方发展援助 ODA 收入——按绝对值计算并为受捐国国民生产总值的一定比例。

不幸的是，这些数据的可用性有一个重要的滞后（通常是两年）。所有这些数据可能对一般意义上和事后分析是有价值的，它们对发展中国家决策者是没有用的，因为它们需要当前的、具体国家的详细信息，为预算和计划做准备。性能指标与同行评估援助群体和个体的受援国之间建立伙伴关系是不可用的。

北部非政府组织做出了勇敢的努力，提供更多援助努力的独立评估（尤其是在援助报道的现实情况下，例如兰德尔（2000），甚至为经济合作与发展组织发布关于发展中国家的债务的有价值的信息，但它们和其他组织一样，被援助和官方贷款透明度的缺乏所阻碍。

五、援助性能监控：什么是必要的

如果它们负责监测和评价系统，就值得去问援助接受者真正想报道和评价什么。首先，受援国政府需要有关在它们的国家的捐助活动的及时和相关的事实。它们需要捐助者合作，以每一个可能的方式来支持它们"自己的"减贫和发展规划；它们需要保持支持的承诺。下面所列援助国性能可能的指标仅仅只是一个象征。进一步的元素可以很容易地添加。按照国别环境，这些指标的相对重要性在个体援助接受者之间是不同的。原则上，作为（独立）捐赠性能监视进一步努力的基础，这一清单至少在一个国家（坦桑尼亚）最近被接受。

（一）接受国数据特征

援助接受者显然最重要的考虑是数据和评价系统与自己的预算和计划的需求以及自己的特定国家的统计分类和决策时间表。对他们有用的是，捐赠者必须在他们自己国家进行性能监控和评价的活动，至少在原则上，他们对这些活动是有管辖权的，可以对这些活动行使主权。虽然任何寻求了解援助合作工作任务是奇怪的，如此这样的接受国等级系统，对接受者来说是最有可能有用的，但却并不存在。

（二）符合接收要求的信息

向政府报告它们对进行活动的国家究竟做了什么，在过去或将来打算做什么，援助国显然并不感到内疚，更别说在可能对地方当局是最有用的协调范畴内或根据时间表（或者，在某些情况下，即使在语言上）。相对较少的情况下，各国政府已经要求捐助者提供此类信息，它们通常承认无力这样做或抱怨尝试的费用无节制。结果，更加依赖援助的低收入国家的经济决策被关键数据严格限制。根据 DAC 数据，官方发展援助相当于许多受援国家的国民生产总值的显著比例（见表 16-1）。

表 16-1 官方发展援助占国民生产总值的比重

单位：%

	1991~1992 年	1996~1997 年
Mozambique	108.7	41.1
Tanzania	49.4	13.4
Uganda	24.8	12.1
Ethiopia	14.1	12.1
Rwanda	20.3	39.2
Zambia	33.6	17.5
Madagascar	14.9	16.5
Mali	17.0	19.0
Malawi	28.6	18.6
Burkina Faso	15.4	15.9
Niger	16.0	15.8
Eritrea	—	17.8
Nicaragua	46.0	39.0

注：这些数据很大程度上取决于汇率，将外汇支出转换为当地货币。
资料来源：世界经济合作组织，1999：A62.

　　捐赠者符合政府要求标准化和及时援助数据的程度，对于捐助者来说，应是一个重要的性能指标。这样的合规可能取决于数据请求的性质，但捐助者与接受者关于什么是最有用的和可行的供应的对话应该能够达成共识。绩效指标可能是相当粗略的，例如二分（是/否）测量每个捐赠者。

（三）ODA 支出属于受捐人预算系统的程度

　　对 ODA 普遍流行的误解是，它都是通过接受援助政府系统，甚至通过其预算。不过，不管是好是坏，它通常不是这样的。高比例的官方发展援助支出直接针对商品和服务对援助机构——私营企业、非政府组织、个人的供应商。其中一些直接支出给了接受国的公民（企业、非政府组织、个人，有时甚至是本地而不是国家政府）；传统上，更多的是外国人买走的，尤其是捐助国。在后一种情况下，这些基金不登记捐赠或受捐人国家的国际收支统计，除了间接当/如果一些受助者在受助国家有一些花费。不用说，决策等的使用和接受者的直接资金完全由捐助者决定。据称，在坦桑尼亚，艰苦的努力已经使得所有权从援助者转移到政府，在 1999 财政年度（坦桑尼亚政府和世界银行，1999）报告中，估计只有 30%的官方发展援助是通过政府预算（2000 财年未出版数据来源报告相同数量）。每个捐赠者的官方发展援助支出的比例是在国家预算制度里，因此是捐赠者另一个合理的绩效指标；它应该包括债务减免和贡献偿债基金。

（四）国家计划和优先考虑的整合与协调

一个相关的问题是捐赠项目和支出协调与集成到国家和部门计划和/或认识到受援国政府宣布的优先权的程度。最清晰和简单的表现协调它们的支持并遵循国家领导的捐赠意愿，是通过贡献部门或跨部门"一揽子基金"，按照受援国政府的目标和重点所做出的。捐助者的支持应该通过接受者的预算系统，反映在官方发展援助份额的数据上。但捐助者也有意识地调整自己的活动和项目接收优先级，无论是国家还是部门，和/或试图协调它们的支持，规范其会计和报告系统，对于接受者减少交易成本，所以没有"一揽子基金"捐款（一些捐助者被本国立法约束）。另外，因为它们过去经常做，他们可能会继续建立自己的议程和推动项目，这些项目的援助受助者优先级并不高。

应该进行一些尝试去评估捐赠协调和意愿，以系统的方式接受本地优先级。在某种程度上，在这方面所发生的是接受援助的政府采取领导的决心的产物。在这方面，评估可能被视为所向往的伙伴关系的成功的最重要的指标之一，转移领导和当地"所有权"的成就，也许是一个量化的（负面）指标，如果它是可行的，官方发展援助承诺或支出的比例是"独立的"，在同意的优先级或协调系统之外。

（五）官方发展援助承诺的不足

援助国公告，甚至正式承诺常常承受着后续实际支出的压力。其中有很多原因：行政延迟；接受方未能履行之前约定的捐赠条件，例如当地联合融资成本；改变捐赠或受援国政治或经济环境。然而，对于有效的政策制定，必须有合理准确的资源预测，在每年的基础上，最好是更长时间如在中期支出框架（MTEF）中。比起不稳定和不确定的大流动，也许更重要的是可预见的和可靠的资源流入。必须有着一个假设，即一般的宏观经济管理仍然良好，尤其是在一般或部门预算支持下，异常大的不足的主要责任在于相关捐助者。实际支付应被自己之前的承诺监控。个人和集体的不足应该构成另一个性能指标。计算不同类型的官方发展援助的不足也会有用。

（六）补偿和应急基金

重要的是要认识到在最贫穷和最不发达国家流动性和应急融资的特殊需要，它们的结构和大小使它们特别容易受到天气、贸易条件，甚至（虽然这是公认的）私人资本流动的冲击（赫莱纳，2000b）。同时，它们获得商业银行融资是有限的（和/或代价高昂的），且持有外汇储备的机会成本总是在贫穷国家很高。国际货币基金组织的资金可用性远远低于完全抵消这些国家的冲击所需的数量。任何情况下，甚至在其所谓的补偿和应急融资机制（CCFF）情况下，没有新的条件是行不通的，因此在已经增加了决策者的时间和精力上的压力时有了延迟和更高的交易成本；国际货币基金组织因此不再能被描述为一种增加"流动性"的源头，甚至它只能提供有限的资金。

双边捐助者，他们经常支付（集体）大量金额以支持贫穷国家，数额远远超过国际货币基金组织或世界银行，可能——如果他们选择——故意改变他们的支出预算的时间剖面或支付支持的平衡，以应对个体受援国因为流动性所产生的冲击需求。这种"补偿"捐助流动的变化将有助于在全国项目中传递更大的可预测性而不仅仅是捐赠流动；这可以极大地帮助受援国。捐赠者可能会更多地关注这个潜在的稳定作用。那些能够扮演这样角色的人显然应该被积极认可这样做，而不是因为提供不稳定和不可预测的财务而被记录。

（七）采购的捆绑

援助的捆绑一直被认为对受助国来说是昂贵的，特别是当它涉及其使用和采购来源时。这是特别昂贵的，最穷的国家最不可能通过可互换的最大优势应对其潜在成本。尽管经过多年的努力，经济合作与发展组织 DAC 成员仍然不能同意解开所有对最不发达国家的援助。

另一个明显的捐赠绩效指标，是在采购国统一基础上，提供的官方发展援助的比例，无论是在项目形式上还是在计划形式上，因为一些捐助者愿意允许在其他贫穷国家当地采购，同时保留对任何"外部"支出的绑定要求，因为部分采购自由存在也可能更好地去记录官方发展援助的比例。技术援助/合作进一步引发了很多问题（见下文），这些措施的援助国应该计算支出以及独家的技术援助/合作。

（八）技术支持/合作的作用

在整体对最贫困国家的援助中，技术援助/合作支出扮演了主要角色。这一角色一直存在争议和高度政治敏感。新兴共识援助分析师是非常好的，可能在大多数贫穷国家需要专业技术，传统的技术援助/合作活动已经在纯粹的成本效益方面显得无效（贝格，1993）。外籍专家经常消息不灵通和/或对当地现实不敏感；通常没怎么产生国内学习、记忆和能力建设；有时是服务捐赠者，而不是发展利益（包括捐赠监视和控制目标），这总是非常昂贵的。当发展中国家和捐助者转而强调（至少他们的言论）长期能力水平建设时，外籍技术援助的传统模式的局限性已日益为人们所承认。最新的世界银行对非洲的前景的研究报告这样描述：

总的来说，很可能（这些）援助计划在非洲削弱而非增强了能力。技术援助取代当地的专业知识，甚至代替公务员管理援助基金项目——捐助者和受助者的能力建设意图恰恰相反（世界银行，2000）。

在撒哈拉以南非洲地区，技术合作支出每年仍有约 40 亿美元，占大约 1/4 的双边援助。在一些国家，这些支出占 ODA 总额的 40%（世界银行，2000）。在传统模式下，这些数字只是过高，援助接受者对他们感知到的机会成本感到厌恶。

另一个合适的（负面）捐赠绩效指标可能是花在援助国的援助比例与技术援助/合作。尽管在贫穷国家有很多"有用"的外国人在工作，假设必须是现在明智地使用有限的援助基金，特别是当它没有被请求时，接收方免于采购将增加整体成本效益。因此好的捐赠者的表现意味着较低的技术援助百分比。可以想象一些长期能力建设的积极的贡献指标，作为有点"负面"的指标的补充；但这有点主观，因此很难设计。

（九）所有权的定性评估等

援助的其他维度关系可能还必须采取更多的定性评估，进行个人和集体捐赠的性能的独立评估。在最近的一次这样的实践中，在坦桑尼亚，一个独立评估员给捐赠者的集体表现分配分数，这些表现是关于他们的所有权的转移发展项目的各种承诺（以及相关评论）（赫莱纳，1999）。

（十）官方发展援助的承诺的时间范围

应该做出一些尝试，系统地记录捐助者已经能够做出长期承诺的程度，例如框架内的中期支出框架。

（十一）人道主义和发展援助

尽管有时区别人道主义援助和发展援助是困难的，关键是努力评估最贫困国家的官方发展援助的影响。有关 ODA 的增长或投资的影响的分析有很多，而且有这么多争议，如果携带任何可信度，这些分析必须做出差别。在个别捐赠者的聚合数据中，数字模拟转换器 DAC 的出版物已经吸引这种区别。单个接受国提取这些有用的细节应该还是可行的。在努力组装信息援助的影响的相关分析中，应该没有推定 ODA 的形式是"更好的"。

（十二）个人和集体捐赠绩效指标

这些指标都应该被记录在接受国级别上，至少在特定国家和捐助社会作为一个整体更重要。

六、有效援助性能监控的其他维度

(一) 独立监测机构

评估的独立性对于任何这样的性能监控的可信度和有效性是基本的。在捐赠者的评估性能中，DAC（OECD）和布雷顿森林体系都不能被信任是中立的和无政治意义的（关于接受者性能，人们有理由怀疑它们的中立记录）。在此类活动中，政治影响也困扰着联合国的潜在的作用。尽管联合国开发计划署（UNDP）还没有对这些问题表示出很大的兴趣，不过它（或可能联合国贸易和发展会议）可以作为一个适当的独立捐赠绩效评估的金融家和组织者，通过个人与个人的团队，或咨询公司来提供这些服务。联合国开发计划署的年度人类发展报告的生产以这种方式处理。因此许多从事其他研究和技术合作活动的联合国开发计划署和联合国贸发会议也是如此。另外，这项工作可以由"志趣相投"的捐助者组织资助。上面提到，在坦桑尼亚的情况下，捐助资金的目的是提供一个确定的和独立的坦桑尼亚的研究机构，捐助者和坦桑尼亚政府之间，在双方提前同意的情况下，达成详细条款的理解和监测组的组成内容。无论金融家/组织者是谁，必须清楚，所有评估者要保持绝对的独立，并且承包商/捐赠者对他们的结论负责。

(二) 绩效评估的频率

改变援助关系可能会花一些时间，在任何情况下，捐助者应尽一切努力减少受援助方的交易成本，长远来看，捐赠者协商和小组协商会议（CG）目前的一年期一次周期太短，而两年周期可能是最合适的一个开始。

七、总结

援助关系在低收入国家很难改变。尽管很多捐赠者在接受者发展规划所有权的需要上和建设新形式的捐助者与接受者的伙伴关系上花言巧语，援助支持项目仍主要是捐助者驱动的。持续失衡的援助关系体现在很多方面，一个重要的和以前被忽视的问题的维度是捐助者和接受者之间的性能监控失衡。国际社会低收入发展中家的行为和性能在不断增加的细节上被测量和评估，捐赠行为和性能的"合作伙伴"只受到粗略的关注，除了在一个聚合级别的小个体接受的操作是有一点有效性的。当谈到性能监控时，在很多其他领域，强大的一方（捐助者和国际金融机构）仍然大权独揽。

在单个受援国发展中国家层面，真正的合作伙伴开发需要由独立评估员对个人和集体捐赠的性能进行监控。捐赠者满足于他们的言论和他们的承诺吗？以什么可衡量的方式满足？在接受国的层面上，不难想出设计捐赠者性能水平的测量方法和一些捐赠的建议。建立系统性能监控在接受国级别可以帮助提高对援助效果的理解，促进合作的新形式，最重要的是，帮助决策者完成在低收入国家促进减贫和发展的艰巨任务。虽然它姗姗来迟了，但是时候要去这样做了。

参考文献

Berg, Elliot (1993), *Rethinking Technical Cooperation: Reforms for Capacity-Building in Africa*, New York: UNDP.

Burnside, C. and D. Dollar (1997), "Aid, policies and growth", World Bank Policy Research Working Paper 1777, Washington, DC: World Bank.

Government of Tanzania/World Bank (1999), *Public Expenditure Review*, FY 1999, Dar es Salaam.

Hansen, H. and F. Tarp (2000), "Aid effectiveness disputed", in F. Tarp, *Foreign Aid and Development*, London: Routledge.

Helleiner, G.K. (1999), "Changing aid relationships in Tanzania (December 1997 through March 1999)", Government of Tanzania, for the Tanzania Consultative Group Meeting, May 3-4; Dar es Salaam, mimeo.

Helleiner, G.K. (2000a), "External conditionality, local ownership and development", in J. Freedman (ed.), *Transforming Development*, Toronto: University of Toronto Press.

Helleiner, G.K. (2000b), "Financial markets, crises and contagion: issues for smaller countries in the FTAA and Post-Lore6 IV Negotiations", *Capitulos*, Caracas: SELA.

Helleiner, G.K. (2000c), "Developing countries in global economic governance and negotiation processes", mimeo, Toronto, forthcoming in D. Nayyar (ed.), WIDER volume on global governance.

Johnson, J. and S. Wasty (1993), "Borrower ownership of adjustment programs and the political economy of reform", World Bank Discussion Paper 199 Washington, DC.

Kaufman, D., A. Kraay and P. Zoibo-Lobatón (1999a), "Aggregating governance indicators", World Bank Policy Research Working Paper 2195, October.

Kaufman, D., A. Kraay and P. Zoibo-Lobatón (1999b), "Governance matters", World Bank Policy Research Working Paper 2196, October.

Lensink, R. and H. White (1999), "Aid dependence: issues and indicators", *Expert Group on Development Issues*, 1999: 2, Stockholm: Almquist and Wiksall International.

Lensink, R. and H. White (2000), "Assessing aid: a manifesto for aid in the 21st century?", *Oxford Development Studies*, 28 (1), February.

Mkandawire, T. and C. Soludo (1999), *Our Continent, Our Future: African Perspectives on Structural Adjustment*, Asmara and Trenton, NJ: CODESRIA and IDRC, African World Press.

OECD (1996a), *Development Cooperation, Efforts and Policies of the Members of the Development Assistance Committee*, 1995 Report, Paris.

OECD (1996b), *Shaping the Twenty-First Century: The Contribution of Development Cooperation*, Paris.

OECD (1999), *Development Cooperation, Efforts and Policies of the Members of the Development Assistance Committee*, 1998 Report, Paris.

Patel, I.G. (1971), "Aid relationships for the seventies", in Barbara Ward, Lenore D'Anjou and J.D. Runnalls (eds), *The Widening Gap, Development in the 1970s*, Columbia University Press, 295-311.

Pearson, Lester B. et al. (1969), *Partners in Development, Report of the Commission on International Development*, New York, Washington and London: Praeger.

Randel, J., T. German and D. Ewing (eds) (2000), *The Reality of Aid 2000, An Independent Review of Poverty Reduction and Development Assistance*, London: Earthscan.

Sweden, Ministry for Foreign Affairs (1999), *Making Partnerships Work on the Ground: Workshop Report*.

Tarp, Finn (2000), *Foreign Aid and Development, Lessons Learned and Directions for the Future*, London: Routledge.

World Bank (1998), *Assessing Aid*, Washington, DC.

World Bank (2000a), *Can Africa Claim the Twenty-First Century?*, Washington, DC.

World Bank (2000b), *World Development Report*, 1999-2000, Oxford and New York: Oxford University Press.

第十七章　国际金融监管面临的挑战

John Eatwell

　　1998 年秋季金融危机是第二次世界大战后的第一个危机，新兴市场经济体发生的事件严重威胁了金融稳定的西方，而此次危机的根源显然是自由市场的运作和私营部门机构。金融危机在 1997 年席卷了许多亚洲经济体，1998 年传播到俄罗斯，但金融危机的中心是对冲基金长期资本管理公司的失败。1998 年秋，在世界各地美国长期资本管理公司的困难对金融稳定构成威胁，这不容置疑地说明，国际金融体系已进入了一个新的时代。[1] 这不是主权债务问题，或宏观经济失衡，或外汇危机。相反，它表现的系统性风险是由市场驱动的决策私人公司和金融市场的行为自由。金融市场自由化的潜在整体经济效率低下是毋庸置疑的。

　　1998 年 8 月，一个惊人的巧合，回想起来像良好的判断力，兰斯·泰勒和笔者做了福特基金会的报告，直接处理自由主义国际金融市场系统性风险的问题。我们被吸引到这个特定的主题，是因为共享的刺激和过度宣传金融自由化的效率——声称不能经受经验审查。例如，国际金融市场的自由化不仅与此同时增加了金融不稳定，而且伴随着世界范围的增长速度放缓。当然，自由化与增速放缓之间是否有因果关系是一个复杂的问题，但认为自由化导致增长率更高的论断很难维持（伊特维尔，1996）。

　　在 1998 年的报告里，我们建议设立一个全球金融管理局（伊特维尔和泰勒，1998）。我们认为，监管机构的有效监管域的域名应该是一样的。在国际市场，没有一个标准的财务授权任务，提供信息、监测、监管执法和政策的发展——目前是以一个连贯的方式。事实上，在许多情况下他们并不执行。在缺乏全球金融管理局（WFA）管理的情况下，国际市场的自由化导致系统性风险显著增加，这是低效的。

　　我们提出建立一个联盟的主要目标是测试今天自由金融市场的监管需求。不管是否创建一个单一的监管机构，如果国际金融市场有效运作，联盟总应该执行任务。

　　本章的目的是采取进一步的观点确定今天国际金融监管面临的挑战，使用联盟模式，定义关键监管任务可能是什么，从而开发使提案最好的建议。从我们最初的提议到更具体的分析，不仅必须考虑到目前为止的实际进展，也要考虑到我们最初的国际法律和制度影响的建议。尤其引人注目的是，许多关于联盟想法的批评表明所需的国际合作不可能实现——即使许多必要的合作机制已经实施！事实上，已经存在国际法律惯例和一群将支持国际金融法规进一步发展的机构。[2] 法律和制度实践需要以适合今天的监管需要的方式组成和编纂成法典。

　　虽然这一章的重点将是政策的发展，但它将被不可推卸地用于分析。这是由于在一个新的国际金融监管结构内，理论框架可能缺乏。没有这样一个框架，政策不可避免地实质上响应迫切需求，剥夺了整体一致性。在《全球金融风险》中，兰斯·泰勒和笔者开始准备必要的理论框架的梗概。接下来笔者希望做得更多。

一、一个常见的理论框架

　　过去，金融监管机构最困难的任务是使变化的市场保持一致。如果有的话，改变的速度加速，伴随不断发展的新交易策略和新产品，以新的方式连接资产、货币、市场，创建新的风险。在这个发热性环境中，监管机构需要一个连贯的传播理论的理解和系统性风险管理的指导，以及务实地理解市场机构和具体的工具来管理风险。

　　不幸的是，没有普遍接受的理论原则去定义金融监管机构应该做什么，并引导它们的行为。一致认为，系统性风险是外部性，但外部性在最抽象的条件下特别难以定义。完全外部成本和效益下降了吗？相对于整体经济它们是什么规模？

　　管理经济的外部性的特殊政策和整体经济性能之间存在什么关系？在金融世界，这些困难是由一个事实造成的，系统性风险的外部性在很大程度上是通过选美理论显现出来的——通过市场参与者的信念，认为一般人认为的一般看法（凯恩斯，1936；伊特韦尔和泰勒，2000），通过对宏观经济变量的思想变化产生影响。评估监管的影响一般看来注定是一种艺术而不是一门科学，而且是一个不完美的政策指导。

　　监管实践理论进一步构建一个连贯的问题是与极端事件有关的损失的潜在规模，由惯例所支配。大体意见通常是长时间稳定。在这种情况下可能比较容易识别以这样平静期为特点的行为关系，相信它们是稳定和持久的，并使用它们来评估处于危险之中的值。然而，市场上这些看似真实的模型可以完全被急剧转变所压垮，以从前不可想象的方向驱动市场，产生对实体经济潜在的灾难破坏。[3] 这些因素给决策者带来巨大的问题。制度是建立在宁静的模型基础上，还是这些模型的逻辑推翻时考虑到潜在的灾难性"罕见"事件？罕见事件实际多久发生？在更宁静的环境下，频率和系统性风险监管之间的关系是什么？对罕见事件防守监管的成本超过好处吗？金融危机只是暂时的事件，是围绕实体经济长期均衡的振荡吗？或者危机确实如此，它们的平均回弹影响和对资产价格波动预期回弹影响，伴随着巨大福利影响，会起到决定经济长期表现的作用？

　　这些问题既有理论意义，也有经验维度。缺乏普遍认同的答案，尝试和错误产生国际金融监管，随着金融冲击有了典型的创新。一个假设的世界金融机构的装置，一部分来说，用于克服这种零碎的方法。从国际视角，国际市场提出了通过限制系统性风险达到金融稳定的目的，联盟总应该评估成本和效益，特别是对目标的措施。它将遇到成本和收益的分配评估问题。例如，限制短期资本流入新兴市场的措施可能会以很少的成本增强金融市场的稳定性，在 G10 银行经济收入受到重大损失。在这些情况下，联盟必须制定一个连贯的系统性风险的总体影响的分析，说服分析和政策的价值的参与者，并调解纠纷。

二、宏观经济和微观经济方面的国际监管

事实上，由个别企业采取的风险相关的外部性，在许多情况下，传播宏观调节，要求应与宏观经济政策一致。通常今天，监管被视为一种行为，涉及企业行为和互动，很少或根本没有宏观经济层面。财务风险很自然是一个严重的错误，很可能导致严重的政策错误。这在国际环境中尤其如此，系统性风险的一个主要的焦点是汇率，一个宏观经济变量的变化，从而导致资产和负债的价值快速再分配。

金融市场是资产存量的市场，而今天的价值依赖于它们未来价值的预期。任何导致预期未来价值观转变的因素对金融市场有直接影响，以及对主要宏观金融变量、利率和汇率有影响。因此，一个单一公司的失败，通过影响预期，不仅影响其直接的对手，甚至公司经营同类产品，而且，通过对预期的影响，并通过宏观变量，对国内外整个实体经济金融市场产生影响。

如上所述，市场预期的一个特点是，它们大量时间下似乎是非常稳定（或平静）的，即使在底层的真实情况可能是决定性的不祥之物。因此，金融市场可以类似于卡通人物，在悬崖边跑了一段时间还停留了一段时间，在半空中，没有明显（或理性）的支持手段，才突然坠入深渊。一段稳定预期和稳定市场信心定义的平静时期产生了金融市场真实反映实体经济的错觉。幻想的破灭是灾难性的。凯恩斯称"长期稳定预期的期望"是由"公约"确定的状态（凯恩斯，1936；伊特韦尔，1983）。稳定的期望并不一定是好事，因为稳定的悲观情绪可能导致长期的经济衰退，在"泡沫经济"破灭后，日本经济的全面性能在过去的十年中已经被充分证实了。

微观经济风险和相关的宏观经济外部性之间的分析联系，有着其对应的监管实践。微观经济调控可能是一种降低系统风险的手段，但是宏观经济行为可能更有效。对监管政策的形成中宏观联系的作用的一个特别好的例子是 1997~1998 年的亚洲金融危机。显然，危机的一个重要组成部分是外汇风险和新兴市场的金融机构及其他机构。因此，国际金融机构一直在敦促这些国家的当局加紧短期外汇风险监管力度。紧缩应该以影响个别企业的行为的规定的方式从微观经济角度发生。这是一个复杂的任务，并要求一个稀缺资源——监管机构的一个重要的输入。此外，定量措施提出可能有一个不平衡的影响，限制了金融机构的风险，但缺了很多金融领域以外的资产。

同样的目标可以从宏观经济的角度达到。提高短期借款成本的措施，如智利风

格的短期资本管制，鼓励所有企业减少财务和其他方面的风险（阿戈辛，1998）。风险外部性的短期借贷成本较高，从而提高了经济效益。这个宏观的方法也有节约稀缺人才的优势。然而，虽然资本管制今天不受谴责，同一水平的危机前那样，微观与宏观之间的联系，达到同样目的的手段往往不是由于宏观调控，而是定量和某种程度的歧视，而智利式的宏观调控是以价格为基础的，而忽视了宏观调控是特别令人费解的。

分析系统性风险的宏观经济传导的难度由个别企业的行为而产生，是由国际货币基金组织 IMF 所构建的宏观审慎的说明指标（MPI）提议，评估健康和金融稳定性。正如当前构建的，MPI 包括金融机构健康的聚合微观审慎监管指标与健全的金融体系相关的宏观经济变量（希尔伯特，2000；埃文斯，2000）。

将微观风险与宏观经济绩效联系起来的尝试值得称赞，也应进行有效的国际监管的辩论。然而，这里有两个设想缺陷。首先，对个别企业的特点的聚集不会导致一个准确地代表风险的指标。例如，金融部门的总资本充足率——一个收集的指标，可以很容易地掩盖主要风险——一些占很大比例的审慎的机构会掩盖那些不审慎的机构。包括这样的变量频率分布的数据，不会完全面对这个问题，因为分布不捕获个人机构所承担的风险的性质。[4] 目前还没有尝试将宏观经济表现和政策与微观经济风险的动机联系起来。不仅是资本的价值，也是资本充足率，直接影响资产重估后的利率变动，活动水平的下降也可以很容易地将审慎的投资转变成不良贷款。把两者结合起来，这就很清楚了，在分析系统性风险的微观和宏观的因素时不应该被单独对待。整体不只是更大，但表现得非常不同于部分的总和。

有效的国际管制需要一种新的理论方法进行金融监管。这种新的方法必须面对在企业行为的影响的分析中系统性风险的宏观表现。在这一理论方法的基础上必须认识到，与在公司层面更传统的措施手段相比，规定的建筑模拟器可以在宏观经济方面更有效地运作。

三、顺周期性和传染风险管理

微观经济风险与宏观经济表现之间关系的进一步显现源于显然是自相矛盾的风险管理、贸易周期和金融危机传染之间的联系。由于经济的低迷，严格的监管规定将导致企业减少贷款，因此加剧了经济低迷。在好转时期，感知风险和减少可监管资本的不稳定往往会增加贷款能力，助长了繁荣（参见杰克逊，1999）。

这种周期性的调节通过包含风险管理技术的传染进一步放大。在亚洲金融危机期间，金融机构减少了对新兴市场的敞口。这些削减帮助危机传播，如减少的贷款和降低的信心。问题的关键再度是微观经济行为和宏观经济后果之间的联系。个别公司的理性风险管理产生宏观经济反应，即在低迷的情况下，可以使这些公司和其他公司陷入危险，确实可以完全压倒企业的防御。然而，因为银行监管和宏观经济政策之间被了解甚少，所以没有统一的政策应对这一反常的后果。在压力下，监管部门已经采取了务实的解决方案。在 20 世纪 80 年代初，许多美国主要银行都在技术上破产，因为拉丁美洲的资产在它们的书上被认为是失去了整个市场价值。然而，美国监管机构允许那些不值钱的资产在到期时在银行的资产负债表上进行评估价值，从而提升银行的名义资本和防止突然在贷款和流动性方面的崩塌。[5] 1998 年，许多资产被列在伦敦和纽约金融机构的资产负债表上，如果按市价则不值。同样，监管机构没有坚持（可能是灾难性的）使账面价值故意降低。

菲利普·特纳（2000）主张顺周期性调节的"微观经济的解决方案"：

对顺周期性理想的反应是规定要准备使可能的贷款损失（即减去股权资本在银行的账面）覆盖正常周期性风险。如果正确进行，在繁荣时期建立的规定可以用在不好的时候，不一定会影响报告的资本。

但他指出，即使这是个明智的规定，"正常周期性风险"可以运行犯规的现行的监管程序：

第一个绊脚石是，税法往往严重限制预防提供的减税并可能坚持证明损失实际发生。这很重要，因为贷款损失准备金增加对银行内部资金仅仅在一定程度上减少税收。

第二个绊脚石可能是证券法律。在美国，美国证券交易委员会已经认为，预防性配置歪曲财务报告，并可能误导投资者。一方面有可能是在非常透明账户之间进行交易，另一方面需要在好光景建立储备银行。

第三个绊脚石可能是，银行的管理太急于报告强劲的盈利改善在繁荣期（因此也不愿在好的时候做出适当的亏损规定）。在银行业收购可能会加重这种渴望，即好的财报，股价高企，为抵御收购。

但即使这些障碍被克服，当然它们可以，特纳建议正常情况下，额外的供应只会缓解顺周期性的规定所造成的问题。它没有解决监管标准扩大和深化大衰退趋势的问题，以及促进繁荣的问题。随着它们被进一步整合到国际资本市场，并采取必要的风险管理监管程序，在发展中国家，这种趋势将变得越来越严重。对于所有国家，有进一步的困难，即使一些宏观反应可弥补监管的顺周期性，宏观经济政策性本质上是全国性的，而问题可能在起源和范围上是国际化的。最起码，联盟可以协助协调宏观经济的反应。在更一般的水平下，联盟将促进政策的国际发展，连接监管风险管理程序和宏观经济平衡的需求。

四、国际金融监管面临的挑战

如果通过一个假设的过程，国际金融监管所面临的挑战可能是最好的，那么应该由这样一个权威执行什么任务？什么应该是法律的基础？如何执行任务？

（一）什么任务应该由 WFA 进行？

国家金融监管机构执行五项主要任务：市场参与者的授权；提供信息，以提高市场的透明度；监督；执行，对违规者的处罚；保持最新的政策发展。这些都是现在需要在国际层面上执行的，一个单一的联盟执行是理想的。

例如，明确的是，在整个国际市场授权的标准应该是在同样的高度：确保一个企业在财务上是可行的，它具有适当的监管合规程序的地方，且该公司的工作人员是进行金融服务业务的适当人选。如果在一个自由的国际金融环境，高标准不是均匀地保持，那么授权更少管辖权的企业可以给人不必要的风险，破坏其他地方授权的高标准。

同样，就信息功能而言，不可获得的不仅是透明的，而且还涉及信息的共同标准破坏了国际金融市场的有效运作，并造成风险。对国际会计准则的持续性无法达成一致，这是一个典型的失败的例子。

监督和执行是任何有效的监管制度的操作核心。没有有效的监管、全面规范的警务，并通过相应的惩戒措施统一执法标准（国际金融市场除外），国际金融系统将持续暴露于不必要的风险中。

最后，政策功能是有效调控的根本动力。法规必须适应不断变化的市场。改变的一个重要因素是具有国际化。随着国家金融界限的解散，以及从世界范围的角度来看，公司超越国际界限的新产品的开发，政策的功能必须确保管理者警惕市场新格局、新的系统性风险产生，并有传染的新的可能性。[6] 这需要一个统一的政策功能，能够对在特定的市场和整个国际市场所遇到的风险采取一种观点。

（二）WFA 行动的法律基础应该是什么？

所有这些活动都是新国际金融秩序的有效运作所必需的。所有这些都需要一个单一的权威，确定共同的规则和执行共同的程序。但明确的是，在某些情况下，完成目标是最困难的目标，以实现共同的会计准则问题。所有五项核心活动涉及权力的行使，从而侵害到非常敏感的政治领域。国家自然不愿意放弃权力的国际机构，即使这可能意味着在它们无法控制的活动上获得主权（集体）。当权力割让，这是条款典型的执行，确定集体的权利和责任，至少在原则上的义务。但也可以通过协商一致产生对"软法"的利己主义的认识。

国际货币基金组织章程第四章授权组织"监督国际货币体系"确保其运行。为此，基金会对成员的汇率政策进行严格的监管，被理解成涵盖一般的宏观经济监察，以及在新的金融部门评估计划项目中（FSAP），对成员国的金融业经营进行微观监控。[7] 新评估计划 FSAP 监控集中在国家法规的遵守和由吉奥巴塞尔委员会、国际证监会组织（IOSCO）和国际保险协会安斯监事（IAIS）制定的核心原则的实践。[8] 这是一个相当敏感的活动。不仅全面监控将需要大量的资源，而且国际货币基金组织可以很容易地被拉到定级国家的金融系统的位置上，任何向下修正均具有产生严重的金融后果的潜能（IMF，2000b）。尽管如此，国际货币基金组织，作为一个负有责任的机构，被赋予条约规定的权力，可以合法地履行监督职能。然而，在适当的时候国际货币基金组织将要求国家寻求符合国际规范和标准的援助。换句话说，这能够加强对这些标准的遵从，对那些不遵守者进行严厉的经济处罚（撤销援助）。然而值得怀疑的是，当他们被更强大的不要求基金协助的国家侵犯的时候，除了说服，它是否可以有效地加强监管（伊特韦尔和泰勒，2000）。

但国际货币基金组织正在使用一个条约的监督功能，检查遵守的守则和原则，这不是自己开发，而是由责任条约机构研发的。国际货币基金组织正在寻求（实验）体现在其监督方案中的规则，主要是在非条约、软法环境中制定的。

正如亚历山大（2000a）所解释的：

软法可以被定义为一组特别受影响的国家所创建的国际规则，它有一个共同的意图，自愿遵守这些规则的内容，将其纳入国家法律或行政法规。

国际软法是指在正式或非正式的多边协定中认可的法律规范、原则、行为准则和交易规则。软法一般假定同意基本标准和国家规范的法律意见，但没有必要在国际习惯法形成有约束力的义务。

软法律规避一些对国际规制主权隐分配的政治困难，因为它不实行义务，即使有一个期望，即美国将认真对待协议准则。在金融问题上，最有力的执法手段一直是竞争的市场。这一过程的一个主要的例子是速度，经济合作与发展组织和其他经济体签署了英国和美国 1987 双边协议，对银行采用资本充足率标准。一个失败的认购在一个国家的金融部门将破坏市场信心——需要太高的价格来支付。1993 年美国通过立法排除美国市场的权力，以排除那些未能实现资本广告的银行。

国际货币基金组织 IMF 将软法作为监测标准提出了一个从软法到强制性规定的过渡过程，至少这些国家受制于国际货币基金组织。巴塞尔和其他代码的保护将成为 IMF 强加的义务。如果发生这种情况，国际证监会组织和国际保险监督官协会将对巴塞尔的规则制定者和他们的同行问责。

即使有这种潜在的"合法化"国际政策的制定和监控（包括一些驱动"透明度"的信息功能标准化）并且对于富裕的国家来说，授权执行，仍然是国家活动——即使这里关于母国—东道国责任分工的协议注入到国际层面。

在国际金融市场的监管职能中，有一个缓慢的国际化。国际化实质上是反联邦的特点，国家的司法权是由国际软法引导的占主导地位的法律行动者。因此，一些功能正在执行，但它们执行得不完美。授权从本质上说是国家的，信息的功能是非常不完美的，作为"实验"的执法，监视（由国际货币基金组织执行）是国家化的，政策的功能主要是由一个独有的 G10 共识显著驱动的。一个适当的 WFA 模板测量还有很长的路要走。

然而，创造一个有效的国际规则框架的难度并没有完全源于国际法律实践和政治。分裂状态的一个重要因素源于历史——来自在金融惯例和公司治理结构方面各国法律制度的差异。即使在欧盟内部，例如，国家法律制度和在公司治理中有很大的不同之处，一个共同的规范性法规的出台不仅很难，而且有潜在的破坏性［在欧洲联盟分析这些难点见欧盟经济财政理事会（2000）］。在一个管辖范围内提高效率的监管代码在另一个范围内有正好相反的效果。

伊特韦尔和泰勒（2000）的一个中心主题是有效的监管要求该域应该是和监管的市场有相同的域。然而，尽管金融市场是"无缝"的，但它们并不均匀。结果，一致的财务规定往往有相当不同的实际效果。结果是，由于不同司法管辖区有着不同影响，统一代码将给金融体系造成不同的系统性风险（亚历山大和都莫，2000）。

这是固定的监管要求和来自巴塞尔委员会的比例的核心弱点，以及巴塞尔代码系统的实力。理想的情况是，应该对国家司法管辖区的金融结构和来自每个管辖权的系统的风险的关系有一个评估。理想可能是可望而不可及的，因为这将需要详细地考虑和每个假设的国家情况的协商—— 一个艰巨的任务。一个更加务实的做法应包括：

（a）在那些涉及机构原则的案例中，具体规则构建是普遍的，而且是对任何监管环境成功都必要的；

（b）在这些情况下，国家的法律和治理结构占主导地位，国家规范发展来自共同的国际商定的一般原则。

案例（b）的规定有两点：一是一组一般原则，二是从这些原则应派生的代码，在环境变化时既是灵活的，又反映个别国家特有的法律和政府结构。当然，这是当前软法制度的决定性特征。但目前许多原则都是"理想的"类型，需要的不是强制的。如果原则是一个有效的监管体系，它们必须在明确的代码表示的基础上，对原则进行定期试验，反对它们被假定体现的原则和反对它们被假定应该管理的系统风险。无疑将有不同的意见，是否一组特定的国家代码准确地反映了共同的原则，并要落实强有力的审理争议的程序（WFA 的另一个角色）。

统一坚持原则的原因将被市场竞争加强，而不是以相同的方式导致巴塞尔资本充足率标准的广泛采用。而且，越来越开放的市场很可能会产生竞争性趋同的标准和程序，将允许走向统一的监管代码，这是企业管治在上述（a）的普遍规则中的一个越来越大的作用。

（三）如何执行这些任务？

一个 WFA 模板明确，如果国际金融市场将被有效地管理的话，这些任务必须被执行。任务如何被实际执行？在实际工作中，许多任务可以和必须被委派给国家机关。但重要的是，国家机关应在共同准则下运行。这是 WFA 的重要性——不告诉国家当局做什么，但要保证在一个单一的世界金融市场，它们的行为以一个连贯的和互补的方式来管理它们暴露在无缝市场的系统风险。在系统的适当水平有着不同的责任下，有效的国际管制必然会结成同盟。但必须是一个有着共同原则和一致价值观的联盟，导致（趋同）国家当局为了达成目标而加强国家规范。

五、设计一种制度结构：战后国际遗产金融监管

自 1974 年以来国际金融监管的发展本质上发生了变化。第一次主要的变化是自由化本身的事实。为了管理系统危险，在国内货币和财务系统里，"二战"结束后已经见证了工具的改进。与国际联盟的管理金融流动是布雷顿森林体系的重要组成部分，这些国内安排导致在大多数 OECD 国家有 25 年的金融稳定，这并不是说没有金融危机。但它们都是宏观经济的起源，扰乱微观经济：高通货膨胀率削弱货币政策信心，或持续的现有账户赤字削弱汇率的信心。微观经济不稳定旧时代，蔓延到金融行业和使得宏观经济不稳定，这是经济灾难的战前时代，已经吸取了重要的教训。[9] 这些经验教训，现在体现在适当的政策和机构中。在这些机构中，重要的是强有力的监管结构和致力于管理（实际上是最小的）系统性风险。

当然，在 20 世纪五六十年代，战后的监管是一种局部的放松，甚至在 60 年代末，监管制度是强大的和国家化的。在美国国内货币市场尤其受到严格监管。约翰逊总统的利益均等化税是用来管理国际资本流动的。在整个经济合作与发展组织中，公共当局的国际职能是专门维护固定汇率制度。布雷顿森林体系在 1971 年固定汇率制度下的崩溃导致了外汇风险的私有化。如果私营部门持有这种风险，就需要在各种货币政策工具和货币中多元化金融资产。因此，有必要拆除大部分战后国际和国内的金融监管，防止多元化。但拆除控制会重现战前环境不稳定（伊特韦尔和泰勒，2000）。

由于国际金融流动的障碍消失了，国家监管机构和国家中央银行被困在越来越不相干的国家界限内。银行领域、投资公司、保险公司和养老基金变得国际化。"一战"前的规范快速的回报，是一个微观经济的失败（1974 年赫斯特银行），严重地破坏了美国的结算制度和美国宏观经济。近年来，亚洲金融危机反映在宏观经济上也主要源于在私营部门的失败。

新环境的一个重要回应是 1975 在国际清算银行建立的巴塞尔委员会。这些委员会报告主要经济体（G10）的中央银行集团，十国集团（G10）。该委员会的任务是为实现一个目标，自愿地在国际范围内制定一些此前被认为有必要稳定国家财政系统的权力。这些委员会的范围自 1975 年以来稳步增长，通常是为了应对危机（伊特韦尔和泰勒，2000）。一个关键的发展是 1988 年的资本充足率标准。国际金融监管不只是谈合作，也有相关标准的协调——巴塞尔约定标准。

为了应对墨西哥债券危机，另一个重要的发展出现了。1994 年，G7 政府回应什么被察觉是金融市场的过度不稳定，同意在它们 1995 年的哈利法克斯峰会提交的国际金融市场的监管不应该留给 G10 去做，但应提到政府间谈判的议程上。起初没有太多的具体条款。然后是俄罗斯 1998 年的债券危机，当亚洲一段极端不稳定的时期结束时，G7 政府的经济因为第三世界金融动荡传染蔓延。反应是金融稳定

论坛（FSF）的成立，以及在合资银行基金财务部门联络委员会（FSLC）的指导下，建立的世界银行国际货币基金组织的金融部门评估项目（FSAP）。

金融稳定论坛已经把大家会聚在一起，有政治和监管当局，也有监管当局和宏观经济政策制定者。所以，在操作方面，监管者与政治家和能把事情做好的财政部工作人员会晤。在经济方面，FSF 汇集了监管和宏观经济政策，一个重要的、到现在为止缺失的、组成有效的国际法规的部分。在那一刻，同时也产生了一些优秀的报告，FSF 是一个智囊团。什么行动将遵循的报告，或事实上，谁将采取行动，这根本不清楚。遭受了 1998 年的恐慌，国家财政政策制定者们正在从国际合作的想法中抽离，FSF 的建立似乎预示着这种国际合作。

FSAP 涉及详细的微观银行和国际货币基金组织选定国家的金融市场和监管机构的评价。这种程度的私人部门结构的详细评估是一个显著的变化，国际货币基金组织参与在一个国家的经济事务中，可能标志着在监视基金活动中的一个转折点。一个新的国际监管制度的压力导致一个显著的国际货币基金组织的再造。

还没有明确巴塞尔委员会各自的作用，金融稳定论坛和国际法规未来管理的新银行的资金结构的各自角色是什么。明确的是，如果未来的管理是要问责的、合法的、成功的，那么在 WFA 项目中发现的问题已经证明是必须解决的基本问题。

六、设计一个制度结构：WFA 模式的作用

在一个自由的国际金融体系中，每个国家都面临着风险，可能源于行为完全超出其管辖。正如在 1998 年表现的那样，贫困国家即使是很强的状态可能也要面对来自贫穷国家的金融危机的风险。管理风险可能导致两个极性的反应：首先，富人和强者管理穷人与弱势群体的尝试，保护富人不受外部的威胁；其次，各国之间管理风险的合作是国际化的。国际规则的所有程序都将在某种程度上落于这两个极端中。除了在极性的第一种情况下，国际监管将涉及一些集中的主权，即使只是在发起提案的水平上。

旨在建立国际权威机构和程序的条约，如该条约同意国际货币基金组织的章程，则是在谈判结束后集中主权。它们通常也包含程序，以确保一些问责由国际机构到国家签署国。亚历山大（2000a）指出，通过国际条约的目标具有较高的交易成本，可能有不确定性限制：

在交易成本的主题下，一组问题会出现。造成这些问题的复杂性，在谈判和起草过程中困难重重，参与者的数量和相似因素使政府同意的精确结合并且高度制度化的承诺是困难的。

另一组的缔约问题涉及哪些国家存在普遍的不确定性，其他国际行为者必须操作。许多国际协定都会影响国家的财富、权力和自治。然而各国政府永远无法预见在任何协议下可能出现的所有意外情况。它们永远无法确定它们将能够检测到欺骗

或其他威胁。它们不能确保它们对特定的意外事件做出怎样的反应，更不用说别人会怎样了。这些问题加剧了国际法律制度的相对不足，不能填补空白，不能像当地法律系统那样很容易对新情况做出反应。

处理不确定性的方法之一是通过软代表团：不要向法院而是要对政治机构进行持续的监督和控制，以产生信息、监测行为，协助进一步的谈判，调解纠纷，并产生技术规则。另一种方法是通过不精确的规范，为了预期行为，提供一般指导，同时允许各国随着时间的推移。制定更详细的规则。第三种方法涉及制定比较精确，但不具约束力的规则，让行动者运用规则在不同条件下实验，同时限制不愉快的惊喜。所有这些方法都是有成本的，包括它们的合法行为的有限能力。

因为条约必须克服这些困难，它们通常是妥协的，而且不可避免地不灵活。此外，因为它们必然会体现出一定程度的签署人的问责，它们往往是缓慢的。在国际金融监管领域，这些都是很不起眼的特点。因此采取了不同的发展路线，非条约委员会连同国际证监会组织扮演着主要角色：

设计国际规范和规则来规范国际金融活动的过程，涉及国外的国际软法，这些软法是在各主要国家监管机构，通过协商和谈判产生具有精确、无约束力的规范的。这一特殊形式的国际软法为各国采取国际性的政策提供了必要的政治灵活性，将国际准则和标准纳入国家法律体系中，融入了民族国家主权。各个国家可以通过合法化的过程而前进，建立主要经济大国的集体意图，制定国际银行监管的约束性规则。各国有可能对违反国际金融机构的侵权行为进行裁决，但各国将保留最终的执法权，包括制裁（亚历山大，2000）。

问题是主要国家的主要作用。一个有效的软法机制是由共识做到的，一个勉强的共识由主要国家强加给别人，可能要比所有人参与的协商一致效率差。虽然一个法律结构的存在确实为较弱的国家提供了保护，但在经济上（或许是政治上）占主导地位的发达国家的主权受到了损害。[10]事实上，由 G10 决定的结构提出了谁的利益正在被保护的明显问题。

巴塞尔委员会增加代表性的"明显"的解决方案，管理着超载的决策机制，失去弹性的风险。FSF 采用的部分解决方案，包括对政策制定委员会包含更广泛范围的国家，这是有吸引力的，但它可能被证明是不被广泛接受的建议，如果包含在由 FSF 产生的有具体的政策措施的报告中。

最终，在软法和正式条约制度中的选择可能会得出结论：两者都是。该条约将制定一个为了发展能指导监管者的一般原则的方法，以及一个发展源于这些原则的机制。根据发展的任务，可以委托给一个不太正式的机构，类似于目前的巴塞尔委员会。

今天，一种国际金融监管的制度结构出现，即使不完美，也体现了一些理想化的世界金融监管局的特点。授权功能是国家监管机构的责任，市场准入由指定相互承认条款的协议存在或不存在所决定。信息功能小部分是由国际金融机构执行的，特别是国际清算银行，一部分由国际会计准则委员会，另一部分由国家监管机构和证券市场规则等。监视功能由世界银行国际货币基金组织的金融部门项目和由国家监管机构进行。[11]执行功能被发展为世界银行金融部门项目的一个隐式的结果，否则，是国家当局的责任。政策功能在国际清算银行委员会、国际证监会组织和国际保险监管协会、金融稳定论坛、国际货币基金组织以及国家机关手中。

这一系列的国际监管活动有四大特点：

第一，如果同样的名单在 10 年前就被编好了，除了政策功能之外，大部分的监管职能都将没有国际层面的。在非授权的所有领域的今天，国际机构采取了一些监管任务。

第二，有一个国家机构、国际协定（软、硬）和国际机构（具有不同程度的合法性）是一个折中的组合。一些权力几乎是偶然地发展起来的，例如通过金融部门评估规划项目在国际货币基金组织中出现的执法权。其他通过设计而发展，如国际会计准则委员会的工作。所有都是在金融市场自由化过程中运用的有效政策压力下发展的，特别是危机时期。

第三，名单只涉及重大的国际监管的发展，忽视了区域管制的发展，特别是欧洲联盟。欧洲联盟的情况尤其有趣，因为它涉及尝试开发一个全面开放、单一的金融市场，其特点是成员国公司治理之间广泛的不同的法律实践和结构。

第四，与世界金融监管局相比，这个列表显示了一个有限的，甚至是不连贯的国际监管机构。它描绘了一个拼凑的危机应对，而不是一个理性对系统性风险的国际发展的理性应对。

这种零碎的，往往是不连贯的结构，表现出对金融稳定的显著威胁。一方面，国际机构的增长，如金融稳定论坛，表现出"事情已经做了"来应对系统性风险。另一方面，任何上述国际结构的有限权力的建议都是妄想。

过去的发展，尤其是近年来的创新，指出了各国和市场参与者对一致的国际规则需求的认可。但目前的局面，其中最主要的规则制定机构是巴塞尔委员会、国际证监会组织和国际保险监管协会，而主要的国际监督机构（目前为止是国际货币基金组织），是一个尴尬的混合组织。此外，这也体现了这个不幸的印象，这些规则是由富裕国家制造的，并在其他国家强制执行。

我们需要的是对 WFA 模式的识别和国际机构的设计，这是可以满足的要求，以一个负责、连贯和灵活的方式。如果这个目标将要被完成，一系列的挑战必须被满足：①面对国际监管任务的发展，一个共同的理论框架的发展和接受；②宏观经济和微观经济方面的整合；③程序的发展（至少）减轻风险管理是顺周期性的和亲蔓延的趋势；④风险管理的协调在不同的公司治理结构获得一个共同的国际监管的结果；⑤解决软法律制度问责的政治挑战；⑥设计机构组织结构执行 WFA 模式的任务。

作为现实政治，这些都是相当宏伟的目标。但在实用主义方面，这个框架可以用来生成处理具体问题的切实可行的建议（短期资本控制使用作为监管制度的宏观组成部分已被讨论）。这些具体的建议更容易在国际上达成一致。但如果它们源于世界金融监管局的连贯框架，它们可能更有效和更可接受，即使在新自由主义的政治和经济环境下。

七、总结

　　这两个主题支配着这一面临发展一个国际金融监管制度的有效体系的发展的挑战评价：首先，需要理论和政策，把微观经济风险和宏观经济传播风险联系起来。其次，需要制定一个连贯的和负责任的机构设置，通过它可以开发和实施国际政策方法。在战后的时期，当局满足了这两方面的需求。根据什么是新的宏观经济管理模型，通过产生新的程序和制度，它们在 20 世纪 30 年代对不规范市场的不稳定性做出了回应。在国际上，布雷顿森林体系的反应是落实一组寻求国家宏观经济政策的国际安排以摆脱国际金融动荡的恐惧。问责的问题没有出现。在今天的自由金融市场的背景下，解决同样问题的金融市场需要重新解释宏观经济政策和市场监管的意义，以及该机构必须进行此类政策的重新评估。

注释

　　1. 格林斯潘·艾伦评论说，与 1998 年 9 月的恐慌相比，他一生中从未见过此种景象。

　　2. 例如，赫顿（1999）在伊特韦尔和泰勒（2000）的概述中认为，逻辑无懈可击，但却面临一个不可逾越的障碍。美国目前没有打算放弃任何监管主权给这样的权威。赫顿没有考虑到已经归属于巴塞尔 G10 委员会决策过程的权力程度。爱荷华银行的资本充足率是由一个巴塞尔的委员会决定的，这对美国国会不负责。这种方法没有太多涉及"割让监管权作为协同决策优势认可"。然而，赫顿的观点可能会变得更重要，当国际监管问责变得更尖锐时（尤其是来自发展中国家，到现在，在监管规则和惯例的发展中只有次要的角色）。

　　3. 约翰·梅里韦瑟是长期资本管理前首席执行官，他的对冲基金活动已经导致了西方金融系统的灾难边缘，我不确定我们之前这样说过——有时候市场会比人预测的混沌得多（《金融时报》援引，2000）。但这不是混乱，是问题，是长期资本管理公司的交易战略的设计。一个根本性的错误源于这样一个信念：所有的市场在同一时间内都不会朝同一个方向移动。

　　4. 资本充足率作为信息使用的进一步困难来自周边的比率调节作用的模糊：它是一个缓冲区，或者是一个系统性风险外部的收费定价？如果比率必须保持在所有情况下，资本不可能是一个缓冲来弥补损失，需要履行监管需要。因此资本比率的大小仅仅指明了对风险征收的费用大小。如果比率是固定的，费用不会在繁荣和不景气之间极大地变化，然而风险经历着巨大的变化。

　　5. 这并不意味着监管标准完全被抛弃：在 20 世纪 80 年代初，银行的贷款超过了它们的资本，这是被允许的，但毫无疑问，它们必须调整。

　　6. 最近一个重要的例子是在印度尼西亚使用信用衍生工具，最终导致韩国经济损失。

7. 许多国内金融系统的特点，也许只是间接地连接到"汇率"。然而，把国内法规和国际金融稳定性连接在一起，这是不合理的。

8. 例如，2000 年 6 月的国际货币基金组织对加拿大标准和规范的观察实验报告（ROSC），这是国际货币基金组织的一个团队在金融部门评估的背景下，由加拿大政府提供信息的基础上准备的，产生一个加拿大在金融行业中遵守和符合相关国际标准和核心原则的评估，作为一个更广泛的对金融系统稳定性的评估，其评估涵盖了：(i) 有效银行监管的巴塞尔核心原则；(ii) 国际证监会组织（IOSCO）目标和证券监管与原则；(iii) "国际保险监督协会"监管原则；(iv) 系统性重要支付系统的支付和结算系统委员会（CPSS）核心原则；(v) 国际货币基金组织关于货币和金融政策透明度的良好规范。对加拿大而言这样一个全面的覆盖率的标准作为金融体系稳定评估是必要的，鉴于银行业、保险业和证券业活动的日益趋同，以及它们所运行的市场的综合属性（IMF，2000a）。

9. 微观和宏观诱导产生的危机的区别是值得进一步考虑的。虽然大萧条的第二阶段被标记为在微观层面上的失败，奥地利银行、信贷银行，大萧条的多数的责任在于不适当的宏观经济政策——尤其是坚持黄金标准和黄金相关的标准与国内货币政策（泰明，1989）。类似地，最近的韩国危机主要是由于韩国政府决定加入经济合作与发展组织，接受被要求的金融市场自由化。这导致了私人部门的公司增加了它们的外汇风险水平（常，1998）。在 20 世纪 30 年代和 90 年代，一个不适当的宏观经济环境导致企业的过度冒险。在 20 世纪五六十年代的宏观经济危机并没有与过度的私人部门承担的风险相关（这是受严格规定约束），但是与主要的宏观经济失衡相关。

10. 小国家可能会有负面的主权成本，因为法律上的安排提供了强大邻国的保护。相比之下，大的国家似乎是不需要认证的。尽管事实上，它们可能会寻求它作为结构的一种，并对它们的实施施加政治控制。软法化可以弥补薄弱的国家之间的差距。这是特别真实的或合法化的类型。规范和规则是有约束力的、相对精确的，但为了遵守，权威被委派到国家的政治机构。在这种情况下，弱的国家受到法律法规的保护，以解决预期的行为，而强大的国家在政治组织中保持影响力，在那里它们可以塑造未来的发展（亚历山大，2000a）。

11. 此外，金融犯罪的国际监督，特别是洗钱，通过金融行动特别工作组进行（亚历山大，2000b）。

参考文献

Agosin, M. (1998), "Capital inflows and investment performance: Chile in the 1990s", in R. Ffrench-Davis and H. Reisen (eds), *Capital Flows and Investment Performance: Lessons from Latin America*, Paris: OECD.

Alexander, K. (2000a), "The role of soft law in the legalization of international banking supervision", Working Paper 161, Centre of Business Research, University of

Cambridge: forthcoming in *Oxford Journal of International Economic Law*.

Alexander, K. (2000b), "The legalization of the international anti-money laundering regime: the role of the Financial Action Task Force", *Financial Crime Review*, 1 (1).

Alexander, K. and R. Dhumale (2000), *Enhancing corporate governance for banking institutions*, a paper prepared for the Ford Foundation project on "A World Financial Authority", Centre for Business Research, Judge Institute of Management Studies, Cambridge.

Chang, H.-J., H.-J. Park and C.G. Yoo (1998), "Interpreting the Korean crisis: financial liberalization, industrial policy and corporate governance", *Cambridge Journal of Economics*, November.

Eatwell, J. (1983), "The long-period theory of employment", *Cambridge Journal of Economics*, September-December.

Eatwell, J. (1996), "International financial liberalisation: the impact on world development", ODS Discussion Paper Series, No. 12, New York: UNDP.

Eatwell, J. and L. Taylor (1998), "International capital markets and the future of economic policy", a paper prepared for the Ford Foundation project *International Capital Markets and the Future of Economic Policy*, New York: Center for Economic Policy Analysis; London: IPPR.

Eatwell, J. and L. Taylor (2000), *Global Finance at Risk: the Case for International Regulation*, New York: The New Press.

ECOFIN (European Union Economic and Finance Ministers) (2000), *Initial Report of the Committee of Wise Men on the Regulation of European Securities Markets*, (Lamfalussy Committee), Brussels, 9 November.

Evans, O., A. Leone, M. Gill and P. Hilbers (2000), "Macroprudential indicators of financial system soundness", IMF Occasional Paper 00/192, Washington: IMF.

Hilbers, P., R. Krueger and M. Moretti (2000), "New tools for assessing financial system soundness", *Finance and Development*, September.

Hutton, W. (1999), "America's Global Hand", *The American Prospect*, December.

IMF (International Monetary Fund) (2000a), *Report on the Observance of Standards and Codes: Canada*, Washington, DC: IMF.

IMF (International Monetary Fund), (2000b), *Experimental Reports on Observance of Standards and Codes (ROSCs)*, Washington, DC: IMF.

Jackson, P. (1999), Capital requirements and bank behaviour: the impact of the Basle accord, Basle Committee on Banking Supervision Working Paper No.1.

Keynes, J.M. (1936), *The General Theory of Employment, Interest and Money*, London: Macmillan.

Temin, P. (1989), *Lessons from the Great Depression*, Cambridge, Mass.: MIT Press.

Turner, P. (2000), *Procydicality of regulatory ratios*?, a paper presented at Queens, College, Cambridge, January 2000; prepared for the Ford Foundation project on "A World Financial Authority", Centre for Business Research, Judge Institute of Management Studies, Cambridge.

第十八章　在全球化的世界中，发展中国家的反周期政策

José Antonio Ocampo

在 20 世纪 90 年代，市场占主导地位的国际金融的波动性和传染性特征有着深刻的历史根源。[1]事实上，从 20 世纪 70 年代中期到 80 年代末，拉丁美洲和许多其他发展中国家和地区经历了一个漫长的繁荣萧条周期，其最严重是在 20 世纪 20 年代和 30 年代。在 20 世纪 90 年代，经济周期缩短，但也有了显著的衰退周期。

从发展中国家的角度看，不稳定的基本特征是资本流入时期的继承，即金融风险显著增加，被国内顺周期宏观经济政策促进和加强，以及在之后调整的阶段，这些风险暴露和顺周期性的特点，采取了"恢复信心"扩大流量（经济活动）和股票调整过程的（组合）影响。解决这些问题的一个重要组成部分，在于在全球层面加强机构框架去预防和管理金融危机。[2]这一章，看重的是发展中国家在管理外部生成的暴涨暴跌周期时的国内政策。这一章借鉴了广泛的文献 [3] 和拉丁美洲 20 世纪 90 年代的经验，[4] 分为七个部分：第一节为发展中国家的繁荣——萧条周期的宏观经济学。下面的章节分别为汇率制度、责任政策、反周期审慎监管、反周期政策。最后一节得出一些结论。

一、萧条周期的宏观经济学

20 世纪 90 年代，资本流动之间，更特别是净资源转移和经济活动之间的关联是一个强大的拉丁美洲特征，如图 18-1 所示。这一事实突出了那个起到核心作用的机制，外部产生的繁荣—萧条周期可以通过此机制传播。

这些机制是众所周知的。繁荣鼓励增加公共和私人支出，这将不可避免地导致调整。其严重程度将直接关系到过度消费水平，正如反映在累积负债中那样。因此，当这些条件不再存在，暂时的公共部门的收入和繁荣期间易于得到的外部信贷产生公共部门开支膨胀，随后将经历剧烈的调整。私人贷款周期是由外部融资的可用性及国际利率和利差的周期性模式的变化所产生的，反过来，在繁荣和危机的风险评估中，可用性和利差相关联，具有很大的不对称性。私人部门的债务负担，在经济繁荣时期积累的随后会引发贷款急剧收缩，通常伴随银行资产恶化。

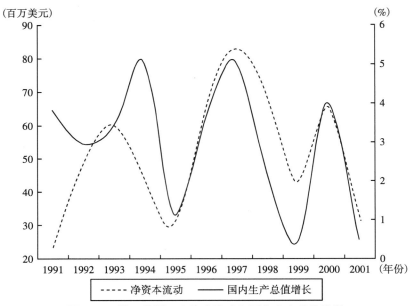

图 18-1　拉丁美洲：净资本流动和国内生产总值增长

　　糟糕的审慎监管和金融系统的监管，及在风险评估中财务代理人的经验不足，会导致风险的严重低估，进一步增强繁荣期的信用膨胀。这两种情况都是快速金融自由化时期的特征。然而，即使有规则的系统受到周期性发作的快感，当风险被低估时。私营部门的借贷和消费热潮在资产价格上刺激地急剧上升，尤其是股票和房地产。这会产生财富效应，强调繁荣消费，但当支出、借贷最终资产和房地产价格下跌时，反过来也是一样的。这个过程是由更大的流动性加强的，是以在金融快感阶段的固定资产为特征的。也就是说，当购房者更容易获得和财务决策可更容易扭转而不招致实质性的损失——以及通过危机中的减少的流动性。资产作为担保将促进私人消费和借贷的繁荣，但它将在随后的下跌中增加金融体系的脆弱性，当贷款没有足够的支持变得显而易见。资产价格将进一步暴跌，当债务人努力掩盖他们的财政义务和债权人寻求变现已收到资产为未偿还的债务支付。

　　资本账户的繁荣以及出口价格高也会导致在随后的萧条期汇率升值对汇率和利率的不良压力。汇率波动在有着巨大净外部债务的国家中有着显著的财富效应。资本收益所产生的升值在经济繁荣时期进一步推动的消费繁荣，而贬值产生的财富损失有着相反的效果，可能会削弱国内金融中介机构。即使审慎规定禁止此类代理在它们的投资组合持有错配的货币，这是真的，当有着外部和内部混合负债资本损失的外部和国内的非金融企业所导致的资本损失，将货币风险转化为国内金融风险。因此，汇率变动的财富效应在债务国是顺周期的。如果更传统的货币贬值效应占主导，收入效应至少在短期内可以很好（克鲁格曼和泰勒，1978）。

　　在经济和社会方面，相关的宏观经济波动是昂贵的。在经济条件下，它增加了不确定性，降低了固定资本投资的效率，并导致经济主体更倾向于"防御性"的微观经济战略，避免了固定资产投资重要的生产过程。由于所有这些原因，它阻碍了投资。国内金融系统较高的风险水平倾向贷款期限较短。如果严重的话，国内金融危机产生的损失相当于相当大的国内生产总值。在社会方面，有越来越多的证据表明了通过商业周期，拉丁美洲在就业、贫困和收入分配的棘轮效应，[5] 这与危机中的人力资本永久性损失相关：失去劳动经验和联系的工人，因此面临永久性的收入损失；离开学校的孩子，永远不回来；等等。因为大幅削减支出的结果，可能在公共服务质量中产生棘轮效应。

最重要的政策含义是，发展中国家需要把注意力集中在危机预防上，即在管理经济繁荣方面，因为多数情况下危机都是经营繁荣不善的必然结果。此外，集中在危机预防上意识到一个明显的事实：比起在危机期间，在繁荣时期，当局的自由度可能会更大。危机管理的方式是不相干的。特别是，一方面，不同的政策组合可能对经济活动和就业有相当不同的影响，另一方面在国内金融体系。

本章的以下章节针对四种不同的政策组合进行了论证：①管理的汇率弹性及资本账户条例，以提供逆周期性的货币和金融政策的空间；②强大的"责任政策"，以提高各国的债务概况（包括但超出资本项目的规定）；③对国内金融体系审慎监管的逆周期性管理；④财政稳定。鉴于当局在全球化市场中拥有的自由度的降低和一些工具的有效性，所有政策都有有限的影响。因此，在这些不同元素的相互支持下，在它们的反周期任务中，被称为务实的政策组合。具体的重点将不同，这取决于每个特定国家的宏观经济约束和传统。

二、汇率制度

在当今开放经济中，汇率制度是两个相互矛盾的要求，这是不容易调和的。这些冲突被发展中国家的汇率所有的强劲总需求和总供给的影响，且被在有限政策工具世界里权威自由程度降低和降低的政策有效性所加剧。

一是对稳定的需求。这来自贸易，但也来自资本账户和国内物价稳定。经典的防守汇率稳定是因为它降低了国际贸易的成本，而汇率弹性可以看作国际分工的一种税收。另外，随着传统贸易政策的解体，实际汇率已成为国际竞争力的关键决定因素。[6] 鉴于出口在增长过程中发挥的核心作用，稳定和有竞争力的实际汇率对经济持续增长至关重要。另外，汇率升值和贸易自由化的结合，可能会导致增长/贸易平衡的结构性恶化，例如，在 20 世纪 90 年代拉丁美洲经历了一个结构性的恶化（经济委员会，2000）。[7]

从资本账户的角度来看，一个"硬"盯住被认为是一种有用的工具，去避免那些有着以外币计价的重大负债的国家的汇率波动的顺周期财富效应。[8] 从抗通胀计划的角度来看，它与在通货膨胀失控一段时间之后锚定价格水平作为一个被实施的冲击治疗的需要或更普遍来说，与保证小开放经济体的宏观经济纪律和价格稳定的需要相关。应该强调的是，对稳定的需求可能与贸易的需求不一致。因此，硬盯住汇率锚经常导致汇率过高，违背了国际竞争力的目的。

二是对在面对贸易和资本账户冲击时宏观经济的需求弹性。在贸易方面，汇率弹性一直被视为一种有用的工具，以加速相对价格调整，在面临贸易和前内部需求条件发生重大变化，或在面临主要货币和主要贸易伙伴的汇率变化时，维持竞争力。同样，外部融资的可用性的显著变化，产生一个灵活的宏观经济变量的需求，以吸收它们所产生的正面和负面的冲击。这种需求的灵活性，解释了相当广泛的朝着更大的汇率灵活性的趋势，自从 20 世纪 70 年代早期以来美元标准的崩溃，这些趋势便已描绘了世界经济的特点。

一个简单表达这些矛盾要求的方法是表达它们作为一个这两个相互矛盾的政策目标之间的明确的权衡：名义价格稳定性和相对价格弹性。政府会根据自己的喜好选择组合，也会根据灵活性对比稳定性的相对收益（"价格"）来选择，这由内部和外部的宏观经济状况来决定。增加了国际不稳定性（例如，美元标准的崩溃，一个新兴市场的世界金融动荡的时期或是一个世界经济衰退期）。将增加灵活性的相对利益，而一段安宁的时间（例如，布雷顿森林体系，或者一段稳定的世界经济增长时期）会增加稳定性的相对价格。另外，灵活性的好处将更大更高，更少专业化，而名义稳定性的相对收益对于更小、更专业的经济来说会更大。

这些相互矛盾要求的相关性是不被包括在呼吁采用处于范围两个极端之一的汇率制度之中的，即一个完全灵活的交换利率或货币委员会（或完全美元化）。事实上，在两个极端政权的情形是基于呼吁承认自治政策是在今天的世界中相当受限的，因此，任何试图管理关于汇率政策冲突需求应该被放弃。发展中世界的权威的"显示偏好"，相反地，在试图调和这些相互矛盾的要求，选择中间的制度。这样的中间汇率制度，要么采取管理汇率的形式（如爬行盯住汇率制）或具有汇率灵活性和央行干预其他外汇市场的混合的特征。[9]

货币发行局当然会引入内置的制度安排，提供财政和货币的规则，但它们会减少，甚至可以消除稳定货币和信贷策略的空间。因此，它们倾向于在经济活动和资产价格中产生更强的波动。也许作为一个结果，这些安排是不是投机的证明，正如 1994~1995 年和 1998~2001 年的阿根廷，1997 年的中国香港，这件事像在边缘的金本位的经验所表明那样。更普遍的是，它们没有摆脱顺周期的外部诱导的利率压力。在这种类型的制度里，调整高估（如果在过渡期间经济被"锁定"在被高估的汇率，或因主要贸易伙伴的有效贬值，或者被汇率捆绑的货币升值是痛苦的），因为它依赖于开放的通货紧缩来操作。这个过程是非常缓慢的，1998~2001 年的阿根廷经验说明了一切。货币发行局制度高估会导致与很强商业周期混合的低增长率。[10]

另外，自由浮动汇率制度的波动性增加了交易的成本，从而降低了国际分工的利益。由于发展中国家是资本货物的净进口国，汇率的不确定性也会影响投资决策。学习效果可能会以"荷兰病"的形式产生真正的棘轮效应，[11]而棘轮价格动态增加了在危机中不断上升的惯性通胀的风险。

此外，顺周期性财富和（可能）的收入影响汇率变动在资本进口国尤其严重。

灵活性当然阻止一些短期流动——特别是投资组合流动和短期国内货币计价的债务——但它不可能顺利进行中期资本项目循环。相反，它能提升它们，作为重要的与实际汇率相关的资本收益和损失可能进一步鼓励"自我实现"的繁荣和萧条。关于对国内金融机构的货币错配和汇率的覆盖范围广泛使用可能会限制这些金融周期的内源性放大，因此是必不可少对汇率弹性的补充。然而，私人金融机构所提供的覆盖范围可能是有限的，或可能产生对应的操作，预计预期汇率波动对资本流动的影响。[12]

一个灵活的汇率制度消除外部产生的繁荣—萧条周期的影响的能力，因此依赖于管理一个反周期性的货币和信贷政策的能力，没有强调顺周期性的汇率模式。众所周知，这是可以通过两个替代机制实现的。第一是在外汇市场上进行干预，这涉及一个积极的国际储备的反周期管理。

这个选择的基本问题是，高（低）国内利率产生短的短期资本流入（流出），部分抵消了政策目标，反过来，产生了额外的汇率上的压力（蒙特利尔和赖因哈特，2001）。在繁荣期间，国际储备和国内负债的平行积累会产生类似的财政损失，而这些损失可能不会被销售所产生的利润所抵消在随后的危机期间积累的储备（再加上在临时储备管理所赚取的利息）。混合管理汇率的灵活性和资本账户管理的干预措施可以帮助克服这些问题，如此规定的有效性将在本章的以下章节被探讨。因此，只有在有被管理的汇率制度连同资本账户条例，我们可以说是有效的，尽管肯定是有限的"货币自主权"。

特别是在非常小的发展中国家，其他的特点支持选择中间制度。首先，"一价定律"并不是真实的，即使在相当小的经济体中，正如事实所反映的那样，实际汇率的变化只弱依赖于规模经济（拉加经委会，2000）。因此，虽然汇率稳定的收益对较小的经济体而言是更高的，但灵活性仍然发挥着有益的作用。其次，在强大的外贸中，这些经济体的依赖使得盈利能力在更广泛的范围内依赖于实际汇率的经济活动。

最后，汇率市场的单薄使它们在自由浮动的制度下受到更强的波动和国内资本市场的单薄限制已被冻结的货币操作的机会。因此，一些汇率的灵活性是有用的（第一特征），也许是必要的逆周期工具（第二特征）和市场的单薄消除自由浮动的有用性（第三特征）。

中间制度的优点之一是取决于外部条件，灵活性能被完成。这意味着任何特定的中间体制具有一个嵌入式的"退出选项"。事实上，最灵活的制度是伴随着一些在外汇市场的干预，更广泛的使用汇率的灵活性和国际储备的需求并没有下降，意味着当局很少（如果有的话）选择一个完全灵活的制度，而是更喜欢使用中间制度提供的嵌入式灵活性。事实上，这是一个本质特征，区分这些制度和任何固定汇率制度，硬或软，因为后者缺乏这样一个选项，从而产生退出成本。

我们在这里概述的方法的实用性，显然取决于政府对反周期性行为的有效激励。在这方面，独立的中央银行对通胀目标的关注，或政府在后通胀环境中所面临的动机，往往会产生强大的汇率升值偏差，导致非对称干预。特别是，由于在价格水平上，预期的汇率水平，在危机中的货币贬值，比起在繁荣时期的升值，更加有抵抗性，正如 20 世纪 90 年代拉丁美洲的特点。

可用的拉丁美洲的证据很难去评估在一定的制度下的不完全历史（特别是，持续清洁浮动——最近的一个例子是龙舌兰危机以来的墨西哥），政权的频繁变化和上述政策偏差。图 18-2 和图 18-3 提供了一些证据。图 18-2 表明，低程度的实际汇率波动已经是完全不同的汇率制度的特点，包括阿根廷的货币发行局，还有哥斯达黎加的小规模调整/浮动盯住汇率制度（国有控股的国内金融体系），几个小国家"软"汇率盯住，佩尔特尔高度管理浮动（国内金融体系高度美元化）。最高的波动出现在巴西，且出现在两个经历了十年来最严重的宏观经济不稳定性的国家（厄瓜

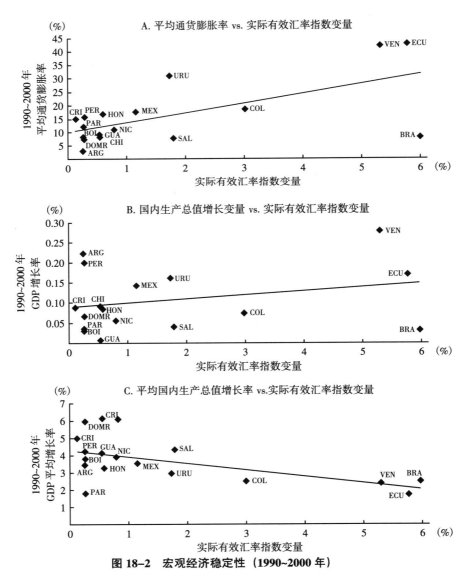

图 18-2　宏观经济稳定性（1990~2000 年）

资料来源：联合国拉丁美洲和加勒比经济委员会。

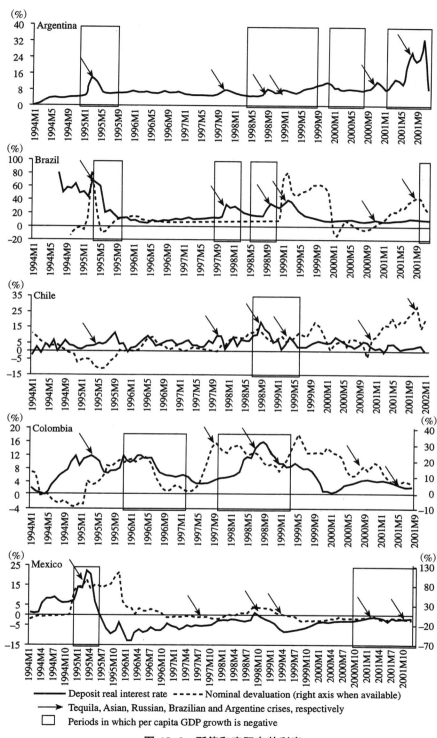

图 18-3　贬值和实际存款利率

注：名义汇率贬值：一个积极的迹象表示货币贬值。

资料来源：ECLAC，IMF。

多尔和委内瑞拉）。哥伦比亚这十年的大部分时间有着汇率变动幅度，而萨尔瓦多共和国则经历了实际汇率波动的中间水平。

另外，实际汇率波动和国内生产总值波动之间没有统计学意义的关联，这些变量与国内生产总值增长之间呈现弱的负相关。根据货币发行局制度，阿根廷可以被看作一个缺乏汇率弹性的例子，产生了高的国内生产总值的波动性（委内瑞拉之后地区中最高值）。亚洲金融危机期间，几个新兴经济体的一项分析表明，在降低国内生产总值波动方面，更灵活的制度在降低国内生产总值波动方面表现最佳，其次是各国的汇率带，而那些硬钉住，特别是软挂钩做得最差。这反映了一个事实，即实际利率波动，这往往在钉住汇率制度中是最激烈的，比任何外国储备或名义汇率波动，有着对国内生产总值波动更不利影响（弗伦奇—戴维斯和拉雷恩，2001）。

一般而言，当局发现在所有的制度下，都很难采取反周期政策。图18-3详细说明了五个大中型国家的经验：有着货币发行局的阿根廷、巴西和墨西哥，在危机条件下从非常窄的汇率变动幅度到浮动汇率制度；智利和哥伦比亚，在亚洲和俄罗斯的危机之后，从大的汇率带到浮动汇率制度。必须强调的是，在所有这四个相关的案件中，当汇率受到了强烈的（尤其是贬值）压力时，浮动是"肮脏的"。

利率冲击对所有五个国家来说是普遍的且与主要国际事件是有关的，如图18-3箭头所示。在这些事件中的三个事件中，来自该地区的国家已经在中心。大多数的人均GDP（图中的矩形表达）减少已与这样的冲击有关，反映了高利率带来的紧缩效应，也有外部冲击更直接的影响（例如，被降低的金融可获得性，在工业上或在其他拉丁美洲经济上的贸易收缩）和财政调整计划。的确，这条规则的唯一例外是在哥伦比亚1996年国内引起的经济减速。然而，在一次又一次的危机中，国际传染的程度是不同的：俄罗斯危机是唯一一个同时影响这五个国家的，但即使在那之后，它对墨西哥的影响也会减弱（在那时，美国经济正处于的繁荣显然对墨西哥的表现是至关重要的）；如果我们允许滞后效应，亚洲金融危机是第二名。

在这种模式下，三个特点脱颖而出。第一，在一个初始阶段贬值的高利率伴随着高利率的动荡之后，从固定汇率到更灵活的汇率制度的移动，使得实际利率持续下降。这意味着，豪斯曼在发展中国家走向自由汇率的批评中强调的利率演变中的"异常"利率只是一个过渡期的特点。应该补充的是，在亚洲和俄罗斯危机之后，从汇率变动幅度到更大的灵活性，在智利和哥伦比亚的过渡也有成本，然而这作为延迟的政策行动的结果"害怕浮动"而不是作为一个允许更多灵活性的制度发展中固有性质，仍被批评。

第二，汇率弹性确实让各国面临外部冲击，同时避免加息。这显然是智利在2001年阿根廷危机中的情况，并在较小程度上，在2001年的巴西和俄罗斯危机中的墨西哥的情况。此外，在所有这些情况下，货币贬值通货膨胀的影响已经很温和。尽管如此，这些国家还没有能够避免外部冲击的真正影响。至少在那些反应强烈的情况下，汇率反应可能产生额外的短期财富紧缩和收入影响。

第三，在外部资本充足期间，采用"自主"的政策包已经很罕见。最明显的情况是1994年和1997年哥伦比亚的政策包，其中包括了强有力的基于价格的资本账户的规则：首先是针对冷却过度加速需求增长，试图避免由紧缩货币政策所导致的预期汇率升值；[13] 其次是旨在避免蓬勃发展的资本流入所产生的升值压力，至关重要地去保持低利率，以促进在 1996 年放缓之后的经济复苏。在 1991~1994 年智利的资本账户制度逐渐加强（即对于大多数来说，在包含图 18-3 的时期之前），也旨在维持低利率但避免了资金流入的升值压力。然而，这样的规定没有被加强去面对 1996~1997 年的升值压力。[14] 自 2000 年底，被墨西哥所采纳的紧缩政策也可以被视为一个自主的试图冷却经济的尝试。在没有资本项目规定的情况下，它引起了额外的资本流入和汇率升值。

　　总体而言，当汇率灵活性在外部危机打击之前是可能得到的，它提供了一个使用更自主的方式对国内利率管理的范围。这也是真实的，当中间的制度产生更多的灵活性的时候，滞后的政策决定可能会产生成本。在其他方面，灵活性被采用，是打击治疗的一部分，当一个软汇率钉住（或窄汇率带）政权崩溃时，这一结果是在一个短暂的动荡期之后才实现的。然而，灵活性不从外部冲击的经济体的真正分离，和较低的利率和货币贬值不良财富影响的组合对经济活动的影响尚不清楚。最后，在资金充裕的时期，政策的自主权只有在资本项目规则的支持下才能实现，但是影响是暂时的。

三、责任政策

　　风险在繁荣时期积累的将不仅取决于国内和私人债务的规模，也取决于它们的期限结构。资本账户管制因此具有双重作用：作为一种宏观经济政策工具，它为反周期性货币政策提供了一些空间，并作为一种"责任政策"来改善私人部门的外债状况。补充的责任政策应该被采纳，去改善公共部门的债务状况。对负债结构而不是对国家资产负债表的强调，是因为一个事实，有着流动资产（尤其是国际储备），各国面临流动约束时，负债结构起到主要作用，其他资产在这些条件下扮演次要角色。持有外汇储备的成本降低的需要，强调了适当的负债结构的关键作用。

　　作为一个宏观经济政策工具，资本账户的规定是针对繁荣萧条周期的直接来源——不稳定的资本流动。如果它们成功了，它们将通过紧缩货币政策的采用和降低升值压力，"逆风"在金融狂热时期提供一些机会。如果有效，它们也将减少或消除外汇储备的消毒积累的准财政成本。在危机期间，它们还可能为扩张性的货币政策提供"喘息空间"。

　　作为一种责任政策，资本账户的规定承认这个事实，市场慷慨回报良好的外部债务结构（洛迪克和韦拉斯科，2000）。这反映了事实，在不确定的时期，市场对总的反应，而不仅仅是净融资要求，意味着短期负债的过渡并非财务上的中立。在这种情况下，倾向于更长期的债务将大大降低风险水平。这表明在繁荣时期，经济政策管理的一个重要组成部分，应采取措施，以改善私人和公共部门的外部和国内的债务期限结构。

（一）20 世纪 90 年代的资本会计制度创新

20 世纪 90 年代，在这一领域的创新无疑是智利和哥伦比亚外币负债准备金的设立。该系统的优点是，它创建了一个简单的、非任意性和预防的价格激励，惩罚短期外币负债更严重，并且对企业借款决定有着中立影响。相应的征费明显高于国际托宾税建议的水平：智利体系的一年期贷款中约 3%，哥伦比亚二年期贷款和三年期贷款，在 1994~1998 年，平均为 13.6% 和 6.4%。作为国际资本市场剧烈变化的结果，该系统将于 1999~2000 年在这两个国家被逐步淘汰。其他（定量）资本账户的规定补充准备金，尤其是在智利投资资本一年的最低要求（2000 年 5 月解除）和在哥伦比亚如此流动的直接授权。

储备需求的有效性一直是一个备受争论的主题。[15] 作为一项责任政策，对其有效性有相当广泛的协议。在这方面，虽然有许多其他变量影响如图 18-4 所示的指标，它们倾向于肯定这个观察，这两个国家都有一个高于平均水平的外部债务状况。另外，作为一个宏观经济政策工具其有效性有着激烈的争议。事实上，如前一节中表示，两国都已无顺周期宏观经济政策模式。

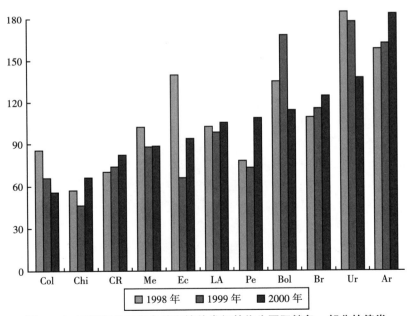

图 18-4　对银行的短期负债和境外发行并作为国际储备一部分的债券

资料来源：建立在对外债统计基础上的估计，国际清算银行—国际货币基金组织—经济发展与合作组织—世界银行（http://www.oecd.org/dac/debt）。

然而，从存在的确凿证据来看，资本流动对两国利率利差的敏感度、存款准备金率影响了利率的资本流动量。另外，如果通过其对国内利率的影响，更高的存款准备金要求诱导新的流动，那么它们在国内和国际利息之间，产生一个稳定的传播的能力应该被看作一个指标，它们是有用的宏观经济政策工具。在哥伦比亚，在20世纪90年代，这些法规被更广泛地修改，有强有力的证据表明准备金要求的增加有着被减少了的流动（奥坎波和托瓦尔，1998，2001），或者在日益增长的国内利率中是有效的（维拉尔和林康，2000）。类似的证据对于智利也是有效的（关于这些问题参见阿戈辛和弗伦奇—戴维斯、阿戈辛和莱曼，2000）。

此外，根据前文提出的分析，有证据表明，加强资本账户监管提高汇率的利率权衡，权力机构面临在短期内资本市场蓬勃发展的强大的压力。

这些条例管理中的一些问题随着相关政策参数的变化而变化。两国在这方面经历的困难不同。在智利，基本的问题是关于汇率规则的变化，由于汇率区间的限制（比索兑美元）改变了无数次，直到它们在1998年最终被放弃了。在资本账户激增期间，这导致了代理商带来资金安全赌注的增长，因为当汇率接近汇率带底部时，向下调整的概率会高。在哥伦比亚，主要的问题是储备需求的变化频率。被市场所预见的变化引发了投机，从而在要求修改之后一段时间减少这种措施的有效性。有趣的是，这两个国家的存款需求被看作一种补充，而不是作为其他宏观经济政策的一个替代品，这在智利无疑是好的。

在20世纪90年代，马来西亚还提供了资本账户法规的重大创新。1994年1月，这个国家禁止非居民购买范围广泛的短期证券；这些限制在今年晚些时候被取消。它们被证明是非常有效的，在降低资本流动和资产价格方面，智利法规的确优越（帕尔马，2002）。然而，它们被取消后，尽管债务状况保持在审慎水平，新一轮的债务积累和资产价格的上涨浪潮发展（卡普兰和罗德瑞克，2001）。

亚洲金融危机带来额外创新。在1998年9月强有力的资本外流限制的建立，基本上是旨在消除本地货币的离岸交易。这也决定了在国内金融系统中，非居民持有林吉特存款一年不能兑换成外币；1999年2月，这一规定被一个出口税取代。

这些控制的影响引发了重大的讨论。卡普兰和罗德里克（2001）已经为这些规定的效力提供了有力论据。先前的研究结果表明，它们在非常迅速地扭转金融市场的压力中是非常有效的，这反映在外汇储备的走势、汇率和离岸存款利率上。金融不确定性的消除，以及为扩张的货币和财政政策提供额外的空间，亚洲金融危机期间，比起货币基金组织的项目会导致更快的经济活动的恢复，较低的通货膨胀以及更好的就业和实际工资水平。当马来西亚控制被强加时，即使当调整那段时间内改善外部环境的特点，这也是真实的。此外，该国没有得到大的资本注入，甚至从外部资本市场暂时切断了自己的市场。

就资本账户管制总体而言，20世纪90年代的创新经历表明，在提高债务状况（责任保险）和促进反周期的宏观经济政策的采用上（可能是暂时的），它们可以作为有用的工具，因此，它已经表明，它是可能的设计预防性政策工具，以避免在国际金融中繁荣—萧条周期的部分成本。智利与哥伦比亚以价格为基础工具的基本优势是它们简单和非自由支配性的特点以及对企业借贷决定中立的影响。

在任何情况下，选择融入国际资本市场的国家设计出了所有这些系统。因此，传统的外汇管制可能是优越的，如果宏观经济政策的目标之一是显著降低国内宏观经济对国际资本流动的敏感性（纳雅，2002，印度经验的分析）。简单的定量限制，排除了某些形式的债务（例如，短期的外国借贷，除了贸易信贷额度），也有预防性的特点。

（二）补充责任政策

直接资本账户的规定可以部分替代审慎监管。特别是，对金融体系的外币债务更高流动性要求能够被建立。此外，对有着大量外部负债的企业国内贷款的评级，可以被减少，和贷款相关的规定增加了。这些选择的主要问题在于，这些规定不影响非金融主体的外币负债，而且确实可以鼓励它们借更多的外国货币。因此，它们需要对那些企业的对外借款辅以其他抑制因素，如税收规定适用于外币负债（例如，不允许或只有部分扣除国际贷款的利息支付）；企业的短期对外负债的公开披露；对可以从国外借款的那种类型的公司的限制，包括必须满足从审慎比率对可以在国外签订的公司负债条款的限制（最小和最大到期日限）。[16]

以价格为基础的资本账户的规定，可能会比一个针对非金融企业基于审慎监管加上附加政策的同等系统更加中立和更加简单。在它们的美德中，对审慎监管和监督，应该包括这样一个事实：它们是基于价格的（一些审慎的监管，如对某些类型的禁止操作）、无法控制的（审慎监管，相反是自由操作），以及中立的企业借款决策。事实上，等同的做法是由私人机构采用，如销售费用是由共同基金持有，短期内抑制短期控股投资（摩根，1998）。

在公共部门的情况下，由财政部（和中央银行）直接控制是最重要的责任政策并应涵盖所有公共部门机构和自治区借款。[17]公共部门的债务配置，倾向于短期责任，可能在繁荣期间是可控的，但在危机时期可能成为一个主要的不稳定因素。当持有短期证券的居民除了对公共部门债务续期，还有其他选择，包括资本外逃，这一观察对外部和国内公共部门债务同样有效。这甚至是更清楚的，如果允许外国人购买国内公共部门证券。

因此，当总借款需求很高时，利率必须增加。高利率立即产生一种内源性的财政恶化，从而迅速改变公共部门债务的趋势，正如之前发生在巴西的1999年危机（见图18-5）。1994年墨西哥广泛宣传以美元计价的债券来代替比索计价的证券（国债或CETES），这是一个在那年年底冲击该国的危机的关键因素，无疑是由短期配置促成的。[18]巴西债务的短期结构也是为什么自1997年底以来，固定利率债券很快被可变利率和美元计价的证券所取代的一种原因。要强调的是，尽管它的财政状况恶化，但不可替代1998~1999年危机期间在哥伦比亚观察到的相似级别情况；这个国际发行公共部门证券的最低期限为一年，是这个解释的重要组成部分。

发行长期国内债务证券将取决于本地资本市场的深度，尤其是对那些提供证券流动性的二级市场。为此，旨在加深各国信贷和资本市场的措施在改善国内债务状况上发挥了关键作用。这项关于适当的长期私人资本市场发展的声明也是有效的。

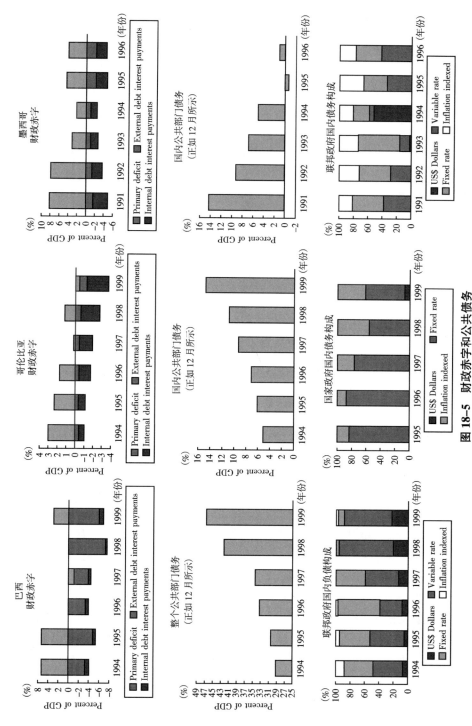

图 18-5　财政赤字和公共债务

资料来源：巴西中央银行，哥伦比亚市财政部，墨西哥财政和公共信贷司，墨西哥银行。

然而，由于风险水平较低，证券发行的证券化程度较高，中央政府对证券市场的执行在长期的中小证券市场的发展中有着至关重要的作用，包括为私营部门提供基准的证券。

　　然而，这种市场的发展并没有消除对于一个积极的外部责任政策的需要，作为更深的资本市场，对挥发性流动组合也更具吸引力。不幸的是，权衡在这方面并不简单，因为国际共同基金的参与可能有助于深化国内资本市场。因此，当局必须选择减少资本流动的波动性或更深层的、流动的国内市场的发展。2000 年 5 月智利决定为了投资组合流入而取消一年的债券，哥伦比亚决定在 1996 年允许外国投资基金参与国内市场对公共部门的证券，都可以理解为以额外的资本账户波动的代价对这些选项的第二选择。事实上，这是 1998~1999 年危机中，在哥伦比亚证券流动性中所发生的事情。

四、反周期审慎监管

　　在最近几十年来，在拉丁美洲或在世界其他国家都有一个令人痛苦的教训，那就是金融危机的持续时间和国内生产总值的累积损失极其昂贵。[19] 一些最大的成本与正经历困难的企业实践大幅减少有关，这也与产权在危机期间很大程度上是不确定的事实相关（即资产比例最终将由股东和贷款人所拥有，这一比例具有显著的不确定性）。损失不仅是一个短期的特性，因为它们涉及公司的实物资产以及无形资产（包括人力资本、社会资本和企业的商业信誉，以及由业务联系的后续损失），已经花费数年去建立。此外，这些损失是已经发生的，即使该公司设法重组和生存。同样，信用体系长期处于瘫痪状态，从而阻碍了经济的复苏。

　　财政和准银行救助计划的财政成本也很高：在较小的危机中，约为 4%~5% 的国内生产总值（GDP），如早在 20 世纪 80 年代和 90 年代后期的哥伦比亚；在严重的危机中，约为 15% 的国内生产总值，如 20 世纪 90 年代中期的墨西哥和委内瑞拉或 90 年代末的韩国；更严重的危机则约为 35% 的国内生产总值，如 20 世纪 80 年代初的阿根廷和智利，90 年代末的印度尼西亚。因此，一个最好的国家能做出的是避免金融危机。这意味着金融中介机构在经济繁荣时期积累的私人风险将组成公共部门风险的主要成分。这一事实构成了国家干预的有力论据。

　　金融危机爆发的根源是众所周知的。一般而言，它们是一种快速增长的信贷和监管，这是一种处在一个外部资本市场的繁荣、在金融自由化的条件下变得具有爆炸性的组合。经济乐观的环境特征的风险低估，混合了由私人代理和监督机构评估风险的实践不足。

　　这强调了金融自由化进程的次序是多么重要，尤其是如何使最终资本账户自由化取决于事先建立适当的审慎监管与监督和令人满意的信息系统的设计，以保证一个适当的微观经济运作的市场这一过程的重要性。因为金融中介机构、存款人和主管部门的学习过程不是瞬时的，自由化的过程需要是逐步的，以便为金融中介机构提供足够的时间学习如何管理较高风险，使存款人学习如何使用新的信息渠道，使政府了解如何监督体系以及如何修改审慎监管，并在积累经验的基础上对其报告要求。

审慎监管应确保：首先，通过建立适当的资本充足比率相对于由贷款机构承担的风险金融机构的偿付能力，严格有问题的投资组合和适当的风险分散标准。在发展中国家，相应的规定不仅要考虑微观经济，而且要特别考虑到他们面临的宏观经济风险。特别应注意的是，国内金融风险及利率和汇率变动之间的关系。鉴于这些国家更大的金融波动，资本标准应该高于巴塞尔委员会的建议。另外，应建立严格的规定，以防止货币错配（包括那些与非资产负债表业务相关的），以减少到期资产和金融中介机构的责任失衡的问题，以确保及时核销逾期贷款。应审慎监管短期外部信用情况。

其次，审慎监管需要确保金融中介机构的流动性有足够的水平，使它们能够处理与金融系统转化期限基本功能相关的、期限资产和负债的平均期限之间的不匹配，及存款和/或利率波动带来的风险。这一领域最重要的创新无疑是建立在 1995 年的阿根廷体系，即基于金融机构负债的剩余期限设定流动性需求（指的是到期前的天数）。[20] 以上的流动性要求，或有类似特点的储备要求的系统有额外的优点，即它们给金融系统提供了一个直接的激励，以维持一个更好的负债结构。流动性要求的资产质量显然是必要的。在这方面，必须指出的是，允许它们投资于公共部门债券，增加了阿根廷金融体系对公共部门债务重组的脆弱性。

适当的监管和监督金融体系比风险管理在结构性方面具有优势。然而，它们在经济繁荣时期无法内化集体承担的风险，这是一个宏观经济的特点。此外，它们经营的方式有一个顺周期性的偏见。事实上，这在危机期间，尽管有一些延迟，在电子商务过程中承担的风险经济的繁荣是显而易见的。这最终使得有必要注销贷款组合，从而减少金融机构的资本，进而限制它们的贷款能力。这一点，随着更大风险的主观感知水平，触发了"信用挤压"，这是这个时期的特点。[21]

这就是为什么工具需要设计，要引入一个反周期因素纳入审慎监管。为了保证这样，考虑到完整的商业周期，当贷款发放是建立在对预期损失的基础上，而不是建立在贷款拖欠或对未来贷款损失的短期预期基础上时，这些规定应该被加以评估，这具有很强的顺周期性。这意味着，事实上，这种配置应该遵循传统的保险标准，而不是工业银行标准。

在这方面，主要的创新是由西班牙在 1999 年 12 月推出前瞻性方案（西班牙银行，2000；波韦达，2000）。根据这项计划，"潜在"风险的精算规定，根据可能的损失，一个典型的资产（贷款、担保、银行同业或固定资产的投资收益组合），预计将在一个完整的商业周期的基础上被估计。

严格地说，系统是"循环中立"的，而不是逆周期性的，但它肯定优于传统的贷款损失的顺周期性配置。所以，如果有必要，像这样的一个系统可辅以严格反周期的审慎条款，被监管当局应用到整个金融系统，或被监管权威应用到某些金融机构中。这样的反周期审慎的规定，连同流动性要求，优于可能使用的资本充足率。

这意味着资本充足率的要求应着眼于长期偿付能力标准而不是周期性的表现。还应鼓励自愿审慎的规定。在所有的情况下，它是必要的，足够的减税被授予规定。的确，这将使银行做出规定，管理商业周期的影响。

其他的工具也应该在金融狂热时期更多考虑风险的增加。在货币领域和信贷政策内，更高的存款准备金率或信贷增长的限制，在繁荣时期可以执行这个功能。[22] 如果资产产生的风险具有相当大的差异，信贷限额可以为某些部门（例如消费贷款、非住宅建筑等）建立。在该监管政策范围内，这一功能在繁荣时期可以有更高的流动性要求，特别是短期负债。以股票和房地产资产作为抵押的参考价格的上限（例如一个规定，不超过该规定，减少资产的商业价值比例可能用于此目的）或更严格信贷价值比率被强加。存款保险也可以被提高，而更严格的债务分类和核销能被采用。在经济繁荣时期监督更加严格，尤其是对经历了快速的信贷增长的中介机构，这可以要求进行压力或其他特殊风险测试。

在金融危机期间，虽然当局必须采取明确规定的规则恢复信心，但应该应用更为严格的标准，以避免信贷紧缩。当然，为了避免道德风险问题，当局决不能保释金融机构的业主，如果机构被干预，应保证其净资产是注销的。

必须强调的是，审慎监管不能忽视限制和成本。在发展中国家，以更严格的标准来管理宏观经济风险提高了金融中介的成本，降低了国际竞争力和创造套利的动机。一些经典的审慎监管目标，如风险分散，当宏观经济问题是困难的根源时可能会很难保证。此外，审慎监管包括一些非价格信号，而审慎监管则是普遍存在的信息问题，是一种可自由支配的活动，容易受到滥用，所以当局的权力必须受到严格的限制和控制。

五、反周期政策

无论国家选择什么样的汇率和资本账户制度，财政政策总是提供一个有用的反周期装置。这个反过度财政支出的重要性在 20 世纪 80 年代的拉丁美洲债务危机期间是相当明了的。因为在过去的信贷繁荣时期，公共支出的过度扩张产生财政失衡，最终证明是站不住脚的。这个支出削减大大降低了公共支出的效益：投资项目没有完成，或者花了更长的时间来执行此计划，从而提高了它们的有效成本；现有的公共和社会服务提供结构脱节；实际工资的减少导致有价值员工的流失；整个公务员被打乱了。因此，得出了两个令人痛苦的教训：在繁荣时期财政纪律的缺乏是非常昂贵的，并且，"去阻止"周期会显著降低公共部门支出的效率。

尽管如此，回到 20 世纪 90 年代更为传统的政策立场明显保持了顺周期财政实践（拉加经委会，1998；马特内尔，2000）。这归因于在 GDP 高波动的背景下，公共收入的顺周期性能。在这些条件下，独立设定商业周期的财政目标，意味着公共部门支出在繁荣时期，部分资金由暂时性收入资助。此外，债务危机期间，面对外部冲击，由于利率和汇率变化导致的债务服务增加的趋势，意味着主要的财政（特别是投资）支出必须调整顺周期性以满足短期的财政目标。这往往会保持公共部门的"停"周期的支出特征的低效率。此外，通过这一机制，财政绩效提高了经济活动已经过多的波动性。

在同一时间，其他顺周期性的模式已经变得比过去更重要，特别是那些授予明确或隐性担保的私人部门。第一，恰当的例子包括显性和隐性的金融担保，危机中这被反映在国内金融中介机构和有着巨大外部负债的私人企业与大型外部的救助方案中。第二，更新颖的案例，是建设中的私营部门（如最低收入或利润保证，或对利润显式覆盖或汇率风险）的公共部门的担保。担保类型一般都具有三个要素：①它们并不都是透明的；②鼓励在经济繁荣时期私人支出（因此，在愉悦时期，公共部门支出以一个相当于"保险费"的形式实际发生，表明应计的公共部门的支出被低估）；③支出（现金支出）发生在危机期间，增加了借贷需求，挤出了其他公共部门的支出。因此，这样的保证在非透明的方式中鼓励顺周期私营部门的支出。

这意味着，财政改革必须牢固树立财政可持续性的原则，并通过目标避免财政政策的顺周期性偏差。第一个目标已经反映在最近几年几个拉丁美洲国家财政责任法的采用上。第二个目标意味着财政目标应该基于对所需结构财政盈余或赤字的定义，或一个中期的公共部门债务占国内生产总值的目标的定义。短期的盈余或赤字将基于结构立场和当前潜在的国内生产总值的偏离决定。

对这种新的来确定财政政策的方式的一个重要补充，将是设计机制去暂时为公共部门收入消毒。使用一个重大的财政影响的商品稳定基金——哥伦比亚的国家咖啡基金，智利的铜和石油稳定基金，哥伦比亚和委内瑞拉的石油稳定基金——获得的经验必须扩展至发展更广泛的财政稳定基金（联合国拉丁美洲和加勒比经济委员会（ECLAC），1998b）。

财政稳定基金积累的资源规模将取决于公共部门的收入弹性。然而，拉丁美洲的税收结构普遍缺乏一个高弹性度，主要是因为企业所得税收入的比重较低，而工业化国家的收入弹性最高（马特内尔，2000）。因为此原因，灵活的税率可以作为一个补充工具，特别是在面对急剧的私人消费周期时。最佳候远方案显然是对消费热潮的来源进行征税。这是征税经历临时价格的传统说法，这是传统商品稳定基金设计基础。一个类似的论点能被用来证明对资本流入征税有理，因为这是私人部门支出繁荣的主要来源（马方，2001）。有趣的是，这一论点是对一个这样的工具可以提供的更大的货币自主权的补充，事实上，即使这种工具对减少资本流入是完全无效的，那也是真实的。此外，在这种情况下，收入实际上是最大的；如果被保留，[23] 它们将便于采用反周期政策。在这样的条件下，第二个最好的争论将在这样条件下导致增值税税率暂时上涨（布达诺维奇和勒福，1997）。

利用反周期性公共部门支出政策来抵消私人部门支出周期的选择是有争议的。精心设计一个社会保障网，以在危机中保护弱势群体，是这方面最好的选择。事实上，社会保障网的一个重要优点是，相关的支出本质上是逆周期性的。

在其他情况下，抵消机制更具争议性。停止公共部门支出政策是低效的，正如我们所看到的。此外，对反周期的公共机构支出政策的过度依赖——而不是一个更均衡，也依赖于财政收入和稳定基金的一个更平稳的混合——可能产生公共和私人物品供应之间的不平衡，这些物品具有大量的分配效应，因为公共部门提供的商品和服务的接受者和那些从私人支出中获益的人是不一样的。基于这些理由，在长期标准的基础上，确定公共部门支出的增长（除了与社会保障网有关）肯定更为可取。

这些税收和支出政策必须辅之以适当的机制来管理公共部门的保障。关于金融风险，责任和反周期调控政策在本章前面的部分是正确答案。有关其他担保，"保险费相当于"这样的担保有必要被定期估计和预算。相应的资源被转移为专门的资金，以作为一个备份的事件，相应的应急变得有效。

最后，应该强调的是，反周期性的财政政策，极大地促进了对繁荣的一个基础广泛的审慎监管。特别是，对应的财政稳定基金的资源积累在经济繁荣时期会增加外汇储备和减少货币升值。这种保护还提供了"自我保险"，以避免外汇可用性大幅削减，同时，危机期间财政调整的平稳是必要的。

六、总结

资本流动的波动性在发展中国家产生了强的顺周期性的表现。解决这一问题的一个重要方法在于加强机构框架全球金融危机的预防与管理。然而，本章的重点是发展中国家国内反周期政策的作用。

本章的基本论点是，充分的反周期性政策包可以基于一个组合，涉及：①有管理的汇率弹性和资本项目账户的规定；②强大的"责任政策"，旨在改善私人和公共部门的债务；③强大的审慎监管和国内金融系统的监管，具有反周期性成分；④一种基于普通财政稳定基金的逆周期性的财政政策。

在其反周期的任务中，不同的元素相互支持的务实战略应该被提倡。具体的重点会有所不同，这取决于宏观经济的限制和每个特定的国家传统。

注释

1. 例如，关系到拉丁美洲，参见帕夏和亚历桑德罗·迪亚兹（1982）。

2. 在这些问题上有广泛的文献。例如，伊特维尔和泰勒（2000）、艾肯格林（1999）和奥坎波（1999，2001，2002）。

3. 最近许多关于这个问题分析的资料，参见联合国拉加经委会 ECLAC（1998，2000）、弗曼和斯蒂格利茨（1998）、Helleiner（1997）、奥坎波（1999）、斯蒂格利茨和巴塔查里亚（2000）及世界银行（1998）。

4. 拉加经委会 ECLAC（2000，2001a，2002）。

5. 例如，拉加经委会 ECLAC（2000，2001b）和勒斯蒂格（2000）。

6. 然而，我们不会在这里解决关于实际汇率的长期决定因素的文献。这就够了，对于我们而言，需要注意的是名义汇率通过商业周期影响实际汇率。提出这些问题的一个方法是获得外部融资，与其他（贸易条款，财政的立场，可贸易品与非贸易品中相对生产率的趋势，等等）是实际汇率的决定因素，以及外部融资的实际汇率水平的幅度不独立于汇率制度。

7. 这种增长的贸易收支平衡的恶化似乎是大多数发展中国家的一个特点。参见贸发会议（1999）。

8. 豪斯曼（2000）和卡尔沃（2001）。

9. 最近中间汇率制度的防御，参见拉加经委会（2000）和威廉姆森（2000）。对于近期争议对汇率制度的有趣的评论，参见弗兰克尔（1999），贝拉斯科（2000），布拉加德马塞、科恩和冷泉（2001）。

10. 更多的价格弹性将有助于这方面，但可能会产生其他问题。因此，在金本位时代，价格弹性往往在危机中产生额外的国内金融风险（由于通货紧缩所产生的实际债务的快速增长，这种快速增长相当于很高的短期实际利率）。这也产生了一个强大的在国内贷款上的短期内的偏见，这是与在货币紧缩时期需要迅速减少名义投资组合相关联的。

11. 克鲁格曼（1990）和范温伯根（1984）。

12. 因此，国内货币开放的私人机构可以用本国货币计价债务。在这种情况下，在期货市场提供的净覆盖率是一个当前的资本流出（多德，2001）。外国投资者可以直接偿还国内较大的货币负债，这具有类似的效果。

13. 由于投机产生在1994年8月加强法规之前，在1995年初，贬值在这种情况下出现了一个滞后。虽然恰逢龙舌兰危机，但这是与它不相关的。当资本规定在1996年初放松时，升值压力复出。参见奥坎波和图瓦（1998，2001）、维拉尔和林孔（2000）。

14. 阿戈辛和弗伦奇—戴维斯（2001）；弗伦奇—戴维斯和拉雷恩（2001）。

15. 支持这些法规的有效性的文件，参见阿戈辛（1998）、阿戈辛和弗伦奇—戴维斯（2001）、卡德纳斯和巴雷拉（1997）、乐堡和布达诺维奇（1997）、乐堡和莱曼（2000）、奥坎波和图瓦（1998，2001）、帕尔马（2002）、洛迪克和贝拉斯科（2000）、维拉尔和林孔（2000）。一个相反的观点，参见德格雷戈里奥（2000）、巴尔德斯—普列托和索托（1998）。在其他国家，外国货币借款也有明确的税收，特别是巴西。

16. 对这些问题的分析，参见世界银行（1998）与斯蒂格利茨和巴塔查里亚（2000）。

17. 拉加经委会（1998）。

18. 参见萨克斯等（1996）和罗斯（2001）。

19. 参见国际货币基金组织（1998）。对美国在拉丁美洲的情况，参见罗哈斯—苏亚雷斯、维斯布罗德（1996）、拉加经委会（2002）。

20. 阿根廷共和国中央银行（1995）。

21. 最近的一个对这些问题的分析和政策管理的替代品，参见国际清算银行

（2001）与博里奥等（2000）。

22. 对这些替代品的分析，参见斯蒂格利茨和巴塔查里亚（2000）。

23. 这其中包括这样的情况、收入反映在中央银行的一个准财政盈余中，不属于政府。

参考文献

Agosin, Manuel (1998), "Capital inflow and investment performance: Chile in the 1990s', *Capital Inflows and Investment Performance: Lessons from Latin America*, in Ricardo Ffrench-Davis and Helmut Reisen (eds), Paris and Santiago: OECD Development Centre/ECLAC.

Agosin, Manuel and Ricardo Ffrench-Davis (2001), "Managing capital inflows in Chile", *Short-term Capital Flows and Economic Crises*, in Stephany Griffith-Jones, Manuel F. Montes and Anwar Nasution (eds), New York: Oxford University Press/United Nations University (UNU)/World Institute for Development Economics Research (WIDER).

Bacha, Edmar and Carlos F. Díaz-Alejandro (1982), "International financial intermediation: a long and tropical view", *Essays in International Finance*, No. 147, Princeton, NJ: Princeton University, Department of Economics, International Finance Section, May.

Banco Central de la República Argentina (1995), *Informe anual*, Buenos Aires, October.

Banco de España (2000), *Boletín Económico*, January.

Bank for International Settlements (2001), *71st Annual Report*, Basle, 11 June.

Borio, Claudio, Craig Furfine and Philip Lowe (2000), "Procyclicality of the financial system and financial stability: issues and policy options", paper presented at BIS Annual Meeting of Central Bank Economists on *Marrying the Macro-and Microprudential Dimensions of Financial Stability*, 9-10 October, 2000.

Braga de Macedo, Jorge, Daniel Cohen and Helmut Reisen (eds) (2001), "Monetary integration for sustained convergence: earning rather than importing credibility", in Jorge Braga de Macedo et al. (eds), *Don't Fix, Don't Float*, Paris: OECD Development Centre Studies.

Budnevich, Carlos and Guillermo Le Fort (1997), "Fiscal policy and the economic cycle in Chile", *CEPAL Review*, No. 61, April.

Calvo, Guillermo (2001), "The case for hard pegs in the brave new world of global finance", in Jorge Braga de Macedo et al. (eds), *Don't Fix, Don't Float*, Paris: OECD Development Centre Studies.

Cátrdenas, Mauricio and Felipe Barrera (1997), "On the effectiveness of capital controls: the experience of Colombia during the 1990s", *Journal of Development Eco-*

nomics, 54 (1), special edition, October.

De Gregorio, José, Sebastián Edwards and Rodrigo Valdés (2000), "Controls on capital inflows: do they work?", *Journal of Development Economics*, 63 (1), October.

Dodd, Randall (2001), "Derivatives and international capital flows", paper presented at the UNU/WIDER-ECLAC Seminar, *Capital Flows to Emerging Markets Since the Asian Crisis*, Helsinki, October.

Eatwell, John and Lance Taylor (2000), *Global Finance at Risk: The Case for International Regulation*, New York: The New Press.

Eatwell, John and Lance Taylor (eds) (2002), *International Capital Markets-Systems in Transition*, New York: Oxford University Press.

ECLAC (Economic Commission for Latin America and the Caribbean) (1998a), *América Latina y el Caribe: políticas para mejorar la inserción en la economía mundial*, Santiago: CEPAL/Fondo de Cultura Económica.

ECLAC (Economic Commission for Latin America and the Caribbean) (1998b), *The Fiscal Covenant. Strengths, weaknesses, challenges*, Santiago.

ECLAC (Economic Commission for Latin America and the Caribbean) (2000), *Equity, Development and Citizenship*, Santiago.

ECLAC (Economic Commission for Latin America and the Caribbean) (2001a), *Una década de luces y sombras: América Latina y el Caribe en los los años noventa*, Bogotá: CEPAL/Alfaomega.

ECLAC (Economic Commission for Latin America and the Caribbean) (2001b), *Social Panorama of Latin America*, 2000-2001, Santiago.

ECLAC (Economic Commission for Latin America and the Caribbean) (2002), *Growth with Stability: Financing for Development in the New International Context*, Libros de la CEPAL, No. 67, March.

Eichengreen, Barry (1999), *Toward a New International Financial Architecture: A Practical Post-Asia Agenda*, Washington DC: Institute for International Economics (IIE).

Ffrench-Davis, Ricardo (1999), *Reforming the Reforms in Latin America: Macroeconomics, Trade, Finance*, London: Macmillan.

Ffrench-Davis, Ricardo and Guillermo Larraín (2001), "How optimal are the extremes? Latin American exchange rate policies during the Asian Crisis", paper presented at the UNU/WIDER-ECLAC Seminar, *Capital Flows to Emerging Markets since the Asian Crisis*, Helsinki, October.

Frankel, Jeffrey (1999), *No Single Currency Regime Is Right for All Countries or at All Times*, Essays in International Finance No. 215, International Finance Section, Department of Economy, University of Princeton.

Furman, Jason and Joseph Stiglitz (1998), "Economic crises: evidence and insights from East Asia", *Brookings Papers on Economic Activity*, No. 2.

Greenspan, Alan (1998), "The structure of the international financial system", Remarks at the Annual Meeting of the Securities Industry Association, Boca Raton, Florida, November.

Hausmann, Ricardo (2000), "Exchange rate arrangements for the new architecture", *Global Finance from a Latin American Viewpoint*, Paris, Development Centre Seminars, Inter-American Development Bank (IDB), Organization for Economic Co-operation and Development (OECD).

Helleiner, Gerald K. (1997), "Capital account regimes and the developing countries", *International Monetary and Financial Issues for the 1990s*, vol. 8, New York: United Nations Conference on Trade and Development (UNCTAD).

IMF (International Monetary Fund) (1998), *World Economic Outlook*, Washington, DC, May.

J.P. Morgan (1998), *World Financial Markets*, New York, 7 October.

Kaplan, Ethan and Dani Rodrik (2001), "Did the Malaysian capital controls work?", NBER Working Paper Series, No. 8142, Cambridge, MA, February.

Krugman, Paul (1990), *Rethinking International Trade*, Cambridge: MIT Press.

Krugman, Paul and Lance Taylor (1978), "Contractionary effects of devaluations", *Journal of International Economics*, No. 8.

LeFort, Guillermo and Carlos Budnevich (1997), "Capital-account regulations and macroeconomic policy: two Latin American experiences", *International Monetary and Financial Issues for the 1990s*, vol. 8, New York: United Nations Conference on Trade and Development (UNCTAD).

LeFort, Guillermo and Sergio Lehmann (2000), "El encaje, los flujos de capitales y el gasto: una evaluación empírica", *Documento de Trabajo*, No. 64, Central Bank of Chile, February.

Lustig, Nora (2000), "Crises and the poor: socially responsible macroeconomics", *Economia, A Journal of the Latin American and Caribbean Economic Association* (*LACEA*), No. 1, Brookings Institution, Washington, DC, December.

Marfám, Manuel (2001), "Rol macroeconómico de la política fiscal", paper presented at the Seminar Development theory at the threshold of the twenty-first Century", ECLAC, Santiago, 28-29 August.

Martner, Ricardo (2000), "Estrategias de política económica en un mundo incierto", *Cuadernos del ILPES*, 45, Santiago.

Montiel, Peter and Carmen M. Reinhart (2001), "The dynamics of capital movements to emerging economies during the 1990s", in Stephany Griffith-Jones, Manuel F. Montes and Anwar Nasution (eds), *Short-Term Capital Flows and Economic Crises*, UNU/WIDER Studies in Development Economics, Oxford University Press.

Nayyar, Deepak (2002), "Capital controls and the world financial authority-what can we learn from the Indian experience?", in John Eatwell and Lance Taylor (eds), *International Capital Markets—Systems in Transition*, New York: Oxford University Press.

Ocampo, José Antonio (1999), *La reforma del sistema financiero internacional: un debate en marcha*, Santiago: CEPAL/Fondo de Cultura Económica.

Ocampo, José Antonio (2001), "International asymmetries and the design of the international financial system", *Serie Temas de Coyuntura*, No. 15, March, Santiago: CEPAL.

Ocampo, José Antonio (2002), "Recasting the international financial agenda", in John Eatwell and Lance Taylor (eds), *International Capital Markets—Systems in Transition*, New York: Oxford University Press.

Ocampo, José Antonio and Camilo Tovar (1998), "Capital flows, savings and investment in Colombia, 1990–1996", in Ricardo Ffrench–Davis and Helmut Reisen (eds), *Capital Flows and Investment Performance: Lessons from Latin America*, Paris and Santiago: OECD Development Centre/ECLAC.

Ocampo, José Antonio and Camilo Tovar (2001), "An empirical evaluation of the effectiveness of price–based controls on capital inflows", *Mimeo*, ECLAC, September.

Palma, Gabriel (2002), "The three routes to financial crises: the need for capital controls", in John Eatwell and Lance Taylor (eds), *International Capital Markets—Systems in Transition*, New York: Oxford University Press.

Poveda, Raimundo (2000), "La reforma del sistema de provisiones de insolvencia", Paper presented at the APD Conference, Madrid, 18 January.

Rodrik, Dani and Andrés Velasco (2000), "Short–term capital flows", *Annual World Bank Conference on Development Economics* 1999, Washington, DC: The World Bank.

Rojas–Suárez, Liliana and Steven R. Weisbrod (1996), "Banking crises in Latin America: experiences and issues", in Ricardo Hausmann and Liliana Rojas–Suárez (eds), *Banking Crises in Latin America*, Washington, DC: Inter–American Development Bank (IDB).

Ros, Jaime (2001), "From the capital surge to the financial crisis and beyond: Mexico in the 1990s", in Ricardo Ffrench–Davis (ed.), *Financial Crises in "Successful" Emerging Economies*, ECLAC/Ford Foundation, Washington, DC: Brookings Institution Press, forthcoming.

Sachs, Jeffrey, Aaron Tornell and Andrés Velasco (1996), "The Mexican peso crisis: sudden death or death foretold?", NBER Working Paper Series, No. 5563, Cambridge, May.

Stiglitz, Joseph E. and Amar Bhattacharya (2000), "The underpinnings of a stable and equitable global financial system: from old debates to a new paradigm", *Annual World Bank Conference on Development Economics 1999*, Washington, DC: The World

Bank.

UNCTAD (United Nations Conference on Trade and Development) (1999), *Trade and Development Report*, 1999 (UNCTAD/TDR/1999), Geneva.

Valdés-Prieto, Salvador and Marcelo Soto (1998), "The effectiveness of capital controls: theory and evidence from Chile", *Empirica*, No. 25, the Netherlands: Kluwer Academic Publishers.

Van Wijnbergen, Sweder (1984), "The Dutch disease: a disease after all?", *Economic Journal*, No. 94.

Velasco, Andrés (2000), *Exchange-Rate Policies for Developing Countries: What Have We Learned? What Do We Still Not Know?*, New York: United Nations Conference on Trade and Development (UNCTAD) /University of Harvard, Center for International Development.

Villar, Leonardo and Hernám Rincón (2000), "The Colombian economy in the nineties: capital flows and foreign exchange regimes", paper presented at the Conference on *Critical Issues in Financial Reform: Latin American/Caribbean and Canadian Perspectives*, organized by The Munk Centre for International Studies Programme on Latin America and the Caribbean, University of Toronto, Toronto, June.

Williamson, John (2000), "Exchange rate regimes for emerging markets: reviving the intermediate option", *Policy Analyses in International Economics*, Washington, DC: Institute for International Economics, September.

World Bank (1998), *Global Economic Prospects and the Developing Countries*, 1998-1999, Washington, DC, December.

第十九章　全球化的制度性挑战与发展中国家

Andrés Solimano

一、引言

全球化已成为一个家庭的术语和一个重要的历史现象。全球化的地缘政治有几个先例：冷战结束，和西方国家与资本主义的权力在制衡中的重新配置。这个全球化的经济表明对全球经济增长的依赖可以成为财富创造和繁荣的强引擎。然而，全球化也往往伴随着频繁的金融危机和波动性，其利益在国家和地区间分布不均。针对这些因素，全球化对现存的制度有一个重要的挑战，它们包括在 20 世纪 40 年代中期建立的联合国、布雷顿森林体系（BWIs）、世界贸易组织（GATT 继承者）与其他机构。反过来，在国家层面上的全球化倾向于减少对国家政府的有效自主权，追求自身增长的发展目标、稳定性和社会公平。在全球化时代一个主要的公共政策的挑战是抓住机遇，并在开放的同时管理矛盾和问题，特别是对发展中国家。这就要求在所有事情中，伴随着本章的主题——全球化，解决体制框架（或治理结构）的充分性问题。

本章围绕着三个主题。首先，在 20 世纪早期和晚期的全球化经历和过去 120 年的其他主要发展中，它提供了一个历史背景。或者，把当前全球化浪潮放在历史的视角中。其次，本章简要回顾了全球化发展的主要分析观点，包括正统和非正统的，并探讨了全球化带来的机遇、紧张和困境。最后，转向了全球化与全球金融稳定以及与国家发展更兼容的制度挑战。

本章强调，需要重新审视混合（和超越）全球和区域金融机构之间的组合（与交叉）以及全球和区域机构改革及国家政策和机构的变化的一致性。全球和地区机构的相关角色与责任分配需要在以下标准下分析和评价：区域知识价值与全球知识价值；与借款国的互动模式；应对危机的能力，特别是在中小型国家；发展中国家和转型国家的声音和代表性。此外，本章认为在促进增张政策框架下，需要重新调整国家政策，在社会各成员之间，减少波动和均衡机会。

二、历史背景与近期事件

19 世纪后期（从 19 世纪 70 年代说起）到 20 世纪早期（直到 1914 年）是一个随着从欧洲（"旧世界"）到美国、加拿大、阿根廷、澳大利亚、新西兰（"新世界"）的大规模国际移民，基于国际贸易和自由资本流动的扩张，全球经济进入了快速发展的时期。[1] 这自由的国际经济秩序结束了第一次世界大战带来的混乱，随之是一段高通货膨胀阶段和 20 世纪 20 年代在几个主要欧洲经济体中的宏观经济动荡，之后是 20 世纪 30 年代的经济大萧条。

内战时期的这些事件从根本上改变了关于如何稳定全球和国家经济，以及关于作为经济增长和繁荣引擎的国际贸易和资本运动的角色的盛行的想法。全球资本主义被视为一种固有的不稳定的制度，容易发生波动和通货膨胀，如 20 世纪 20 年代，或没有自我纠错机制的经济衰退及无法保证充分就业，正如 20 世纪 30 年代那样。

一套新的全球金融机构出现在 20 世纪 40 年代中期，作为布雷顿森林体系而为世人周知。国际货币基金组织被赋予了在一个固定汇率系统下、保证正常支付系统，并提供外部融资给那些有收支平衡赤字的国家的任务。世界银行的作用是为经济重建提供长期融资发展。

相当稳定、快速增长和减少不平等的时期从 20 世纪 40 年代到 70 年代初；[2] 这一时期被称为"资本主义的黄金时代"，是基于一个（全球和国家）规范的市场经济的基础。这种监管市场经济可以被定义为大量的全球和后来的地区性机构。

在 20 世纪 90 年代，在拉丁美洲，苏联和东欧出现了重要的政策改革。宏观失衡在拉丁美洲被修正，通胀下降和经济增长恢复，恰逢资本流入地区的回报和市场化改革的深化。然而，在这十年间，每年的国内生产总值年均增长率只有 3.3%。这是一个输出扩张的稳健时代（被 1995 年和 1999 年以及最近的 2001 年的经济衰退周期所打断），但仍不足以减少贫困和提高生活水平。在结构上，经济开放给国家经济特别是之前被保护的国家经济带来了更为激烈的竞争环境。在苏联加盟共和国和巴尔干地区，俄罗斯的改革进程是特别复杂的改革进程。这里要阐释的一般观点是，拉丁美洲和前社会主义阵营向市场经济的重大转变，标志着在 20 世纪 40 年代之前的 40 年间所采取的政策在这两个地区激进地消失。

20 世纪 90 年代的全球化进程被金融不稳定扰动，如 1994 年墨西哥危机、1997 年亚洲金融危机、1998 年俄罗斯金融危机和 1999 年初的巴西危机。21 世纪初，还出现了土耳其和阿根廷的危机。鉴于这些经验，我们可以说，目前的全球化进程比"黄金时代"（从 20 世纪 50 年代到 70 年代初）和 19 世纪晚些时候的第一波全球化存在着一个更高的货币和金融危机的频率。金融和货币危机的频率仅次于 20 世纪三四十年代危机四伏的时期。[3]

　　值得注意的是，1914 年以前和 20 世纪末全球化之间的一些差异。第一，20 世纪后期资本流动全球化在货币市场和债券、股票市场的程度，短期信贷和其他金融工具的全球化的资本流动程度，在历史上是前所未有的。"金融全球化"在当今全球化时代的主导地位，是这一历史阶段的一个重要特征。第二，在 1914 年以前的全球化，没有针对稳定世界经济，即没有为发展和经济体融资，为在商品和服务如关贸总协定和之后的世界贸易组织的国际贸易的设立全球规则。在政治和外交层面上，没有像联合国这样的全球论坛。第三，在两波全球化领导层的变化（即"霸主"）。第一次全球化浪潮是 19 世纪末由"超级大国"英国主导。国际货币体系是围绕英镑和黄金标准所锚定。与此相反，在 20 世纪末第二次全球化浪潮中，这个过程是在浮动汇率制度下被美国的美元主导的。第四，1914 年以前是有着大量移民的全球化（美国和其他国家）。[4] 相反，20 世纪末的全球化是相对于流出和流入国家的总人口而言的，它伴随着更低的在各国和各大洲之间的迁移与人口流动。

三、全球化思想：正统和非正统观点

　　全球化涉及日益增加的货物和服务贸易，这加强了金融一体化和跨越国界的更大的流动性。此外，全球化意味着发展中国家在世界经济制度架构和全球权力关系中嵌入的特定模式。

　　新古典主义理论支持自由贸易的理由，即经济整合支持更高效的生产结构和扩大消费的机会，必然导致较高的国家（和世界）的收入和福利。

　　自由资本流动的情况是更具争议性的，即使在新古典理论的框架中。一方面，它被公认为是消除了从低回报率地区到更高回报率的国家的资本的障碍，肯定会增加了全球实际收入，促进往往是资本稀缺的经济体的受援国的储蓄池。另一方面，投机性的短期资本流动也可以是不稳定的，资本自由流动的扩张是不能保证受援国稳定快速增长的。

　　事实上，新古典贸易理论如贾格迪什（2000）区别了自由贸易和自由资本流动性，并指出，这两种形式的经济一体化在它们的经济回报方面是不同的，因为短期资本流入具有投机性质。这一信念也被诺贝尔奖得主托宾·杰姆斯分享，他已经提出了在国际金融交易中征税，以减少过度的国家资本流动性。在一般情况下，这种文献是有利的全球化并被理解为贸易一体化，但在处理资金流动，特别是短期性质时是更加值得怀疑的。反过来，自由劳动力流动构成了一个有趣的案例。对自由贸易和自由资本流动的主张很少延伸到人们的自由流动，尽管事实上，更自由的国际移民应通过允许劳动力从低劳动生产率的地区迁移到更高的劳动生产率的地区，从而增加真正的收入。很明显，我们生活在一个人造物体（自由商品和货币）和实际的人（索利马诺，2001a）之间、在"变成国际化的自由"方面有着巨大差异的世界。

　　国际经济关系的非正统理论，如边缘理论、依附理论和不平等的交换理论是在

20 世纪 40 年代和 50 年代被像普雷维什（1950）、艾曼纽（1972）这样的学者发展起来并由巴沙（1978）和泰勒（1983）最终形成的。虽然这些理论在目前的全球化过程之前发展得很好（全球化在 20 世纪 80 年代和 90 年代开始），但至今仍然有助于解决与当前全球化浪潮有关的问题，特别是在发展中国家全球化的收益分配方面和发展中国家影响全球产出的有限的自由程度方面。

在一般情况下，这些方法强调国际贸易是在"北"（中心，发达国家）和"南"（外围，欠发达经济体）之间不公平的条件下发生的。通常"北"是技术变化的主要来源和物质、人力与制度基础设施优越的国家。

这种非正统文献的一个重要结论是中心与边缘之间的国际贸易利益呈现一种非对称分布。此外，它的提出基础是在国际体系中没有足够的自由度允许南方（外围）选择自己的经济增长率或者贸易条件，这是由北方的一定制度所补充的宏观经济均衡所决定的。反过来，南方（外围）将世界经济调整成本的不成比例的份额带到了如在贸易条件恶化、全球需求下降和资本流动放缓的［泰勒（1983）对这些理论的正式的论述］全球冲击中。传统理论认为全球主要经济决策是由在全球范围内拥有主要的决策权的北方和在较小程度上"控制"全球经济的区域机构所做出的。这些理论强调了一个在发展中国家与发达国家之间的全球化制度矩阵中不对称的决策和权力的能力。

四、评估

全球经济中，21 世纪初的经济秩序为发展中国家和其他国家提供了机会并带来了风险。国际贸易壁垒的急剧降低打开了以出口带动的增长的大门。事实上，对于内部市场有限的中小型规模有限的经济体，[5] 快速的经济增长的可能性，在很大程度上取决于其生产面向国际市场。过去三个世纪的历史经验表明，在设法以非常快的速度，比如说每年 7 个百分点、8 个百分点或者更高的国家都依赖于较强的出口增长，出口高于 GDP 的速度扩张，自 20 世纪 60 年代开始的东亚（到目前的危机），70 年代中期以来的中国，以及 70 年代中叶的智利都是此种情况。

支持全球化的另一种说法是，它扩大了自由（米可斯维特，2000）。其理念是，通过增加机会，全球化也鼓励自由。有趣的是，有一个关于发展，而不是全球化的类似说法在阿马蒂亚森 1999 年的标题为自由般发展的书中提出。

全球化也增加了各种各样的消费品、新技术、知识、观念等。这些可以包括一个新的产品设计、一个新的投资项目、一个新的生产技术、一个新的管理实践，甚至是一套在其他地方已经证明成功的制度，以及一个社会模式。当然，以当地的条件与所有的特殊性和特殊功能，仅仅获得或模仿外国产品、技术或外国社会模式，不一定能保证成功。这只是一个来自扩大对全球经济参与者开放的选择的潜在收益（或误用的成本）。

　　每一个事物都有两面性，因此也很重要的是要认识到全球化给世界经济一体化带来了紧张和困境，[6]清楚的是，全球化已经不平衡地蔓延至发展中国家。私人资本流入主要集中在一批大型发展中国家。撒哈拉以南非洲和在其他大洲的其他贫穷国家却没有从在北方发展起来的贸易、资本流动和技术进步中获得更多的好处。全球化的另一个紧张关系与一个事实相关，即在一个更加相互依存和相互关联的世界经济中，任何不利的全球或区域性的冲击，例如 1997~1998 年的亚洲和俄罗斯的危机，会迅速传播到其他往往与危机国家没有经济联系的经济体。传播（传染）机制可能是一个进口量下降或在商品（石油、铜、木材等）上的实际价格的变化。依赖于几个主要商品作为其出口收入和财政收入主要来源的经济体往往会受到这些冲击打击。另一种传导机制是资产市场。当经济市场更少被整合时，高度集中的金融市场倾向会以比过去十年快得多的速度向全球传播、区域或当地冲击。投资组合的变化影响汇率、利率和经济活动。由于现在金融中介和货币交易量的数量非常巨大，伴随着对一些经济体的不稳定影响，冲击在会被大大放大，特别是当多边贷款、公共融资、援助和外国直接投资主导全球资本流动时，而这一金融波动的来源在 50 年代、60 年代和 70 年代早期的世界中，很大程度上却是不存在的。

　　有充分的证据表明，不确定性和波动性对资本形成（和生产率的增长率）不利，对经济增长也有不良影响，[7]因此不稳定和波动最终被视为对经济增长和繁荣的税收。

　　在许多情况下，这种不稳定源于国外。然而，面对不利的外部冲击，国内政策反应会起到一定作用。国内政策反应的性质和时机可以减弱或增加这些冲击的影响。

　　全球化的另一个矛盾在于它的社会效应。由于全球化往往伴随着产出和就业的不稳定，这会影响到其他的事情，如工作安全。劳动收入是资本主义社会人口收入的主要来源，工作不安全感是对社会的破坏，给社会结构带来了紧张的局面。此外，劳动力市场的灵活性要求在国际市场上存在竞争，这倾向于削弱长期工作。公司和员工之间，工人和管理人员之间的关系，传统上应给人安全感。另一个公开讨论的问题是对外贸易和全球化是否缩小或扩大收入差距。传统的贸易理论认为各国要素价格均等化在一个大的人均资本收入差异的世界中，不大相关（在撒哈拉以南的非洲和经合组织之间）；而且，收入水平（人均）的收敛性，至少在地区和国家间是非常弱的。

　　此外，全球化给人们提供了一个高级的技能、高层次的教育和创业的机会。这些人在全球化所带来的更具竞争力的世界有更好的生存和成功的竞争力。这个真实写照是非熟练劳动力，没有受过教育的工人和边缘人群可能在一个竞争日益激烈的世界经济中效率低下。因此，收入和财富不平等可以被放大，这说明对纠正这些不平等的趋势的公共政策十分必要。全球化可以使各国和地区的资本收入产生差异和收敛性。20 世纪晚期，在撒哈拉以南的非洲地区、俄罗斯和几个前社会主义国家以及其他落后的亚洲和拉丁美洲的低收入国家，全球化的分歧尤其严重。

五、全球化的制度挑战

20 世纪 90 年代初，随着苏联的解体，全球化时代的一个边缘政治学的主要挑战是一个单极世界的美国"霸权"出现，冷战的结束导致了某些地区的武装冲突的结束（例如亚洲、美国中部），但却带来了新的冲突，例如在南斯拉夫和苏联的欧洲共和国。据历史学家霍布斯鲍姆（1999）所说，在苏联解体后的近十年里，苏联集团的建设仍然是一个持续的过程。同时也有复杂的新挑战，如国际恐怖主义、艾滋病的传播和持续的民族冲突，这些往往检验全球政治机构的应变能力，如联合国和其他组织。妥善处理这些问题是不简单的，需要相当大的政治意愿，来自成员国的金融支持和共识。

回归经济和金融全球化的维度，21 世纪初金融体系面临着几个重要的挑战：

维护全球和国内金融稳定。这成为一个非常复杂的任务。资本流动将很快跨越国界，应对相关资产收益率的变化、投资机会和国民经济变化的信息政策。20 世纪 90 年代的墨西哥、亚洲和俄罗斯的危机表明，危机形势下的外部不平衡资金（和金融负债）是巨大的。这拉紧（甚至超过）了现有的提供给国际货币基金组织和其他国际贷款机构的资源，因而必须在短期内准备一个规模空前的紧急贷款。在 20 世纪 90 年代后半期，在遭受投机攻击前后，100 亿美元、200 亿美元或 300 亿美元（或更多）的国家救助计划也不罕见。

危机预期。国际金融机构（IFIs）、市场预测以及响应宏观和金融危机都存在严重的问题，特别是在有严重的治理问题的国家。此外，危机发生时，如果国际金融机构（IFIs）来救援，可以通过对在未来救助的预期中承担过度风险的市场参与者给予激励。不过，需要注意的是，市场参与者和国际私人风险评级机构往往无法预料危机（其中后者更倾向于加剧信心震荡，比如当它们降级处在危机中的国家时）。

支付和发展贷款余额。国际收支平衡（国际货币基金组织的范围）和发展贷款（多边开发银行的范围）的分界线已变得不那么清楚。这已经是 20 世纪 80 年代布雷顿森林体系中的一个案例，即布雷顿森林体系开始为国际收支平衡提供贷款。一些观察家指出，危机管理是国际货币基金组织的领域，而不是发展银行。

国家和全球银行系统监管。为了增强在国家层面的银行体系，加强全球金融稳定的基础，有必要加强被 100 多个国家签署了的 1998 年《巴塞尔资本协议》，该协议建议了银行贷款、储备、透明度和其他核心原则。这应辅以适当的银行监管机制，并报告银行和企业的相关信息。此外，重要的是要认识到一个不对称的系统，在该系统中，国家银行系统的监管比全球银行系统监管多得多。[8]

金融机构的全球公民社会的批评。20 世纪 90 年代已经见证了一个由环保团体、社会活动家和工会组成的国家团体支持的活跃的全球民间社会/非政府组织的运动爆发，这挑战了已有的政策和国际金融机构的做法，促使出现了改革的探索。国际金融机构和七国集团变成了公民社会组织抗议的场所，人们反对全球机构和富裕国家俱乐部。

国家宏观经济管理。如前所述，全球化对各国政府和宏观经济管理机构提出了若干经济挑战。一方面，全球化被视为实施不可持续经济政策（财政赤字高企，不健全的金融政策，等等）的国家政府的一种行为准则，而当这些政策是被国际投资者和全球资本市场所不认同的。然而，另一方面是财政政策往往会失去其以维持充分就业和追求收入再分配和社会目标为导向的反周期工具能力。事实上，国际金融市场对一个国家的财政政策立场是非常敏感的，并将其作为政府宏观经济责任程度的指标。政府应鼓励遵循持续紧缩的财政政策，以满足金融市场的需求。

六、国际金融机构改革的建议

全球化浪潮是经济快速发展的典型范例，它需要一种在全球化、区域性和国家层面上可以保证稳定和社会融合的制度基础设施。在某种程度上，我们面临一个卡尔·博兰尼（1994）描述到的类似情况[9]，他分析了20世纪初随着全球化和市场化浪潮的第一次浪潮中的社会中断和冲突，这凸显了"中介机构"快速变革的必要性。

在过去几年里，关于全球经济和全球的治理结构政体改革的建议被提出。这些提案都集中在联合国系统的使命和布雷顿森林体系及这些机构的其他运作方面。在这里重要的是要记住，全球和地区机构，无论是联合国，或是布雷顿森林体系，都是被国家政府"欠钱的"，因此，其改革将体现其成员国的优先权，特别是那些对这些机构的最大金融贡献的国家。在一般情况下，发展中国家有一个在决策过程中影响世界经济及其全球机构的有限发言权。

让我们关注国际金融机构的改革建议。

关于国际货币基金组织，金融家索罗斯（索罗斯，1998）建议将国际货币基金组织转换为一个由国际信用保险公司保证国际贷款（额度）、收费的全球中央银行。[10]

大多数改革提案的主要关注国际货币基金组织并围绕着两个主要功能：①维护全球金融稳定，包括危机预防和危机管理；②最后贷款人。对于这些功能，费雪（Fischer，1999）对危机管理和最后贷款人进行了区分，需要注意的是，它们并不总是一致的。例如，从历史上看，在美国，美国财政部、结算所甚至是金融家J.P.摩根，它们在20世纪早期，扮演着最后贷款人、危机管理者或两者兼有的角色。关于国际货币基金组织，费雪（1999）断言，在实践中，该基金在20世纪80年代和90年代起到了危机管理的作用；此外，最后贷款人的功能也可以由基金进行。他指出，如果基金可以"创造货币"，这将是被促进的。然而，国际货币基金组织是能够得到董事会批准并发行特别提款权（SDR）的。这相当于创造流动性，以补充现有的储备资产。另一个重要的讨论涉及"白芝浩原则问题"（1873），即当没有恐慌时，在一个罚款率的基础上，贷款人就应向客户慷慨放贷，在正常的业务过程中，有一个可出售的抵押品。一个问题是，什么程度的无限贷款在危机情况下是可行的；另一个问题是，这一原则与条件的联系。一些观察家认为，在危机情况下收取的罚息利率应是一个政策的制约性的替代品。

回到索罗斯的提议上，全球央行需要一个可以发行全球货币的任务，这不太可能被赋予国际货币基金组织或任何其他国际机构。然而，正如我们以前的讨论所表明的，贷款人不一定要有创造货币的能力，所以是否需要一个全球性的央行就不太清楚了。

补充危机预防和危机管理职能的其他计划对于一个全球破产法院而言，将通过吸引外国的贷款来分担金融危机的成本，从而寻求更均衡的金融危机成本的分配。

另一个领域的金融管理是银行系统的监管和资本标准的执行及审慎银行行为的其他做法。伊特维尔和泰勒（2000）提出了一个新的、雄心勃勃的提议，即创建世界金融管理局（WFA）。根据作者的观点，WFA 将是一个全球性的金融监管机构，执行授权的任务，提供政策的信息、监督、执行和发展。

世界银行和国际货币基金组织改革的最新报告是梅尔泽报告，它由美国国会委托。该报告建议关注以下几个问题：

（1）关注国际货币基金组织，维护全球金融稳定。

（2）减少世界银行向中等收入发展中国家的资金筹措，通过资助增加援助贫困基金。

（3）布雷顿森林体系的决策和治理结构的成员国代表。

（4）政策的制约性。

（5）危机情况下反周期性贷款的有效性。

私人资本流入和挤出的问题是与布雷顿森林体系贷款相关的，而民间融资的基础设施项目一般都是可利用的。对于发展中国家，国际公共借贷和私人借贷之间具有互补性。

布雷顿森林体系在危机情况下的作用很重要，特别是私人资本流动从正在经历危机的国家退出时。而最重要的是要确保一个有效的反周期性作用，使布雷顿森林机构能够把外部融资分给所有需要它的国家。同时，在中等收入和低收入经济体之间的贷款分布集中是另一个相关问题。在这方面，梅尔泽的报告认为世界银行将其贷款从中等收入的发展中国家（例如阿根廷纳、巴西和墨西哥）转移到低收入国家是有利的，它可以通过资助贫困经济可获得国际资本流入。这一建议提出了重要的关于国际贷款分配的问题。然而，它需要进一步的批判性分析，因为中等收入的发展中国家不总是不间断地进入全球资本市场（例如金融危机期间）。此外，一些中等收入的发展中国家（例如巴西、印度）有能力组织大批穷人和被边缘化的人生活在它们的领域，因此银行被作为了减贫机构。此外，捐赠国从银行转变到一个资助机构的财务影响是有意义的，而且这一举动的便利性和可行性可能需要澄清。

在国际金融机构里，发展中国家问题是有重大意义的。此外，发展中国家的代表性和影响力的治理结构或布雷顿森林体系取决于它们在这些机构的资本结构份额。此外，发展中国家和转型经济体没有一个相当于七国集团或 G10。信息共享和集体行动机制差，中等收入国家和转型经济体缺乏。

20世纪80~90年代，布雷顿森林体系鼓励借款国通过国内政策改革以条件性换取贷款。最近的经验证据趋向表明除非借款国家确信需要采取经济和体制改革，相反，若国内经济体制有立法和社会认可，那么贷款条件可能会失效或甚至是适得其反。[11]

此外还需要重新审视程序设计的内容以适应全球化时代。这包括仔细考虑调整计划中的财政紧缩程度，如果它很长一段时间以来导致失业和贫困增加，那么就可以避免对社会不稳定的经济衰退方案进行不必要的设计和执行。同时，在程序设计中国际金融机构现在包括透明度问题和治理实践，这是一个性质上复杂的问题，政治上敏感且不易实现。

七、全球和地方金融机构：组合

现在让我们谈谈全球金融机构（IMF、世界银行）和区域金融机构（例如区域和次区域开发银行）之间管理全球化的挑战和金融需求时的组合与平衡。全球和区域机构之间目前的责任分配和影响平衡是否是充分的？全球和区域机构之间有应如何分工以避免重叠的放贷机构间的竞争？这些都是复杂的问题，需要进一步的思考和分析。在最近几年中，我们已经看到了相关的政策建议，出现了一些区域性开发银行（例如，泛美开发银行、欧洲复兴开发银行、亚洲开发银行、非洲开发银行）[12]和其他次区域金融机构。美国在拉丁美洲的这些子区域机构的例子有：安第斯开发公司（CAF）和拉美储备基金（FLAR）。

与全球机构相比，区域金融机构往往具有一定的关于成员国经济、政治和文化现实的某些信息优势。正如我们所看到的，知识和程序的地方拥有权是必不可少的，它可以确保良好的项目发展影响和贷款机构给出政策建议的政治可行性。此外，对于发展中国家来说，最重要的区域机构的决策机构（理事会和董事会），比起被七国集团影响的全球机构执行董事会有着一个更大的国家代表。相比之下，大陆区域发展机构比全球机构如国际货币基金组织和世界银行面临更少的全球最佳实践和范围广泛的国家经验知识。反过来，贷款条件在全球机构往往是更严格的，而区域发展银行倾向于建立一个与客户密切互动的模式，也许是合伙关系。

重要的是要重申，正如前面提到的那样，最终，区域和全球机构是执行"委托"（各国政府）任务的"代理人"。然而，这些任务是被区域和全球金融机构的官僚结构和各国各自表决权筛选的；反过来，在世界（或地区）经济中，它们的经济重要性具有直接功能。

这两个"筛选"在塑造全球与区域金融机构实际操作中是非常重要的，说明了操作行为模式、组织传统文化与全球和区域机构成员国的代表之间有着不同。

关于全球和区域金融机构之间的分工（更多的发展银行），很显然，需要业务合作融资和更多具有贷款优势及技术支持的协调。

八、国家政策

世界范围内一个运作良好的制度体系要求除了有全球和区域机构的改革外，还要有国家机构和政策的改革。从这个意义上说，在全球机构和国家级的政策制度之间，必须达成一个基本一致性。例如，如果全球机构促进自由贸易，成员国的贸易制度必须与开放的贸易体系保持一致。反过来，全球优先事项和全球游戏规则最终与发达国家、发展中国家和转型经济国家的优先事项相一致。这项在协调不同程度上的优先级和政策上的操作是不简单的，这是发展中国家的发言权和表达。

谈到全球化时代国家政策的内容，往往认为，全球化除了促进全球经济增长的潜力，还往往会减少国内经济和发展成果的社会政策的影响。因此，一个重要的问题是，在实现充分就业、稳定增长和更加公平收入分配的政策目标上，如何设计重新获得更大程度的民族自治权的国家政策包。对脆弱性缓解政策和社会公平的关注是正常的。在宏观政策层面，问题是如何确定汇率、财政政策和资本账户管理（包括对短期资本流动的税收问题的讨论），这将减少国家经济的脆弱性受外部冲击和全球商业周期的影响。在宏观经济管理领域，有必要探索一个应对周期性财政政策的空间。关于汇率制度、浮动汇率、货币美元化，通货委员会和货币联盟正在被考虑作为比固定汇率和汇率带更好的选择。这是一个有用的提醒，汇率制度需要与其他政策基础一起被讨论。

全球化时代的社会政策是一个非常重要的话题。[13] 20 世纪 90 年代的经验表明，过度波动需要相应社会机构提供的社会保险和经济保障。另一个可以从 20 世纪 90 年代中吸取的教训是，针对社会服务的交付往往会把中产阶级遗漏。

九、结束语

全球化是 21 世纪初的主要经济趋势，提供了一个发展中国家可以受益并扩大贸易、国际投资和技术进步的重大契机。然而，到目前为止，这些全球化的好处和全球一体化增加的所得在国际和国内都是不平衡的。此外，全球的相互依存关系已导致出现重大的宏观经济波动，在 20 世纪 90 年代后半期，几次严重的金融危机已经出现，我们生活在一个有更多可能性的世界，但风险也更多。

全球化的这些特点需要充分的制度回应以确保稳定、稳健的繁荣和全球化回报更公平的分配。在 20 世纪 40 年代中期，联合国系统和布雷顿森林体系在不同国家之间的权力平衡之下，在一个固定汇率和有限私人资本流动的世界中形成了全球的制度体系。在 60 年代以后，因为不同地区的较大自治性和发展过程中的金融需求，区域金融机构出现。本章回顾了国际金融机构和国际货币基金组织、世界银行角色的不同改革建议，并强调了对发展中国家影响政策的制约。

　　本章还强调需要重新分配责任、协调机制以及布雷顿森林体系和金融机构之间的重叠区域。对国际金融机构的改革设计必须包含各类型机构公司能力这一重要因素。制度文化在全球和区域机构之间存在差异，知识（全球与区域）的性质产生和传播于每一种类型的机构。此外，在全球和地区金融机构中，差异产生于客户—国家互动模式和机制—表现。最后，本章还呼吁关注全球、区域和国家政策的协调，认为围绕增长导向的政策应减少波动和促进社会公平。

注释

1. 索利马诺（2001a）、鲁克和威廉姆森（2000）。
2. 索利马诺（2001b）。
3. 波尔多（2001）。
4. 讨论国际货币制度对 20 世纪主要政治事件的影响，见蒙代尔（2000）。
5. 这也适用于大型经济体；事实上，中国在 1977~1979 年之后开始以更快的速度发展，当时它刺激了出口增长和外商直接投资。
6. 洛迪克（1997）、高盛（1999）和索利马诺等（2000）。
7. Pyndick 和索利马诺（1993）。
8. 伊特维尔和泰勒（2000）。
9. 麦克罗比、K.博兰尼·莱维特（2000）对博兰尼当代全球化的观点的重新检查。
10. 米可斯维特和伍尔德里奇（2000）。
11. 科利尔（2000）。
12. 美洲开发银行（IADB）、欧洲重建和发展银行（EBRD）、亚洲开发银行（DB）、非洲开发银行（AFDB）。
13. 索利马诺（1998，1999a）和索利马诺等（2000）就这些问题进行讨论。

参考文献

Bacha，E.（1978），"An interpretation of unequal exchange from Prebisch-Singer to Emmanuel"，*Journal of Development Economic*，5，319-330，North Holland.

Bagehot，W.（1873），*Lombard Street：A Description of the Money Market*，London：William Dowes and Sons.

Bhagwati，J.（2000），"Globalization in your face"，*Foreign Affairs*，July/August，134-139.

Bordo，M.，B. Eichengreen，D. Klingebiel and M.S. Martinez-Peria（2001），"Financial crises. Lessons from the last 120 years"，*Economic Policy*，April.

Collier，P.（2000），"Consensus-building, knowledge and conditionality"，Paper presented at the Annual Bank Conference on Development Economics，The World Bank.

Eatwell, J. (2000), "The challenges facing international financial regulation", mimeo. Queens College, Cambridge, UK.

Eatwell, J. and L. Taylor (2000), *Global Finance at Risk. The Case for International Regulation*, New York: The New Press.

Emmanuel, A. (1972), *Unequal Exchange: A Study of Imperialism*, New York: Monthly Review.

Fischer, S. (1999), "On the need for an international lender of last resort", *The Journal of Economic Perspectives*, 13 (14), Fall, 85-94.

Hobsbawm, E. (1999), *On the Edge of a New Century*, New York: Free Press.

Kaul, I., I. Grunberg and M. Stern (1999), *Global Public Goods. International Cooperation in the 21st century*, New York: Oxford University Press.

McRobbie, K. and K. Polanyi-Levitt (eds) (2000), *Karl Polanyi in Vienna. The Contemporary Significance of The Great Transformation*, Montreal, New York, London: Black Rose Books.

Micklethwait, J. and A. Wooldridge (2000), *A Future Perfect. The Challenge and Hidden Promise of Globalization*, Crown Business.

Mundell, R. (2000), "A reconsideration of the twentieth century", *The American Economic Review*, June.

O'Rourke, D. and J.G. Williamson (2000), *Globalization and History. The Evolution of a Nineteenth-century Atlantic Economy*, Cambridge, MA: MIT Press.

Polanyi, K. (1994), *The Great Transformation. The Political and Economic Origins of Our Time*, Boston: Beacon Press.

Prebisch, R. (1950), *Economic Development of Latin America and its Principal Problems*, New York: United Nations.

Pyndick, R. and A. Solimano (1993), "Irreversibility and aggregate investment", Macroeconomics Annual, National Bureau of Economic Research, Cambridge, MA.

Rodrik, D. (1997), *Has Globalization Gone too Far?*, Washington, DC: Institute of International Economics.

Sachs, J. (1999), "Making Globalization Work?", *The Economist*.

Sen, A. (1999), *Development as Freedom*, New York: Alfred A. Knop.

Singer, H. (1950), "The distribution of gains between investing and developing countries", *American Economic Review*, 40, 473-485.

Solimano, A. (ed.) (1998), *Social Inequality. Values, Growth and the State*, Ann Arbor, MI: The University of Michigan Press.

Solimano, A. (1999a) "Globalization and national development at the end of the 20th century", World Bank Policy Research Working Paper, 2137.

Solimano, A. (1999b) "Beyond unequal development: an overview", World Bank Policy Research Working Paper, 2091.

Solimano，A.（2001a），"International migration and the global economic order：an overview"，World Bank Policy Research Working Paper.

Solimano，A.（2001b）"The evolution of world income inequality：assessing the impact of globalization"，*mimeo*，ECLAC，UN.

Solimano，A.，E. Aninat and N. Birdsall（eds）（2000），*Distributive Justice and Economic Development*，Ann Arbor，MI：The University of Michigan Press.

Soros，G.（1998），*The Crisis of Global Capitalism. Open Society Endangered*，New York：Public Affairs.

Taylor，L.（1983），*Structuralist Macroeconomics*，New York：Basic Books.